현대사 총서 038

원자폭탄,
1945년 히로시마
··· 2013년 합천

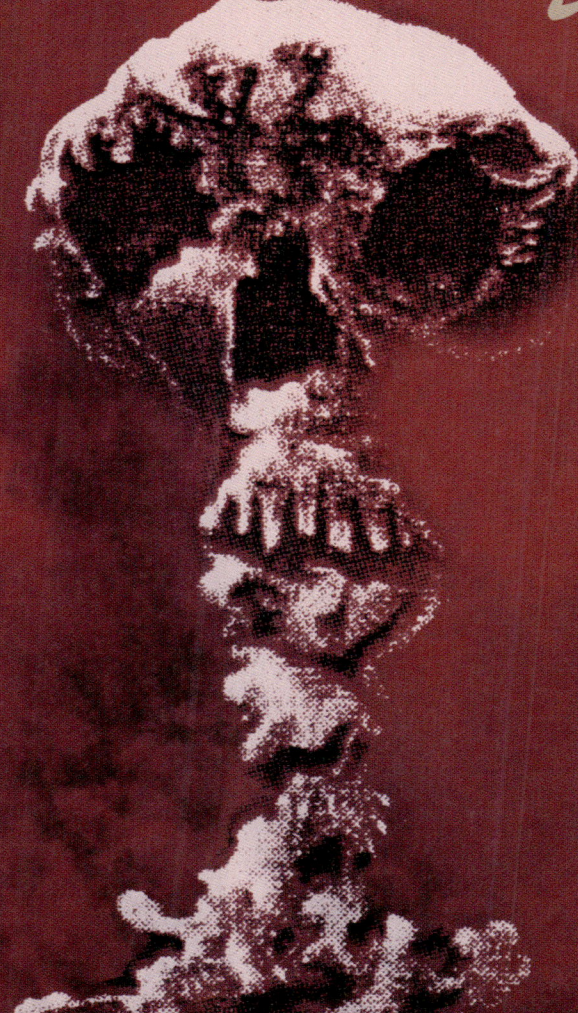

김기진·전갑생 지음

이 책은 관훈클럽 신영연구기금의 도움을 받아 저술 출판되었습니다.

원자폭탄, 1945년 히로시마 … 2013년 합천

초판 1쇄 발행　2012년 12월 15일
　　2쇄 발행　2019년　9월　5일

지은이　김기진·전갑생
펴낸이　윤관백
펴낸곳　선인

등록　제5-77호(1998.11.4)
주소　서울시 마포구 마포대로4다길 4(마포동 324-1) 곳마루빌딩 1층
전화　02)718-6252 / 6257
팩스　02)718-6253
E-mail　sunin72@chol.com

정가　28,000원
ISBN　978-89-5933-585-5　93300

·잘못된 책은 바꾸어 드립니다.

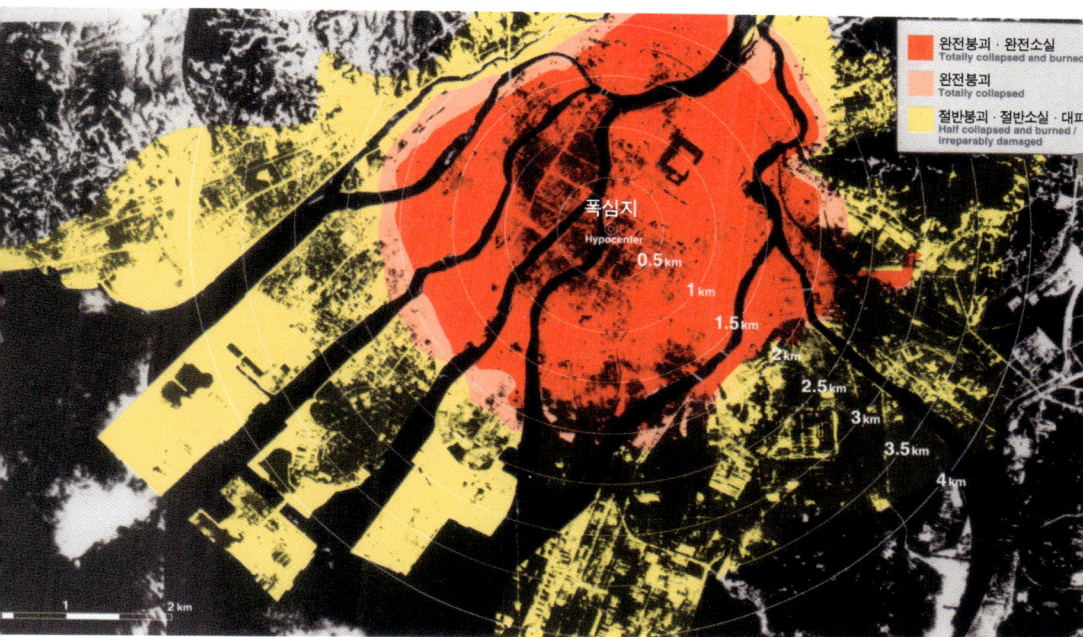

1945년 8월 9일 촬영된 히로시마 지역의 원폭 피해 모습. 이 사진은 폭심지로부터 4km 내에서 건물의 완전붕괴·완전소실(붉은색), 완전붕괴(분홍색), 절반붕괴·절반소실·대파(노란색) 지역을 보여주고 있다.

4

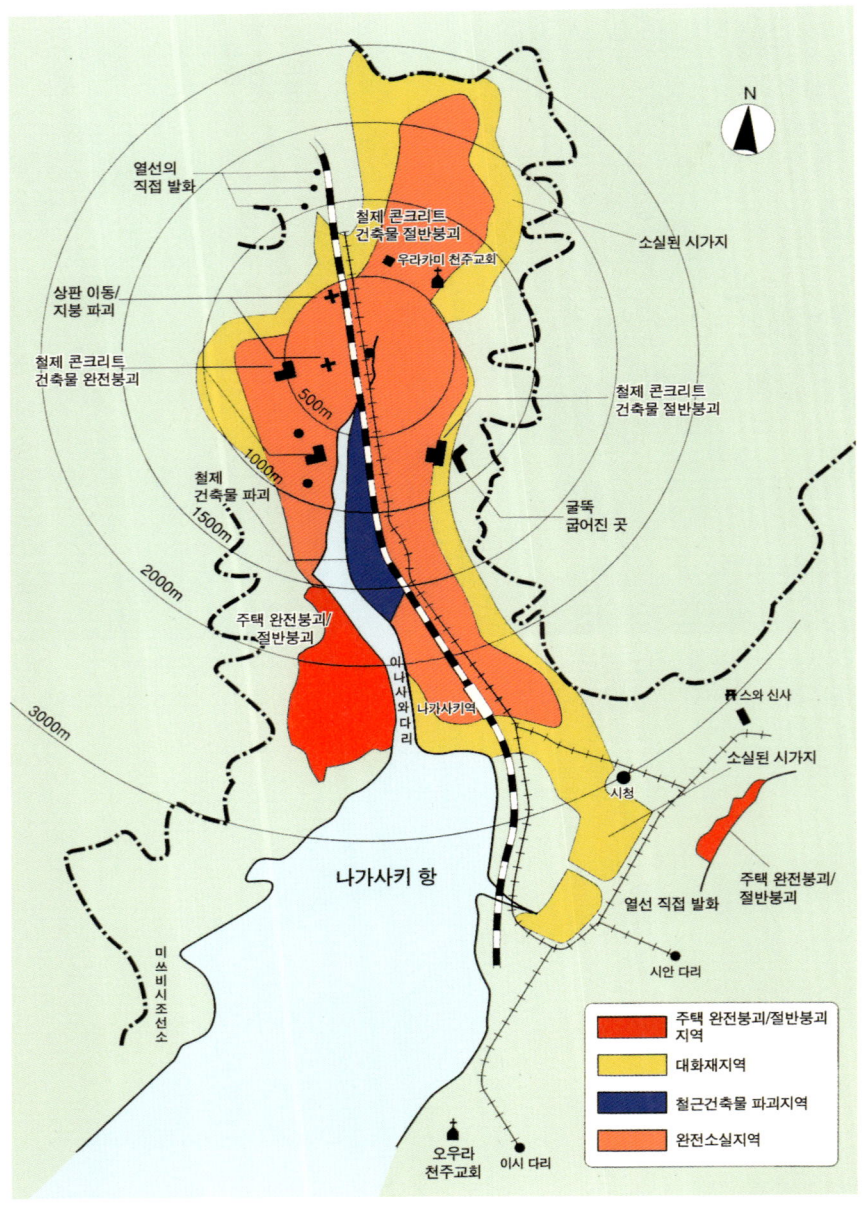

1945년 8월 9일 당시 나가사키 지역 피해상황도. 붉은 색은 주택 절반붕괴·완전붕괴 지역, 노란색은 대화재지역, 파란색은 철근건축물 파괴지역, 주황색은 완전소실지역를 표시했다.

원자폭탄을 탑재한 미군 폭격기.

미군은 폭격에 앞서 일본 주요 도시에 폭격사실을 알리는 전단지를 살포했다.

히로시마 원폭 투하 직후 버섯구름.

나가사키 원폭 투하 직후 버섯구름.

1945년 4월 11일 원폭 전 히로시마 시가지 모습.

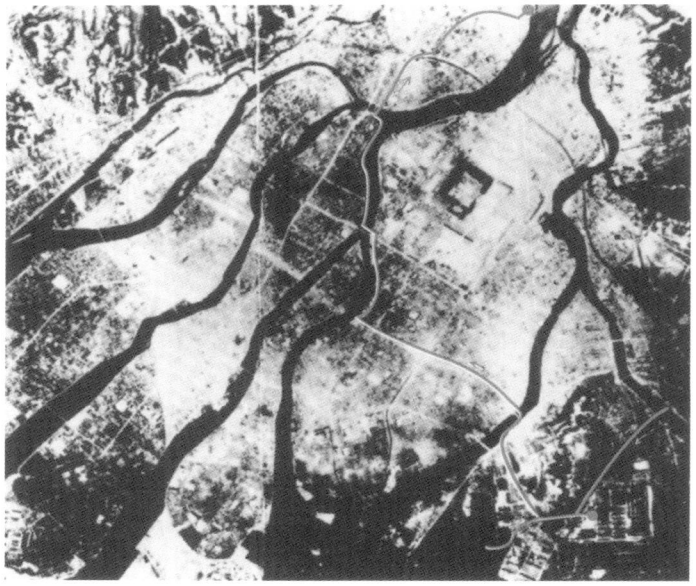

1945년 8월 11일 미군이 같은 장소를 항공촬영한 사진.

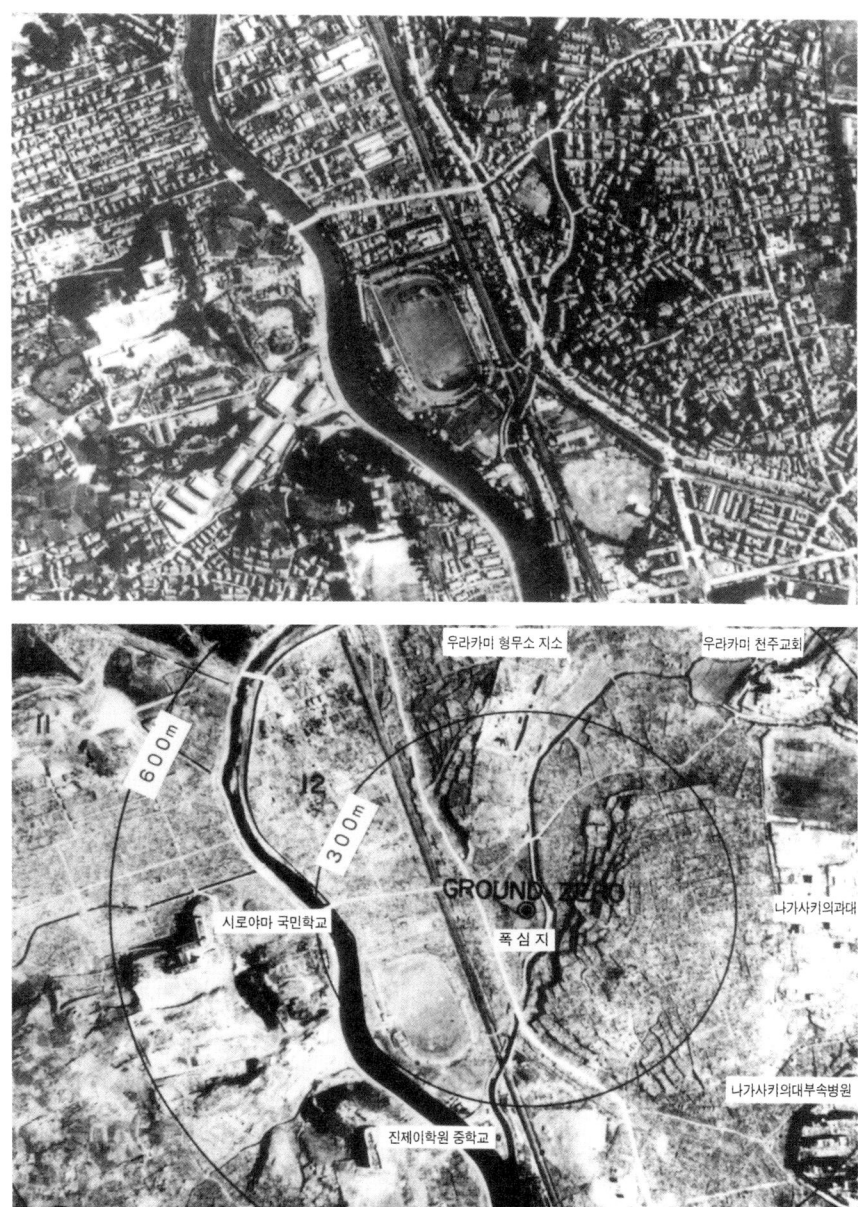

원폭 투하 전후 나가사키 폭심지를 촬영한 사진.

히로시마 폭심지 부근으로, 현재의 평화공원과 칸온지역이다.

폭심지 시마(島)병원 부근 모습.

원폭 직후 히로시마 원폭돔(위)과 일본적십자사(아래) 모습.

원폭으로 불타 버린 히로시마 노면 전차.

철길 근처에 널려 있는 시신들. 원폭 당시 근처를 지나던 행인과 기차 탑승객들로 추정된다.

1945년 8월 12일 히로시마 에비스초(胡町) 후쿠야(福屋)백화점 앞에서 군인들이 시신을 불태우기 위해 한 곳에 모으고 있다.

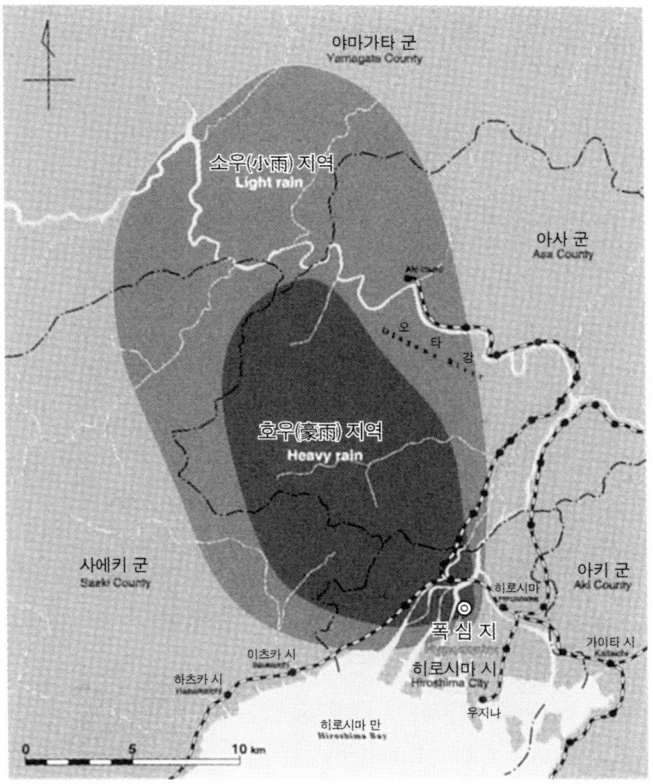

원폭 직후 히로시마 폭심지 주변에는 방사능에 오염된 '검은 비'가 내렸다. 지도 가운데 색이 짙은 곳은 검은 비가 집중적으로 내린 지역이다.

14

원폭 열선에 시커멓게 타버린 전봇대. 나뭇잎에 가려 열선에 노출되지 않은 부분이 그림을 그린 듯 선명하게 구분된다.

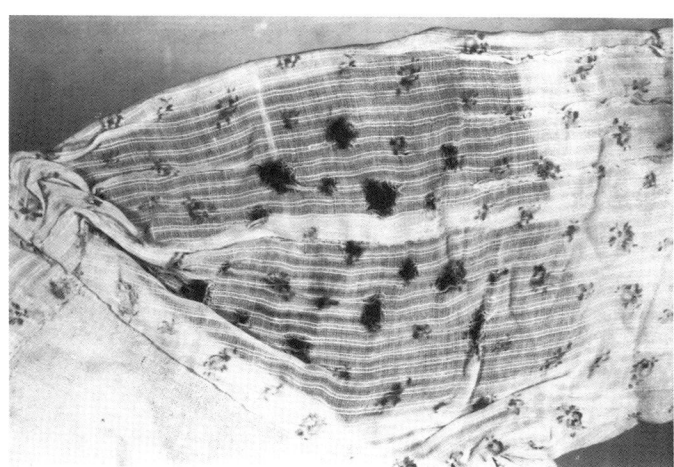

원폭 열선에 노출되어 구멍이 뚫린 옷.

피폭 7년 후인 1952년 7월 30일, 히로시마 사카초 육군 임시구호소 터에 가매장되어 있던 유골이 발굴된 모습. 유골은 히로시마 우지나(宇品, 7월 4일 29구), 아키 군(安藝郡) 사카초(坂町, 7월 10일부터 30일 216구), 히로시 센다(千田) 야마나카(山中)여자고등학교 터(7월 29일 43구)에서도 추가로 발굴되었다.

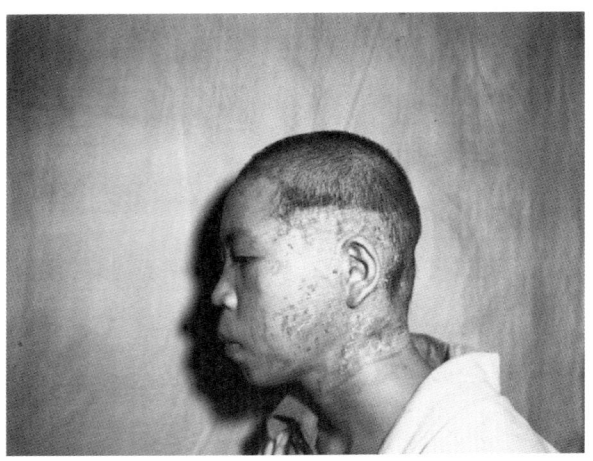

원폭에 노출되어 화상을 입은 남성.

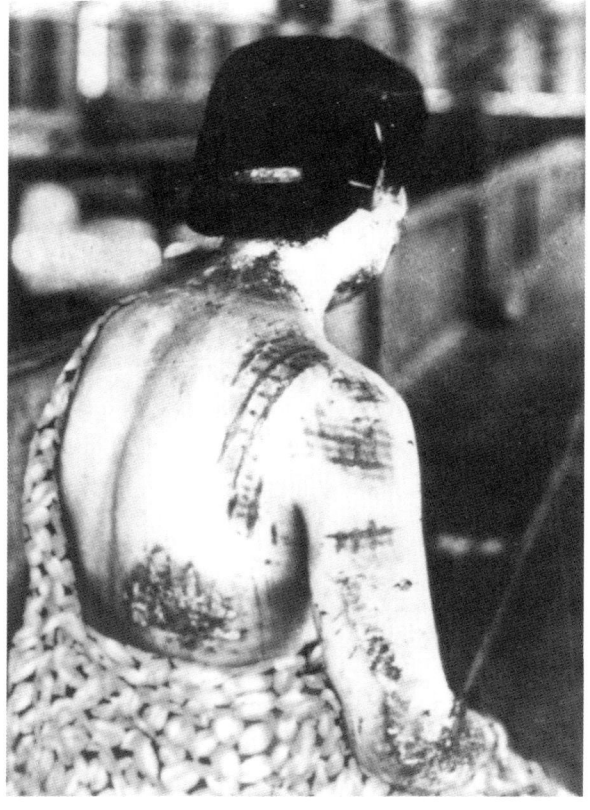

피폭당한 여성의 모습. 열선에 노출되지 않은 옷 자국이 선명하다.

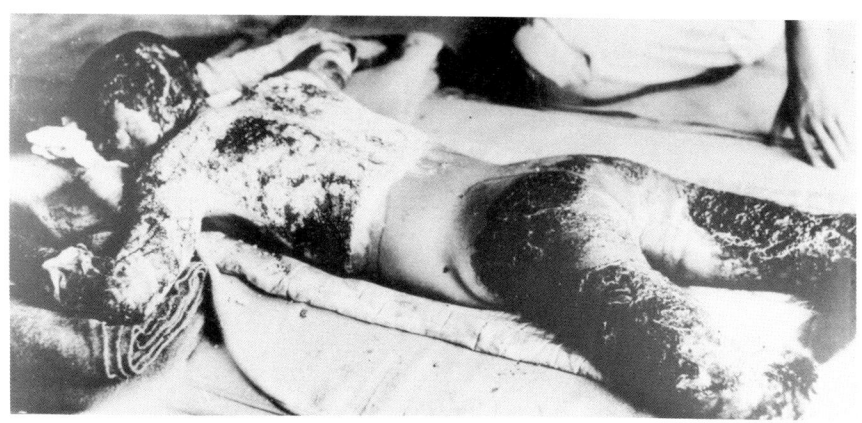

원폭 열선에 노출된 남성. 옷에 가렸던 복부를 제외하고 전신에 심한 화상을 입었다.

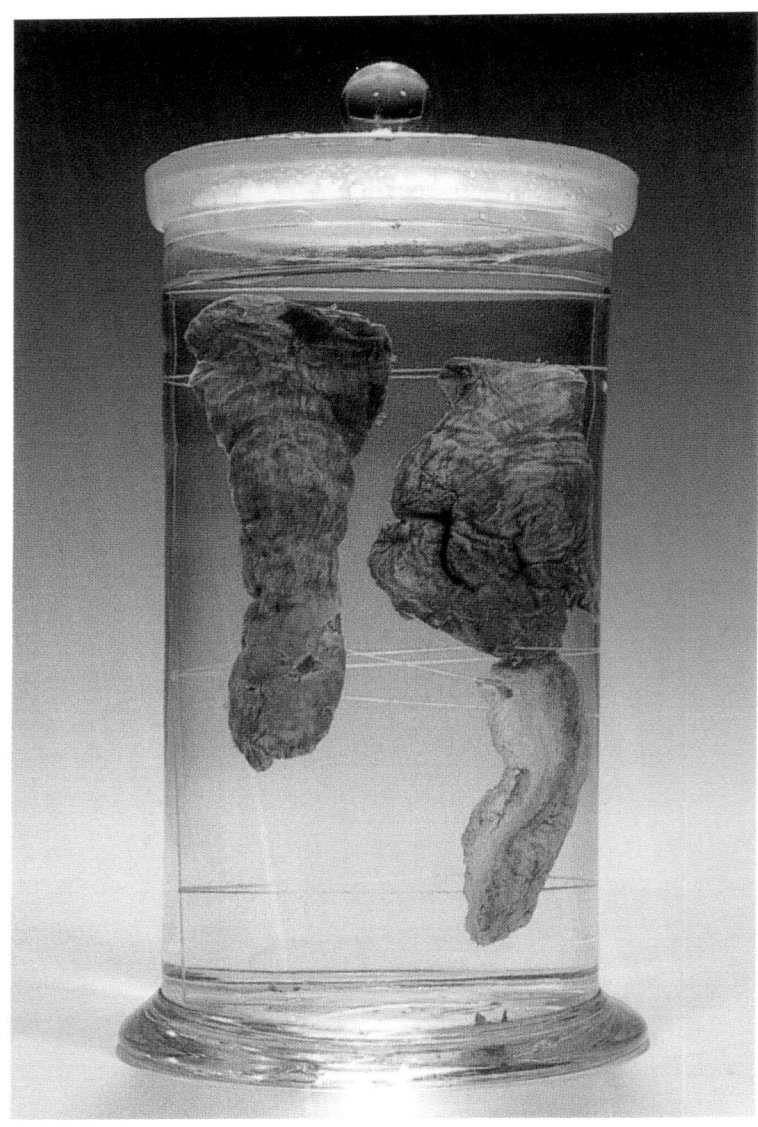

피폭자 몸에서 떼어낸 켈로이드(keloid) 덩어리. 미국 정부가 일본에 반환한 것이다.

피폭 직후 일본 정부는 피해현장에 군 전문가와 대학 교수 등으로 구성된 조사단을 파견했다. 사진은 히로시마 원폭돔 부근에서 피해실태를 살펴보고 있는 조사단.

미·일합동조사단은 1945년 10월 말부터 한 달간 나가사키에서 피폭자들을 조사했다.

원폭으로 집을 잃은 피해자들이 강변에 천막을 치고 모여 살던 모습.

조선인 피폭자 손진두는 1970년 12월 3일 원폭증을 치료받기 위해 일본으로 밀항을 감행했다. 그는 일본에서 곧바로 체포되어 오무라(大村)수용소에 갇혀 있다 후쿠오카지방재판소에서 징역 10월을 선고받았다. 사진은 사가(佐賀) 지방재판소 가라쓰(唐津)지부에서 재판을 받고 있는 손진두.

1972년 8월 6일 히로시마 평화기념식에 참석하기 위해 한국 피폭2세 모임인 '비둘기' 소속 서말임(徐末任) 등 회원 5명이 7월 30일 일본으로 건너갔다. 이들은 히로시마원폭병원에 입원 중이던 한국인 피폭자 강몽운(姜夢雲) 등을 방문하고 북한에서 온 피폭자들과도 만남을 가졌다.

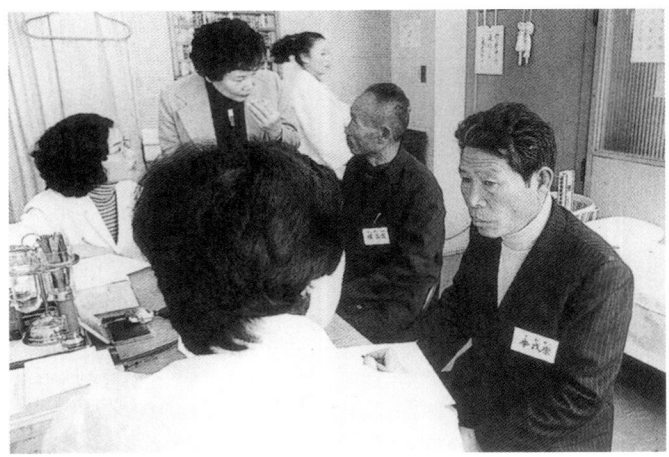

1979년 11월 18일 한일 양국 정부의 의 합의에 따라 도일치료를 받고 있는 한국인 피폭자들.

1945년 9월 15일 규슈 도바타(戶畑) 항에서 조국으로 돌아오던 미쓰비시중공업 나가사키조선소 조선인 노무자 246명이 이키 섬에서 배가 조난되면서 목숨을 잃었다. 강제징용으로 끌려갔던 이들은 원폭 당시 대부분 피폭된 것으로 추정된다. 사진은 1976년 8월 14일 그들 중 80여 명의 유골이 한국으로 귀환하는 모습.

1973년 경남 합천의 원폭피해진료소 개소식 모습. 이 진료소는 일본 핵병기금지평화건설국민회의가 기부한 770만 엔으로 건립되었다.

미국 육군병리학연구소가 일본으로 반환한 원폭 자료. 이 자료는 히로시마대학 원폭방사능의학연구소가 보관하고 있다.

원자폭탄,

1945년 히로시마 … 2013년 합천

책 머리에

한국이 원자폭탄 피해국가란 사실을 아는 이는 거의 없다. 히로시마와 나가사키에 원폭이 투하됐을 때 그곳에는 강제징용 등으로 끌려간 수많은 조선인이 있었다. 피폭으로 그들의 살갗은 그을려 벗겨졌고, 마지막 숨결에선 희뿌연 열기가 뿜어져 나왔다. 그렇게 목숨을 잃은 조선인이 수만 명이다.

운 좋게 살아남은 피폭자들은 해방된 조국으로 돌아왔지만 어느 누구 눈길조차 주지 않았다. 화상이 남긴 번들거리는 상처와 엉겨붙어 버린 손가락은 위로가 아닌 차별과 멸시의 낙인이 됐다. 전범국 일본이 원폭 피해자로 자처하며 평화공원을 지을 때 우리는 그들을 기억에서 지웠다. 왜 이런 일이 벌어졌을까? 이 책은 이 같은 물음에 대한 해답을 찾기 위한 시도이다.

조선인 피폭자들은 2중·3중의 피해를 입었다. 한국은 일제 식민지에서 벗어난 지 5년 만에 또다시 전란에 휩싸였다. 미국은 이 땅에서 전쟁을 치렀고, 우리는 그들을 해방군으로 반겼다. 원자폭탄은 일제로부터 민족을 구해낸 존재였고, 미국은 일제로부터, 또 공산주의로부터 우리를 지켜낸 영원한 우방이었다. 피폭자의 고통은 이념의 굴레 속에서 철저히 배격됐다.

국가로부터 버림받은 피폭자들은 홀로 현해탄을 건넜다. 60년 넘게 일본 정부를 상대로 투쟁을 벌이고 있다. 지금 바로 이 순간에도 일본의 어느 법정에선 조선인 피폭자의 외로운 싸움이 이어지고 있다.

그들 곁에는, 아이러니하게도 일본인이 있다. 일본의 수많은 양심세력이 그들과 고통을 함께하고 있다.

한국 정부는 피폭자에 대한 실태조사조차 한 번 하지 않았다. 조선인 피폭자의 삶을 기록한 보고서인 '한국의 히로시마'(2003)는 이치바 준코(市場淳子)라는 일본 여성이 썼다. 이 책은 이후 10년간 조선인 피폭자 문제에 대한 교과서처럼 통용되어 왔다. 경남 합천원폭피해자복지회관 위령각은 다카하시 고준(高橋公純)이란 일본인이 사비를 들여 건립했다. 다카하시는 조선인 피폭자가 세상을 뜨면 위패를 만들고, 우리는 그 위패에 절을 하고 있다. 제국주의와 원폭에 희생된 이 땅의 피폭자는 조국으로부터도 버림받은 최대 피해자다.

원폭이 있은 지 올해로 67년이 됐다. 피폭1세는 대부분 세상을 떠났다. 남겨진 2·3세는 방사선 피폭의 영향이 유전될지 모른다는 두려움과 대물림된 가난의 대물림에 고통받고 있다. 이 책이 이들을 되돌아보게 하는 계기가 되길 바란다.

다만 여기서 경계한다면, 피폭자에 대한 관심이 어떤 시혜처럼 인식되어서는 안 된다는 점이다. 일본은 1990년대 초 한국에 40억 엔을 지급하면서 인도주의적 차원의 지원이라는 전제를 달았다. 전쟁 책임이나 피폭자에 대한 배상이 아니라는 점을 분명히 했다. 당시 한국 정부는 이를 그대로 수용했고 결국 한국의 피폭자는 일본 정부가 베푼 시혜의 대상이 되고 말았다.

이 땅의 피폭자는 전범국 국민도 아니었고, 일제 식민정책에 의해 억울하게 희생된 피해자일 뿐이다. 많이 늦었지만 지금이라도 국가 차원에서 실태를 파악하고 일본과 미국 정부를 상대로 사과와 배상책임을 물어야 하는 이유가 여기에 있다.

유전 문제에 대한 접근방식도 달리할 필요가 있다. 그동안 일본 정부가 그랬듯이 우리는 이 문제에 대해 지나치게 의학적인 접근에 매몰되어 있었다. 이로 인해 '선(先)규명, 후(後)지원'이란 잘못된 접근법이 고착화됐고, 이는 피폭자 지원을 시혜로 만들어버리는 결과로 이어졌다.

피폭자 문제는 의학을 넘어 인권, 복지 차원에서 다뤄져야 한다. 이는 피폭2세가 고령에 이른 현시점에서 더욱 시급한 과제가 되고 있다.

이 책이 나오기까지 합천평화의 집 운영위원장 혜진 스님, 원폭문제공대위 강제숙 공동집행위원장, 합천평화의집 전은옥 대외협력팀장, 이령경 일본 릿쿄대학교 겸임교수, 한국언론진흥재단 양승혜 차장 등 여러분과 한국 원폭피해자를 지원하는 일본의 수많은 활동가가 큰 도움을 주셨다.

2012년 11월 12일
저자를 대표하여 김기진 씀

목차

책 머리에 /27
총 론 /35

제1부 원자폭탄 - 인간이 만든 저주　　　　　　　　47

1장 원자폭탄 - 시작과 끝　　　　　　　　　　　　49
1. 원폭 투하　　　　　　　　　　　　　　　　　　49
   1) 맨해튼 프로젝트　　　　　　　　　　　　　49
   2) 원폭 피해란?　　　　　　　　　　　　　　54
2. 미국은 왜 히로시마와 나가사키를 선택했나?　　58
3. 원폭 초기 피폭지역 조사　　　　　　　　　　　62
   1) 일본 정부 조사　　　　　　　　　　　　　62
   2) 미국 정부 조사　　　　　　　　　　　　　70
   3) 미·일 공동조사단 구성　　　　　　　　　　73
4. 미국의 원폭 피해 축소　　　　　　　　　　　　74

2장 조선인 피해 규모　　　　　　　　　　　　　　81
1. 피해 총괄　　　　　　　　　　　　　　　　　　81
   1) 히로시마　　　　　　　　　　　　　　　　81
   2) 나가사키　　　　　　　　　　　　　　　　88
   3) 방사선영향연구소　　　　　　　　　　　　89
   4) 미국에너지부　　　　　　　　　　　　　　90
2. 조선인 피해가 큰 이유　　　　　　　　　　　　90
   1) 일제의 식민정책　　　　　　　　　　　　　90
   2) 히로시마 조선인 피해 상황　　　　　　　　98
   3) 나가사키 조선인 피해 상황　　　　　　　　103
   4) 버려진 조선인 피폭자　　　　　　　　　　109
3. 경남 합천에 피해자가 많은 이유　　　　　　　111
   1) 자연재해와 수탈　　　　　　　　　　　　　111
   2) 고향을 등진 농민들　　　　　　　　　　　116
4. 북한 피폭자 실태　　　　　　　　　　　　　　118

제2부 유전과 트라우마   123

1장 대를 이은 저주   125
  1. 방사선 피해   125
    1) 방사선이란   125
    2) 방사선 선량 단위   126
  2. 방사선이 인체에 미치는 영향   127
    1) 방사선영향연구소 조사집단   127
    2) 방사선의 조기 영향   130
    3) 방사선의 지발(遲發·지연) 영향   131
    4) 방사선량   141
  3. 방사선의 유전적 영향   147
    1) 의학, 그 이상의 문제   147
    2) 방사선영향연구소 연구결과   148
    3) 전문가 인터뷰   158
  4. 유전 된다   160
    1) 피폭2세 백혈병 조사 보고서   160
    2) 노무라 다이세이 쥐 실험   162
    3) 쥐 실험 공방   181
    4) 진료 현장 의사들의 증언   184

2장 원폭의 또 다른 유전   189
  1. 차별과 가난   189
    1) 피폭자들의 귀국과 좌절   189
    2) 차별과 가난의 굴레   193
  2. 원폭 트라우마   195
    1) 트라우마의 개념   195
    2) 국내 트라우마 연구 동향과 사례   197
    3) 일본의 트라우마 연구 동향   202
    4) 합천 지역 피폭자들의 트라우마와 그 역사성   206
    5) 트라우마 해소 방안   210

제3부 원폭 실태조사와 제도   215
1장 원폭 실태조사의 역사   217
1. 일 본   217
   1) 원폭상해조사위원회와 방사선영향연구소   217
   2) 히로시마대학 방사선연구소   218
   3) 후생노동성 실태조사   219
   4) 히로시마·나가사키 실태조사   220
2. 한 국   224
   1) 개요   224
   2) 국가인권위원회 실태조사   224
   3) 한국보건사회연구원 실태조사   231
   4) 한국교회여성연합회 실태조사   238
   5) 1974년 합천지역 피폭자 실태조사   242
2장 버림받은 피폭자   249
1. 일본 피폭자 법적 투쟁   249
   1) 원폭증 인정 집단소송   249
   2) 도쿄(東京) 원폭소송   252
   3) 쿠와바라(桑原) 원폭소송   252
   4) 이시다(石田) 원폭소송   253
   5) 교토(京都) 원폭소송   253
   6) 아즈마(東数男) 원폭증 재판   253
   7) 히로세(廣瀨) 미불금 재판   254
2. 한국인 피폭자 법적 투쟁   255
   1) 개요   255
   2) 손진두 '수첩' 재판   256
   3) 곽귀훈 '통달 402호' 재판   259

4) 이재석 '원호법' 재판	259
5) 이강녕 '미불금' 재판	260
6) 최계철 '재외 피폭자 수당 신청' 재판	261
7) 장영준 '증인' 재판	262
8) 김순길 '원폭피해 배상과 미불금' 재판	266
9) 한국 법원의 '강제징용 배상' 판결	267
10) 헌법소원	268
3. 한국 피폭자 지원 특별법 무산	270
1) 17대 국회	270
2) 18대 국회	272
3) 19대 국회 입법 운동	276
4. 피폭2세 운동	277
1) 일본	277
2) 한국	286
3장 피폭자 지원제도	**291**
1. 일 본	291
1) 피폭1세를 위한 지원제도	291
2) 피폭2세를 위한 제도	295
2. 한 국	296
1) 도일치료	296
2) 현행 지원 제도	298
3) 원폭 피해자 지원 조례	304
4장 해결 과제	**306**
1. 인식의 전환	306
2. 일본 외에 미국을 상대로 한 배상 청구	307
3. 지원제도 개선	307
1) 피폭1세	307
2) 피폭2세	309

부　록　　　　　　　　　　　　　　　　　　　　311
  Ⅰ. 원폭관련 주요일지　　　　　　　　　　　　313
  Ⅱ. 1965년 한일협정문　　　　　　　　　　　　330
  Ⅲ. 헌법재판소 위헌 결정문　　　　　　　　　　334
  Ⅳ. 원폭 관련 법률 및 조례　　　　　　　　　　343
    1. 조진래 특별법안　　　　　　　　　　　　343
    2. 경상남도 원폭피해자 지원조례　　　　　　366
    3. 합천군 원자폭탄 피해자 지원 조례　　　　369
    4. 대구 동구 원폭피해자 지원조례　　　　　　372
    5. 일본 원자폭탄 피폭자에 대한 원호에 관한 법률　375
  Ⅴ. 손진두 일본 최고 재판소 판결문　　　　　　397
  Ⅵ. 트루먼 연설문　　　　　　　　　　　　　　405
  Ⅶ. 약어사전　　　　　　　　　　　　　　　　409

참고문헌　　　　　　　　　　　　　　　　　　411

지은이 소개　　　　　　　　　　　　　　　　　428

총 론

"전쟁은 아주 직접적이며, 그리고 강탈적인 폭력으로서 그것의
목적을 지향한다." (독일철학자 발터 벤야민).

원폭에서 일본과 미국은 모두 전범국이다. 일본은 전쟁을 도발해 원폭을 초래했고, 미국은 수십만 명을 학살하는 인류 역사상 최악의 전쟁범죄를 저질렀다. 하지만 조선인들은 2차 세계대전의 거대한 비극에서 주체가 아닌 강탈과 폭력의 산물을 짊어진 피해자이다. 이 전쟁의 산물은 피폭자 1세에 멈추지 않고 2·3세까지 파급되는 '재생산의 굴레'라는 트라우마였다. 또한 피폭자들은 '저주에 걸린 고리'를 주목하고 있다. 이들은 유전만을 이야기하지 않는다. 국가로부터 배제된 국민, 쫓겨나고 분리된 공동체, 가난의 대물림, 사회의 약자 등 이런 수식어들은 피폭자들에게 공포 그 자체이다.

이 책은 조선인 피폭자들의 역사·정치·경제·사회적 트라우마 재생산을 극복하고 해소방안을 찾으려는 작은 시도를 담고 있다. 원폭 투하 이후 미군의 점령과 배제의 정책은 피폭자의 입장을 이해하지 않고 은폐·축소하는데 집중되어 있었다. 이번 책은 조선인 입장에서 모든 문제를 이해하고 풀어가려는 의도를 가지고 있다.

1. 이 책을 쓴 이유는?

일본에 원자폭탄이 떨어진지 67년이 지났다. 그런데도 이 문제가 현재 진행형인 것은, 원폭이라는 '전쟁범죄'에 대한 책임추궁이 전혀 없었다는 역사적 과제가 남아 있기 때문이다. 미국은 민간인 수십만 명을 무차별 살상하는 야만적인 전쟁범죄를 저질렀지만 그 어떤 책임도 지지 않았고, 원

폭을 초래한 제국주의 일본은 자국민을 몰살시킨 전범국으로서의 반성은 커녕 오히려 핵에 대한 야욕을 키우면서 원자폭탄이란 인류적 재앙을 눈 감아 버렸다.

이 과정에서 전쟁과는 전혀 무관한 조선인 피폭자들은 철저하게 희생양이 됐다. 조선인 피폭 문제는 단순히 금전적 배상 차원에서 다뤄질 사안이 아니다. 최근 일본에서 백혈병의 유전 가능성을 인정하는 연구결과가 나오면서 피폭자 자녀의 건강에 대한 우려가 다시 제기되고 있다.

이 책은 조선인 피해 규모와 그들의 고통스런 삶을 살펴본다. 또 방사선 피폭의 유전적 영향에 대한 연구기관과 학자들의 다양한 주장을 정리해 막연한 불안감을 갖고 있는 국내 피폭자들에게 정보를 제공함에 목적이 있다. 방사선 피폭의 유전적 영향에 대한 연구는 최근 국내서 최대 이슈가 되고 있는 원자력발전소의 안전성 논란도 직결되는 사안이다.

이 책은 조선인 피폭자들이 일본 정부에 맞서 싸워 온 역정과 현재 전개되고 있는 피폭자 운동을 소개하고, 아울러 일본 정부가 피폭자를 위해 어떤 정책을 펴고 있는지 살펴봄으로써 국내의 피폭자 지원정책 수립에 하나의 지침을 제공하고자 한다.

2. 책은 어떻게 만들어졌나?

국내에서는 경남 합천지역 피폭자를 집중 인터뷰했다. 원폭피해자복지회관에 거주하는 피폭1세와 지역 내 피폭1·2세 등 100여 명을 면접 조사했다. 국회도서관과 국가기록원, 국사편찬위원회, 일제강제동원진상규명위원회, 대학 도서관 등 기관과 피폭자 개인이 소장하고 있는 각종 기록, 신문 자료를 수집했다. 국내에서 발표된 원폭과 관련한 모든 논문과 단행본을 검토했다. 국가인권위원회 등이 실시한 피폭자 실태조사 보고서를 모두 입수해 분석했다. 대한적십자사로부터 피폭자 현황과 지원에 관한 자료를 받아 정리했다.

　일본에서는 히로시마, 나가사키, 오사카, 후쿠오카, 도쿄, 후쿠시마 등 6개 도시에서 관련 기관·단체와 전문가를 인터뷰하고 자료를 수집했다.

　히로시마에 있는 방사선영향연구소를 방문해 그동안의 연구 성과에 대해 브리핑을 듣고 관련 자료를 입수했다. 오사카 소재 의약기반연구소, 나가사키대학 등 관련 연구시설과 원수폭금지일본협의회, 원수폭금지일본국민회의, 원수폭피해자단체협의회, 전국피폭자청년동맹 등 관련 단체에서 관계자를 인터뷰했다. 피폭자 진료기관인 히로시마공립병원과 피폭자 복지시설인 히로시마원폭양호 등을 방문해 실태를 파악했다.

　일본 국립공문서관, 외무성, 후생노동성, 국회, 나가사키 시청, 히로시마 평화기념자료관, 나가사키원폭자료관, 나가사키원폭사몰자추도평화기념관 등지에서 자료를 수집했고, 도쿄 간다(神田) 고서점가를 뒤져 많은 자료를 입수했다. 후쿠시마에서는 원전 사고 이후 주민들의 삶을 살펴보고 방사선 분야 전문가를 심층 인터뷰했다.

3. 이 책의 구성은?

　이 책은 크게 3부분으로 구성된다. 먼저, 제1부는 원자폭탄의 개발 과정과 살상력, 전체적인 피해 규모, 원폭 직후 미·일 양국의 현장조사 결과를 정리하고, 특히 조선인 피해 규모와 경상남도 합천에 피폭자가 많은 이유를 집중적으로 분석하고 있다.

　제2부는 사실상 책의 핵심으로, 방사선 피폭의 유전 문제를 심도 있게 다룬다. 유전성을 부인하는 방사선영향연구소의 방대한 연구결과를 정리하고, 이에 맞서 유전성을 강력히 주장하고 있는 노무라 다이세이(野村大城) 오사카대학 명예교수의 쥐실험 결과와 카마다 나나오(鎌田七男) 히로시마대학 명예교수 등 연구팀의 피폭2세 백혈병 조사결과 등을 소개한다.

아울러 의학 측면에서의 유전 외에 피폭자들이 운명으로 안고가야 하는 가난과 차별, 트라우마라는 또 다른 유전 문제를 다룬다.

제3부는 버림받은 조선인 피폭자들의 힘겨운 투쟁 과정을 보여준다. 국내 피폭자들이 밀항까지 감행하며 일본으로 건너가 벌인 소송전과 일본 내 원폭 관련 주요 판결을 정리했다. 또 일본과 한국에서 실시된 피폭자 조사와 지원 실태, 그리고 피폭2세 운동 등을 소개하고 과제와 해결방안을 제시한다.

4. 이 책의 주요 내용은?

이 책은 60여년에 걸친 원폭의 역사를 담고 있다. 이를 간략히 소개하면 다음과 같다.

1945년 8월 초 일본 히로시마와 나가사키에 원자폭탄이 투하되었다. 원폭 직후 일본은 군과 민간 전문가를 투입해 폭탄의 실체 파악에 들어갔다. 미국도 실전에 최초로 사용한 원폭이 과연 어떤 결과를 가져왔는지 확인하기 위해 대규모 조사단을 파견했다.

일본 육군성 의무국은 8월 11일자 보고를 통해 히로시마에서 사망 3만 명, 부상 10만 명이 발생했다고 확인했다. 그러나 이는 시작에 불과했다.

일본과 공동조사단을 구성한 미국은 무차별 대량학살에 대한 비난을 피하기 위해 피해 축소에 주력했다. 특히 원폭증을 둘러싸고 미국을 비난하는 루머가 나돌자 맨해튼관구조사단 책임자 파렐 준장은 1945년 9월 6일 일본 도쿄에서 기자회견을 열어 "원폭증으로 죽을 사람은 이미 죽었고, 현재는 원폭증으로 고통 받는 사람이 전무하다"고 발표했다. 그는 이틀 뒤 다시 기자회견을 자처해 "원폭의 폭풍, 열선에 의한 파괴력은 예상보다는 컸지만 방사선의 효과는 한정적이었다"고 주장했다. 그리고는 모든 언론을 통제했다.

일본 정부는 피해실태를 파악하기 위해 장기간에 걸쳐 조사했지만 결국 추정치를 내놓는데 그쳤다. 실태파악의 전제인 인구통계 등 기초자료가 원폭으로 모두 소실되고 말았기 때문이다.

방사선영향연구소(RERF, 이하 방영연)는 원폭 후 2개월에서 4개월 사이에 숨진 급성사망자(acute death)를 히로시마 9만~16만 6,000명, 나가사키 6만~8만 명으로 추산한다. 당시 히로시마 인구는 34만~35만 명, 나가사키 인구는 25만~27만 명으로 추정했다. 그런데 이 수치에는 입시피폭자 등 저선량 피폭자는 반영돼 있지 않다. 또 조선인 피폭자가 얼마나 포함돼 있는지 전혀 알 수 없다. 원폭 당시 조선인 대다수는 일본인과 떨어져 집단숙소나 판잣집 등에 거주하고 있었기 때문에 전체 인원수를 파악하기가 불가능하다.

조선인 피해규모와 관련, 히로시마·나가사키 시 원폭재해지편집위원회가 1979년 발간한 『히로시마·나가사키 원폭재해』(廣島·長崎の原爆災害)는 히로시마에서 조선인 4만~5만 명이 피폭됐고 그 중 5,000~8,000명이 피폭 직후 사망한 것으로 추산했다. 나가사키에는 1만 2,000~1만 4,000명의 조선인이 있었고, 그중 1,500~2,000명이 사망한 것으로 보고서는 추정했다. 이 같은 수치는 한국원폭피해자협회가 추정하는 사망자 수(히로시마 3만 명, 나가사키 1만 명)와 상당한 차이를 보인다. 결국 현 시점에서 조선인 피해규모를 파악하는 방법은 한국 정부가 국내 피폭자와 그 자녀를 대상으로 전수조사를 실시하는 것뿐이다.

조선인 피폭자 중에는 경남 합천지역 주민이 상당히 많다. 이는 1920년대 들어 극심한 홍수와 가뭄이 되풀이 된데다 지주들의 횡포와 일제의 수탈로 주민 생활이 파탄에 이른 게 주된 요인이다. 고향을 등진 주민 중 상당수가 값싼 노동력이 절실했던 히로시마로 넘어갔다. 1974년 원폭피해자원호협회 합천지부가 실시한 피폭자 실태조사에 따르면 합천지역 원폭 생존자는 3,867명으로 17개 면 중 율곡면이 1,165명으로 가장 많고, 합천면

(682명), 대양면(632명), 쌍책면(543명), 용주면(532명) 등이 500명이 넘었다.
　그동안 국내에서는 피폭자 실태조사가 부분적으로 실시된 적이 있다. 그러나 그 모두가 설문조사 수준을 넘지 못했다. 가장 최근에 있은 실태조사는 2004년 국가인권위원회가 인도주의실천의사협의회에 의뢰한 '원폭피해자 2세의 기초현황 및 건강실태조사'로, 일부 피폭자를 대상으로 건강검진과 심층인터뷰를 하기는 했지만 예산 문제 등으로 사실상 우편설문에 그치고 말았다.
　이에 앞서 1990년 한국보건사회연구원의 피폭자 실태조사와 1979년 한국교회여성연합회의 실태조사 등도 있었지만 정책적 성과를 전혀 이끌어내지 못했다.
　원폭과 관련해 최근 가장 이슈가 되는 분야는 유전이다. 방사선 피폭이 대를 이어 영향을 미치는가 하는 문제이다. 논란은 원폭 직후 시작되었고 60년이 훨씬 지난 지금까지도 결론을 내리지 못한 난제다. 방영연은 유전성이 없다는 입장이고, 일본 정부는 이를 근거로 유전성을 공식 부인하고 있다.
　방영연은 방사선 피폭의 영향을 확인하기 위해 27만 7,000여명에 이르는 대규모 조사집단을 설정했다. 방영연은 방사선이 각종 암의 발생 위험을 높이고 면역기능을 떨어뜨리며, 지능지수와 성장 등에도 상당한 영향을 미친다는 조사결과를 내놨다. 그러나 핵심인 유전성에 대해선 부정적인 입장을 고수하고 있다. 방영연은 1948년부터 현재까지 사산, 기형 등 출생시 장애(조사대상 인원수 7만 7,000명)와 염색체 이상(1만 6,000명), 암 발생률과 사망률(8만 명), DNA 이상(1,000 가족) 등을 조사·연구해 왔지만 그 어디서도 유전적 영향을 발견할 수 없었다고 주장하고 있다.
　방영연은 DNA 속에 이미 수많은 돌연변이가 축적돼 있는데다 유전자에 돌연변이가 생길 확률이 수십만 분의 1로 매우 낮고, DNA가 결함을 서로 보완하는 기능을 갖고 있기 때문이라고 설명하고 있다.
　방영연의 나카무라 노리(中村典) 주석연구원은 "유전적 영향이 없다는 것이 아니라 있을 가능성이 매우 낮다"는 말로 결론지었다. 나카무라가 이렇게 말한 것은 단정적인 단어를 사용하지 않는 과학자 특유의 표현방식이기도 하지만, 한편으로는 의학기술의 발달에 따라 전혀 새로운 결과가 나올 수 있다는 가능성을 염두에 둔 것으로 보인다.

　방영연 연구결과에 정면으로 반론을 제기하는 학자가 상당수 있다. 가장 최근 연구는 피폭2세의 백혈병 발생률 조사이다. 카마다 나나오(鎌田七男) 히로시마대학 명예교수를 주축으로 한 일본 연구진은 2012년 6월 히로시마 피폭자 자녀의 백혈병 발생에 관한 연구보고서를 통해 피폭2세의 백혈병 유전 가능성을 제기했다. 연구진은 1946~1955년 사이에 태어난 피폭2세 중에서 35세가 되기 전에 백혈병에 걸린 49명을 분석한 결과, 부모 양쪽 모두가 피폭된 자녀가 26명인 사실을 확인했다. 이는 아버지만 피폭된 경우(6명)와 어머니만 피폭된 경우(17명)보다 훨씬 많은 것으로, 방사선 피폭에 따른 영향일 가능성이 높다는 게 연구진의 판단이다.

　노무라 다이세이(野村大城) 오사카대학 명예교수는 40년간 쥐 실험을 통해 방사선 피폭이 유전적으로 영향을 미칠 수 있다고 주장한다. 노무라는 수많은 쥐 실험을 통해 방사선에 피폭되면 일반인보다 훨씬 쉽게 암에 걸릴 수 있다는 사실이 확인됐다고 주장한다. 즉 암은 생활환경과도 밀접한 연관을 갖는데 동일한 환경 속에서 살더라도 피폭자 자녀가 비 피폭자 자녀에 비해 암에 걸릴 가능성이 높다는 것이다.

　노무라 연구결과에 대해 쥐와 인간은 근본적으로 종(種)이 다르기 때문에 쥐 실험결과를 그대로 인간에 적용할 수 없다는 반론이 있다. 그러나 히로시마공립병원 마루야 히로시(丸屋博) 명예원장을 비롯해 의료현장에서 피폭자와 그 자녀를 진료했던 상당수 의사들은 유전 가능성을 강력히 제기하고 있어 어느 한쪽으로 결론을 내리기가 쉽지 않은 상황이다.

　방사선 피폭의 유전적 영향에 대한 국내의 연구는 전무하다. 한국 정부는 일본 정부의 방침을 그대로 수용하고 있다. 이에 따라 피폭자 지원업무를 맡고 있는 대한적십자사도 피폭2세에 대해선 그 어떤 지원도 하지 않고 있다.

피폭1세는 일본 정부로부터 수당 등을 지급받고 있다. 그러나 피폭자 문제는 단순히 금전적인 보상이나 배상으로 끝날 사안이 아니라는 데 문제의 심각성이 있다. 피폭2세들은 유전 가능성에 대해 상당히 불안해하고 있다. 의학기술의 발달에 따라 방영연 연구 곳곳에 허점이 드러나고 있는데다 현실에서 유전성을 의심할 수밖에 없는 수많은 사례를 목격해 왔기 때문이다. 이는 트라우마(trauma)라는 또 다른 과제를 던진다.

피폭자 트라우마에 대한 연구는 일본에서도 2008년 이후에야 본격적으로 진행되고 있다. 히로시마 시가 원자폭탄실태조사연구회에 의뢰해 실시한 피폭자 조사에서 조사대상자 3만 7,000여 명 중 13%가 트라우마 증세를 갖고 있는 것으로 확인됐다. 필자가 경남 합천지역 피폭자들을 취재하는 과정에서도 이와 유사한 경향이 나타났다. 트라우마가 단시일에 치료될 수 있는 증세가 아니라는 점을 감안할 때 정부 차원의 정책적 접근이 요구된다.

이런 점에서 경상남도가 2011년 12월 원폭피해자 지원조례를 제정한 것은 상당히 고무적인 일로 받아들여지고 있다. 이 조례는 피폭1세는 물론 그 자녀까지 지원 대상으로 했다는 점에서 대단히 획기적이다.

5. 이 책이 못 푼 과제는?

방사선 피폭의 유전성 문제는 매우 전문적인 분야다. 의사들조차도 유전학을 전공하지 않은 이상 제대로 설명하기 어려울 정도였다. 이런 상황에서 신문기자인 필자가 이를 풀어쓰기란 여간 힘든 게 아니었다. 과거 국가인권위나 보건사회연구원 등의 조사는 유전 분야 전문가가 참여하지 않은 상태에서 이뤄진 것이라 근본적인 한계를 지닐 수밖에 없었다.

따라서 향후 정부 차원의 피폭자 조사 실시된다면 유전학 전문가를 반드시 참여시킬 필요가 있다. 반세기 넘게 연구해온 일본에서도 극심한 의견대립이 있어 온 만큼 다양한 의견을 가진 전문가를 최대한 많이 참여시켜 연구결과에 객관성을 기해야 한다. 특히 수 십 년에 걸쳐 연구경험과 자료를 축적한 일본 학자들과의 공동연구를 적극적으로 검토해야 한다.

이 책을 쓰면서 국내에 관련 자료가 거의 없다는 사실에 놀라지 않을 수 없었다. 몇몇 단행본이 있지만 이치바 준코의 『한국의 히로시마』를 제외하고는 피폭자 구술 자료집 수준에 그쳤다. 논문들도 단행본과 국가인권위 등의 조사결과를 정리한 원론에서 벗어나지 못했다. 유전 문제를 다룬 자료는 전무했다.

원폭의 저주가 대를 이어 유전되길 바라는 이는 아무도 없다. 피폭자 당사자는 물론이고 예산부담을 떠안아야 할 정부도 마찬가지다. 그렇다고 해서 일본 정부의 입장을 비판 없이 그대로 수용하는 것은 문제다.

한국도 독자적으로 이를 조사해 결론을 내려야 할 시점이다. 일본에 있는 방영연는 미국 정부가 주도해 설립한 시설인데다 지금도 미국인이 연구소 운영과 연구 작업에 참여하고 있다. 가해자가 피해자를 연구하고 있으니 그들이 내놓는 조사결과에 의혹이 따를 수밖에 없다. 일본은 생명윤리와 개인정보 등을 이유로 피폭자에 대한 민간차원의 조사를 엄격히 통제하고 있다. 그러나 이는 원폭 직후 미국이 점령국 지위를 이용해 실시했던 통제가 그대로 이어져 온 것이나 다름없다. 한국에서 일본을 비롯한 국내·외 연구진을 대거 참여시킨 가운데 유전성 문제를 규명한다면 이 분야에 새로운 지표를 제시할 수 있을 것으로 기대된다.

이 책은 일본 자료에 거의 전적으로 의존했다. 미국은 원폭 직후 현장조사를 하면서 엄청난 양의 사체 시료를 가져갔지만 연구결과는 공개하지 않고 있다. 원폭의 진실을 제대로 규명하기 위해선 미국 자료를 적극적으로 발굴할 필요가 있다.

제1부
원자폭탄
-인간이 만든 저주

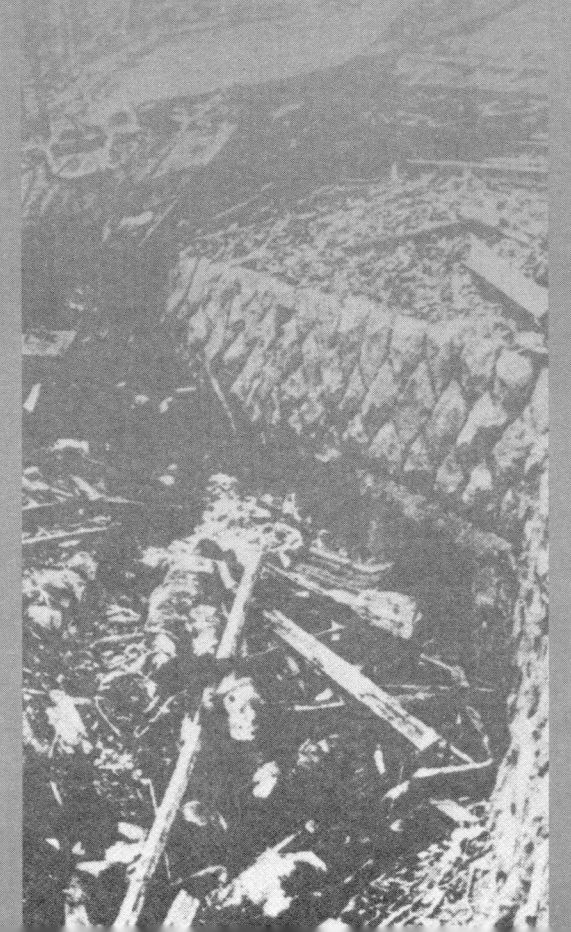

제1부 원자폭탄-인간이 만든 저주 49

1장 원자폭탄 – 시작과 끝

1. 원폭 투하

1) 맨해튼 프로젝트

1945년 8월 6일(월요일) 오전 8시 15분 미국 B-29 폭격기 '에놀라 게이'(Enola Gay)는 일본 히로시마(廣島)시 9,600m 상공에서 원자폭탄 '리틀 보이'(Little Boy)를 투하했다.[1] 우라늄으로 제작된 리틀 보이는 43초 뒤 580m 상공에서 폭발했고 TNT 2만 t의 가공할 파괴력으로 도시 중심부 12Km²를 초토화시켰다. 미국은 사흘이 지난 9일 오전 11시 1분 나가사키(長崎)시에도 플루토늄 핵폭탄 '팻맨'(Fat Man)을 투하했다. 이 폭탄은 1만 8,000m 상공까지 버섯구름을 만들며 항구도시를 일순간 잿더미로 만들었다.[2]

원자폭탄 제조는 독일에서 망명한 과학자들과 미국 정부에 의해 '맨해튼 프로젝트'(Manhattan Project)라는 이름으로 추진되었다. 1939년 8월

---

[1] 리틀 보이의 투하고도에 대해서는 자료에 따라 약간의 차이가 있다. 9,600m(Kerr, G. D. and Bailey Ⅱ, C. W., 1971)라는 기록이 있는가 하면, 9,470m(Pimlot, J. L.(Consultant editor), 1989)였다는 설명도 있다. 에놀라 게이 비행기록에는 3만 1,600ft(9,631m)로 되어 있다(HEAD QUARTERS TWENTIETH AIR FORCE APO 234, Tactical Mission Report, Mission No. Special Flown 20-July-14 aug 1945).
리틀 보이는 당초 아이오이 다리(相生橋)가 목표 지점이었으나 그곳에서 240m 떨어진 시마(島) 외과병원(당시 사이쿠마치(細工町) 29-2번지) 상공에 떨어졌다. 이곳은 히로시마 원폭돔으로부터 남동쪽 약 16m 지점이다.
[2] 팻맨은 현 나가사키 평화공원의 원폭중심비석으로부터 남남동쪽 약 30m 지점에 떨어졌다. 목표했던 지점은 미쓰비시중공업 나가사키 조선소와 병기제작소였다. (Wainstock, D. D., 1996, p.92 ; Kerr, G. D. and Solomon, D. L., 1976 ; 中村勝次, 「長崎市原子爆彈被害調査報告」, 1953a, 177쪽).

아인슈타인(Albert Einstein, 1879~1955)과 물리학자 실라르드(Leó Szilárd, 1898~1964)가 주고받은 편지에는 "엄청난 파괴력을 지닌 새로운 유형의 폭탄"이 개발될 수 있다는 놀라운 사실이 담겨 있었다.[3] 이 편지는 루스벨트(Franklin D. Roosevelt, 1882~1945) 대통령에게 전달되었는데 편지의 핵심은 나치 독일이 원자폭탄을 만들 수 있다는 우려와 경고였다. 루스벨트는 그 해 10월 원자폭탄 개발을 위한 연구를 지시했다.

1941년 10월 9일 "도시 전체를 불태울 수 있으며, 단 한 번의 사용으로 수십 만 명을 죽일 수 있는 폭탄"을 만들어야 한다고 역설한 루스벨트는[4] 같은 해 11월, 3~4년 내로 실전에 사용할 수 있는 핵무기를 개발하기로 결정했다. 이후 미국은 독일이 원자폭탄 개발에 실패해 프로젝트를 포기했다는 정보를 입수했지만 이를 무시하고 계획을 강행했다.

군의 지휘 아래 1942년 8월 맨해튼 프로젝트가 시작되었고 그로브스(Leslie R. Groves · 1896~1970) 소장이 이를 총지휘했다. 그로브스는 1943년 3월 뉴멕시코 주(州) 로스알라모스(Los Alamos)에 연구시설을 설치하고, 물리학자 오펜하이머(Julius Robert Oppenheimer · 1904~1967)를 책임자로 임명했다. 하지만 우라늄을 농축하고 플루토늄을 생산하기 위해선 대규모 시설이 필요했다. 화학, 금속, 전기, 건설 등 거의 모든 분야에서 대기업들이 참여했다. 특히 듀폰은 플루토늄 생산기술과 자금을 댔다. 듀폰은 워싱턴 주 컬럼비아 강변 핸포드(Hanford)에 화학반응로, 분리공장, 원료설비, 가옥, 도로 등을 건설하는 데 2,500만 달러를 투자했다.[5] 1945년까지 맨해

---

[3] 아인슈타인과 루스벨트 사이에 보낸 편지는 1939년 8월 2일, 1940년 3월 7일 · 25일, 1945년 3월 25일 총 4통이다. 자세한 내용은 "Albert Einstein's Letters to President Franklin Delano Roosevelt"에서 확인할 수 있다(http://hypertextbook.com/eworld/einstein.shtml#first). 실라르드와 아인슈타인과의 편지 내용은 "Leo Szilard Online" (http://www.dannen.com/szilard.html)에서 확인할 수 있다.
[4] Walker, J. S., *Prompt and utter Destruction: Truman and the Use of Atomic Bombs Against Japan Chapel Hill*, University of North Catolina Press, 1997, p.13.
[5] 전성원, 「뒤퐁 가문」, 『인물과 사상』 146, 인물과사상사, 2010, 78~79쪽.

1945년 8월 이전 맨해튼 프로젝트가 진행된 미국 및 캐나다 지역(Manhattan Project US Canada Map).

튼 프로젝트에 들어간 자금이 18억 8,960만 달러에 달했다.[6] 투입된 인원도 프로젝트가 절정에 이르렀을 때 12만 5,000명에 이르렀다. 그러나 이 프로젝트는 극비리에 진행되어 외부에선 아무도 알지 못했다. 영국 과학사 전문가인 레비(Joel Levy)가 "프로젝트 참가자 중 상당수도 히로시마와 나가사키에 원자폭탄이 투하되었다는 보도가 나간 뒤에야 자신이 어떤 일을 하고 있었는지 짐작할 수 있었다"고 말할 정도였다.[7]

트루먼 대통령이 히로시마 원폭 직후 발표한 연설[8]에서도 "수많은 사람

---

[6] Schwartz, S. I., *Atomic Audit: The Costs and Consequences of US Nuclear Weapons,* Washington, D. C.: Brookings Institution Press, 1998. 구체적인 예산 규모는 오크리지 1,188,352,000달러, 헨포드 390,124,000달러, 특수 재료 운용 103,369,000달러, 로스앨러모스 74,055,000달러, 연구개발 69,681,000달러, 정부 간접비 37,255,000달러, 중수 생산 설비 26,768,000달러 등이다.
[7] 조엘 레비, 서지원 역, 『비밀과 음모의 세계사』, 휴먼앤북스, 2005, 249쪽.

히로시마·나가사키 지역에 투하된 핵폭탄을 제작했던 오크리지 K-25 플랜트.
(출전 : American Museum of Science and Energy)

원 안의 건물이 우라늄농축 공장이었던 오크리지 S-50 플랜트. 현재 이 건물은 남아있지 않다.(출전 : http://www.mphpa.org)

들이 2년 6개월 동안 원자폭탄을 만들어왔지만 이를 아는 이는 거의 없었다. 생산시설로 많은 자재가 들어갔지만 밖으로 나오는 것은 아무도 보지 못했다. 원자폭탄이 아주 작기 때문이다"고 밝힌 바 있다.

원자폭탄이 생산단계에 이른 1945년 4월 12일, 루스벨트가 뇌출혈로 사망하면서 부통령이던 트루먼(Henry S. Truman, 1884~1972)이 대통령직을 승계했다. 트루먼은 취임 후 첫 각료회의가 열린 1945년 4월 25일 전쟁부 장관(Secretary of War) 헨리 스팀슨(Henry L. Stimson, 1867~1950)로부터 원

───
8) 트루먼 연설문은 부록Ⅵ 참조.

나가사키에 원자폭탄 팻맨(Fat Man)을 투하한 B-29 폭격기 벅스카(Bockscar).

나가사키에 투하된 팻맨.

자폭탄 개발 사실을 보고받았다.

트루먼은 스팀슨과 루스벨트 행정부의 핵심참모와 맨해튼 프로젝트 주요 책임자 등 28명으로 구성된 임시위원회 구성을 지시했다.[9] 이 위원회는 폭탄의 완성도를 높이는데 주력했다. 그러나 원자폭탄의 엄청난 살상력이 드러나면서 군부 내에서 사용을 우려하는 목소리[10]가 나오기 시작했다. 특히 핵무기 개발의 단초를 제공한 실라르드를 비롯해 프로젝트에 참가한 과학자 150여명이 1945년 6월 원폭 사용을 자제해 달라는 청원서를 트루먼에게 제출하기도 했지만 받아들여지지 않았다.

1945년 7월 16일 오전 5시 29분 '트리니티 사이트(Trinity Site)'라는 작전명에 따라 뉴멕시코 주 트리니티 사이트에서 사상 최초의 핵폭탄 실험이

---

[9] 나종남·박일송, 「전쟁의 시대적 양상 ; 트루먼 행정부의 태평양 전쟁 종전방안 논의: 원자폭탄 사용 결정 1945년 6월부터 8월까지」, 『서양사연구』 제36집, 한국서양사 연구회, 2007, 93쪽.

[10] 조지 마셜 육군참모총장은 원자폭탄이 민간인 거주지 및 시설에 사용되는 것은 반대했다(Frank, R. B, *Downfall: The End of the Imperial Japanese Empire*, 1999, pp. 252~268. ; 나종남·박일송, 위의 논문, 116쪽 재인용).

진행되었다. 이 핵폭탄은 일본에 투하된 것과 같은 것으로, 직경 76m의 거대한 구덩이를 만들고, 충격파가 160km에 달했다. 이로써 미국은 인류 역사상 최초로 실전에 사용할 핵무기 개발을 완료했다.

맨해튼 프로젝트는 1946년 12월 31일 과제를 종결했으며, 미군 군사부문 맨해튼 지구만 1947년 8월 15일까지 유지되었다.[11] 1945년 12월 미국 국가안전위원회는 1943년부터 1945년까지 프로젝트 참가자 중 62명이 사망했고 3,879명이 각종 장애를 겪었다고 밝혔다.

2) 원폭 피해란?

원자폭탄의 가공할 살상력은 열·폭풍·방사선이라는 3가지 요소로 구성된다. 폭풍 50%, 열상 35%, 방사선 15%(초기방사선 5%, 잔류방사선 10%)라는 게 일반적인 분석이다. 히로시마의 경우, 원자폭탄이 터진 폭발점 온도는 100만 ℃ 이상 되었고, 폭심지 지표면 온도는 3,000~4,000℃에 달했다. 핵폭발로 대기상태가 급격히 변화하면서 원폭 구름이 10km 상공까지 치솟았다. 이 구름은 히로시마 현 내 모든 곳에서 목격될 정도였다. 강력한 폭풍은 4km 이상 파괴력을 미쳤다. 열과 폭풍으로 폭심지로부터 2km 이내는 전파, 전소되어 남아난 게 없었다.

그러나 생명체에 가장 심각한 영향을 미친 것은 방사능이었다. 히로시마는 원자폭탄이 터짐과 동시에 거대한 불길과 폭풍에 휩싸였다. 이어 20~30분이 지난 뒤 도시 북서부지역을 중심으로 많은 비가 내렸다. 갑자기 비가 내리면서 여름인데도 한기가 들 정도로 기온이 급격이 떨어졌다. 비는 처음 1~2시간 동안 폭발과 화재로 생긴 먼지와 그을음이 한데 뒤섞여 쏟아져 내렸다. 소위 '검은 비'가 내린 것이다. 방사능 덩어리인 검은 비가 내린 뒤 강과 연못에는 죽은 물고기들이 떠오르기 시작했다. 심한 갈증을

---

[11] Vincent, J., *Manhattan: The Army and the Atomic Bomb*, Washington, D.C.: United States Army Center of Military History, 1985, p.600.

나가사키 원폭 현장의 한 건물. 판자 벽에 남아있는 병사와 사다리 그림자. 이 곳은 폭심지로부터 4,400m 떨어진 곳이다. 이 그림자는 원폭 열선에 의해 생긴 것이다. 병사와 사다리에 가렸던 곳만 열선에 타지 않았다.

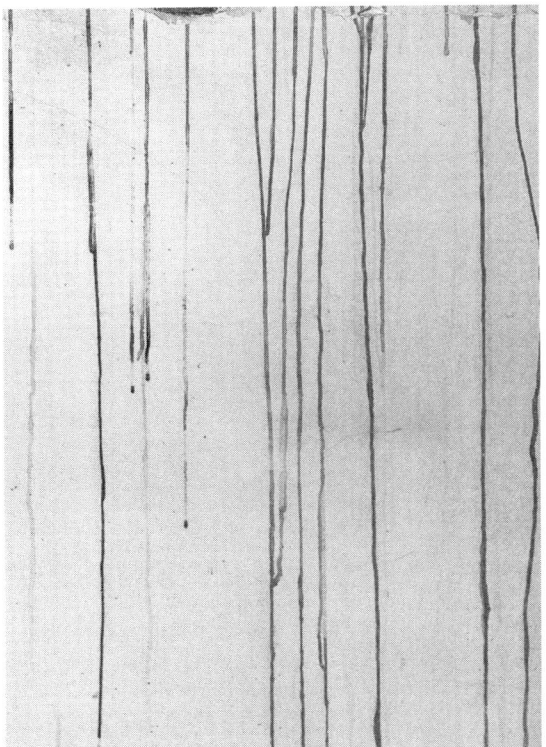

흰 벽에 남아 있는 검은 비의 흔적.

히로시마 폭심지로부터 약 3,700m 떨어진 지점에서 검은 비를 맞은 한 피폭자가 바지를 내보이고 있다.

원폭 열선에 노출된 부분만 하얗게 타버린 오렌지. 사진은 코이(己斐) 지구에서 촬영된 것이다.

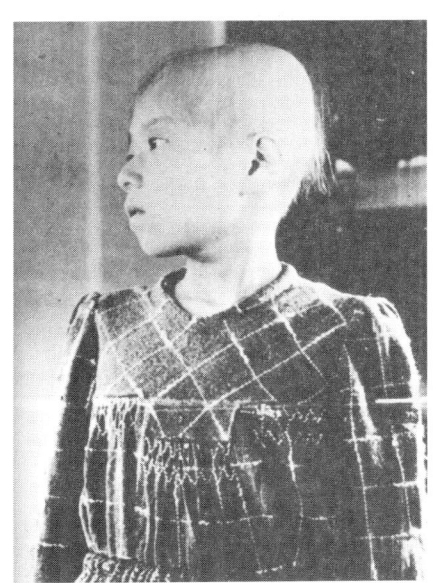 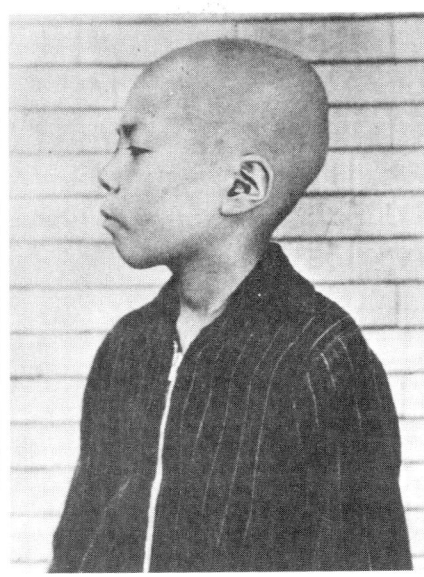

피폭된 자매의 모습. 후나이리(舟入, 폭심지로부터 2km 지점)에 거주하던 자매는 탈모증을 보였다.

견디다 못해 이 물을 마신 사람들은 3개월 동안 설사가 계속되었다.

방사능은 냄새도, 맛도, 색깔도, 촉감도 없다. 더구나 당시에는 방사능이란 존재조차 알지 못했다. 사람들은 검은 비를 흙먼지 정도로만 여기며 가족을 찾아 몇 날 며칠을 잔해 속을 헤매다녔다.

원자폭탄을 만든 당사자인 미국조차도 그 위험을 제대로 파악하지 못한 것으로 보인다. 미군 수뇌부는 1945년 8월 10일 조사단 파견을 결정했고 많은 인원을 원폭 현장에 투입했다. 하지만 그들 보고서 어디에도 방사능 피폭의 위험성을 경고한 내용은 보이지 않았다. 미국은 원폭 후 1년 반이 지나 히로시마와 나가사키에 원폭상해조사위원회(Atomic Bomb Casualty Commission, 약칭 ABCC)[12]를 설립했는데 목적은 방사선이 인체에 미치는 영향을 파악하는데 있었다.

---

[12] 2장부터 언급되는 방사선영향연구소(방영연)의 전신.

2. 미국은 왜 히로시마와 나가사키를 선택했나?

일본에 원자폭탄을 사용하기로 결정한 미국은 폭탄 개발에 박차를 가하면서 한편으론 로스알라모스연구소에 '원자폭탄 투하 목표도시 설정위원회'(The Target Committee)를 구성해 목표물에 대한 검토 작업을 진행했다. 목표물에는 당초 수도 도쿄(東京)를 포함해 교토(京都), 요코하마(橫濱), 고쿠라(小倉)등 180곳이 대상에 올랐으나, 수개월에 걸친 검토 끝에 1945년 7월 25일 히로시마, 고쿠라(小倉), 니가타(新潟), 나가사키 등 4개 도시로 압축되었다.

이들 도시가 목표물이 된 것은 지름이 3마일 이상으로 큰 도시이면서 전쟁수행에 중요한 역할을 하고 있어 폭격의 효과를 극대화시킬 수 있었기 때문이다. 아울러 대부분 야간 기습폭격 대상에서 제외된 지역으로, 치명적인 무기를 생산할 수 있는 곳으로 추정되었다. 목표도시 설정위원회는 최종 목표물을 선정하면서 "목표 도시를 정할 때 폭격으로 일본 제국이 얼마나 큰 정신적 충격을 받을지, 또 국제적으로 얼마나 큰 파장을 일으킬지가 가장 중요하다. 교토는 군수사업 요충지이자 일본인에게 정신적인 고향과도 같은 곳이다. 도쿄는 일본 천황의 궁이 있다는 점에서 다른 어떤 도시보다 높은 명성을 가지고 있지만 교토처럼 전략적 요충지는 아니다"[13]고 분석했다.

교토가 목표도시에서 제외된 것과 관련, 도쿄 출생인 역사가 라이샤워(Edwin Oldfather Reischauer · 1910~1990)가 2차 대전 동안 미군정보부 일본 전문가로 복무하면서 교토 원폭투하를 반대했다는 설[14]이 있으나, 라이샤워 자신은 이를 부인한 바 있다. 그는 자서전에서 "교토 원폭투하를 막는 데 결정적 역할을 한 사람은 스팀슨으로, 그는 신혼여행을 교토에서 보냈

---
[13] Atomic Bomb: Decision-Target Committee, May 10-11, 1945.
[14] Reischauer, E. O., *My Life Between Japan and America*, 1986, p.101.

원자폭탄을 투하한 폭격기가 비행한 경로.

다"고 주장했다. 하지만 정작 스팀슨이 우려한 것은 일본과 소련의 접근이었다. 그는 "교토는 일본의 문화적 성지여서 그곳을 파괴할 경우 일본인이 영원히 미국을 용서하지 않게 될 것"이라고 우려했다. 즉 교토가 파괴되면 미국에 대한 강한 적개심이 유발되고 이로 인해 일본이 소련으로 돌아설지 모른다고 판단한 것이다.

히로시마는 산업도시이자 군사적으로도 중요한 거점이었다. 많은 병영이 있고 일본제국 육군 5사단 사령부와 일본 영토 남쪽 전체 방어를 지휘하는 육군참모 하타 순로쿠(畑俊六)의 제2 육군사령부가 있었다. 히로시마는 작은 도시지만 병참기지였고 통신센터 · 물류창고 · 부대 집결지 역할을 하고 있었다. 또 당시 미군 폭격에서 벗어난 몇 안 되는 도시 중 하나였다.[15]

히로시마에 리틀 보이를
투하한 에놀라 게이와 승무원들.

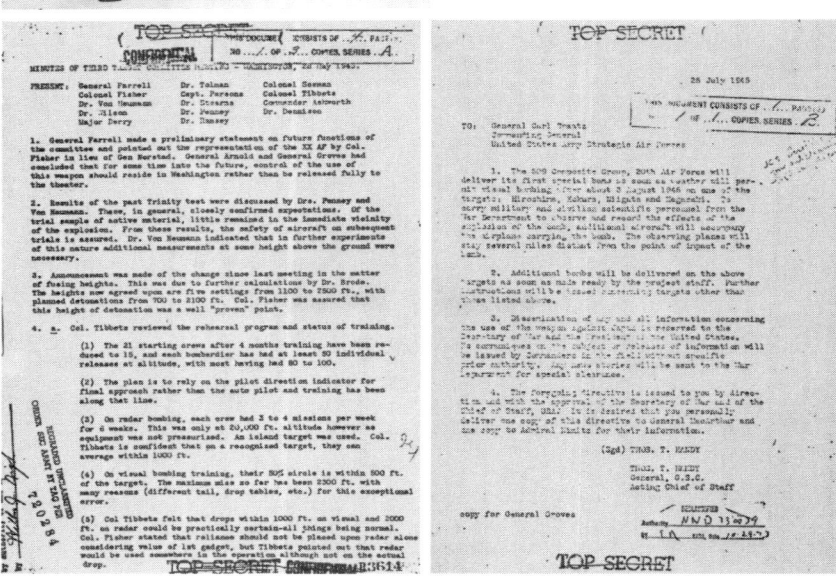

목표위원회 회의의사록   원폭투하명령서

---

15) Goldstein, D., *Rain of Ruin*, Washington : Potomac Books, 1999, p.41 ; Hastings, Max, *Nemesis: The Battle for Japan, 1944-45*, HarperCollins, 2008, p.509. 히로시마 지역에는 우베(宇部) 요소비료(窒素肥料), 우베 조달(曹達), 일본발동기유(日本發動機油), 스미토모(住友) 화학, 스미토모 알루미늄, 구레(吳)의 어뢰정 기지 및 기뢰 저장고, 잠수정기지, 히로(廣) 공창, 도쿠야마(德山) 조달(화학약품), 도쿠야마 조차장 등이다. 교토 지역은 국유철도공장·가와사키(川崎) 차량공장(고베), 미쯔비시(三菱) 중공업, 고베(神戶) 제강소, 신고(新興) 모직공장, 고가(古河) 전기공장, 욧카이치 시(四日市) 항만지구 중공업, 전환(轉換) 직물공장, 우쓰베가와(內部川) 정유소 등이다. 니가타 지역은 일본정련(精鍊), 고리야마(郡山) 조차장 및 경공업, 후쿠시마(福島) 경공업, 시나가와(品川) 제작소, 나가오카(長岡) 경공업, 일본조달, 도야마(富山) 제강소 등이다(奧住喜重, 工藤洋三, 桂ినg男 共譯, 『米軍資料 原爆投下報告書-パンプキンと廣島·長崎-』, 東方出版, 1993, 9~10쪽).

제1부 원자폭탄-인간이 만든 저주 **61**

원폭관측용 계측기. 원폭 투하와 동시에 3개의 계측기가 나가사키에 떨어졌다. 이 계측기는 원폭의 위력, 폭압 강도, 폭발 온도 등을 측정했다.

일본인의 정신적 근간은 건드리지 않으면서 치명타를 가할 수 있는 최적의 조건을 갖추고 있었던 것이다. 히로시마 중심부에는 몇몇 콘크리트 건물과 가벼운 구조물이 있었으며 도심 인근에는 나무로 만들어진 가옥과 작업장이 밀집해있었다. 교외에는 큰 산업단지가 군데군데 있었고, 산업단지 안에 있는 건물 역시 대부분 목조였다. 미국은 원폭 직전 니가타, 고쿠라, 히로시마 3곳을 최종 목표물로 정하고, 나가사키는 예비 목표물로 남겨뒀다.

히로시마를 폭격한 트루먼은 일본이 항복을 하지 않으면 원폭 투하가 계속될 것이라고 경고했다. 일본 내에서 본토 결전이냐 항복이냐를 놓고 갈팡질팡하는 사이 결국 두 번째 원자폭탄이 투하되었다. 고쿠라 지역이 폭격 당일 구름에 가려 시야 확보가 힘든데다 폭격기의 연료까지 부족해 오키나와로 가는 길목에 있던 나가사키가 희생양이 되었다. 나가사키는 당시 선박 수리 중심지였고 해군 병기를 생산하고 있었다. 특히 미쓰비시 중공업 조선소 내에는 수리공장과 제강소, 병기공장 등이 있었다. 공업시설과 상업용 건물도 밀집해 있었다.[16]

3. 원폭 초기 피폭지역 조사

1) 일본 정부 조사

1945년 8월 6일 히로시마에 원자폭탄이 투하된 직후 일본군과 정부는 대학, 연구소의 의학, 물리, 공학 등 각 분야 전문가들과 현장조사에 들어갔다.[17] 현장조사 실무는 육군 군의학교와 이화학연구소(RIKEN)[18]가 중심이 되고 대학 연구진이 참여하는 형태로 진행되었다. 원폭 당일인 8월 6일 구레(吳)진수부 조사단 17명이 가장 먼저 현장에 갔고, 8월 8일 기술원(技術院) 조사단(4명), 대본영(大本營) 조사단(30명), 육군성 조사반(4명), 해군 히로시마조사단(12명)이 투입되었다. 이어 8월 9일 서부군 파견조사대(30명), 8월 10일 교토제국대학 조사단(5명), 오사카제국대학 조사단(5명)이 조사를 시작했으며, 8월 14일 육군성 제2차 조사반(7명)이 투입되었다.

---

16) 奧住喜重·桂哲男·工藤洋三 共譯, 앞의 책, 1993, 206쪽.
17) 미타(三田)학회 잡지 89권 1호(1996년 4월)에 실린 마쓰무라 다카오(松村高夫) 게이오대학 명예교수의 '히로시마·나가사키의 원자폭탄에 관한 초기 조사'를 번역해 정리한 것이다(松村高夫, 「廣島·長崎の原子爆彈に關する初期調査」, 『三田學會雜誌』 89巻 1号, 1996. 4, 108~126쪽).
18) 1917년 3월 설립된 일본 문부과학성 산하 독립행정법인으로, 인문학을 제외한 자연과학 분야 전반을 연구하는 종합연구소이다. 사이타마현 와코시(和光市)에 본소가 있고 고베·하리마·요코하마 등에 사업소를 두고 있다.

이들 조사단이 히로시마에 들어간 첫 번째 목적은 신형폭탄의 실체를 파악하는데 있었다.[19] 최고 통수기구였던 대본영(大本營)은 8월 8일 참모본부 제2부장 아리스에 세이조(有末精三)를 단장으로 육군성 군사과 군사과학정보 책임자 니이즈마 세이이치(新妻淸一, 731부대 출신) 중좌, 육군 항공본부 기술부 가타기리(片桐) 소좌, 이화학연구소(理化學硏究所) 니시나 요시오(仁科芳雄, 1890~1951 ; 원자물리학자, 일본 현대 물리학의 아버지로 불림) 소장 등 약 30명으로 구성된 조사단을 히로시마에 파견했다.

일본 정부가 원자폭탄임을 최초로 공표한 것은 니시나 요시오 담화(仁科談)[20]로, 8월 15일 각 신문에 실렸다. 이 공표가 나오기 전까지 많은 조사가 있었지만 그중 가장 주목되는 것은 육군성 조사였다. 육군성 조사는 3차례 걸쳐 진행되었다. 제1차 조사는 육군성 의무국(醫務局)이 8월 7일 육군 군의학교에 히로시마에 재해조사반을 파견해 피해정도를 확인하고 피해자 진료방침과 향후 방호대책을 수립할 것을 명령함에 따라 조사반이 8월 8일 오후 히로시마에 도착하면서 시작되었다. 조사반은 당일 다음과 같은 내용의 전보를 보냈다.

"조사반은 8일 18시 30분 히로시마에 도착, 업무를 시작한다. 사

---

[19] 미국 백악관은 히로시마에 원자폭탄을 투하한 지 16시간이 지난 뒤 트루먼 대통령의 '원자폭탄에 관한 성명'을 공표하면서 일본에 포츠담 선언의 수락을 재차 요구했다. 미국과 함께 원자폭탄을 개발한 영국의 애틀리 수상도 같은 날 '원자폭탄 제작의 경위'를 발표했다.

[20] 히로시마 원폭 투하 직후 니시나 요시오는 1945년 8월 8일 일본정부 조사단에 참여하고 현지 피해 조사를 실시했다. 그는 육군 관계자와 함께 5km 이내의 28개소에서 토양시료 등을 채취했다. 그는 8월 10일 도쿄 이화학연구소에서 토양에 방사능이 검출되는지 실험했고 그 결과를 내각에 보고했다. 그는 "금번 미군이 투하한 폭탄은 원자폭탄"이라고 단정짓고 포츠담 선언을 수락할 것을 요청했다. 또한 8월 9일 나가사키 원폭 투하 직후 일본정부는 니시나 요시오 등을 파견해 "원폭인지 확인할 것을 재차 요청"했다. 그는 미군의 원폭이 확실하다고 그 결과를 내각에 보고했다. 이에 니시나 요시오는 8월 14일 담화형식으로 발표하고 그 다음날 언론에 게재되도록 정부에 요구했다.

망자 약 3만 명, 부상자 약 10만 명이며 더 증가할 것으로 예상된다. 사망자는 건물 등이 붕괴하면서 깔리거나, 불타 죽은 경우가 대부분이며, 부상자 대다수는 폭풍열에 의한 화상을 입었다."

육군성 조사반은 8월 10일 뢴트겐 필름이 감광한 것을 확인, 원자폭탄이라고 거의 단정했다. 조사반이 8월 9일 육군 의무국장에게 보낸 전보에는 다음과 같이 기록되어 있다.

1. 폭탄 위력 : (1)폭탄 살상효력 및 건조물의 파괴력은 대략 반경 3km라 생각됨. (2)살상은 폭격 시 발생한 특수광선에 의한 화상 및 강력한 폭풍에 의한 것으로 추정하는 것이 마땅함. 특수광선에 직접 피부가 연소됨. 특히 '뢴트겐 필름'을 감광시킴.
2. 육군병원 피해상황 : (1) 히로시마1병원 전소(全燒), 직원·환자 80% 사망. (2) 히로시마2병원 전소, 직원·환자 약 80% 사상. (3) '뢴트겐' 교관 긴급 파견 필요.

육군성 의무국은 8월 11일자 '위생 속보 제79호'에서 다음과 같은 전훈(戰訓)을 냈다.

위생 속보 (제79호) 쇼와 20년 8월 11일 육군성 의무국
히로시마 폭탄 상황 및 전훈

1. 일반 상황
경계경보가 해제되었는데 적기가 히로시마 지구에 행동하여 주의를 요한다는 방송이 나간 5분 뒤 B29 1기가 히로시마 상공을 통과했고 마그네슘 같은 맹렬한 섬광이 보임과 동시에 엄청난 소리를 내며 작열해 시내의 태반을 전멸시켰다.(중략) 투하 후 발화까지 약 1분 정도를 요하는 것 같으며, 특이 현상으로 폭발 후 농후한 회백색의

연기가 발생하면서 상승해 둘로 나뉘어 위쪽은 백색으로 연분홍색을 띠고, 아래쪽은 회색이다. 1시간 후 폭심에서 3km 부근까지 검은 연기와 발광이 발생하며, 약 30분 간 소나기처럼 엄청난 비가 내렸다.

2. 사상 상황

사망 약 3만 명, 부상 약 10만 명이며 앞으로 상당한 증가가 예상됨. 사인은 압사 및 소사(燒死, 불에 타 죽음)가 많으며, 부상자는 대부분이 고열에 의한 화상임.

3. 폭풍 위력

폭심으로부터의 거리	인체에 미치는 영향	구축물에 미치는 영향
500m	내장 노출	통나무를 엮은 견고한 방공호는 이상 없음
1.5km 이내	사람은 전라가 됨	철근콘크리트 건물은 도괴되지 않음
1.8km 부근	-	반지하식 가옥은 무사
3km 이내	직면한 노출 피부는 화상	목조건축물은 전괴
3km 부근		방공호 이상 없음
6km 이내		목조건축물은 파괴
8km 이내		유리 파괴

강한 섬광을 발하며, 열선 및 폭풍이 달하는 데 4, 5초의 여유가 있는 것 같아 그 사이에 대피 가능함.

4. 방공호의 효과
  (1) 폭심 500m 이내에서도 다섯 마디 각재를 판지로 고정시켜 만든 견고한 방공호는 이상 없음. 1.8km 부근의 반지하식 가옥은 이상 없으며, 3km 부근의 보통의 방공호는 이상 없음.
  (2) 상당한 흙을 쌓아(삼척 정도) 덮을 필요가 있음.
  (3) 출입구에는 높이 1m 정도의 견고한 폭풍막이를 설치하는 것이 필요함.

5. 화상
(1) 피부가 노출되면 2도 화상을 입고 피부가 탈락하며, 속옷 등 얇은 옷을 입은 부분은 수포가 생기고, 군복 속에 속옷을 입어 이중으로 가려진 부분은 군복만 불타고 피부에는 어떤 손상도 없음.
(2) 광선은 물건의 이면에서 방어 가능. 폭심으로부터 3km 지점에서 노출된 부분은 화상을 입음.
(3) 일부에 소이제(燒夷劑)에 의한 화상도 있는 듯함.

6. 건축물
(1) 목조 가옥은 위쪽부터 무너짐.
(2) 철근 콘크리트 건축물은 내부 기물은 파괴되나 건물은 무사함.
(3) 기차, 전차는 파괴되며 끝부분이 탈선한 것도 있음.

7. 대책
(1) 철저히 망을 보고 경보를 적절하게 발령할 것.
(2) (원자폭탄이) 비록 1기라도 대피하는 것이 필요함.
(3) 피부에 노출 부분이 없도록 할 것.
(4) 견고한 지붕의 방공호를 필요로 하며, 폭풍막이를 달아야 함. 흙의 붕괴를 막는 공사를 하지 않고 단순히 굴을 파서 만든 방공호는 모포를 뒤집어 쓸 것. 방공호가 없으면 즉시 엎드려 눈과 귀를 막을 것.
(5) 목조 건축물은 건물 내에 있으면 안 됨. 철근 콘크리트는 비교적 안전.
(6) 인원이나 물품의 철저한 피난이 요구됨.

8. 본(本) 폭탄에 관한 정보
'우라늄'(원자량 235)을 원료로 한 원자폭탄이며, 포로들로부터 취득한 정보에 따르면 1발의 파괴력이 6평방 마일로 B29 2000기에 필적한다고 함. 또 낮, 맑은 하늘에 유효하고 야간 및 낮 시간이라도 우천 시에는 효력이 감소함. 폭발은 적기가 벗어나고 시간이 약간 경과한 뒤 일어나는 것으로 판단됨.

육군성은 8월 10일 원폭 방사능을 조사할 뢴트겐 교관을 파견해 달라는 연락을 받고 나흘 뒤인 14일 제2차 조사반을 히로시마에 파견했다. 이때 파견된 조사반은 육군 군의학교의 뢴트겐 교관 미소노 케이스케(御生佳輪) 소좌, 이화학연구소의 다마키 히데히코(玉木英彦), 기무라 가즈하루(木村一治), 무라타 고이치(村他孝一) 등 4명이다. 이들은 방사능 측정기구인 라우릿센 검전기(Lauritsen electroscope)를 갖고 히로시마로 들어가 같은 달 17일까지 방사능을 측정했다. 교토제국대학, 오사카제국대학의 조사단도 방사능을 조사했다. 그 조사결과를 요약하면 다음과 같다.

"8월 15일 현재 폭심지 부근에서 약간의 방사능 증가를 확인할 수 있으나 인체에 장애를 일으키는 정도는 아니다. 폭격 직후에는 장애를 일으킬 수 있을 정도의 방사선 또는 방사성 물질이 존재하고 인공 방사선 물질이 발현하는 것을 꼭 부정할 수는 없다. 히로시마 1병원, 히로시마 2병원에서 채취한 물질 어느 것도 방사능을 증명할 수 없다. 일본적십자병원에서 채취한 각종 물질 모두 방사능을 증명할 수 없다. 피해자의 소각하거나 해부한 뼈를 검사했지만 증명할 수 없는 것이 많았다. 니노시마(似島) 수용환자 중 8월 14일 사망한 사람의 뼈와 금니를 검사했으나 마찬가지였다.

이 시점 이후 비록 폭심지라 하더라도 방사능이 사람에게 장애를 일으킬 정도는 아니라고 생각되며 시일이 지날수록 감소할 것이다.

히로시마 2병원에서 8월 12~16일 입원자, 병원 근무자 및 주고쿠(中國)군 관구 사령부의 건강한 사람과 부상자 등 총 143례를 관찰한 결과 건강한 사람의 경우 백혈구 감소 사례가 적은 데 비해 부상자 중에는 많았다. 화상 또는 부상의 정도가 비교적 경미하고 당초 건강하였으나 점차 악화되어 사망하는 일부 환자가 있어 8월 17일 이런 증세를 보이는 환자 5명을 조사한 결과 백혈구 감소증이 나타났다. 백혈구 감소의 원인은 원폭 당시 환자의 위치가 분명하지 않은데다 백혈구 감소가 복사선에 의해서만 발생한다고 할 수 없기 때문에 정확한 결론은 내릴 수 없으며, 환자가 사망하면 그 뼈에 대한 방사능 검사나 병리학적 검사로 원인이 밝혀질 가능성이 있다.

사진실의 필름은 흐린 현상이 있기는 하나 복사선에 의하지 않더라도 타격, 압박, 열 등의 원인이나 보존 불량으로 발생할 수 있고, 확실하지는 않지만 흐림 현상이 존재하지 않는다는 정보도 있다.

엑스선, 감마선 등에 의한 화상은 잠복기가 있으므로 8월 6일부터 일주일 후 화상 이외의 발적 등을 확인했지만 복사선의 존재를 증명할 수 없었다. 연병장 부근에서 풀의 성장, 나무의 새로운 발아, 아주까리의 새로운 발아 등을 확인할 수 있었다.

따라서 폭심지에 인체에 유해한 정도의 방사능이 전면적으로 존재한다고는 생각되지 않으므로 민심을 안정시킬 대책이 필요하다. 폭심지 부근 연병장에서 식물 재배 실험을 하면 민심 안정에 도움이 될 것이다. 백혈구 감소자 등에 대해선 뼈의 신진대사를 활발하게 할 필요가 있다. 여성의 월경조사, 임산부 조사를 실시하면 생식선에 대한 영향을 분명히 밝힐 수 있다."

8월 말부터 9월 초 사이 대학; 연구기관들의 조사, 구호활동이 늘어났다. 육군 군의학교와 이화학연구소가 진행하던 작업에 쓰즈키 마사오(都築正男)를 중심으로 하는 도쿄제국대학 의학부가 참가하면서 3자 합동으로 조사, 연구가 진행되었다. 히로시마에 파견된 조사단은 도쿄제국대학 쓰즈키를 단장으로 대학에서는 이시바시 유키오(石橋幸雄·외과), 나카오 키쿠(中尾喜久·내과), 미야케 히토시(三宅仁·병리학)·이시이 젠이치로(石井善一郎·병리학)가, 육군 군의학교에서는 미소노 케이스케, 야마시나 키요시(山科清), 모토하시 히토시(本橋均) 등이, 이화학연구소에서는 스키모토 아사오(杉元朝雄), 야마자키 후미오(山崎文男) 등이 참여했다. 이들은 8월

나가사키 우라카미(浦上) 역에서 참변을 당한 모자의 시신. 폭심지로부터 남쪽으로 약 1km 지점이다.

29일 히로시마에 들어갔는데 이것이 육군성 제3차 조사반으로, 이들의 조사는 '재조사'로 불렸다.

육군성 3차 조사(재조사) 결과는 '육군성 히로시마 전재 재조사반 보고'로서, 제1호(9월 1일)부터 제7호(9월 10일)까지 제출되었다. 미야케 등은 8월 30일부터 9월 8일까지 26례(例)의 병리해부를 실시했다. 이와 별도로 피폭자 병리해부는 피폭 2주일 이내에 25례가 행해졌고, 니노시마 검역소에서도 야마시나 키요시에 의한 12례(8월 10~15일)를 포함해 15례의 병리해부가 이뤄졌다. 이화학연구소의 야마자키, 스기모토는 방사선 강도를 측정하는 계기인 가이거 계수관을 사용해 방사능을 측정했다.

9월 1일에는 방사능(야마자키), 혈액학(모토하시), 열상외과(이시바시), 병리학(미야케, 야마시나) 등이 테마 연구회를 열었고, 이를 기초로 쓰즈키와 미야케는 9월 3일 히로시마현청에서 '원폭증에 관한 세계 최초의 강연회'를 개최했다. 쓰즈키는 이날 기자회견을 갖고 조사결과를 공표했다.

교토제국대학은 주고쿠 관구 사령부의 요청에 따라 40명 정도가 두 반으로 나뉘어 9월 3·4일 히로시마에서 조사활동을 벌였다. 이 현지조사에는 731부대(관동군 방역 급수부)에서 세균연구를 했던 이시카와 타치오(石川太刀雄·가네자와 의과대학 교수)가 추가로 참여했다. 교토제국대학 조사는 9월 17일 마쿠라자키 태풍에 의해 기지로 삼고 있던 오노 육군병원이 무너져 11명이 사망하면서 좌절되었다. 나가사키 지역에선 8월 말부터 9월 초에 걸쳐 규슈제국대학, 구마모토 의과대학 등이 조사구호활동을 벌였다.

2) 미국 정부 조사

미군 수뇌부는 나가사키 원폭 다음날인 1945년 8월 10일 원폭 현장에 대한 조사단 파견을 결정했다. 이에 따라 맨해튼 프로젝트 총책임자인 그로브스 소장은 8월 11일 파렐(Thomas F. Farrell · 1891~1967)[21] 준장에게 맨해튼 프로젝트 원폭조사단(맨해튼관구조사단)을 구성하라고 지시했다.[22] 이 조사단의 임무는 원폭 현장에서 최대한 신속하게 과학적, 기술적, 의학적 정보를 수집하는데 있었다. 그로브스의 지시가 있은 당일 캘리포니아에서 조사단이 구성되었고, 그로브스는 동원 가능한 모든 전문가와 장비를 보내고, 태평양연합군최고사령관에게 이를 알릴 것을 지시했다. 8월 12일 전역(戰域)사령관에게 다음과 같은 메시지가 전파되었다.

"그로브스 소장이 파렐 준장에게 조사단 구성을 지시했다. 첫 번째 그룹은 히로시마, 두 번째 그룹은 나가사키 피폭 현장을 조사하

---

[21] 파렐 준장은 맨해튼 프로젝트 부지휘관으로, 원폭 투하 작전을 지휘했다.
[22] Trinity Atomic Web Site의 "THE ATOMIC BOMBINGS OF HIROSHIMA AND NAGASAKI by The Manhattan Engineer District, June 29, 1946"; 松村高夫, 앞의 논문, 1996. 4, 108~126쪽.

제1부 원자폭탄-인간이 만든 저주 **71**

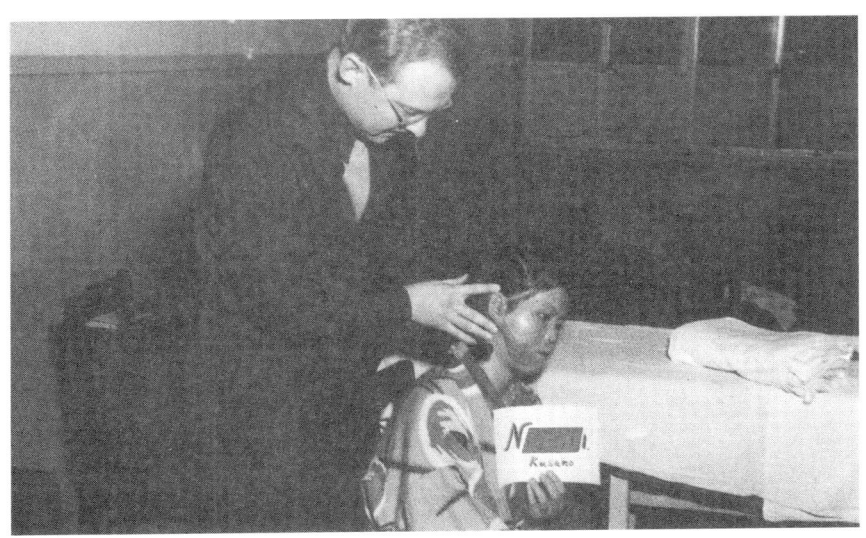

1947년 7월 ABCC가 히로시마에서 피폭자를 조사하는 모습.

히로시마에서 호주 제67보병대를 환영하기 위해 나온 미국의 제8군총사령관(사진 중앙). 1947년 2월 6일 미군은 언론사 기자들을 대동하고 히로시마에 찾아와 원폭영향을 조사했다.

고, 세 번째는 피폭 현장에서 주민들의 일상 활동에 관한 정보를 획득하게 된다. 히로시마와 나가사키를 맡은 그룹은 두 도시에 들어갈 때 군(軍)이, 우리는 그 어떤 영향도 존재하지 않을 것이라고 믿고 있지만, 혹시 모를 원폭의 독성효과에 노출되지 않도록 동행해야 한다. 파렐 준장과 조사단은 이 임무에 대한 모든 정보를 갖고 있다."

13일 주요 인원과 장비가 캘리포니아 해밀턴 필드를 떠나 15일 마리아나제도에 도착했다. 맨해튼관구조사단은 파렐을 지휘관으로 하고, 맨해튼 프로젝트 의학부장인 워렌(Stafford Leak Warren · 1896~1981) 대령 이하 약 30명으로 구성되었다. 파렐 일행은 8월 30일 요코하마항에 도착했고 준비 작업에 들어갔다. 그로브스의 지시에 따라 조사단은 3개 그룹으로 편성되었는데 히로시마, 나가사키를 맡은 조사단은 미군 부대와 함께 원폭 현장에 들어갔다.

이들이 원폭 현장에 들어간 목적은 히로시마와 나가사키에 특이한 위험 요소가 없도록 하고, 원폭의 영향과 관련한 모든 정보를 최대한 획득하고 특히 목표물과 그 외 지역에서 방사선의 영향과 관련한 정보를 파악하는 데 있었다. 제1그룹 13명은 9월 8일 가나가와(神奈川) 현 아츠기(厚木)비행장에서 미군기로 히로시마로 이동했다. 이 비행기에는 쓰즈키 도쿄제국대 교수, 적십자국제위원회의 마르셀 쥬노 박사 등이 동승했다. 히로시마에 도착한 일행은 해군 구레 진수부가 준비한 버스에 타 주고쿠군 관구사령부로 가 제2 총군사령관 하타 슌로쿠(畑俊六) 원사를 만난 뒤 히로시마지역에 대한 조사에 본격 착수했다. 제2그룹은 9월 9일 나가사키에 들어갔다. 나가사키에서는 16일 동안 조사가 진행되었다. 파렐 준장이 조사결과를 보고하기 위해 미국으로 돌아간 뒤 조사단은 뉴먼(J. B. Newman, Jr.) 준장이 지휘했다.

한편, 미 태평양군사령부 고문 애슐리 오터슨(Ashley W. Oughterson : 1895~1956) 대령은 8월 28일 원자폭탄의 인체에 대한 영향을 조사해야 한다고 사령부에 건의했고, 25명으로 구성된 육군 군의단(軍醫團) 조사반이 편성되었다. 9월 4일 오터슨, 파렐, 워렌은 도쿄에서 회의를 갖고 두 조사단이 의학보고서를 공동작성하기로 결정, 쓰즈키 조사단장과 접촉했다.

3) 미·일 공동조사단 구성

1945년 9월 14일 일본 학술연구회의(회장 하야시 하루오 ; 林春雄)는 '원자폭탄 재해 조사연구 특별위원회'를 설치키로 결정했다.[23] 이는 문부성 과학교육국, 학술연구회의, 이화학연구소 등이 검토한 결과였다. 10월 24일 특위의 9개 분과 위원이 임명되고, 하야시가 회장으로 취임했다. 이 특위는 전국 대학의 의학부 교수 30명, 연구원 150명, 조수 1,000명으로 구성된 대규모 조직이었다. 모든 자연과학분야를 다뤘지만 인문, 사회과학 분야 연구자는 제외되었다. 이 특위의 조사결과는 1947년 ABCC 설립 때 기초자료가 되었다.

이런 가운데 미·일 양국은 같은 해 9월 22일 도쿄제국대학 의학부에서 협의를 갖고 '일본의 원자폭탄의 영향에 관한 미·일합동조사단'을 구성키로 결정했다. 합동조사단은 오터슨의 연합군최고사령부(GHQ) 군의단, 파렐의 맨해튼관구 조사단, 쓰즈키 교수의 일본 조사단 등 3자로 구성되었으며, 오터슨이 총괄 지휘했다. 이 합동조사단은 일본에서는 '일·미합동조사단'이라 불렸지만 미국이 붙인 정식명칭은 '일본에서의 원자폭탄의 효과를 조사하기 위한 군 합동위원회(The Armed Forces Joint Commission for Investigating Effects of the Atomic Bomb in Japan)'였다.

쓰즈키 조사단은 9월 28일 나가사키, 10월 12일 히로시마에 들어갔다. 당시 히로시마에는 육군성 의무국과 육군군의학교가 144명의 '특별구호반'을 파견, 9월 12일부터 히로시마 육군병원 우지나(宇品) 분원에서 진료활동을 펴고 있었는데 이들이 쓰즈키 조사단에 협력했다. 나가사키에서는

---

[23] 松村高夫, 앞의 논문, 1996. 4, 108~126쪽.

규슈제국대학, 나가사키 의과대학, 오무라 해군병원이 협력했다.

합동조사단의 현장조사는 그해 11월 종료되었고, 일본 측 조사결과가 등사판 인쇄로 관계자에게 배포되었지만 미국의 요구로 대외에 공표되지는 못했다. 그 조사결과물이 바로 '히로시마 전재 의학적 조사 보고'(1945년 11월 30일)이다.

원자폭탄 재해 조사연구 특별위원회는 1947년까지 조사연구를 진행하면서 3차례 보고회를 가졌지만 조사결과 발표는 허용되지 않았다. 이 특위의 성과는 훗날 '원자폭탄재해조사보고서 총괄편'(1951년 8월), '원자폭탄재해 조사보고집 제1분책, 제2분책'으로 출판되었다.

4. 미국의 원폭 피해 축소

미국 정부는 히로시마와 나가사키에 원폭을 투하한 지 한 달이 지나 피폭지에 조사단을 투입했다. 미국이 조사단 파견을 결정한 것은 나가사키 원폭 바로 다음날이다.[24] 미국이 이처럼 신속하게 조사단을 들여보낸 데는 이유가 있었다. 인류 역사상 최초로 실전에 사용된 핵무기가 어떤 결과를 가져왔는지 궁금했던 것이다. 그런데 미국은 피폭 현장에서 조사만 할 뿐 치료 등 구호활동은 하지 않았다.

이와 관련, 그로브스는 1945년 8월 24일 조지 마샬(George C. Marshall ; 1880~1959) 육군참모총장에게 보낸 비망록(memorandum)에서 "원폭 조사단의 임무는 피해를 확인하고 방사성 물질이 (미군) 부대에 영향을 주지 않도록 하는 것이다. 원폭 개발을 위해서도 사실 확인은 대단히 중요하다"

---

[24] 藪井和夫, 「미군에 의한 피폭자 조사배경과 목적-ABCC의 역할을 중심으로」, 『피폭50주년 국제심포지엄보고집』, 피폭50주년 국제심포지엄 일본준비위원회, 1996. 3. 25 참조. 야부이 카즈오(藪井和夫)는 주고쿠신문(中國新聞) 해설위원으로 재직하고 있다.

고 밝혔다.

   같은 해 8월 28일 오터슨 대령이 작성한 '원폭조사계획서'에는 "이러한 조사 기회는 다음 대전(大戰)까지 다시는 없을 것"이라고 했다. 미군 총감 본부의 노먼 커크(Norman Kirk) 소장이 같은 해 9월 13일 마샬에게 보낸 비망록에는 "핵전쟁에 대한 방어대책 입안, 연구를 위해 모든 정보 입수가 최우선 과제"라고 기술하고 있다.

   결국 미국의 원폭 현장 조사는 맨해튼 프로젝트의 일환으로 원자폭탄의 파괴력 확인, 잔류 방사능이 미군에게 미칠 영향의 차단, 핵무기 개발에 필요한 자료 수집에 있었던 것이다.

   미국은 원폭 후 1년 6개월가량이 지나 히로시마와 나가사키에 ABCC를 세우고 병리표본과 각종 데이터를 수집, 원폭이 미치는 장기적인 영향을 조사하기 시작했다. 하지만 원폭 피해에 대해선 이를 축소하기에 급급했다. 미국 정부가 이런 정책을 취한 것은 피폭자의 반감을 억누르고, 무차별 대량학살에 대한 세계적 비난을 피하기 위한 것이었다.

   파렐은 1945년 9월 6일 일본 도쿄제국호텔에서 GHQ기자단을 상대로 기자회견을 갖고 "히로시마, 나가사키에서 원폭증으로 죽을 사람은 이미 죽었고, 현재 원폭증으로 고통받는 사람은 전무하다"고 발표했다. 그런데 파렐이 이런 발표를 한 날은 맨해튼관구조사단이 히로시마에 들어가 조사를 시작하기 이틀 전으로, 실태파악도 안된 상황이었다.[25] 파렐이 이날 기자회견을 가진 것은 미국이 원폭증 치료법을 알면서도 치료를 외면하고 있다는 말이 떠돌자 대응조치가 필요했기 때문이었다.

   9월 8일 히로시마에 들어간 파렐은 9일 도쿄로 돌아가 12일에 다시 기자회견을 갖고 원폭의 폭풍, 열선에 의한 파괴력이 예상보다는 컸지만 그것과는 대조적으로 방사선의 효과는 한정적이었다고 발표했다.[26]

---

[25] 松村高夫, 앞의 논문, 1996.
[26] W. Burchett, 나리타 요시오·문경수 역, 『히로시마 TODAY』, 연합출판, 1998년 ;

맨해튼관구조사단이 일본에 들어온 뒤부터는 원폭피해 조사와 관련한 공표가 엄격히 금지되었다. GHQ 경제과학부 담당관은 11월 30일 특별위원회의 제1회 보고회의에서 일본인에 의한 원자폭탄 재해연구는 GHQ의 허가를 요하고, 또 그 결과의 공표를 금지한다고 통고했다. 원폭 관련 연구는 연합군의 최고 기밀사안이라 일본인이 임의로 연구하고 발표해서는 안 된다는 것이었다.

이 자리에서 일본 조사단 책임자인 쓰즈키가 의학 분야에 대해서까지 통제하는 것은 과도한 조치라며 항의했지만 받아들여지지 않았다.[27] 그는 1946년 8월 15일 도쿄제국대학 교수직을 그만둬야 했고 1947년 7월 16일

W. 버쳇, 「잊을 수 없는 무언의 항의-나는 히로시마에서 무엇을 보았는가」, 『세계』, 1954년 8월호.

[27] 쓰즈키 마사오 도쿄제국대학 의학부 교수는 1945년 11월 30일 다음과 같은 보고서를 냈다.
"첫째, 나의 추정으로는 히로시마 사망자는 현재까지 12만 명, 부상자는 10만 명 정도이다. 사람이나 동물에 미치는 원폭의 영향은 ① 열의 작용에 의한 열상 ② 폭풍에 의한 장해 ③ 방사능의 작용 ④ 잔존한 유독물의 작용 등 4가지이다. ① 열에 의한 열상은 폭발 중심점에서 반경 4km의 지역권 내에 걸쳐 있었다. 특히 반경 2km 내에서는 독특한 증상이 나타나 많은 사망자를 냈다. 2~4km 범위에서는 비교적 경미한 열상이지만 부상자 수가 많다. ② 폭풍은 반경 4km 정도 내에서 다수의 부상자가 발생하였고, 먼 곳은 유리 파편에 의해 상처를 입은 사람이 많다. 중심부와 가까운 곳에서는 가옥의 파괴에 의해 치어 죽은 사람이 속출하였다. 또 화재로 불에 타 죽은 사람이나 부상자가 다수 발생했다. ③ 방사능 물질에 의한 손상은 우리가 이제까지 경험한 일이 없었다. 그러나 반경 1km 이내에서 즉사를 면했던 사람들의 약 80%가 수 일 내지 2주일 정도의 사이에 피를 토하거나 설사를 하거나 혈변·혈뇨 증세를 보이다 사망했다. 또 반경 2km 이내에 있던 사람들의 약 절반은 3주 이내에 발열·출혈·탈모 증상을 보이다 사망했다."
쓰즈키 교수는 1946년 2월 2차 보고를 했다. 그는 생식기능에도 이상이 발견되었다고 밝혔다.
"3km 이내에 있었던 남자에게 생식기능의 장해가 인정된다. 여자는 확실치는 않지만 조사대상자의 4분의 3에게서 생리 이상이 나타났다. 남녀 모두 어느 정도의 장해가 일어난 것은 사실이며, 시일이 경과함에 따라 어느 정도 회복되고 있으나, 상당히 강한 장해를 입은 사람은 회복될 지 알 수 없다. 생식기능의 장해가 단순히 불임을 넘어 장래에 기형아 출생으로 이어진다면 이는 매우 심각한 문제가 아닐 수 없다."

원폭상해조사위원회(ABCC) 초창기 건물. 히로시마의 히지야마(比治山)에 건설된 원폭상해조사위원회는 현재 방사선영향연구소로 명칭을 변경해 연구를 진행하고 있다.

ABCC에서도 해임되었다.

일본 아사히(朝日)신문은 2007년 8월 6일 ABCC가 원자폭탄은 특별한 무기가 아니라는 입장을 견지하기 위해 피폭자에 대한 치료를 하지 않았다고 보도했다. 이 신문에 따르면 1954년 2월 주일미국공사는 본국 국무부에 보낸 문서에서 피폭자 치료를 하지 않은 것에 대해 "ABCC의 미국인 의사는 일본에서 치료할 자격이 없다", "(치료를 하게 되면) 피폭자에 특별한 의미를 주게 되어 다른 무기의 피해자와는 다르다는 주장을 인정하게 된다"고 보고했다.

아사히신문은 이를 근거로 미국이 피폭자에 대한 치료를 하지 않은 것은 원자폭탄 투하에 대해 미국의 사과를 요구하는 여론이 생길 것을 우려해 피폭자를 다른 전쟁의 피해자와 동일하게 취급하려는데 목적이 있다고 주장했다. 이 신문은 미국이 비인도적이라는 비난 때문에 원자폭탄 사용이 어려워지는 것을 방지하기 위한 목적도 있었다고 분석했다.

미국이 구호조치를 외면하자 일본인들 사이에서는 온갖 루머가 떠돌았다. "미국이 피폭자 데이터를 핵무기 개발에 이용하려 한다", "피폭자를 모르모트(실험대상)로 이용하고 있다", 심지어 "원폭의 장기적인 영향을 조사하기 위해 의도적으로 치료를 하지 않고 있다"는 말까지 등장했다. 이러한 불신은 60년이 훨씬 지난 지금까지도 피해자들의 뇌리에 강하게 남아 있다.

한편, 일본 히로시마 주고쿠신문(中國新聞) 해설위원 야부이 카즈오(藪井和夫)는 1996년 피폭 50주년 국제 심포지엄에서 의료과실에 대한 우려와 재정 문제도 원인이었다고 주장했다. 야부이 해설위원은 그 근거로 ABCC 활동을 지도·감독하기 위해 미국이 1947년 3월 신설한 원폭상해위원회(Conferences on Atomic Bomb Casualties)의 1947년 3월 25일 첫 회의 의사록을 들었다. 이 의사록에는 ABCC가 치료행위를 해서는 안 되는 이유로 외국에서 치료행위를 금지하는 GHQ 규정, 일본 의사에 대한 배려 등이 제시되고 있다. 야부이 해설위원은 "미국은 구호활동을 외면하고 있다는 비판이 일자 치료방안을 여러 차례 검토했었다"고 전했다. 반론이 있지만, 일본 의사회가 비공식적으로 치료하지 말 것을 요청한 사실도 있다고 했다.

ABCC의 재정문제도 있었다. 주된 이유는 들어가는 연구비에 비해 성과를 생각만큼 기대하기 어렵다는 점에 있었다. 1951년 1월 미국 원자력위원회(AEC)의 생물의학부 자문위원회는 "(한국전쟁으로) 국제정세가 악화되고 있고 우수한 연구자를 확보하기 힘든 상황을 감안해 ABCC를 1953년 1월까지만 운영해야 한다"는 의견을 냈다. 그러나 ABCC는 폐지되지 않았다. 주고쿠신문 카즈오 해설위원은 "AEC 등의 문서를 보면 군부와 국무부가 ABCC 연구프로그램은 국가이익에 부합한다며 ABCC에 대한 강한 지지

제1부 원자폭탄-인간이 만든 저주 **79**

일본 히로시마대학 원폭방사능의학연구소에 보관되어 있는 피폭자 시료. 미국 육군병리학연구소가 반환한 것이다.

의사를 표명하고 있다"고 말했다. 게다가 "해군과 공군의 군의(軍醫)총감도 ABCC 연구를 강하게 희망하고, 필요하면 군의를 파견할 수 있다"고 했다.

국무부 과학고문이 1951년 6월 1일 AEC 생물의학부장에게 보낸 서한에는 '원폭 장애 분야는 전례 없는 자연의 연구소 역할을 하고 있다. 특히 방사선 후장애 연구에 독자적인 기회를 제공하고 있다. 연구는 민간의 과학적 노력에 기여할 뿐 아니라, 국방을 위해서 큰 도움이 된다'고 지적하고 있다. ABCC 연구를 통해 핵전쟁이 발발했을 때 미군이 어느 정도 방사선에 피폭되는지를 확인하고 이에 대한 대비책을 세울 필요성이 있었던 것이다.

일본 교도(共同)통신은 1995년 7월 31일 미국 국방부가 히로시마와 나가사키에서 ABCC가 수집한 의학 자료를 장래 핵전쟁에 대비하기 위한 군사적 연구에 사용한 사실이 드러났다고 보도했다. 보도에 따르면 미 국방부가 핵사용 후 의료대책을 세우기 위해 ABCC가 수집한 자료와 비키니 환초에서 실시했던 핵실험 자료를 비교함으로써 폭심지 주변에서 방사선에 노출되지 않기 위해서는 어떤 복장을 할 것인지 등을 연구했다. 특히 일본에서 ABCC 연구가 비인도적이라는 비난이 고조될 것을 우려해 미국은 병리 표본과 각종 데이터를 중요 기밀자료로 분류했다. 이 같은 사실이 알려지면서 피폭자단체 등은 피폭자 자료를 핵전쟁에 대비해 활용한 것은 이중 전쟁범죄라고 강력히 비난했다고 교토통신은 전했다.

2장 조선인 피해 규모

1. 피해 총괄

피해 총괄에 앞서, 원폭으로 인한 사상자는 정확한 수를 알 수가 없다. 인명피해 규모를 추산하는데 기초가 되는 인구통계가 대부분 소실되었기 때문이다. 폭심지로부터의 거리를 기준으로 사망률을 추산하는데 원폭 당시 지역별 인구가 정확하지 않으니 오차범위가 클 수밖에 없다. 이런 이유로 인구수는 미·일 양국 간에 쟁점이 되기도 했다. 인명피해 규모와 관련해 많은 자료가 있지만 추정치일 뿐이다.

방사선영향연구소[28]는 정확한 사망자 수가 파악되지 않는 이유에 대해 히로시마와 나가사키 두 도시에 있던 기록이 없어졌고, 가족 전체가 몰살한 경우가 있는가 하면, 국외에서 강제 징용된 많은 노동자가 두 도시에 살고 있었기 때문이라고 밝히고 있다.

1) 히로시마

원폭 직후 미·일조사단은 1945년 6월 30일 미곡통장 등록인원을 기초로 〈표 1〉과 같이 히로시마 인구를 산출해 냈다.

여기에 조선인 피해자가 포함되었을 가능성은 거의 없다. 조선인의 대다수는 일본인과 떨어져 집단숙소나 판잣집 등에 거주하고 있었다.

히로시마 현은 원폭 이후 인명피해를 조사해 여러 차례 발표했는데 발

---

[28] RERF ; Radiation Effects Research Foundation. 방영연 및 다른 연구기관에 대한 내용은 3부에서 보다 자세히 서술한다.

표 1. 원폭 당시 히로시마 인구(추정)

지역	미곡통장 등록인원 (1945. 6. 30)	8월 6일 추정인구	조선인 집단 거주지
우시다(牛田)	7,019	7,900	
오나가(尾長)	8,034	9,000	○
야가(矢賀)	1,887	1,900	
아오자키(靑崎)	6,187	6,200	
고우진(荒神)	5,508	5,600	○
담바라(段原)	10,342	10,400	
히지야마(比治山)	10,440	11,400	
니호(仁保)	4,074	4,100	
쿠스나(楠那)	2,178	2,200	
오코(大河)	4,793	4,800	
미나미(皆實)	10,187	11,100	
우지나(宇品)	12,110	12,100	○
니노시마(似島)	1,765	1,800	
하쿠시마(白島)	7,104	7,200	
노보리마치(幟町)	8,082	8,200	
다케야(竹屋)	12,353	12,500	
센다(千田)	9,165	9,300	
후쿠리마치(袋町)	6,036	5,100	
오테(大手)	6,076	5,500	
나카시마(中島)	9,196	3,900	
히로세(廣瀨)	4,980	6,200	○
혼가와(本川)	5,237	6,500	
간자키(神崎)	9,637	10,900	
후나이리(舟入)	5,938	6,900	
에바(江波)	6,000	6,900	
오시바(大芝)	10,057	11,000	
미사사(三篠)	12,393	12,500	
텐마(天満)	7,389	7,500	
칸온(觀音)	18,429	18,500	○
후쿠시마(福島)	4,065	4,000	○
코이(己斐)	7,780	7,800	
후쿠다(古田)	3,830	3,800	
쿠사츠(草津)	7,107	7,100	
계	225,200	245,423	

출전 : 廣島市, 『廣島原爆災害誌』 第1卷, 1971, 159쪽.

표가 거듭될수록 피해규모는 늘어났다. 현이 인적피해 규모를 처음 발표한 것은 1945년 8월 21일로, 사망 3만 2,959명·행방불명 9,591명·중상 1만 3,965명·경상 4만 3,517명으로 총 19만 3,459명이 피해를 입은 것으로 집계되었다.29) 히로시마 현의 같은 달 25일 발표에서는 사망 4만 6,185명, 행방불명 1만 7,428명, 중상 1만 9,691명, 경상 4만 4,979명이었고, 일반 재해자 23만 5,656명을 포함해 총 피해자는 36만 3,939명이었다. 현은 전치 1개월 이상은 중상, 이내는 경상자로 취급했다.

현이 같은 해 12월 27일 내무성 경보국장에게 보낸 인적피해 현황(11월 30일 기준)에는 사망자 수가 크게 늘어나 7만 8,150명(남자 38,756명·여자 3만 7,065명·불명 2,329명)으로 파악되었다. 또 행방불명 1만 3,983명(남 7,023명·여 6,960명), 중상 9,428명(남 4,651명·여 4,777명), 경상자 2만 7,997명(남 1만 3,526명·여 1만 4,471명), 일반재해민 17만 6,987명(남 8만 3,890명·여 9만 3,087명)으로 총 30만 6,545명이 피해를 입은 것으로 나타났다.

히로시마 시 조사과는 1946년 8월 10일 폭심지와의 거리에 따라 사망자, 중상자, 경상자, 행방불명, 재해자를 총 32만 81명이라고 발표했다.30) 당시 히로시마 시가 파악한 구체적인 피해 내용은 〈표 2〉와 같다.

히로시마 시는 〈표 2〉를 토대로 목격자 진술과 피폭 직후 조사한 여러 계수를 참조해 인명피해 규모를 수정했다. 수정된 피해규모는 전체 인구 32만 81명(추정) 중 사망자는 11만 8,661명으로 전체 인구의 38%였다. 부상자는 총 인구의 25%인 7만 9,130명(중상 3만 524명·경상 4만 8,606명)이었다. 3,677명은 생사가 확인되지 않았다. 따라서 전체 인명피해는 20만 1,468명으로, 히로시마 시 전체 인구의 63%에 달했다.31)

1961년 일본원수협전문위원회는 '원수폭피해백서'에서 건물 수를 세대

---

29) 廣島縣知事, 「八月六日廣島市空襲被害並に對策措置に關する詳報」, 昭和二十年八月二十一日.
30) 廣島市 調査課, 「昭和 二十年 八月 六日 原子爆弾ニヨル 人的被害報告調査表」, 昭和二十一年 八月 十日 調.
31) 廣島市役所 編, 『廣島原爆災害誌』第1券, 廣島市役所, 1971, 164~165쪽.

표 2. 히로시마 시의 인적 피해보고조사표[32]

거리별		0.5 km 이내	1.0 km 이내	1.5 km 이내	2.0 km 이내	2.5 km 이내	3.0 km 이내	3.5 km 이내	4.0 km 이내	4.5 km 이내	5.0 km 이내	5.0 km 이상	계
보고 건수		4,290	14,689	24,414	24,711	25,457	16,871	8,563	9,650	2,919	4,686	6,633	142,883
사망	인원	3,352	9,333	6,615	2,646	1,216	400	114	98	23	31	42	23,870
	비율	7.81	6.35	2.71	1.07	0.48	0.24	0.13	0.10	0.08	0.06	0.06	1.67
생사 불명	인원	360	963	475	168	74	24	2	7	5	1	167	2,246
	비율	0.84	0.66	0.19	0.07	0.03	0.01	0.002	0.007	0.017	0.002	0.25	0.16
중상	인원	199	1,894	5,293	4,785	3,057	1,190	263	206	62	36	19	17,004
	비율	0.46	1.29	2.17	1.93	1.20	0.71	0.31	0.21	0.21	0.08	0.03	1.19
경상	인원	169	1,512	7,372	8,991	8,626	4,808	1,549	1,516	357	145	136	35,181
	비율	0.40	1.03	3.02	3.64	3.39	2.85	1.81	1.57	1.22	0.31	0.21	2.46
부상 없음	인원	210	987	4,659	8,121	12,484	10,449	6,635	7,823	2,472	4,473	6,269	64,582
	비율	0.49	0.67	1.91	3.29	4.90	6.19	7.74	8.11	8.47	9.54	9.45	4.52

출전 : 廣島市 調査課, 「昭和 二十年 八月 六日 原子爆弾ニヨル人的被害報告調査表」.

[32] 〈표 2〉에서 거리별 지명은 다음과 같다.
距離別 町名表(爆心地 細工町의 島 病院付近)
0·5km 이내(24개 町) : 紙屋町·研磨屋町·播磨屋町·袋町·西魚屋町·塩屋町·革屋町·尾道町·大手町一丁目·大手町二丁目·大手町三丁目·大手町四丁目·大手町五丁目·猿楽町·鳥屋町·細工町·横町·中島本町·材木町·天神町·鷹匠町·塚本町·左官町·鍛冶屋町.
1.0km 이내(46개 町) : 鉄砲町·東胡町·斜屋町·下流川町·八丁堀·胡町·平田屋町·堀川町·三川町·基町·東魚屋町·立町·鉄砲屋町·中町·新川場町·下中町·大手町六丁目·大手町七丁目·木挽町·元柳町·中島新町·水主町·空鞘町·油屋町·猫屋町·堺町一丁目·堺町二丁目·堺町三丁目·堺町四丁目·西地方町·西引御堂町·錦町·十日市町·西新町·廣瀬元町·横堀町·西九軒町·西大工町·榎町·北榎町·小網町·舟入町·小町·雑魚場町·竹屋町·新市町.
1.5km 이내(37개 町) 稲荷町·土手町·上柳町·平塚町·幟町·石見屋町·下柳町·山口町·鶴見町·上流川町·銀山町·弥生町·薬研堀·田中町·宝町·西白島町·富士見町·南竹屋町·東千田町·國泰寺町·横川町一丁目·大手町八丁目·大手町九丁目·寺町·廣瀬北町·河原町·舟入仲町·舟入本町·中廣町·上天満町·天満町·東観音町一丁目·東観音町二丁目·西観音町一丁目·西天満町·橋本町·千田町一丁目.
2.0km 이내(35개 町) 松原町·的場町·段原大畑町·桐木町·大須賀町·台屋町·京橋町·金屋町·段原町·二葉ノ里·松川町·白島九軒町·東白島町·比治山本町·皆実町一丁目·昭和町·白島東中町·白島中町·平野町·白島北町·白

수와 같다는 전제 아래 세대 당 인구를 4.0~4.5명으로 보고, 폭심지로부터 거리별 사망률을 따져 사망자를 1만 9,000~13만 3,000명으로 추산했다(이 단체의 사망자 추정치는 히로시마 시 발표보다 오차범위를 크게 벗어났다).

이름이 확인되어 나카시마(中島)공원 내 원폭위령비에 봉안된 사망 피해자(1969년 8월 6일 기준)는 7만 2,682명(남자 3만 8,797명·여자 3만 3,880명·성별 불명 5명)이다. 공원 내 북쪽에 원폭희생자공양탑 지안안치소에 있는 무연고자(유골)는 12만~13만 명 정도로 추정되며, 그중 이름이 확인된 사망자는 2,355명이다. 1969년 7월 히로시마 평화문화센터가 조사한 사망자 현황은 〈표 3〉과 같다.

군인 피해는 1953년 7월 30일 히로시마사단이 조사한 결과 제2총군 사령부(300명), 주고쿠군관구 사령부(500명), 히로시마연대구 사령부(300명), 11연대(3,000명), 야포대(3,000명), 경중대(1,500명), 아코(赤穗)부대(20,000명), 공병대(3,000명), 육군병원관계(2,500명) 등 총 3만 4,100명이었으며, 피폭 당시 입영한 1,000명을 추가하면 4만 명에 육박했다.[33]

	島西中町·千田町一丁目·楠木町一丁目·楠木町二丁目·三篠木町一丁目·橫川町二丁目·橫川町三丁目·吉島町·吉島羽衣町·打越町·舟入幸町·南三篠町·西觀音町二丁目·觀音本町·比治山町.
2.5km	이내(24개 町) 若草町·愛宕町·西蟹屋町·段原末廣町·牛田町·猿猴橋町·荒神町·段原新町·段原中町·段原東浦町·南段原町·皆實町二丁目·楠木町三丁目·楠木町四丁目·千田町三丁目·南千田町·三篠本町二丁目·三滝町·吉島本2町·山手町·舟入川口町·南觀音町·福島町·比治山公園.
3.0km	이내(18개 町) 尾長町·東蟹屋町·南蟹屋町·段原山崎町·霞町·出沙町·皆實町三丁目·翠町·宇品町十五丁目·宇品町十六丁目·宇品町十七丁目·宇品町十八丁目·大芝町·三篠本町三丁目·三篠本ツ町四丁目·己斐町·段原日之出町·曙町.
3.5km	이내(9개 町) 仁保町大河·旭町·宇品町十丁目·宇品町十一丁目·宇品町十二丁目·宇品町十三丁目·宇品町十四丁目·新庄町·江波町.
4.0km	이내(11개 町) 矢賀町·大洲町·東雲町·仁保町本浦·仁保町丹那·宇品町六丁目·宇品町七丁目·宇品町八丁目·宇品町九丁目·古田町·庚午町.
4.5km	이내(6개 町) 仁保町楠那·宇品町一丁目·宇品町二丁目·宇品町三丁目·宇品町四丁目·宇品町五丁目.
5.0km	이내(5개 町) 仁保町渕崎·仁保町日宇那·草津東町·草津本町·草津浜町.
5.0km	이상(5개 町) 仁保町向洋·仁保町堀越·元品町·似島町·草津南町.

표 3. 1969년 7월 현재까지 원폭사망자 명부

	명부종별	인원	명부 형태	작성처
1968. 7. 20~25 공개	원폭사망자 히라가나순 명부 (原爆死亡者イロハ名簿, 히로시마 히가시(東)경찰서관계)	8,341	B4판 111매	히로시마 히가시(東)경찰서
	원폭사망자 신원불명관계분 명부	87	B4판 18매	히로시마 히가시(東)경찰서
	원폭사망자공양탑(供養塔) 납골명부	2,355	B4판 127매	히로시마 시 복리과
	사망신고서 명부(死亡屆書名簿, 히로시마 제출분, 일반사인을 포함)	1,414	A4판 45매	ABCC
	히로시마 제1육군병원직원사망자명부 (군의예비원 포함)	136	B4판 2매	국립야나이(柳井) 진료소
	히로시마 제1육군병원입원환자명부 (피폭관계자)	18	B4판 1매	국립야나이 진료소
	히로시마 제1육군병원 우지나(宇品) 분원 사망자명부(피폭관계자)	28	B4판 2매	국립야나이 진료소
	히로시마 적십자분원 병상일지색인부	456	B4판 34매	국립야나이 진료소
	히로시마 제1육군병원사망자명부	56	B4판 1매	국립야나이 진료소
	히로시마 제2육군병원 우지나 분원 지방환자명부	51	B4판 3매	국립구레(吳) 병원
	히로시마 제2육군병원 입원환자 히라가나순 명부	983	B4판 74매	국립구레병원
	히로시마 제2 육군병원 사망자명부(피폭관계자)	2	B5판 1매	국립구레병원
	히로시마 제2 육군병원 사망자명부(군의예비원관계)	47	B5판 1매	국립구레병원
	전재자수용명부(구 지고젠촌(地御前村) 관계분)	1,948	B4판 178매	하츠카이치쵸 (甘日市町)
	소계	15,922		
신규 발견분	유골명부(야스후루이치(安古市) 센조우사(專藏寺), 도요히라초(豊平町) 센도쿠사(仙德寺) 안치분)	11	B4판 1매	
	재해자수용명부 (이츠카이치(五日市) 하치만(八幡) 공민관 보존)	1,342	B4판 47매	
	재해자수용명부 (오다케 시(大竹市) 구바(玖波) 지소)	499	B4판 23매	구바·오다케

---

33) 『朝日新聞』, 1953. 7. 30.

명부종별	인원	명부 형태	작성처
원폭피재생존·사몰자조사명부	약 56,000	B4판 2,500매	나가오카 쇼고(長岡省吾)34) (1948~49)
인허증청구서·사망진단서명부 (구 이츠카이치 보존)	325	B4판 18매	사에키 군 이츠카이치쵸
유골명부(구 이츠카이치· 하츠카이치쵸(甘日市町) 사원 안치분)	40	B4판 1매 B5판 1매	
유골명부 (구 이츠카이치쵸, 사카쵸(坂町) 코야우라(小屋浦) 사이아키라사(西昭寺) 안치분)	10	B4판 1매	
과거 명부사본(이쓰카이치 쇼코사(正向寺) 관계분)	81	B4판 10매	
소 계	58,308		
총 계	74,230		

출전 : 히로시마 평화문화센터 조사

    1949년 12월 22일 육군성이 인양원호청 복원국장에게 보고한 자료에는 히로시마에서 전사 4,021명, 부상 후 사망 2,711명, 생사불명 3명, 부상 131명으로 총 6,866명의 사상자가 났다. 군속은 전사 435명, 부상 후 사망 162명, 부상자 2명으로 총 599명이었다. 따라서 전체 군인 피해는 7,465명이었다.35)

    물적 피해의 경우 1945년 10월 히로시마 시가 추산한 피해액이 7억 6,343만 엔이었다. 구체적으로 민가 4억 4,000만 엔, 빌딩 2억 5,000만 엔, 교량 800만 엔, 도로 150만 엔, 가재도구 3,393만 엔, 통신시설 3,000만 엔 등이다.36)

---

34) 나가오카 쇼고(長岡省吾, 1902~1973)는 만주에서 태어나 하얼빈 러시아어전문학교를 졸업했으며, 피폭 당시 히로시마문리과 대지질학 교실 촉탁 교원이었다. 그는 1949년부터 원폭자료 수집과 조사 등을 실시하면서 히로시마 시청에 근무하다가 1955년 히로시마평화자료관이 개설됨과 동시에 초대 관장(1962년 퇴직)을 맡았다.
35) 引揚援護廳復員局,「原子爆彈による傷害について」, 1949. 12. 22.
36) 廣島市,『市勢要覽』昭和21年版, 1945. 10월 조사 ; 廣島平和記念資料館,『廣島原爆戰災誌』第1券, 158쪽.

원폭 직후 불타고 남은 히로시마 시청.

2) 나가사키

나가사키 현이 1945년 9월 1일 발표한 피해현황을 보면 8월 31일 기준으로 사망 7만 3,884명, 중·경상 7만 4,909명 등 총 14만 8,793명이다. 재해인원은 12만 820명(반경 4km이내 전소·전파된 세대 인원)으로, 총 피해자는 26만 9,613명이었다.[37] 같은 해 10월 23일 나가사키 현 외무과는 사망 2만 3,753명, 행방불명 1,924명이라고 발표했다. 1950년 7월 나가사키 시 원폭자료보존위원회는 사망 7만 3,884명, 중·경상 7만 4,909명으로 추산했다.

물적 피해는 주택의 경우 전소 1만 1,574호(반경 4km 이내, 시내의 약 3분의 1에 해당), 전파 1,326가구(반경 1km 이내), 반파 5,509가구(반경 4km 이내) 등으로 총 1만 8,409가구(시내 총 호수의 36%)였다. 미쓰비시공장은

---
37) 長崎縣, 「八月九日 長崎市空襲災害參考資料」, 昭和二十年 九月一日.

원폭 직후 나가사키 역 부근의 모습.

병기공장·제철소(폭심지로부터 0.75km), 전기(1.75km), 조선소(2.5km) 등이 반파되었고, 그 피해액은 8천61만 4,580엔으로 집계되었다.

3) 방사선영향연구소

방영연은 원폭이 있은 뒤 2개월에서 4개월 사이에 사망한 피해자(acute deaths)가 히로시마는 9만~16만 6,000명, 나가사키는 6만~8만 명으로 추산하고 있다. 방영연은 당시 히로시마에 34만~35만 명, 나가사키에 25만~27만 명이 살고 있었던 것으로 추산한다. 전체 인구의 3분의 1가량이 사망한 것이다.

방영연은 1950년 실시된 인구조사에서 두 도시에서 원폭에 노출되었지만 살아남은 인구가 대략 28만 명인 것으로 파악되었다고 밝혔다. 이 수치에는 원폭 직후 현장에 들어간 조기 입시자(入市者)는 포함되어 있지 않았다.

4) 미국에너지부

미국에너지부는 히로시마에서 약 7만 명이 즉사했고, 화상과 피폭, 관련 질병으로 1945년 말까지 총 9만 명에서 16만 6,000명이 숨진 것으로 추산했다. 나가사키는 4만 명에서 7만 5,000명이 즉사했으며, 1945년 말까지 8만여 명이 숨진 것으로 파악했다.

히로시마에서 더 큰 피해가 난 것은 평지가 많은데다 도심 상공에서 폭탄이 터졌기 때문이다. 나가사키는 도심에서 떨어진 계곡에서 폭발해 피해범위가 상대적으로 적었다.

2. 조선인 피해가 큰 이유

1) 일제의 식민정책

1979년 히로시마·나가사키 시 원폭재해지편집위원회가 발간한 『히로시마·나가사키 원폭재해(廣島·長崎의 原爆災害)』는 조선인 피해가 컸던 이유에 대해 일제의 식민정책을 지적하고 있다. 이 보고서는 히로시마, 나가사키에서 피폭된 외국인의 대부분이 조선인이라면서 정확한 수는 밝혀지지 않았지만, 만 단위 이상으로 추정되어 국제적인 문제가 될 수 있다고 지적했다. 이렇게 많은 조선인이 피해를 입게 된 배경에는 두 말할 것도 없이 일본의 식민지배라는 역사가 자리하고 있다고 이 보고서는 지적했다.

보고서는 1910년 8월 한일합방조약을 체결한 이후 1945년 일본의 패전까지 35년에 걸친 식민지배는 단순히 조선을 정치적으로 지배하는 데 그치지 않고, 조선의 땅과 자원, 언어 등 모든 것을 박탈하고 신사참배, 궁성

미쓰비시중공업 공장에 동원된 학생들. 이들 중 상당수가 피폭되었다.

요배, 창씨개명 등의 '황국신민화'를 강제하는 억압적인 것이었다고 지적했다. 특히 토지조사사업(1910~1918년), 산미증산계획(1920~1933년)이라는 명목 하에 시행된 농촌에서의 식민지적 재편성에 의해 조선의 농촌사회는 수탈과 파괴가 극단에 달했다. 농지와 산림을 빼앗기고 생활터전을 잃은 수많은 농민이 고향을 버리고 떠도는 신세가 되었고, 때로는 집단적으로 국외로 흘러갔다고 보고서는 밝혔다.

조선인들의 '도일(渡日)'은 일제의 식민지 이전부터 시작되었다. 그러다가 1910년 8월 29일 한일합방조약으로 강제 병합되면서 조선총독부의 정책에 따라 본격화되었다. 제1차 세계대전 발발로 일본의 군수경기가 살아나자 저임금 노동력에 대한 수요가 증가했고, 조선인은 일본의 탄광이나 공장, 토목현장에 투입되었다. 이후 조선인 입국자 수를 관리하기 위한 자유여행증명제, 도항(渡航)증명제 등이 시행되다 1923년 9월 간토(關東) 대지진으로 도항이 전면 금지되기도 했다. 그러나 1931년 만주사변, 1937년 중·일전쟁 발발로 전쟁국면이 확대됨에 따라 조선인 이입(移入)은 더욱 격화되었다.

1939년 국민동원계획 아래 탄광, 광산, 그 밖의 노무자로 조선인에 대한 모집 이입(제1기-모집 노무동원)이 실시되었고, 1942년이 되자 태평양전쟁에 일본인 청장년이 대거 징집되면서 노동력 보충이 시급했다. 이에 따라 조선총독부의 알선에 의한 조선인 이입이 강화(제2기-관 알선, 대(隊)조직 동원)되었는데, 전쟁 말기인 1944년에 이르자 국민징용령이 발동되어 징발·연행이라는 수단으로 대량의 조선인 강제이입(제3기-징용동원)이 시도되었다.

조선인의 도일 시기는 1920년부터 1936년 사이와 1939년 이후로 구분된다. 전자는 삼남지방의 대홍수와 가뭄 등으로 촉발되었으며, 후자는 강제노동동원과 징용 등이 요인이었다.[38] 히로시마·나가사키 원폭재해에 따르면, 조선인의 일본 이주나 이입 추이, 실태에 대해서는 옛 내무성 경보국(警保局)의 재일조선인에 관한 각종 통계와 그 밖의 자료에 근거한 다양한 보고가 있다. 그러나 이들 문헌에 적힌 숫자에는 인용 자료의 차이로 인해 일치하지 않는 부분이 보인다. 근년 복각된 경보국 자료에도 일부 오류가 발견된다. 경보국 복각문헌, 법무성 문헌, 그리고 조선인 강제연행 문제에 관한 각종 검토문헌 등을 참고해 재일조선인 인구 추이를 정리하면 〈표 4〉와 같다.

'한일합방조약'이 체결된 1910년 당시 재일조선인 수는 분명하지 않다.

---

[38] 『東亞日報』, 1931.6.23.

다만 그 전년도의 재일조선인 수는 전국에 790명밖에 되지 않았다. 그러나 10년이 지난 1920년 3만 189명으로 늘었고, 1930년에는 29만 8,091명으로 현저히 증가했다. 1940년에는 한해 전부터 실시된 국민동원계획에 의한 노동자 이입이 더해지면서 119만 444명으로 100만 명을 넘어섰다. 4년 뒤인

표 4. 재일조선인 인구 추이(1900~1934년 연말 기준)[39]

연도	재일 조선인 인구	증가 수	비 고
1900	196	-	
1905	303	107	러일전쟁 강화(講和)
1907	459	156	
1909	790	331	
1910	-	-	한일합방조약 체결
1911	2,527	1,737	
1912	3,171	644	토지조사령 발포
1913	3,635	464	
1914	3,542	-93(감소)	제1차 세계대전 발발
1915	3,917	375	
1916	5,624	1,707	
1917	14,502	8,878	
1918	22,411	7,909	토지조사사업 완료
1919	26,605	4,194	삼일독립운동, 여행증명제도 실시
1920	30,189	3,584	산미증산계획, 삼남 대홍수
1921	38,651	8,462	
1922	59,722	21,071	도항조절제도 폐지
1923	80,415	20,693	관동대지진
1924	118,152	37,737	
1925	129,870	11,718	도항제한제도 실시
1926	143,796	13,926	
1927	165,286	21,490	일본 경제금융공황 발생
1928	238,102	72,816	
1929	275,206	37,104	세계경제공황 발생
1930	298,091	22,885	
1931	311,247	13,156	만주사변 발발
1932	390,543	79,296	
1933	456,217	65,674	삼남 대홍수
1934	537,695	81,478	

39) 森田芳夫・在日朝鮮人處遇の推移と現況,『法務研究報告書』第43集 第3號, 法務研修所, 1955 ; 朴慶植,『朝鮮人强制連行の記錄』, 未來社, 1965 참조.

표 5. 재일조선인 인구의 추이(1935~45년, 내무성 경보국 자료)[41]

연도	재일인구	증가수	국민동원계획에 따른 이입노무자 상황			비고
			(당시 인허수)	이입자수	현원수*	
1935	625,678	87,983	-	-	-	
1936	690,501	64,823	-	-	-	협화사업 추진, 동화정책 강화
1937	735,689	45,188	-	-	-	중일전쟁 발발
1938	799,878	64,189	-	-	-	국가총동원법 공포, 조선에도 시행
1939	961,591	161,713	(38,959)	19,135	18,626	국민동원계획, 노무(모집)이입
1940	1,190,444	228,853	(120,780)	86,765	63,038	창씨개명 실시
1941	1,469,230	278,786	(184,773)	126,092	77,086	태평양전쟁 발발
1942	1,625,054	155,824	(307,043)	248,521	124,097	노무(관알선, 여자정신대조직) 이입, 조선징용령 실시
1943	1,882,456	257,402	(438,130)	366,464	167,215	
1944	1,936,843	54,387	(655,483)	551,674[42]	270,660	노무(국민징용령)이입, 조선징병령 실시
1945 3월 말			(711,505)	604,429[43]	288,488 264,030[44]	
종전시	2,365,263[45]					원자폭탄 투하, 전쟁 종결
1946년 1월 1일	1,155,594[46]					

*: 징용기간 만료에 따른 귀국 및 도망, 송환 등에 의해 감소한 현재 인원

1944년 12월 말(2차 대전 말기)에는 193만 6,843명으로 비약적으로 증가했다. 박경식[40]은 1945년 종전 시 '236만 5,263명에 달했다'고 기록하고 있다. 본토 결전을 위한 축성공사에 그 정도 동원이 이뤄졌다면 1944년 말부터 종전까지 반 년 동안에만 40만 명이 넘는 조선인이 이입되거나 이주했다

---

[40] 박경식(1922~1998)은 재일조선인 문제를 연구한 재일동포 사학자이다. 그는 1965년 발간된『조선인 강제연행의 기록』에서 강제징용과 동원 등으로 약 600만 명이 끌려갔다고 주장했다.『일본 제국주의의 조선 지배』·『'천황제' 아래 국가와 재일조선인』·『재일조선인 운동사 - 8.15 해방 전』등 많은 저서를 남겼다. (근대일본사회운동사인물대사전 등 참조)

표 6. 히로시마·나가사키 현 거주 조선인 인구 추이(1935~1945)[47]

연도	히로시마 현				나가사키 현			
	거주인구	이입 노무자 수(內數)			거주인구	이입 노무자 수(內數)		
		당시 인허수	이입자 수*	현원 수**		당시 인허수	이입자 수*	현원 수*
1935	17,385				7,229			
36	19,491				7,046			
37	19,525				7,625			
38	24,878				8,852			
39	30,864	-	-	-	11,343	(2,920)	657	652
1940	38,221	-	-	-	18,144	(9,715)	6,308	4,692
41	48,746	-	-	-	22,408	(13,865)	8,967	5,322
42	53,951	(1,700)	1,421	721	34,515	(21,784)	17,471	9,551
43	68,274	(2,500)	2,332	936	-	(27,546)	24,294	11,483
44	81,863	(-)		5,994	59,573	(-)		20,474
1945*	84,886	-	-	-	61,773	-	-	-

*: 田村紀之, 「內務省警報局調査による朝鮮人人口」, 『經濟と經濟學』, 東京都立大學, 1981 참조.
**: 징용기간 만료에 따르는 귀국 및 도망·송환 등에 의해 감소한 현재 원(員) 수.

고 볼 수 있다. 그러나 종전 시 통계는 근거가 명확하지 않다. 경보국 자료는 1945년에 들어서자 치열한 본토 폭격이 이어져 재일조선인 사이에 동요가 생겨났고 귀국하는 사람, 도주하는 사람이 속출했다고 보고하고 있다. 히로시마·나가사키 원폭재해는 이를 근거로 재일조선인은 계속 증가만 한 것이 아니라 감소하는 경향도 있었다면서 종전 시 대략 200만 명 전후로 추정했다.

---

41) 內務省 警報局, 「在留朝鮮人運動の狀況」, 『原稿 特高月報』, 1945 ; 朴慶植 編, 『在日朝鮮人關係資料集成』 第5卷, 三一書房, 1976, 499쪽.
42) 朴南壽·朝鮮人强制連行 體驗者のききがきから, 『ドキュメント日本人8·アンチヒューマン』, 學藝書林, 1969, 290쪽.
43) 朴南壽, 위의 책, 1969, 290쪽.
44) 志水淸, 「胎內被爆小頭症患者の現況と今日的課題」, 『廣島醫學』 31, 1978, 401쪽.
45) 總理廳統計局 編, 『昭和15年國稅調査, 昭和19年人口調査, 昭和20年人口調査, 昭和21年人口調査結果報告摘要』, 日本統計協會, 1949, 2~3쪽.
46) 總理廳統計局 編, 위의 책, 1949, 2~3쪽.

1945년 9월 1일자 '전쟁 종결에 관한 평의결정 전후에 있어서의 치안상황'(내무성 경보국 보안과)은 "현재 내지(일본)에 거주하는 조선인 총 수는 약 193만 명…그중 집단이입 조선인 노무자는 약 28만 명"이라고 기록하고 있다. 하지만 28만 명이라는 숫자는 1939년부터 종전되던 해까지 일제가 71만 명 징용계획에 따라 60만 명가량을 강제 동원한 점을 감안할 때 지나치게 적은 것이다.

재일 조선인에는 일반 이주자와 그 가족, 학생, 국민동원 계획에 의해 모집된 노무자, 국민징용령 발동으로 강제 연행된 동원 노무자가 포함되어 있다.

〈표 6〉은 1935년 이후 히로시마 현, 나가사키 현 거주 조선인의 인구 추이를 보여준다. 전국과 비교해 두 현의 조선인 인구 증가가 두드러지며, 특히 나가사키는 눈에 띄게 증가세가 높다. 〈표 6〉을 보면 1944년 말 히로시마 현에 8만 1,863명(그중 집단적 강제 이입자는 5,944명), 나가사키 현에 5만 9,573명(집단적 강제이입자 2만 474명)이 거주한 것으로 나타난다. 그러나 이들 중 두 도시의 시(市)내에 거주한 숫자는 파악되지 않는다.

일제는 재일조선인을 감시하고 정보를 수집하면서 한편으론 창씨개명(1940년) 등을 통한 동화정책과 내선일체화를 강제하고 있었기 때문에 조선인이 일본인 피해자 수에 뒤섞였을 가능성이 있다. 게다가 원폭투하 때 조선인 중 몇 명이 피폭지내에 있었고, 또 몇 명이 피폭 후 시내로 들어와 원폭의 영향을 받게 되었는지는 알 수 없다. 히로시마, 나가사키 원폭 피해자 중 조선인 수에 대해 1968년 원폭피폭자원호협회(이하 협회, 훗날 한국원폭피해자협회로 개칭)는 피해자 총 7만 명이고 생존자 3만 명(중환자 30%) 정도 추정된다고 밝혔다. 당시 협회 등록자는 1,136명이었다. 한국원

---

47) 內務省 警報局, 「在留朝鮮人運動의 狀況」, 『特高月報』, 1945 ; 朴慶植 編, 『在日朝鮮人關係資料集成』 第5卷, 三一書房, 1976, 499쪽. 1939년 12월 말 재일조선인 중 히로시마와 나가사키에 직업(학생 포함)을 가진 사람이 각각 2만 4,878명과 8,852명이었다(「內地在留朝鮮人職業別調」, 1939. 12).

폭피해자협회가 1972년 4월 발표한 히로시마 5만 명, 나가사키 2만 명이란 숫자는 피폭의 범위를 어디까지로 규정해 추계했는지, 또 시기적으로 언제까지의 사망과 귀국을 산출한 것인지가 분명하지 않다.

표 7. 한국인의 원폭피해상황(1972년 4월 발표)[48]

	피폭 당시(상황)				
	총 피해자	사망자	생존자	귀국자	교포 잔류
히로시마	50,000	30,000	20,000	15,000	5,000
나가사키	20,000	10,000	10,000	8,000	2,000
계	70,000	40,000	30,000	23,000	7,000

1973년 11월 당시 협회에는 6,281명(자진신고자)이 회원으로 등록되어 있었고, 3,081명이 등록신청서를 낸 상태였다. 1974년 4월 등록회원은 9,362명이다.[49] 1991년 10월 조선인강제연행진상조사단[50]은 두 지역의 피폭자 2,768명을 확인하고, 히로시마 517명과 나가사키 2,251명의 명단을 확보했다. 히로시마 피폭자는 1971년 일본에서 조사한 명단으로 이름, 나이 등이 기재되어 있다.

나가사키 피폭자 명단은 나가사키 시 조사공자분(長崎市調査公者分) '나가사키조선인피폭자일람표(長崎朝鮮人被爆者一覽表)'(1983) 자료로, 조선인강제연행진상조사단이 1990년 12월 30일 입수한 자료에 포함되어 있다.[51] 이 자료에는 이름, 생년월일, 피폭지, 피폭 당시의 주소, 본적지 등이 기록되어 있으며 히로시마보다 더 많은 피폭자에 대한 정보가 수록되어 있다.

---

[48] 朴秀馥・郭貴勳・辛泳洙, 『被爆韓國人』, 朝日新聞社, 1975, 296쪽.
[49] 외교부 동북아1과, 『한국인 원폭피해자 구호』, 1974.
[50] 이 조사단은 1972년에 일본변호사연맹과 조총련이 결성한 것으로, 일본해군관계의 연행자・전사자명부를 비롯한 각종 강제연행자 관련 명부 발굴과 강제연행 조사 등의 활동을 꾸준히 진행하고 있다.
[51] 朝鮮人强制連行眞相調査團, 『廣島朝鮮人被爆者』, 1991. 10 ; 朝鮮人强制連行眞相調査團, 『長崎朝鮮人被爆者』, 1991. 10.

2) 히로시마 조선인 피해 상황

피폭자와 사망자 수는 인구조사 자료를 기초로 했기 때문에 친족을 따라 조선에서 이주해 일본인과 뒤섞여 생활하던 상당수 조선인이 포함되었을 가능성이 높다. 그러나 그들 중에서 조선인을 가려낸다는 것은 현재로선 불가능하다. 징용동원과 관련해 시외 거주지에서 동원된 징용공이나 여자정신대, 학도보국대, 의용대 등에 조선인이 일부 포함되어 있을 수도 있다. 1938년 이후 조선에서 실시된 육군 특별지원병 제도, 1939년 재일조선인에 대해 시행된 군속징용, 1944년 조선에서 실시된 징병령 등에 의해 히로시마 군부대에도 소수의 조선인 장병이나 군속이 들어가 있음에 틀림없다.

조선에서 히로시마 시내 공장으로 강제 징용된 조선인 노무자들은 집단적으로 합숙 생활을 했다. 미쓰비시중공업 히로시마조선소와 이 조선소의 기계제작소, 미쓰비시중공업 기온공장, 동양공업주식회사(모두 징용자), 히로시마 항운주식회사, 히로시마 통운주식회사, 이치바(市場)중공업, 일본공업, 다마모구미(玉藻組), 후지카와(藤川)제강소, 유타니(油谷)중공업, 야마가타군 야스노무라(山縣郡 安野村)의 발전소 공사장, 구레(吳), 인노시마(因島)의 조선공장 등이 별도의 합숙소를 두고 있었다. 〈표 8〉은 히로시마 내 주요 공장의 조선인 현황이다.

히로시마 시내에 있는 미쓰비시조선소에 약 1,000명이 취로한 사실이 확인되고 있다. 히로시마 현 경찰부장이 내무성 경보국장과 히로시마지방재판소에 제출한 보고서(1945년 6월 27일자)에는 "야마가타군 야스노무라에 (주)일본발송전 수력발전소 건설공사를 위한 집단이입 노무자와 일반 노무자 약 800명이 일하고 있다"고 기록되어 있다.[52] 하지만 정확한 취로 상황은 확인되지 않는다. 히로시마 조선인 피폭과 관련한 여러 추측 중 주요한 것을 살펴보면 다음과 같다.

[52] 朴慶植 編, 앞의 책, 第5卷, 1976, 563~564쪽.

표 8. 히로시마의 조선인 노무자 현황[53]

공장명	인원	출전	비고
미쓰비시 히로시마조선소	1,950	조선소 명부 (공탁금명부)	
동양공업	92	반도 응징사(膺懲史) 신상조사표	
	87	동양공업명부	
일본통운 히로시마지점	39		
유타니(油谷)중공업	6		니시마쓰구미(西松組), 공탁금 명부

① 종전 직후 히로시마 현에 거주하는 조선인은 약 6만 명으로, 그중 3~4만 명이 피폭되었다.[54]

② 히로시마 현 내 8만 1,000여 명의 이입자 가운데, 군수공장이 많았던 히로시마 시에 적어도 5만 명 내외가 모여 있었던 것으로 추정된다. 히가시칸온마치(東観音町), 텐마쵸(天満町), 후나이리마치(船入町) 부근은 비행장 공사에 모인 조선인 노무자들의 현장식당(飯場)가 빽빽이 밀집해 있었다. 요코가와바시(横川橋)에서 코헤이바시(工兵橋) 사이에 300세대는 거주했다. 이 일대는 히로시마 시 서부이며 폭심지에 가까워 전멸했다. 우지나(宇品) 조선소에 700명, 미쓰비시 조선소 기계제작소(三菱造船所 機械製作所)에 1,000명, 그 밖의 징용자도 2만~3만 명은 있었을 것으로 추정된다. 노무자 가족까지 감안하면 조선인 가운데 적어도 2만 명가량이 사망한 것으로 추정된다.[55]

③ 1944년 히로시마 현 내에 8만 1,863명의 조선인이 있었다고 이야기되고 있으며, 이 가운데 3만 명가량이 히로시마 시에 거주하고 있었다고 한다. 히로시마 현에 들어온 조선인 대부분은 히로시마 근교 공업지대에 집중되어 공장 노동자 또는 농림노동자로 일을 했다. 히로시마 시

---

[53] 대일항쟁기강제동원피해조사및국외강제동원희생자등지원위원회, 『히로시마·나가사키 조선인 원폭피해에 대한 진상조사-강제동원된 조선인 노무자를 중심으로-』, 2011. 7. 25, 14~17쪽.

[54] 廣島市役所 編, 『廣島原爆災害誌』 第1券, 廣島市役所, 1971, 168~181쪽.

[55] 金井利博, 『核權力-ヒロシマの告發』, 三省堂, 1970, 308~309쪽.

내의 미쓰비시조선소, 우지나항, 동양공업, 아사군 기온초(安佐郡祇園町)의 히로시마정밀기계제작소(廣島精密機械製作所), 아키군 후나코시초(安芸郡 船越町)의 일본제강, 구레 조선소 등에서 노동을 했고, 각지의 철도, 하천 등 공사 현장에도 있었다. 조선인 노동자 수는 명확하지 않으나 우지나항 육군수송부대 '아카츠키 부대'에는 500명에 가까운 조선인이 일하고 있었다고 하며, 전쟁 말기에는 매립지에 신설 중이던 군수공장인 미쓰비시중공 칸온 공장에 3,000명 가까운 조선인 노동자가 징용으로 연행되어 잡역공으로 일하며 근처 판잣집에 거주했다고 한다. 결국 군수공장이나 토목공사 현장에서 일하던 조선인 노동자의 대부분은 징용령에 의해 강제 연행된 사람들이었다.[56]

④ 원폭 직후 피난을 갈 당시 히로시마 현 내에 8만 4,000명 또는 8만 5,000명의 조선인이 있었다고 생각되며, 그중 구레 해군공창(工廠)이나 탄약고를 위한 터널공사에 약 2만 명, 그 외 인노시마의 히타치(日立) 조선소, 오타케(大竹)의 해군시설, 기타히바군(北比婆郡)의 코보(高墓)댐 건설공사 등에도 상당히 많은 조선인이 있었다. 따라서 히로시마 시내에는 약 5만여 명의 조선인이 있었다고 추정되며, 그 대부분이 피폭된 것으로 추정된다.[57]

⑤ 일본제강 히로시마 공장이나 군 안에도 다수의 조선인 노무자가 일하고 있었다. 그들의 가족은 후쿠시마마치(福島町), 칸온마치(観音町), 우지나(宇品), 히로세(廣瀬), 텐마(天満), 오나가초(尾長町) 등에서 집단적으로 생활하고 있었다. 이 지역은 폭심지에서 1km에서 4km 정도의 근거리에 있다. 히로시마 시내에서 일하거나 거주하고 있었던 약 5만 명의 조선인은 대부분이 피폭 당한 것으로 추정된다. 조선민주주의인민공화국에 2,000여 명, 남조선에 약 1만 5,000명의 피폭자가 있을 것으로 추정된다.[58]

---

56) 上原敏子,「在廣朝鮮人被爆者についての考察(1)」,『豫備地方史研究』 90호, 豫備地方史研究會, 1972, 11쪽.
57) 中塚明,「朝鮮人被爆者の問題 歷史的 考察」,『歷史評論』 336, 1978, 38쪽.
58) 李實根,「忘られた人人 朝鮮人被爆者問題を考える」,『統一評論』, 1977년 10월호, 105쪽.

앞의 내용을 보면, 히로시마 시에는 5만 명가량의 조선인이 거주하다가 피폭을 당했고 그중 2만 명 정도가 사망했다. 생존자는 대부분 귀국해 1만 7,000명가량이 조선에 거주할 것으로 추정된다. 이는 한국원폭피해자협회가 내놓은 수치와 거의 일치한다.

하지만 이런 추정도 시내 거주 인구 등 근거가 명확하지 않다는 분명한 한계가 있다. 예를 들면 당시 각지의 공장이나 작업장에서 강제 취로를 한 조선인이 적지 않았던 것은 사실이나, 일본에 거주하고 있다가 동원된 조선인과 조선에서의 집단징발에 의한 강제노동이 혼동되고 있다.

거주지나 동원처도 폭심지에 근접한 장소와 피해가 가벼운 교외 지역의 구별 없이 나열되어 있다. 가령 우지나 조선, 동양공업, 일본제강소 등 피해가 컸다고 할 수 없는 사업소도 중심부와 동등하게 다뤄지고 있다. 당시 시외에 있던 일본제강소에는 시내 거주 조선인이 징용되어 노동을 하고 있었다는 증언이 있다. 또 ③의 미쓰비시조선소 징용 노무자에 대한 추측과 관련해서는 1945년 5~6월에 징용된 조선인이 도망가는 일이 속출해 7월 하순에는 노무자 총수가 1,000명가량 감소했다는 분석이 있다.[59]

여기에 기술된 조선인 거주지역과 피폭지역이 비록 불확실하다 하더라도 중요한 의미를 지닌다.

조선인 주거지는 히로시마 시 서부의 폭심지에서 1~3km 소실권에 들어가는 거주지역과 징용 동원처였던 공장이 있는 3~6km 거리의 주변지역으로 크게 나눌 수 있다. 물론 일반 시민으로 일본인에 섞여 시내 중심부에서 건물 등의 잔해를 치우는 일을 하거나 군부대 작업에 동원된 경우도 있겠지만 조선인 피폭자 대부분은 거주지역과 주변 공장지역에 있었을 가능성이 높다. 원폭이 오전 시간에 이뤄진 점을 고려하면 대략의 피폭상황은 추측해 볼 수 있다.

---

59) 深川宗俊, 『鎭魂の海峽-消えた被爆朝鮮人徵用工246名』, 現代史出版會, 1974, 108~111쪽.

후쿠이 칸바시로(福井芳郎)의 「다음날의 아침 가미야초(紙屋町)」. 이 그림은 1952년 원폭기록전시회에 출품되었고 원폭 직후의 모습을 잘 담아내고 있다.

전쟁 말기 총동원 체제하에서 히로시마 현 내 조선인 증가의 상당부분은 히로시마 시 주변 공장이나 군 관련 작업에 동원된 사람들이다. 당시 히로시마 시내와 주변지역 조선인 총수를 4만~5만 명이라 보고, 그 절반이 소실권(1~3km) 거주 지역에, 나머지가 주변 공장이나 기타 지역에 산재했다고 가정하고, 미일합동조사단이 발표한 1945년 11월의 히로시마 시의 거리별 추정사망률(1~3km의 인구 17만 4,370명에 대한 사망자 수는 4만 555명으로, 사망률은 23.3%)을[60] 적용해 보면, 소실권에 있었던 조선인 피폭자를 2만~3만 명이라고 볼 경우 사망자 수는 4,700~7,000명이 된다.

마찬가지로 3~5km에서의 사망은 4만 9,710명 중 958명으로 1.9%의 비율이라는 미일합동조사단의 추정사망률을 적용할 때, 이 지역에 있었던 조선인 노무자의 총수를 약 2만 명이라고 하면 사망 수는 약 400명이 된다. 양 지역의 중간지대인 2.5~4km권에서는 그 사망률은 2.6%라는 추정사망률

---

[60] 1945년 11월 히로시마와 나가사키의 거리별 추정사망률은 다음과 같다. 0~0.5km는 사망률이 히로시마의 경우 96.5%, 나가사키는 88.4%였다. 자세한 내용은 廣島市・長崎市 原爆災害誌編輯委員會編, 『廣島・長崎の原爆災害』, 岩波書店, 1979, 262쪽 참조.

에 따라 잠정적으로 3,000명이 있었다고 하면 78명이란 수치가 나온다. 입시자 수를 수천 명이라 해도 사망수가 현저히 증가한다고는 볼 수 없다. 이를 종합하면 히로시마에서의 조선인의 피폭 총수를 약 4만~5만 명이라고 가정하여도, 피폭 직후에 사망한 수는 5,000~8,000명 범위로 추측된다.[61]

3) 나가사키 조선인 피해 상황

히로시마·나가사키 원폭재해에 따르면, 앞의 〈표 6〉 히로시마 현, 나가사키 현 거주 조선인 인구 추이(1935~1945)에서 볼 수 있듯이, 나가사키에서의 조선인 인구 증가는 현저하며 특히 징용노무자 이입은 히로시마를 크게 상회하고 있다. 그 요인은 현 내에 많았던 탄광 징용에 의한 것이며, 탄광 대부분은 나가사키 시외에 위치했다. 시내 이입은 주로 미쓰비시 군수공장으로 동원된 경우였다. 이외에 주변 군사시설 건설작업에 종사했던 사람도 있었던 것으로 보인다. 〈표 9〉는 나가사키 시 지역 조선인 노무자 현황과 주요 인원수이다.

이 지역 조선인 노무자 숙소에는 1만 300명이 거주한 것으로 추정된다.[62] 폭심지로부터 2.5km이내로 위치가 확인된 조선인 노무자 숙소나 합숙소, 현장식당(飯場)은 폭심지에서 600m 거리의 오바시마치(大橋町) 미쓰

---

[61] 대일항쟁기강제동원피해조사및국외강제동원희생자등지원위원회는 2005년 2월 1일 이후 노무자 동원실태 조사에 따른 피해자 현황에서 히로시마 1,854명 중 22명이 피폭자였고, 나가사키 2,194명 중 피폭자 56명이라고 밝혔다(대일항쟁기강제동원피해조사및국외강제동원희생자등지원위원회, 앞의 책, 2011. 7. 25, 24쪽).

[62] 사이와이료(幸療)·후쿠다료(福田療)·기바치료(木鉢療, 나가사키 조선소)에는 4,747명(나가사키재일조선인 인권을 지키는 회에서 추정)이며 마루야마료(丸山療, 나가사키조선소) 300명(김성수 증언), 고가쿠라료(小ケ倉療, 나가사키조선소) 3,000명(김종술 증언), 히라도코야료(平戸小屋療, 나가사키조선소) 300명(박정태), 후생노동성 명부 1,174명, 아이코쿠료(愛國療) 779명(가와나미 고야기시마조선소) 등이다. 대일항쟁기강제동원피해조사및국외강제동원희생자등지원위원회, 앞의 책, 2011. 7. 25, 23쪽.

표 9. 나가사키 조선인 노무자 현황[63]

공장명	인원	숙소	출전
미쓰비시중공업 나가사키조선소	288	후쿠다료(福田寮)	후쿠다료 명부
미쓰비시 제강소	143		조선인노동자 조서결과
나가사키항운회사	113		조선인노동자 조서결과
일본통운 나가사키지점	30		조선인노동자 조서결과
가와미나미(川南)공업 후카호리(深堀)	501		조선인노동자 조서결과
	825	기리시마료(霧島寮)	기리시마료 명부
가와미나미공업 고야기시마(香燒島)	779	아이코쿠료(愛國寮)	아이코쿠료 명부

비시제강소 조선인 징용공 숙소(약 300명)와 1.5~2.5km 거리에 있던 미쓰비시병기 오바시공장 2곳, 스미요시(住吉)터널 공사장 부근 등지의 합숙소 6곳이다.

미쓰비시 나가사키조선소에도 징용공 2,500명가량이 있었으며[64], 그들 숙소는 폭심지에서 5km 남서쪽인 키바치(木鉢)에 있었다.[65] 폭심지로부터 5~6km 떨어진 니시도마리(西泊), 고세토(小瀬戶)에도 일부 합숙소가 있었다. 나가사키 시의 조선인에 대한 기록을 정리하면 다음과 같다.

① 종전 당시 가와나미조선소(川南造船所)에 징용공 500~2,000명과 죄수 1,500~4,000명, 조선인 공원 300명이 있었다. 또 미쓰비시 나가사키조선소에도 1945년 1월 당시 조선인 3,474명, 학도 3,485명, 여자 1,627명, 정신대원 566명, 보국대 586명, 죄수 250명, 포로 443명 등 총 1만 431명이 있었다.[66]

---

[63] 대일항쟁기강제동원피해조사및국외강제동원희생자등지원위원회, 앞의 책, 2011.7. 25, 11~14쪽.

[64] 池田半治・第一事務所の爆撃, 『原爆前後』(白井秀雄 編) I, 思い出集世話人(私家版), 1968, 261쪽.

[65] 金丸平藏・命拾い三度, 『原爆前後』(白井秀雄 編) I, 思い出集世話人(私家版), 1968, 140쪽.

[66] 長崎市役所總務部調査統計課 編, 『長崎市第六十五年史』(後篇), 長崎市役所, 1959, 431쪽.

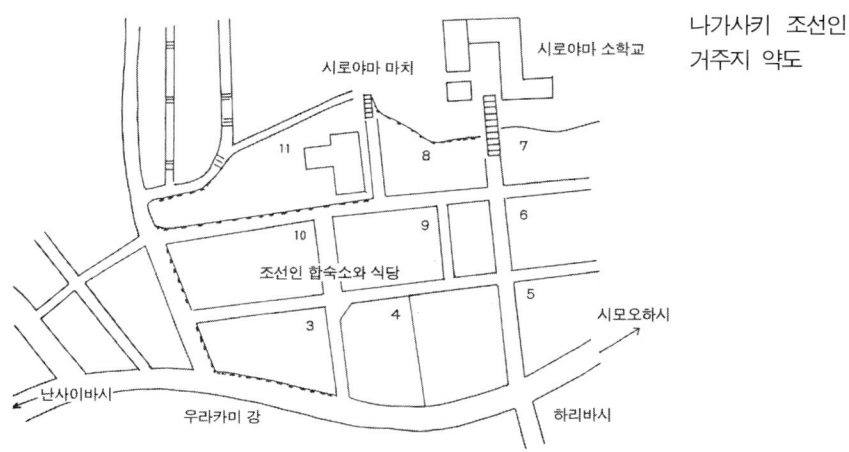

나가사키 조선인 거주지 약도

② 미쓰비시조선소와 나가사키병기창에 근무하던 조선인 1,000명과 조선인 여학생 300명이 사망했고, 나가사키 시 오우라모토마치1(大浦元町1)의 조우코인(誠孝院)에 있는 조선인 유골 150여 구의 태반이 원폭 사망자다.[67]

③ 미쓰비시병기제작소 본 공장과 분소에 조선인 약 300명이 일하고 있었으며, 우라카미(浦上) 강가에 판잣집이 줄지어 있었다. 1943년 무렵 기록에 약 3,000명이 친목협화회 회비를 낸 것으로 되어 있지만 실제로는 1만 명 이상 있었을 가능성이 있다. 원폭이 투하되었을 때 120명이 있던 함바에 생존자가 단 2명뿐인 경우도 있었다. 우라카미 지구 조선인은 거의 전멸했다.[68]

④ 고세토와 가미노시마(神ノ島) 사이를 매립하는 공사가 있었는데 가미야마(神山), 시마야마(島山), 니시오(西尾), 다나카(田中), 나카무라(中村), 아라이(荒井) 등에 10개 이상의 노동자 합숙소가 있었다. 합숙소에는 200~300명이 모여 지냈다. 인부용 기숙사도 곳곳에 생겨났다. 미쓰비시 징용공 3,000여 명은 키바치 기숙사에 수용되었고, 미

---

[67] 『朝鮮新報』, 1965. 8. 15.
[68] 『朝日新聞』, 1974. 4. 16.

나가사키에 남아 있는 조선인 징용 노무자 합숙소.

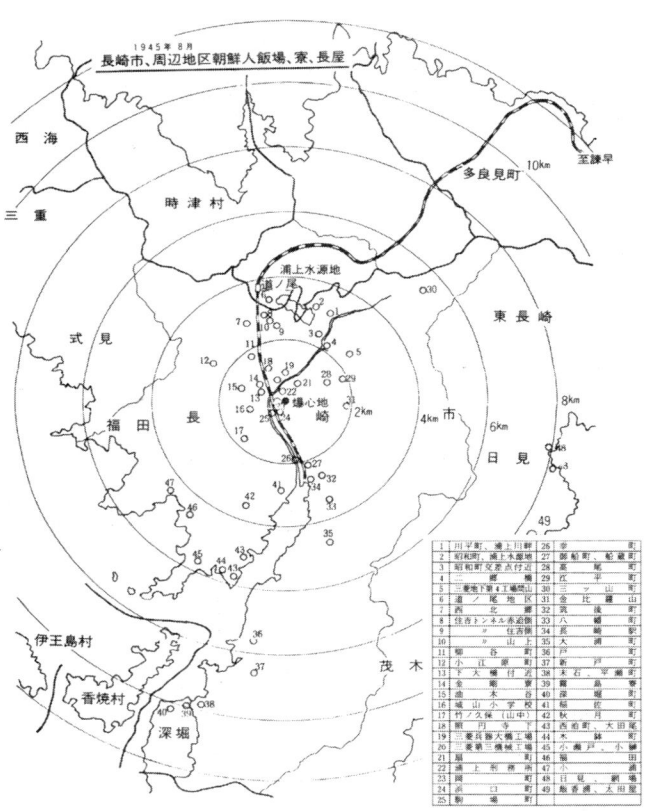

나가사키 시 주변 지구 조선인 노무자 합숙소 위치도.

쓰비시 병기 공사에도 3,000명 정도가 종사하고 있었다. 코야기(香燒), 하시마(端島), 다카시마(高島), 이오지마(伊王島) 등 탄광지대에도 조선인 상당수가 일하고 있었다.[69]

위 내용을 정리하면 나가사키 지역의 조선인 집단 거주지는 ① 폭심지에서 2.5km이내인 나가사키 시 북부의 미쓰비시제강 오하시기숙사와 미쓰비시병기 조선인합숙소, ② 3.5~4km에 걸쳐 본 공장이 있었던 미쓰비시조선소, ③ 4~6km 남서부의 키바치기숙사와 니시도마리, 고세토, 또 그 외 시내지역의 합숙소 등 세 지역으로 크게 구분할 수 있다.

원폭 당시 이들 3개 지역의 조선인 노무자와 가족 수를 각각 3,500명 정도로 추정하고 시내 다른 공장이나 거주구역에 산재한 조선인 1,000~2,000명과 8월 9일 원폭 직후 시내로 들어간 인원을 합치면 조선인 피폭자 수는 총 1만 2,000~1만 4,000명으로 추산된다.

이 숫자를 기본으로 히로시마에 적용했던 것처럼 1945년 11월 미일합동조사단의 추정사망률로 그 사망수를 추측하면 다음과 같다. 폭심지에서 2.5km권인 ①의 사망률 63.1%를 3,500명에 적용하면 약 2,200명이 된다. 하지만 조선인이 다수 있었던 장소는 600m 지점의 미쓰비시제강 오하시기숙사 약 300명과 1.5~2.5km인 미쓰비시병기 둘로 나뉜다. 따라서 폭심지에서 2.5km까지의 평균 사망률을 일괄적으로 적용하면 실제보다 과다하게 추산될 가능성이 있다. 1.5~2.5km 사망률은 17.2%, 1.0~2.5km에서는 34.9%이다. 오하시기숙사는 원자폭탄이 터진 바로 아래에 있어 전멸했을 가능성이 높다. 미쓰비시병기 작업장에서는 조선인 노동자 대다수가 야외에서 토목공사에 종사하고 있었을 것이며, 합숙소는 나무로 허술하게 만든 판잣집이었으므로 피해가 클 수밖에 없다. 따라서 폭심지에 가까이 있던 300명을 전원

---

[69] 朴玟奎 談, 「核廢絶と祖國の自主的 平和統一を長崎在住朝鮮人被爆者の步みから」, 『長崎の証言』 第10集, 長崎の證言刊行委員會, 1978, 158쪽.

조선인 징용 노무자들이 근무했던 미쓰비시 나가사키병기제작소 오바시(大橋)공장.

사망한 것으로 보고 나머지 3,200명에 대해 1.0~2.5km의 평균사망률 34.9%를 적용하면 1,100명 전후가 되어 피해인원은 1,500명가량이 된다.

②의 미쓰비시조선소의 경우 2km 권내에 선형(船型)시험소, 제재공장, 사이와이마치(幸町)공장(주조·기계·제관 등의 공장), 오하시 부품공장과 두 곳의 기숙사가 있어 피해가 막대했다. 주요 공장은 나가사키항 서쪽 기슭 3.5~4.0km의 아쿠노우라(飽の浦), 무코지마(向島), 다테가미(立神) 지구에 있었으며, 인적 피해는 적었다. 미쓰비시조선소는 큰 공장인데다 노동자 변동이 심해 그 정확한 수는 드러나지 않고 있다. 1951년 6월 미쓰비시조선소가 확인한 사망자 수는 일본인을 포함해 총 1,815명이다. 누락된 경우가 많아 실제 피해규모는 이보다 훨씬 컸을 것이다. 주 공장의 위치를 볼 때 총 사망자 수는 2,000명(미일합동조사단 자료는 3~4km에서 1.2%라고 함)정도로 추정된다.

당시 노무는 3교대제였고, 조선인 징용공 기숙사는 폭심지에서 5km 떨어진 산 속의 키바치에 있었던 점을 감안하면 징용공과 일반 조선인 노동자의 사망자 수는 총 3,500명 중 150~200명이 된다. ③의 니시도마리, 고세토 부근, 또는 그 외의 시내 거주자의 경우 대개 3~5km 이상 떨어져 있었고 주변 지형을 볼 때 사망자가 다수 속출하는 일은 없었을 것으로 보인다.

이를 종합하면, 원폭 피해를 입은 지역 내에 1만 2,000~1만 4,000명의 조선인이 있었고, 그중 1,500~2,000명이 사망했을 것이라는 추정치를 얻을 수 있다. 한국원폭피해자협회가 추정(〈표 7〉 한국인의 원폭피해상황, 1972년 4월 발표)하고 있는 생존자 약 1만 명은 앞에서 기술한 ①, ②, ③, 그 외의 생존자 수와 대개 일치하지만 사망자 수는 큰 차이를 보인다.

당시 조선인이 창씨개명 때문에 일본인으로 혼돈되어 일반 시민, 학도보국대, 여자정신대원 등의 희생자 수에 포함되었을 가능성도 있다. 콘피라산(金比羅山) 진지에서 전사한 군인 48명 중 4명이 조선인 병사였던 것으로 확인되고 있다.

나가사키 지역 조선인 피해규모에 대해선 1996년 나가사키 시 원폭피폭대책부가 발행한 '나가사키 원폭피폭 50년사'에도 언급되고 있다.[70] 이 자료에 따르면 원폭 당시 미쓰비시제강소 조선인 징용공 숙사(노동자 합숙소)에 약 3,000명이 있었고, 미쓰비시 나가사키조선소에도 징용자 2,500명이 강제노역에 시달리고 있었다(『원폭전후(원제 原爆前後)』Ⅰ・Ⅱ). 미쓰비시 나가사키조선소에는 징용자 3,474명과 포로 443명(『시제35년사(원제 市制35年史)』후편)이 있었다. 가와미나미조선소(고야기시마・香燒島)에도 300명이 있었다.

4) 버려진 조선인 피폭자

원폭 현장에서 조선인들은 제대로 치료를 받지 못했다. 일본인과 친분

---

70) 長崎市原爆被爆對策部, 앞의 책, 283쪽.

히로시마 스미요시 다리(住吉橋) 동쪽 끝에 있는 임시구호소 터와 화장장 모습. 이곳은 폭심지로부터 약 1,360m 떨어져 있었다.

이 있거나 일본인과 뒤섞여 피폭된 경우 병원으로 후송된 사람도 있지만 대다수는 방치되었다. 목숨을 건진 조선인들은 감자나 오이를 갈아 붙이는 게 치료의 전부였고, 속설을 믿고 화장장에서 인골 가루를 구해 바르는 일도 있었다고 피폭1세 배일명(85·여·경남 합천)은 전했다.

조선인 사체 상당수는 방치되었다. 일본 아사히(朝日) 저널은 1968년 8월 11일자 원폭 특집에서 '피폭 한국인의 유골은 입을 다문 채'라는 제목의 기사를 보도했다. 이 기사에는 조선인 피폭자 박수용(당시 62)의 증언이 실려 있다. 박씨는 "미쓰비시 조선소에 3,000명, 미쓰비시 병기(兵器)에 4,000명이 있었는데 원폭으로 전멸했다"고 말했다. 한여름이다 보니 까마귀에 벌레까지 들끓었다. 이를 보다 못한 일본 당국은 이사하야(諫早) 형무소 간수를 동원해 사체를 불살랐다. 장작을 놓고 사체를 올린 뒤 다시 장작을 쌓고 기름을 부어 불을 질렀다. 당시 히로시마 에바마치(江波町)

강가에서 살고 있었던 손연이(86·여·합천)는 "원폭 후 며칠이 지나 일본 군인들이 트럭을 몰고 와서는 산 사람, 죽은 사람을 가리지 않고 갈고리로 찍어 실어 날랐다"고 말했다. 안월선(83·여·합천)도 "일본 경찰로 보이는 사람들이 살아있는 중상자까지 트럭에 실어 소각장으로 보냈다"고 증언했다.

1972년 '히로미사현사-원폭자료편'에 따르면 1945년 8월 21일까지 일본군·경 등이 현장에서 소각한 사체가 3만 2,959구에 이른다. 그중 상당수는 조선인으로 추정된다.

한편 한국교회여성연합회가 1979년 국내 피폭1세 1,070명을 대상으로 실시한 실태조사에서 피폭 직후 임시진료소나 병원 등지서 치료를 받은 사람은 전체의 19.8%(212명)에 불과했다.

3. 경남 합천에 피해자가 많은 이유

1) 자연재해와 수탈

조선인 피폭자의 대다수는 경남 합천지역 주민이다. 생존한 피폭자와 2세도 상당수가 합천에 살고 있다. 합천이 '제2의 히로시마'로 불리는 이유이다. 합천군은 동쪽에 낙동강이 흘러 창녕군과 경계를 이루고, 서·남·북쪽에 가야산(1,430m)·매화산(954m)·이상봉(1,046m)·비봉산(1,125m)·두무산(1,038m)·오도산(1,134m)·황매산(1,108m) 등 많은 산이 있다. 이 때문에 합천은 예로부터 전란 때 피난하기 좋은 곳으로 알려져 있다.[71] 초계면을 제외한 나머지 지역은 평야를 거의 찾아보기 힘들 정도며, 주요 경작지는 산간 계곡과 하천을 따라 형성되어 있다.

---

71) 이수건, 『嶺南士林派의 形成』, 嶺南大出版部, 1979, 152~153쪽.

합천은 1922년 당시 6만 4,436Km² 면적에 18개 면과 97개 자연마을로 형성되어 있었다. 면 단위에서는 삼가면(三嘉面, 인구 1만여 명, 항일운동 강함), 용주면(龍洲面, 횡계리가 중심지이고 산악지대), 대병면(大幷面, 3·1운동 당시 일본인 순사 1명 사망), 율곡면(栗谷面, 산악지대), 합천면(현재의 합천읍, 합천의 중심지이자 항일운동 근거지), 쌍책면(双册面, 산악지대), 봉산면(鳳山面, 금광지역), 야로면(冶爐面, 갑오농민항쟁 지역), 가야면(伽倻面, 해인사와 산악지대) 등이 중심이었다.[72] 인구는 1920~1930년대까지 2만 3,000여 세대, 12만여 명 선이었다.

1922년의 합천지역 농업은 소작농이 9,451명으로 가장 많았고 자작농이 3,447명, 자작과 소작을 겸하는 농민이 6,677명이었다. 겸업을 합치면 전체 소작인은 1만 6,128명으로 총 농업인구 19,575명이 70% 이상을 차지하고 있었다.

표 10. 합천군 인구변동[73]

연 도	세 대	인 구
1922	23,698	120,600
1931	23,929	123,543
1935	24,556	125,194
1938	21,940	119,259

1920년대 들어 합천에서는 자연재해가 다른 지역보다 극심해 많은 주민이 고향을 등지는 계기가 되었다.[74] 1920년 7월 18~19일 양일간 큰 홍수가 나면서 황강(黃江)과 야로천(冶爐川)이 범람해 150명이 실종되고 유실된

---

72) 上野盛一, 『慶南旅行の友』, 慶尙南道警察部 警察協會支部後援會, 1935, 169~175쪽.
73) 慶尙南道, 『道勢一斑』, 1922, 6쪽 · 1931, 14쪽 · 1940, 16쪽 · 1943, 14쪽.
74) 일부 자료에는 "(합천은) 하천이나 계물을 이용하여 관계하기에 편한 까닭에 한해가 적고 하상(河床)이 낮아서 홍수 등 수해가 적을 뿐 아니라"라고 적고 있다(이정은, "경남 합천의 3·1운동」, 『한국독립운동사연구』 3, 독립기념관 한국독립운동사연구소, 1989. 11, 225쪽). 그러나 실제 3·1운동 전후 합천 지역은 대홍수와 가뭄 등이 빈번했다.

가옥도 650호에 달했다.[75] 불과 열흘 뒤인 28일부터 30일까지 사흘 동안에도 많은 비가 쏟아져 대병면 창리 괴화천(槐花川)에서 가옥 20여 채가 떠내려갔으며 이재민이 90여명 발생했다.[76]

이런 와중에 전염병까지 발생해 1920년 8월 콜레라로 수많은 사망자가 발생했다. 늘어나는 환자를 수용할 장소가 없자 2,600원을 들여 병원 수십 칸을 건축했다.[77]

농민들이 자연재해로 허덕일 때 사찰 해인사는 각 면의 농민회와 소작권 분쟁을 일으켜 농민들을 더욱 파탄에 몰아넣었다. 1923년 5월 합천 가야면 가야농민회에 소속되어 있는 농민 대부분이 해인사 땅을 소작하고 있었는데 해인사가 소작권을 타인에게 넘긴 뒤 지세(地稅)를 받기 시작했다. 살 길이 막막해진 농민 100여 명이 소작투쟁을 벌이면서 해인사와 마찰을 빚었다.[78] 1924년 7월에는 보름간 비가 오지 않아 모내기에 차질이 빚어졌고 소작인들은 묘판을 구하지 못해 애를 태웠다.[79]

지주들은 비싼 소작료와 지세를 소작인에게 부담시켰다. 이에 삼가노동우애회(三嘉勞動友愛會)는 지세, 공과금을 내지 않기로 하고 소작권 박탈에 맞서 방지대(防止隊)를 조직했다. 그러나 정현하(鄭鉉夏)·이병진(李炳眞)·안석기(安石起) 등 지주들은 삼가·의령·진주·산청·합천을 연합, 지주대회를 열며 소작농과 맞섰다.[80] 1925년 5월 합천의 농업 상황은 소작 호수 9,329호, 자작 3,989호(전체 농가 1만 3,318호)였다. 이들 소작 농민들은 지주와의 싸움에서 이기지 못해 매월 500명가량이 일본으로 도항했다.[81]

---

[75] 「總督水害報告」, 『東亞日報』, 1920. 7. 27.
[76] 「慶南陜川에서 一村全滅」, 『東亞日報』, 1920. 8. 5.
[77] 「隔離病舍工事進行」, 『東亞日報』, 1921. 8. 4.
[78] 「佛家의 지주가 尤甚」, 『東亞日報』, 1923. 5. 2.
[79] 「法學院劇團 旱魃로 不況」, 『東亞日報』, 1924. 7. 16.
[80] 「地主對策講究」, 『東亞日報』, 1925. 4. 15.
[81] 「갈사록寒心할뿐! 渡日同胞가 每日오백여 慶南農業同胞의 狀況」, 『東亞日報』, 1925. 5. 8.

합천에서는 1925년 7월[82]에도 수해가 발생해 수전(水田) 1,000정보 중 700정보가 물에 잠겼다.[83] 1925년 말 빈농이 3,961호에 달했고 거리를 떠도는 걸인도 240명이나 있었다.[84] 1929년 6월에는 물 부족으로 묘대(苗垈) 파종조차 못하고 있었는데[85] 설상가상으로 같은 달 27일~29일 홍수가 발생해 주민 13명이 죽고 가옥 838채가 유실·붕괴·침수되는 등 경남에서 최악의 피해를 입었다.[86] 이로 인해 합천은 쌀 생산량이 전년도에 비해 36% 이상 감소[87]했고, 학생 151명이 1929년 10월 말 중도에 퇴학하고 말았다.[88]

자연재해로 인한 피해는 농민에 그치지 않았다. 1931년 3월부터 1934년 4월까지 수해를 당한 노동자들은 만 3년 동안 공사장에서 일하고 받은 노임 중에서 10%씩 저금했던 돈을 찾아 쓰기 시작했다. 당시 신문에는 저금을 찾으려 나온 노동자들이 우체국 앞에 줄지어 선 모습이 사진과 함께 보도되기도 했다.[89]

합천의 잇따른 자연재해는 전시체제기까지 이어졌다. 1936년 8월 15일 황남강이 범람하여 쌍책면 일대는 부상자 40명, 가옥 침수 270채, 가옥 파괴 150채, 가옥 유실 5채, 가축피해 45마리, 농작물 침수 1,000정보, 이재민 800명이라는 큰 피해를 입었다.[90] 수재민들은 8월 30일 합천면사무소에서 군민대회를 열고 다음과 같은 결의했다.[91]

---

[82] 『東亞日報』, 1925. 7. 11.
[83] 『東亞日報』, 1925. 12. 16.
[84] 「경남의 빈민현황」, 『東亞日報』, 1926. 1. 21.
[85] 『東亞日報』, 1929. 6. 8.
[86] 『東亞日報』, 1927. 7. 3 ; 『朝鮮日報』, 1929. 7. 3.
[87] 『東亞日報』, 1929. 10. 14.
[88] 『東亞日報』, 1929. 11. 16.
[89] 「餓死에 呻吟하는 慘景의 二重奏! 幾十錢에 不過하는 勞賃貯金차즈려」, 『朝鮮日報』, 1934. 6. 3.
[90] 『朝鮮日報』, 1936. 8. 19 · 9. 1.
[91] 「陜川郡民大會 開催 災害復舊策決議」, 『朝鮮日報』, 1936. 11. 3.

1. 남정교와 임화교 유실로 교통, 산업경제의 막대한 손실이 생겨 빠른 가설을 촉구함.
2. 사방사업을 촉구함.
3. 합천 읍내 인곡리 사방사업을 2~3년 내로 완성해 합천천 범람을 방지해 줄 것을 요청함.
4. 야로면 야로리 제방 복구를 요청함.
5. 권빈-삼가 3등도로 건설을 촉구함.
6. 군내 낙동강 연안의 매년 수해를 입는 덕곡면 쌍책면 적중면 청덕면의 1933년 수해이재민 구제 사업으로써 축조한 등외도로 연장을 촉구함.
7. 율곡면 율천리, 합천면 금양리, 적중면 죽고리의 제방 개축을 촉구함.

上道진정위원 李景祚 阿部 李昌弘 李駿浩

농민들은 경남도에 지원을 요청했지만 전시체제의 예산 문제 등으로 제대로 반영되지 못했다. 1937년 6월에는 가뭄이 극심해 모내기를 하지 못한 논이 70%에 달했다. 절반은 용수가 부족해 모심기도 힘들었다.[92] 1939년 5월에는 논에서 흙먼지만 일 정도로 극심한 가뭄이 닥쳤다.[93] 이로 인해 같은 해 10월 건답(乾畓)은 생산이 전무했고 수답(水畓) 역시 수확이 크게 감소했다.

초계와 용주, 율곡면 등지에서는 지주들이 소작료를 부당하게 요구해 마찰이 빚어졌다.[94] 율곡면에서는 지주가 소작료를 턱없이 많이 요구해 면 직원이 입회한 상태에서 타작해 절반씩 가져가는 일도 있었다. 초계면에서는 지주가 가뭄으로 사용하지 못한 논에 대해서까지 소작료를 강요했다. 용주면에서는 소작인에게 물세와 창고세 등을 부당하게 물리고 지난

---
92) 『東亞日報』, 1937. 7. 9.
93) 「陝川에도 旱魃」, 『每日新報』, 1939. 5. 3.
94) 『東亞日報』, 1937. 11. 11.

합천수해 성금 전달 모습. 동아일보 합천지사는 전국에서 모금된 수해의연금을 수재민에게 전달했다(출전: 동아일보, 1934. 8. 23).

해 소작료를 소급해 받아내려는 일도 벌어졌다.[95] 다른 곳보다 가난했던 삼가면은 1941년 7월 대홍수로 큰 피해를 입었다.

2) 고향을 등진 농민들

자연재해와 지주들의 횡포를 견디지 못한 농민들은 결국 고향을 떠나기 시작했다. 그중 상당수는 부산으로 가 18~20원을 주고 밀항선을 탔다.[96] 1929년 1월부터 11월까지 일본으로 떠난 농민이 3,508명에 달했다. 면별로 보면 합천 369명, 율곡 232명, 대양 187명, 용주 228명, 봉산 208명, 묘산 144명, 야로 162명, 가야 133명, 초계 193명, 적중 257명, 청덕 244명, 덕곡

---

[95] 「陝川某地主 等 作料를 加徵」, 『東亞日報』, 1937. 11. 11.
[96] 「慶南旱害災民 密航햇다 還送」, 『東亞日報』, 1937. 8. 15.

130명, 쌍책 142명, 쌍백 161명, 삼가 306명, 가회 1383명, 대병 59명 등이다.

1939년 3월 15일에는 김태식(金泰植·합천읍) 등 8명이 부산에서 범선을 타고 고쿠라(小倉)로 밀항했다가 일본 경찰에 체포되기도 했다.[97] 물론 도일 현상이 합천에만 국한된 것은 아니었다. 홍수, 가뭄 등 큰 재난이 닥치면 삼남지방 농민들은 일본으로 넘어갔다. 배를 타고 건너간 도항(渡航)자 수는 〈표 11〉과 같다.[98]

표에서 도항초과수는 도항자수에서 귀환자수를 뺀 것으로, 그 차이만큼 일본에 정주(定住)한 숫자다. 1930년에는 귀환자수가 도항자수를 초과했다. 이런 배경은 일본의 경기불황, 세계공황, 간토(關東) 대지진 등의 영향 때문이다.

도항초과수는 1930년 4월 말까지 35만 2,347명에 달했다. 1932년 6월 당시 오사카를 비롯해 후쿠오카, 도쿄, 교토, 효고(兵庫), 야마구치(山口), 홋카이도(北海道), 나가노(長野) 등지에 1만여 명 이 거주하고 있었고 히로시마(124호 6,951명), 나가사키(3,042호 5,203명), 미에(三重) 등에도 3,000명 이상이 있었다.[99] 1944년 징용령에 따라 합천에서 일본과 동남아시아로 끌려간 주민도 3,360명에 달했다.

일제의 강제이주정책에 의해 만주 등지로도 주민들이 떠나면서 합천에는 노동력 부족사태까지 빚어졌다. 농가들은 농번기에 품삯을 이전보다 배를 더 줘도 일손이 없어 쩔쩔맬 정도였다.[100]

1974년 원폭피해자원호협회 합천지부가 실시한 합천군 피폭자 실태조사에 따르면 당시 파악된 합천지역(17개 면) 생존자 3,867명 중에서 율곡면이 1,165명으로 가장 많고, 합천면 682명, 대양면 632명, 쌍책면 543명, 용주면

---

[97] 「危險한 密航」, 『每日新報』, 1939. 3. 23.
[98] 「數字朝鮮研究 玄海를 건너간이 [17] 청정생 日本方面渡航者」, 『朝鮮日報』, 1931. 5. 12.
[99] 朝鮮總督府, 『朝鮮』, 1930년 10월호.
[100] 「勞動者饑饉으로 陜川農家 크게 곤란 農繁期를 압헤두고」, 『每日新報』, 1939. 3. 31.

표 11. 조선인의 도항 상황[101]

연도	도항자수	귀환자수	도항초과수	비 고
1917	14,012	3,927	10,085	
1918	17,910	9,305	8,605	
1919	20,968	12,739	8,229	
1920	27,497	20,947	6,550	삼남 대홍수
1921	38,118	25,536	12,582	
1922	70,462	46,326	24,136	
1923	97,395	89,745	7,650	
1924	122,215	75,427	46,785	삼남 대홍수
1925	131,273	112,471	18,802	
1926	91,092	83,709	7,383	
1927	138,016	93,991	44,025	
1928	166,286	117,275	48,764	가뭄
1929	153,570	98,275	55,295	삼남 대홍수
1930	95,491	107,711	△12,220	
1931	93,699	77,578	16,121	
1932	101,887	69,488	32,399	

532명, 묘산면 387명, 초계면 263명, 적중면 223명, 대병면 118명 등에 많이 거주하고 있었다.

4. 북한 피폭자 실태

한국원폭피해자협회는 히로시마와 나가사키에서 피폭된 조선인 중 약 2,000명이 해방 직후 북한으로 귀국한 것으로 파악하고 있다. 그들 중 몇 명이 생존해 있는지는 전혀 확인되지 않고 있다. 북한 내 피폭자에 대한 소식은 일부 방북자를 통해 전해질 뿐이다.

재일본 조선인총연합회 기관지 조선신보는 2006년 5월 15일 '북한 조선원자탄피해자협회가 피해자 실태에 대해 전면적으로 조사를 실시키로 했다'면서 북한 피해자를 1천 953명으로 집계하고 그중 900명가량이 생존해

---

[101] 慶尙南道警察部,「朝鮮人勞動者の近況」, 1933 ; 박경식 편, 앞의 책, 제5권, 789쪽.

있다고 보도한 바 있다. 조선신보는 이 보도에서 "원폭 피해자들이 후손에게 자신이 겪은 정신적, 육체적 고통이 이어지는 것을 걱정해 피폭 사실을 알리는 것을 두려워하고 있다"면서 재조사 필요성을 강조했다. 이어 "협회가 피해자 실태에 대한 전면적인 조사장악사업을 진행하는 것을 2006년도 활동계획의 하나로 상정했다"면서 "종래의 통계숫자도 모두 재검토하게 된다"고 밝혔다. 그러나 보도 이후 실태조사 실시 여부나 결과에 대한 소식은 전해지지 않고 있다.

재일본조선인피폭자연락회의 이실근(83)회장[102]은 그동안 북한 피폭자 문제를 해결하기 위해 여러 차례 방북했다. 그는 2012년 5월 10일 일본 히로시마평화자료관에서 가진 필자와의 인터뷰에서 북한 피폭자 문제에 대해 다음과 같이 증언했다.

"북조선 피폭자 문제가 본격적으로 대두된 것은 1992년 이후이다. 앞서 1959년 재일본 조선인 귀국사업이 있었는데 김일성 주석이 재일 60만 동포에 대해 조국에 와서 땅을 일구며 사는 게 좋겠다는 내용의 편지를 보내왔다. 편지는 가나가와(神奈川)현 동포들이 접수했다. 편지를 읽고 감동을 받은 동포들은 '일본에서 고생하지 말고 조국으로 돌아가자'고 귀국결정을 내렸고, 귀국운동이 가나가와, 도쿄 등 관동에서 일어나 관서지역으로 확산되었다. 재일본조선인총연합회(조선총련)를 중심으로 조직적인 운동이 일어나 귀국이 이어졌다. 북조선 사람들은 만주나 러시아 땅으로 끌려갔기 때문에 당시 일본에 있었던 동포들 중에 북조선 출신자는 거의 없었다. 경상도와 전라도, 제주도에서 강제 연행된 사람들이 많았다. 북조선에 의해 일어난 귀국사업이 남조선 사람들까지 움직인 것이다.

하지만 귀국 후가 문제였다. 북조선으로 귀국한 동포들이 잘 살

---

[102] 이실근 회장은 일본 야마구치 현에서 태어난 피폭1세대다. 1945년 8월 7일 고베에서 야마구치 현으로 가는 도중 히로시마에서 피폭되었다고 한다. 그의 부모는 경남 의령이 고향이다.

고 있는지 궁금해 편지를 보내도 답장이 없고, 가볼 수도 없었다. 북조선으로 가는 일본 사람에게 부탁을 해 봤지만 '(북조선 당국이)북조선에는 피폭자가 없다고 하더라'는 말만 되돌아왔다. 귀국한 동포가 다 죽었나 하는 생각이 들 정도로 소식이 완전히 차단되었다.

그러던 중 1988년 일본평화단체 회원과 핵실험반대 요청서를 들고 러시아 모스크바를 방문할 기회가 생겼고, 귀국길에 평양에 가봐야겠다는 생각이 들어 모스크바에서 비행기를 타고 무작정 평양으로 들어갔다. 그러나 공안당국에 붙잡혀 조사만 받고 원산항을 통해 강제 출국되었다. 이것이 북조선 피폭자를 조사하기 위한 첫 시도였다.

1989년 평양에서 사회주의 진영 세계청년학생평화우호제가 열렸는데 갑자기 나에게 초청장이 왔다. 일본인 2명과 함께 북조선으로 갔고 이전과 달리 환영을 받았다. 반핵 연설을 하면서 히로시마 피폭 문제를 거론했는데 이것이 TV에 방영되었고, 히로시마에서 귀국했던 동포 10명이 내가 머물고 있던 호텔로 찾아왔다.

일본으로 돌아온 뒤 원수폭금지세계대회 때 원수폭금지 일본국민회의(원수금)에 부탁해 그들을 일본으로 초청하게 되었고 7~8명이 오게 되었다. 그들 중에 박문숙[103] 씨가 있었는데 나가사키 시에서 건강수첩을 발급받았다. 북조선 피폭자 중에 최초로 건강수첩을 받은 것이다.

북조선 피폭자를 지원하기 위해선 실태조사가 시급했고 실태조사를 위한 용지 1만 장을 만들어 1992년 북조선으로 들어갔다. 당시 서열 3위이던 김용순 비서를 만나 협조를 요청하자 그는 "내가 책임지고 수행하겠다"고 약속했다. 이후 3~4년간 준비 작업을 거쳐 1995년 2월 2일 '반핵과 평화를 위한 조선인피폭자협의회'를 결성했고 1천911명이 참가했다. 그러나 사업은 더 이상 진전되지 못한 채 시간만

---

[103] 박문숙은 16세 때 나가사키에서 피폭되었다. 그는 원수금 초청으로 일본에 온 뒤 피폭자로 병원에 입원했고 ABCC에 원폭 당시 진료를 받았던 의료기록부가 남아 있어 건강수첩을 발급받을 수 있었다. 그는 평양 외곽에 거주하는 것으로 알려져 있을 뿐 근황은 확인되지 않고 있다.

흘렀고, 2009년 382명만 생존해 있다는 소식을 들었다. 의료가 부실한데다 영양상태도 좋지 않아 급속하게 사망한 것으로 추정되었다.

2011년 10월 히로시마현의사회, 일본의사회 회원 8명과 북조선을 방문해 평양과 사리원에서 피폭자 10여명을 진찰했지만 의사가 계속 현지에 남아 있을 수 없어 치료는 하지 못했다. 북조선과 일본의 국교가 정상화되지 않고 있는데 따른 것이다.

북조선은 생존한 피폭자 현황에 대해 말로만 설명할 뿐 근거 자료를 공개하지 않고 있다. 382명이란 숫자도 말뿐이지 명단이 없다. 피폭자 문제와 관련해 그동안 25번이나 북조선에 다녀왔지만 구체적인 현황이 파악되지 않고 있다. 현황조차 모르니 지원 사업을 하기 힘들다. 북조선은 일본 의사가 체류하는 것을 허용하지 않고 있으며, 약품 지원도 거부하고 있다. 북조선 피폭자 문제에 대해 조선총련은 적극적인 자세를 보이지 않고 있다. 조국통일 운동도 시급한데 일제강점기 피폭자 문제를 다룰 여력이 없다는 이유에서다."

북한 피폭자들은 일본 정부로부터 전혀 보상이나 지원을 받지 못하고 있다. 박문숙도 일본 체류 당시 치료비는 받았지만 귀국 후 수당은 받지 못했다. 나가사키 원수금 야지마 료이치(矢嶋良一) 부회장은 2012년 5월 8일 나가사키 원수금 사무실에서 필자와 가진 인터뷰에서 "일본 정부는 북한과 국교가 수립되지 않았다는 이유를 들어 북한 피폭자에 대한 수당지급 등을 거부하고 있다"면서 "가장 큰 걸림돌은 일본인 납치문제로, 북한 적십자사를 통한 지원도 허용되지 않고 있다"고 말했다. 야지마 부회장은 "북한 정부도 피폭자에 대해 특별히 관심을 두지 않고 있는데, 이는 일본과 포괄적인 합의를 원하고 있기 때문인 것 같다"고 설명했다. 현재까지 일본 정부로부터 피폭자 건강수첩을 발급받은 북한 피폭자는 박 씨가 유일하다.

제2부
유전과 트라우마

1장 대를 이은 저주

1. 방사선 피해

1) 방사선이란

방사능이란 특정 물질이 시간당 방사선을 낼 수 있는 능력을 말한다. 방사선에는 이온화 방사선과 비이온화 방사선이 있는데 흔히 말하는 방사선은 전자를 뜻한다. 방사선은 물질을 투과할 수 있으며 강한 전리작용을 갖고 있어 세포 속 유전 물질을 파괴하거나 돌연변이를 일으킨다. 방사선의 영향은 선량, 노출시간과 관계가 있다. 방사선의 영향은 확률적 영향과 확정적 영향으로 구분된다. 확률적 영향은 낮은 수준의 방사선에 장기간 노출되었을 때 생길 수 있는 영향이다. 암과 돌연변이는 통상 확률적 영향으로 본다. 확정적 영향은 원폭처럼 다량의 방사선에 노출되었을 때 발생한다. 확정적이란 말은 방사선과 장애의 인과관계가 필연적이라는 뜻이다.

확률적 영향에서 허용선량과 관련된 기준은 없다. 반면 확정적 영향은 노출 역치가 제시되고 있다. 0.5~1Gy(그레이)에서는 오심·구토·피로·탈모·설사·혈액검사 이상 등이 나타나고, 1~5Gy는 출혈·조혈기관 장애, 5~20Gy는 소화기장애·내출혈, 20Gy 이상은 중추신경계 장애와 의식소실이 생겨 사망에 이를 수 있다.

방사선과 관계된 암 가운데 가장 가능성이 높은 것은 백혈병, 여성의 유방암, 갑상선암이다. 암 발생은 피폭 선량과 비례한다. 방사선 노출과 건강의 영향은 나이와 관계가 많은데, 어린 아이는 세포가 활발히 자라고 증식하고 있어 더 많은 영향을 받는다.

2) 방사선 선량 단위

방사선 선량을 나타내는 단위로는 Gy(gray)와 Sv(sievert)가 있다. Gy는 방사선 흡수선량 단위로, 물질 1kg 당 1J(joule)의 방사선 에너지가 흡수될 때의 선량을 뜻한다. cGy는 Gy의 100분의 1, mGy는 Gy의 1,000분의 1이다.

방사선에는 엑스선(x), 감마선(γ), 알파선(α), 베타선(β), 중성자선 등이 있다. 이들은 물질 투과성이 달라 같은 양의 방사선 에너지를 흡수(Gy)하더라도 인체가 받는 영향에는 차이가 있다. 같은 에너지를 주어도 알파선의 경우 투과 거리가 짧지만 전리 능력이 커 국부적인 피해가 큰 반면, 베타선, 감마선은 투과 거리가 길지만 국부적인 피해는 적다. 방사선이 흡수되어 인체에 미치는 영향을 표준화한 단위가 Sv이다.

대상에 따라 차이가 있지만, 엑스선 1Gy는 1Sv, 알파선 1Gy는 10~40Sv, 중성자선 1Gy는 5~10Sv, 감마선과 베타선 1Gy는 1~2Sv가 된다.[104] 원폭 초기 방사선은 대부분이 감마선이었고 중성자선도 일부 있었다.

---

[104] 과거에는 선량 단위로 rad와 rem을 사용했는데, 각각 Gy와 Sv의 1/100에 해당한다. 즉 1Gy=100rad, 그리고 1Sv=100 rem이다. 미국 국립아카데미에 따르면 한번의 CT 전신촬영에 쓰이는 방사선 양은 평균 12mSv이다. 히로시마, 나가사키 피폭 생존자의 65%는 100mSv 이하 선량에 피폭되었다. 연간 자연방사선피폭선량은 세계적으로 약 2~10mSv/년이며, 국내는 3mSv/년 정도이다.

2. 방사선이 인체에 미치는 영향

1) 방사선영향연구소 조사집단

미·일공동연구기관인 방사선영향연구소는 원폭 이후 방사선이 인체에 미치는 영향에 대해 방대한 연구를 수행해 왔는데, 방영연의 전신인 ABCC는 1950년 일본 정부의 인구조사를 토대로 피폭자 조사를 실시했다. 방사선 피폭의 장기적 영향을 밝혀내기 위해선 일정한 연구대상 집단을 설정한 뒤 체계적으로 조사해야 한다는 지적이 제기되었기 때문이다. 이 조사에서 피폭자 28만 4,000명이 확인되었다. 그중 20만 명가량은 조사 당시 히로시마와 나가사키에 거주하고 있었다. ABCC는 이를 토대로 조사집단을 다음과 같이 구성했다.

표 1. 조사대상 집단

조 사		대상자 수(총 277,100명)
수명 조사 (life span study)		120,321
성인건강 조사 (adult health study)		23,000
태내 피폭자 조사 (in utero study)		3,600
유전학 조사 (genetic studies)	사망률과 암 발생률	77,000
	세포유전학 조사	16,000
	유전생화학 조사	24,000
	분자유전학 조사	1,500
	임상건강조사	12,000

*사망 등으로 각 항목의 조사 인원수는 유동적이다.

(1) 수명조사(Life Span Study) 집단

피폭자를 일생동안 추적 관찰하기 위해 설정한 집단이다. 히로시마와 나가사키에 가족등록이 되어 있는 피폭자를 모집단으로 했다. 수명조사 집단은 4가지로 구분되었다. 제1군은 폭심지로부터 2km 이내에 있었던 근

표 2. 수명조사 집단 인원수와 추정 선량분포(DS02)

가중 결장선량(Gy)	LSS 집단 인원수		
	히로시마	나가사키	합계
<0.005	21,713	16,823	38,536
0.005~0.05	17,207	6,227	23,434
0.05~0.1	5,537	1,005	6,542
0.1~0.25	6,273	1,270	7,543
0.25~0.5	3,842	956	4,798
0.5~1.0	2,376	1,052	3,428
1.0~2.0	1,151	614	1,765
>2.0	436	189	625
피폭선량 불명	3,449	3,621	7,070
피폭자 합계	61,984	31,757	93,741
시내부재자(早期入市者)	3,792	827	4,619
시내부재자(後期入市者)	16,438	5,523	21,961
시내부재자 합계	20,230	6,350	26,580
LSS 대상자 합계	82,214	38,107	120,321

거리피폭자, 제2군은 폭심지로부터 2~2.5km 사이에 있었던 피폭자, 제3군은 폭심지에서 2.5~10km 사이에 있었던 원거리 피폭자, 제4군은 1950년대 초반 히로시마와 나가사키에 살았고 제1군과 나이와 성별은 일치하지만 피폭 당시 그곳에 없었던 사람이다. 제4군에는 원폭 후 60일 이내에 두 도시로 들어간 사람과 이후 돌아온 사람도 포함되었다.

수명조사 집단에는 당초 9만 9,393명이 있었다. 1960년대 후반 가족등록 여부를 묻지 않고 폭심지로부터 2.5km 이내에 있었던 모든 생존자로 대상이 확대되었고 1985년에는 모집단에 있던 나가사키 생존자 전원이 들어갔다. 2012년 6월 기준 수명조사 집단은 12만 321명이다. 여기에는 폭심지로부터 10km 이내에 있었던 생존자 9만 3,741명과 원폭당시 두 도시에 있지 않았던 2만 6,580명이 포함되어 있다. 생존자 9만 3,741명 중 피폭선량 추정이 가능한 피폭자는 8만 6,671명이다. 피폭 당시 건물이나 지형적 조건, 피폭 시 차폐 상황의 불확실성 때문에 피폭선량이 평가될 수 없었던 생존자가 7,070명이었으며, 그중 95%는 폭심지에서 2.5km 이내에 있었다.

수명조사 집단에 폭심지로부터 2.5km 이내에 있었던 모든 생존자가 포함되었지만 1950년대 후반 다른 곳으로 이사 간 피폭자와 한국인, 중국인 등 외국인 피폭자는 들어있지 않았다.

(2) 성인건강조사(AHS) 집단

성인조사 집단에 대해선 2년에 한 번씩 검진이 실시되었다. 이를 통해 방사선 선량에 따른 암 발생과 그 외 질병의 발생 패턴에 대한 연구가 가능했다. 1958년 처음 이 집단이 구성될 때 수명조사 집단에서 1만 9,961명이 선정되었으며 이후 계속 늘어 1977년 2만 3,418명까지 증가했다. 2005년까지 1만 명가량이 생존했고 그중 4,300명가량이 연구에 참여하고 있다.

(3) 태내 피폭자 집단

원폭 직후부터 1950년대까지 태내 피폭자에 대한 다양한 연구가 진행되었다. 1960년대 초에는 원폭 이후 1946년 5월 말까지 히로시마, 나가사키 혹은 근처에서 출생한 1만 명에 대한 임상조사와 사망률 추적조사가 시작되었다. 임상조사는 폭심지로부터 1.5km 이내에 있었던 모든 일본인 생존자를 대상으로 했다. 이 집단에는 1,608명이 포함되어 있었으며, 그 중 1,021명은 성인조사 집단에도 속해 있었다. 1964년 구성된 사망률 추적조사 집단은 2,817명이다. 그중 771명은 임상조사 집단에도 들어 있었고 폭심지에서 2km 이내에 있었던 태내 피폭자 1,118명 전원이 포함되었다.

태내 피폭자의 사망과 암 발생률에 대한 조사는 임상조사와 사망률 추적조사 두 가지를 결합하여 진행되고 있다. 현재 3,654명이 이런 방식으로 연구되고 있으며, 그중 1,060명은 0.005Gy 혹은 그 이상(평균선량 0.28Gy)의 방사선에 피폭된 것으로 추정된다.

(4) 피폭자 자녀(F_1) 집단

ABCC가 조사 초기에 중점을 두고 연구한 분야 중 하나가 피폭자 자녀의 유전적 영향이다. 1950년대 초까지 약 7만 7,000명의 신생아를 대상으로 출생 시 장애와 조기 사망 데이터를 조사했다. 그러나 유전적 영향을 암시하는 어떠한 증거도 찾지 못했다.

그럼에도 불구하고 1955년 프란시스 위원회는 피폭자 자녀에 대한 지속적인 추적조사의 필요성을 인식하고 고정된 조사집단을 만들 것을 권고했다. 이 권고를 기초로 'F_1사망률 조사집단'이 1950년대에 처음 설정되었다. 최초 조사집단은 1946년 5월 1일부터 1958년 말 사이에 태어난 5만 4,243명을 대상으로 했다. 이 중에서 추적조사가 가능했던 인원은 5만 3,518명이었는데, 이 집단에는 부모 중 최소 한쪽이 폭심지에서 2km 이내에 있었던 모든 어린이와 성별과 나이가 일치하는 동일한 크기의 2개 대조집단이 포함되었다. 첫 번째 대조집단에는 부모 중 한쪽이 폭심지로부터 2.5~10km 사이에서 피폭된 자녀가 포함되었으며, 두 번째 대조집단에는 부모 모두가 폭심지로부터 10km 이내에 없었던 자녀로 구성되었다.

F_1조사집단은 이후 수명조사에 부모 중 어느 한쪽이라도 속해 있는 1946년 5월 1일부터 1984년 12월 31일 사이에 태어난 모든 자녀가 포함되면서 8만 8,485명으로 확대되었다. 역학조사 집단은 약 7만 7,000명이었다.

2) 방사선의 조기 영향

(1) 급성 방사선증

1~10Gy의 고선량에 노출된 후 몇 개월 이내에 일어나는 증세이다. 일반적으로 몇 시간 내에 구토가 일어나고, 며칠에서 몇 주 사이에 설사·적혈구 감소·출혈·탈모·남성의 일시적인 불임 등 증세가 나타난다. 고선량에 피폭되면 10~20일 이내에 심각한 장기 손상으로 사망하거나, 1~2개월 이내에 골수상해로 죽음에 이를 수 있다.

(2) 급성 사망

방사선에 노출되어 사망할 확률은 방사선 선량과 관계가 있다. 피폭자의 50%가 사망할 확률을 가진 선량을 지표로 사용한다. 이를 LD_{50}(50% lethal dose)이라고 한다. 피폭 후 약 2개월 이내에 사망하는 경우를 급성사망으로 본다. LD_{50}에 가까운 선량에 피폭되면 골수상해에 의한 면역기능 결핍으로 출혈, 감염증이 생겨 사망하게 된다. 살아남는 경우에는 보통 2개월 이내에 회복된다.

LD_{50}은 조사 초기 생존자 면접을 통해 피폭자 50%가 사망한 것으로 판단되는 '폭심지로부터의 거리'(히로시마 1~1.2km, 나가사키 1~1.3km)를 기준으로 했다. 그러나 건물, 지형 등 차폐(遮蔽)상황에 관한 정보가 충분하지 않아 피폭 선량을 환산할 수 없었다. 이후 방영연의 광범위한 조사를 통해 차폐에 관한 추정이 가능하게 되었고, '피폭 후 60일 이내 사망률이 50%가 되는 골수선량'을 2.7~3.1Gy(새로운 선량 추정방식 DS02로 계산하면 2.9~3.3Gy)로 추정해 낼 수 있었다. 이는 히로시마 폭심지에서 1.6km 이내에 있던 가옥 내에서 피폭된 2,500세대, 약 7,600명의 데이터를 분석한 결과였다. 부상, 화상으로 사망한 피폭자를 제외하기 위해 방사선에 노출된 이후 대략 한 달이 지난 뒤 사망한 경우를 분석했다.

3) 방사선의 지발(遲發·지연)영향

급성 방사선증 등 방사선 피폭에 의한 초기영향은 세포를 죽이거나 피부세포에 직접적인 영향을 미칠 수 있는 고선량 피폭에 기인한다. 반면 암 발생과 같은 지발영향은 방사선 피폭에 의해 유발된 세포내 DNA 돌연변이의 결과이다. 돌연변이는 저절로 혹은 방사선을 포함한 환경적인 요인에 의해 일어난다. 방사선의 지발영향을 알기 위해선 장기간에 걸친 연구가 필요하다.

(1) 고형암

고형암 발생 위험은 원폭 방사선에 피폭된 생존자들에게서 나타나는 가장 중요한 지발영향이다. 혈액 종양인 백혈병과 달리 고형암은 방사선에 노출된 후 대략 10년이 지나 나타나기 시작한다. 급성 방사선 노출은 모든 연령대에서 고형암 발병 위험을 높인다. 폭심지로부터 2.5km 이내에서 피폭(평균 0.2Gy)된 생존자의 경우 일생에 걸쳐 암에 걸릴 비율이 10%가량 증가했다. 1.0Gy에서는 50% 정도 높아졌다.

종양등록은 히로시마에서는 1957년, 나가사키에서는 1958년부터 시작되었다. 1958년부터 1998년 사이에 LSS집단에서 피폭 선량이 0.005Gy 이상인 4만 4,635명 가운데 7,851명에게서 백혈병 이외의 암(한 사람에게 여러 가지 암이 생긴 경우는 최초의 것만 포함)이 발견되었다.

원폭 생존자가 암에 걸릴 확률은 피폭선량과 연령, 성별에 따라 달라진다. 나이가 어릴수록, 여성이 남성에 비해 위험이 더 높은 것으로 나타났다. 방영연이 제시한 표를 보면 2.0Gy 이상에 피폭된 경우 고형암 발생률이 61%에 이른다.

위·폐·간·결장·방광·유방·난소·갑상선·피부 등에 발생하는 주요한 고형암의 경우 의미 있는 과잉 위험이 인정되고 있다. 통계적으로 항

표 3. LSS집단 고형암 발생 위험(선량별, 1958~1998)

가중 결장선량 (Gy)	대상자 수	암		기여율
		관찰수	추정과잉수	
0.005~0.1	27,789	4,406	81	1.8%
0.1~0.2	5,527	968	75	7.6%
0.2~0.5	5,935	1,114	179	15.7%
0.5~1.0	3,173	688	206	29.5%
1.0~2.0	1,647	460	196	44.2%
>2.0	564	185	111	61.0%
합계	44,635	7,851	848	10.7%

도표 1. 피폭군(≥0.005Gy)에서 나타난 부위별 암 증례수(1958~1998).

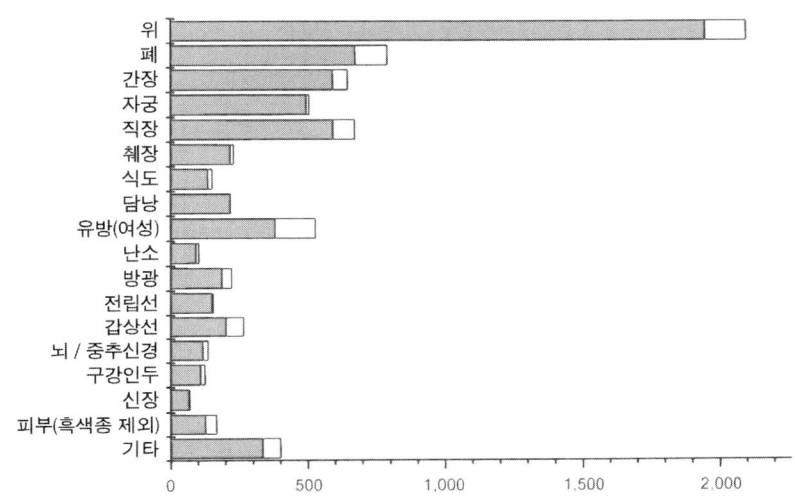

*흰색 부분이 방사선에 의한 과잉발생을 나타낸다.

상 의미 있는 것은 아니지만, 다른 많은 부위에 있는 암에도 위험이 증가한다. 따라서 방사선은 사실상 모든 부위에 암 발생 위험을 증가시킨다고 볼 수 있다.

(2) 백혈병

백혈병의 과잉 발생은 피폭자들에게서 관찰되는 지발영향 중 시기적으로 가장 빨리 나타나는 현상이다. 방사선에 기인한 백혈병 발병 위험은 고형암과 비교해 크게 두 가지 측면에서 구분된다. 첫째 방사선이 백혈병 발생 비율을 크게 증가시킨다는 점이며, 둘째 피폭 후 이른 시기에 증가한다는 사실이다. 특히 나이 어린 아이들에게서 그런 현상이 뚜렷하게 나타난다. 백혈병의 과잉 발생은 방사선 피폭 후 대략 2년 뒤 나타나기 시작해 6년째에 절정에 이른다. 요즘에는 과잉 발생현상이 거의 나타나지 않고 있다.

2000년까지 골수가 0.005Gy 이상에 피폭된 LSS집단 4만 9,204명 중에서 백혈병으로 사망한 경우는 204건이다. 원폭 방사선에 기인한 추정 과잉사례는 94(46%)건이다. 아래 표를 보면 2Gy 이상에 피폭된 경우 방사선 기여율이 100%인 점이 주목된다.

백혈병은 다른 고형암과 마찬가지로 피폭 당시 연령에 따라 발병 양상이 크게 달라진다. 급성 림프구성 백혈병은 나이가 어린 사람에게 많이 발생되는데 반해, 만성 골수성 백혈병과 급성 골수성 백혈병은 나이 든 사람에게 나타나는 경우가 많다. 백혈병은 흔한 병이 아니기 때문에 발병 위험은 높지만 절대적인 발병 건수는 비교적 적다.

백혈병은 LSS집단에서 방사선 피폭에 기인한 암 발생 과잉수의 16% 정도를 차지하지만, 모든 암 사망자를 놓고 보면 3% 수준에 불과하고 전체 사망자의 1%에도 미치지 못한다. 방사선에 피폭되지 않은 사람이 일생동안 백혈병에 걸릴 위험은 대략 1,000명 중 7명가량이다. LSS 생존자 중에서 피폭선량 0.005Gy 혹은 그 이상(평균 0.2Gy)에 노출된 경우 1,000명 중 10명 정도로 백혈병 발병 위험이 높은 것으로 나타났다.

표 4. LSS집단에서 백혈병에 기인한 사망으로 관찰된 추정과잉수(1950년~2000년)

가중 골수선량 (Gy)	대상자 수	사 망		기여율
		관찰수	추정과잉수	
0.005~0.1	30,387	69	4	6%
0.1~0.2	5,841	14	5	36%
0.2~0.5	6,304	27	10	37%
0.5~1.0	3,963	30	19	63%
1.0~2.0	1,972	39	28	72%
〉2.0	737	25	28	100%
합계	49,204	204	94	46%

도표 2. 백혈병으로 인한 연간 과잉사망수(1Gy 피폭, 1만 명 기준)

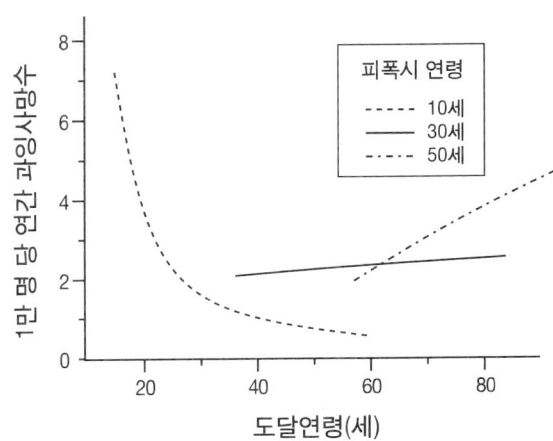

(3) 암 이외의 질환으로 인한 사망

1950년부터 1997년 LSS 사망자 자료를 분석한 결과 암 이외의 질병으로 사망한 경우 피폭선량에 따라 통계학적으로 의미 있는 패턴은 관찰되지 않았다. 결장선량이 최소 0.005Gy(DS86)인 LSS 생존자 4만 9,114명 가운데 1만 8,049명(혈액 질환에 기인한 사망은 제외)이 암 이외의 질환으로 사망했다. 순환기 질환이 약 60%였고, 간 질환을 포함한 소화기 질환이 15%, 호흡기 질환이 10%였다. 혈액 질환을 제외하고 암 이외의 질환으로 숨진 사망자 중 방사선 피폭과 연관되었다고 추정되는 과잉사망 건수는 150~300건이다.

0.005Gy 이상 피폭자 4만 9,114명의 평균 선량인 0.2Gy에 피폭되어 숨진 사망자 비율은 통상의 사망률보다 약 3%가 증가했다. 이는 고형암에 의한 사망 증가율(원폭 당시 30세인 남성은 7%, 여성은 12% 증가)보다는 낮다. 방사선 반응패턴은 아직 밝혀지지 않았다.

성인건강조사(AHS) 때 실시된 암 이외의 질환 발생률 조사에서 원폭 방사선의 영향이 자궁양성종양, 갑상선질환(갑상선결절 등), 만성간질환, 백내장, 고혈압과 연관성을 갖는 것으로 나타났다. LSS에서 나타났던 사망률 또한 방사선이 호흡기질환, 뇌졸중, 심장질환의 과잉발생과 연관성이 인정되었다.

AHS 임상 데이터나 LSS집단 사망률 조사 모두에서 원폭 방사선 피폭자, 특히 어린 나이에 피폭된 경우 심장혈관계 질환의 발생률이 증가하는 사실이 확인되었다.

(4) 염색체 이상

염색체는 길고 가는 DNA분자들로 구성되어 있다. 세포가 방사선이나 발암 물질에 노출되면 DNA가 끊어질 때가 있고, 그 절단된 끝이 재결합하면서 원래와 다른 배열로 복구될 수 있다. 이렇게 염색체 형태에 이상이 발생한 것을 염색체 이상이라고 부르며 이는 세포분열 때 관찰할 수 있다.

염색체 이상 빈도는 세포가 받은 방사선의 양에 비례하며 이는 피폭 선량지표, 즉 생물학적 선량계로 이용할 수 있다.

〈도표 3〉은 히로시마·나가사키의 일본 가옥 내에서 피폭한 사람에 대해 종래의 염색법으로 조사한 이상(주로 전좌)세포의 비율(평균치)과 DS86 선량의 관계를 보여준다. 이 도표에서 히로시마·나가사키 간에 존재하는 미세하지만 일관된 차이는, 양쪽 연구실의 검출 기술의 차이에서 비롯된 것일 수도 있고, DS86 선량 계산의 오차에 기인했을 수도 있다.

현재 히로시마 방영연에서 최신 기술인 염색체 착색법(fluorescence in situ hybridization·FISH)을 이용해 두 도시 피폭자의 염색체 분석이 진행되고 있다. FISH 검사법은 염색체 전좌 검출이 보다 쉽고 정확해 체르노빌 원전사고와 같은 사고에 의한 방사선 피폭 조사에 활용되고 있다.

태아는 방사선에 대한 감수성이 클 것으로 여겨져 왔지만, 태내 피폭자

도표 3. 일본가옥 내에서 피폭된 피폭자의 염색체 이상 비율과 방사선량의 관계

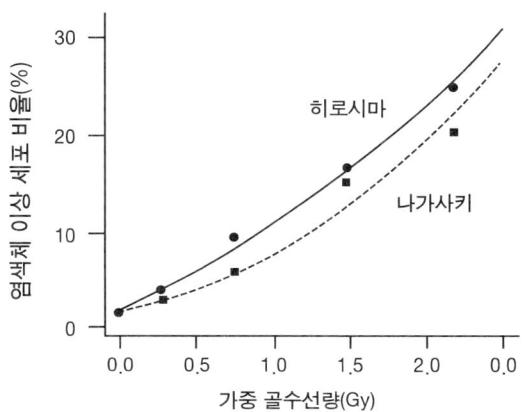

의 염색체 이상에 관한 데이터(40세 전후에서의 혈액 림프구 검사)에서는 방사선의 영향이 관찰되지 않았다. 이는 쥐를 이용한 실험에서도 마찬가지였는데, 태아기에 방사선에 노출된 뒤 20주 후에 실시한 검사에서 이상이 발견되지 않았다.

(5) 체세포돌연변이

방사선에 피폭된 지 수십 년이 지난 후에도 림프구 세포의 염색체에 방사선의 영향이 남아 있다는 것은, 염색체 DNA에 있는 유전물질에 방사선이 영향을 미쳤음을 의미한다. 따라서 체세포 변이를 가져온 유전자에 대한 방사선의 영향도 신체에 남아 있을 것으로 생각되었다. 이에 따라 혈액 세포를 이용한 몇 가지 검사가 이뤄졌지만 그런 영향은 남아 있지 않는 것으로 밝혀졌다.

(6) 면역

면역세포는 방사선에 약하다. 이는 세포사멸과 골수간세포, 내추럴 킬러세포의 치명적인 손상 등에 기인한다. 방사능에 심하게 피폭되면 성숙 림프구와 골수간세포가 심하게 손상된다. 이는 미생물 또는 세균이나 바이러스의 침입을 막는 과립성 백혈구와 내추럴킬러 세포의 심각한 결핍을 초래한다. 그 결과 많은 사람들이 감염으로 사망한다. 피폭 후 두 달 정도가 지나면 골수간세포는 회복되며 감염에 의한 사망은 없어진다.

(7) 성장과 발육

ABCC-RERF는 유년기 피폭자의 키와 체중, 가슴둘레 등 신체를 장기간에 걸쳐 측정해 왔으며, 그 결과 일반적으로 성장이 지체되는 것으로 나타났다.

도표 4. 방사선이 성장에 미치는 영향

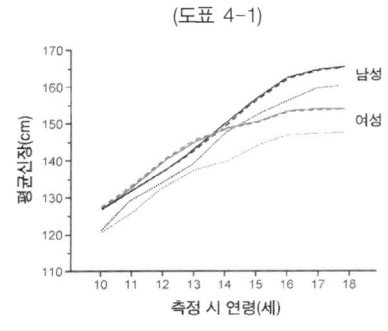
(도표 4-1)

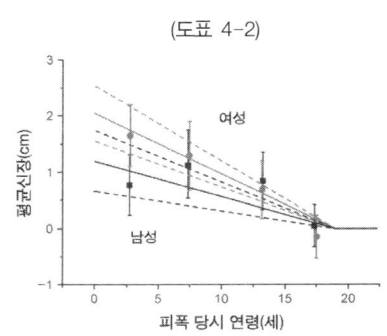
(도표 4-2)

〈도표 4-1〉은 태내피폭자의 경우로 10세부터 18세까지의 측정 결과를 보여준다. 실선(―)은 방사선량 0 mGy의 비교대조군으로, 상단 그림에서 실선과 거의 겹친 모양을 보이는 파선(---)은 1~999 mGy군, 점선(······)은 1,000 mGy 이상의 군이다(DS86자궁선량).
〈도표 4-2〉는 피폭 시 연령별 1Gy 피폭의 영향이다. 세로 축은 1Gy당의 신장에의 영향(단위는 cm), 횡축은 피폭되었을 때의 연령이며 둥근 점은 여성, 사각 점은 남성이다. 종선은 각 피폭시 연령에 있어서의 95% 신뢰 구간, 파선은 회귀 직선의 95% 신뢰 구간을 보인다.

태내 피폭의 경우 1Gy 미만의 집단에서는 별다른 이상이 발견되지 않았지만 1Gy 이상 피폭된 집단에서는 성인이 되었을 때 키가 6cm가량 자라지 못하는 것으로 나타났다. Gy당 평균 2.5cm 정도 자라지 못한 것이다. 방사선의 이런 영향은 10세 시점에는 나타났지만 사춘기 이후에는 관찰되지 않았다. 남성보다도 여성 쪽에 영향이 강했다. 여성의 초경 연령에 관한 조사가 있었지만 방사선의 영향은 인정되지 않았다. 그러나 최근 조사에서 방사선 피폭으로 폐경이 빨라질 수 있다는 가능성이 제시되고 있다.

(8) 노화

동물을 이용한 실험에서 방사선 피폭으로 수명이 짧아질 수 있음이 확인되었다. 과거에는 방사선이 노화 현상을 촉진하는 것으로 생각되었지만, 이후 연구에서 모든 수명단축이 본질적으로 암종(癌腫) 유발에 기인하는 것으로 밝혀졌다. 원폭 피폭자에 대한 연구에서 폐활량, 눈의 조절력, 피부 탄력성, 악력, 청력 또는 병리해부 조직 등에서 방사선이 노화를 촉진한다는 증거는 없다. 다만 백내장과 혈관내벽에 쌓인 침전물이 굳어져 생기는 아테롬성 동맥경화증(atherosclerosis) 유병률, 면역에 관련된 혈중 염증성 단백질 수치는 방사선에 의한 영향이 확인되고 있다. 방사선과 노화 현상의 연관성에 대해선 보다 많은 연구가 필요하다.

(9) 태내 피폭

가) 정신지체와 성장 장해

1950년대 후반까지 태내 방사선 피폭자에게서 소두증과 정신지체가 증가한 것으로 파악되었다. 중도(重度) 정신지체는 0.005Gy 혹은 그 이상에 피폭된 태내 피폭자 476명 중 21명, 0.005Gy 이하에 피폭된 1천 68명 중 9명에게서 나타났다. 중도 정신지체가 나타날 확률은 피폭선량 및 원폭 당시 태아의 발육단계와 밀접한 연관을 갖고 있다. 정신지체의 과잉발생은 수태 후 8~15주 사이에 피폭된 사람에게 많았고, 16~25주 때는 그 수가 상대적으로 적었다. 수태 후 0~7주 혹은 26~40주 사이에서는 과잉발생이 발견되지 않았다. 중도 정신지체에 이르지는 않았다 하더라도 수태 후 8~25주 사이에 피폭된 사람은 학업성적과 지능지수(IQ) 저하가 관찰되었고, 발작성 질환도 뚜렷하게 증가했다.

태내에서 피폭된 중도 정신지체자 6명의 뇌를 MRI로 촬영한 결과 수태 3~4개월 사이에 피폭되면 뇌 구조에 분명한 이상이 초래되었다. 매년 행해진 태내 피폭자의 신체 측정에서도 고선량 피폭군에서 성인(18세)이 되면 신장, 체중의 전체적인 감소가 관찰되고 있다. 성별이나 피폭 당시 태아의 발육단계와는 관계가 없었다.

나) 암 발생률

12세에서 55세 사이 태내 피폭자와 유아기 피폭자의 암 발생률을 비교 분석했다. 그 결과 태내 피폭자는 1Gy마다 과잉 상대 리스크(ERR)[105]가 1.0으로 의미 있는 선량 반응이 인정되었으나 5세까지의 유아기 피폭자의 ERR(1.7)과 비교해 의미 있게 낮은 리스크는 아니었다.

유아기 피폭자는 연령의 증가와 함께 과잉 절대율이 급증하는 것과 대조적으로 태내 피폭자에게서는 그런 증가가 관찰되지 않았다. 다만 양쪽의 차이가 통계적으로 의미 있는 것은 아니었다. 태내 피폭에 의한 성인기의 암 발생 위험은 유아기 피폭과 비교해 높지 않았다.

---

[105] 과잉 상대 리스크(ERR)란 방사선 피폭에 의한 과잉 암 발생률을 나타낸다.

4) 방사선량

(1) 물리학적 선량 추정

현재 사용하는 선량 추정방식 DS02는 2002년 도입된 것으로, 원폭 당시 피폭 지점과 차폐 상황에 관한 정보를 토대로 하고 있어 피폭자 개개인의 피폭 선량을 추정할 수 있다. DS02는 히로시마, 나가사키에서 사용된 핵폭탄의 물리학적 특성과 방출된 방사선의 양, 방사선이 이동해 건축물이나 인체 조직을 통과할 때 어떠한 영향을 받았는가에 대해 핵 물리학상의 이론적 모델에 기초해 설정되었다. 검증은 피폭 시료(벽면 타일이나 기와 등)를 측정해 이루어졌다.

차폐상황에 대한 기본적인 정보는 1940년대 후반에서 1950년대 초반 사이에 수명조사 집단 구성원 모두를 인터뷰해 수집되었다. 1950년대 후반에서 1960년대 초반 사이에 근거리 피폭자(히로시마는 폭심지로부터 1.6km

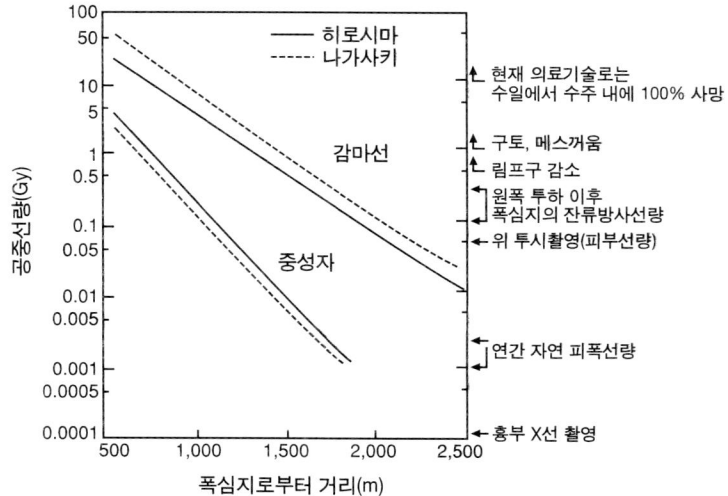

도표 5. 폭심지에서 차폐가 없는 상태에서의 거리별 공중 방사선량의 영향(다른 선원(線源)의 선량과 그 생물학적 영향 포함)

이내, 나가사키는 2km 이내)의 거의 85%에 대한 보다 상세한 차폐 정보가 파악되었다. 이 데이터에 기초해 폭심지에서 10km 이내에서 피폭된 LSS집단 9만 3,741명 중 8만 6,671명(92%)에 대한 DS02 추정 피폭 선량이 계산되었다.

콘크리트 건물 안에서 피폭되는 등 피폭 상황이 복잡하거나 불분명한 근거리 피폭자 7천70명은 선량을 계산할 수 없었다. 개개인의 피폭 선량은 피폭 당시 위치와 차폐상황 등에 대한 상세하고 정확한 정보가 없어 명확하게 산출하기 힘들다. 개개인 피폭선량 평가에서 표준 오차는 35% 정도다.

원폭 방사선의 대부분은 감마 Z선이었지만, 중성자 성분도 조금 있었다. 중성자 비율은 나가사키에서는 아주 적었다. 히로시마에서 폭심지로부터 매우 가까운 거리에서 피폭된 생존자의 경우 피부의 얇은 층에 감마선량이 조금 있었지만 감마선에 대한 중성자 비율은 피부 깊숙이 들어갈수록

표 5. 수명조사집단의 인수와 추전선량분포(DS02)

중량에 붙어있는 결장(結腸)선량	LSS집단의 인수(人數)		
	히로시마	나가사키	합 계
<0.005	21,713	16,823	38,536
0.005-0.05	17,207	6,227	23,434
0.05-0.1	5,537	1,005	6,542
0.1-0.25	6,273	1,270	7,543
0.25-0.5	3,842	956	4,798
0.5-1.0	2,376	1,052	3,428
1.0-2.0	1,151	614	1,765
>2.0	436	189	625
피폭선량불명	3,449	3,621	7,070
피폭자합계	61,984	31,757	93,741
시내부재자(조기입시자)	3,792	827	4,619
시내부재(후기입시자)	16,438	5,523	21,961
시내부재자합계	20,230	6,350	26,580
LSS 대상자합계	82,214	38,107	120,321

떨어졌고 피폭 거리에 비례해 급격히 낮아졌다. 중성자는 감마선보다 단위선량 당 생물학적 영향이 훨씬 높은 것으로 알려져 있다.

DS02는 15개 종류의 장기에 미친 감마선과 중성자 선량을 추정하고 있다. 외부의 차폐상황은 물론 원폭 당시 피폭자의 위치와 피폭자 신체가 향해 있던 방향 등이 감안되었다. 부위별 암 발생위험에 대한 해석은 이들 장기의 피폭선량에 기초하고 있다.

(2) 잔류방사선

잔류방사선은 유도방사능과 방사성강하물 두 가지로 대별된다. 유도방사능은 원폭 방사선에 몇 % 포함된 중성자선이 다른 물질과 반응하면서 생기는 방사능으로, 폭심지에 가까울수록 많다.

폭발 직후부터 오늘에 이르기까지 잔류방사선량은 폭심지에서 히로시마는 최대 0.8Gy, 나가사키는 0.3~0.4Gy로 추정된다. 폭심지로부터의 거리가 500m인 경우 폭심지의 약 10분의 1, 1km에서는 약 100분의 1로 추정된다.

유도방사능은 폭발 후 시간이 경과함에 따라 매우 빨리 감소한다. 폭발 후 첫날 추정치의 약 80%, 2~5일째 약 10%, 6일째 이후 남은 10%가 방출된 것으로 추정된다. 폭심지 부근은 화재가 심해 다음날까지 거의 출입할 수 없었던 것을 생각하면 유도방사능에 의한 피폭선량은 폭심지의 추정치 20%(히로시마 0.16Gy, 나가사키 0.06~0.08Gy)를 넘는 경우는 거의 없는 것으로 보인다.

이 모든 추정치는 DS86에 기초한 것이다. DS02에 맞추기 위한 상세한 계산은 이뤄지지 않았다. 그러나 중성자 수나 에너지 스펙트럼이 유사해 매우 비슷할 것으로 추정된다. 방사선강하물은 원자폭탄이 갖고 있는 우라늄이나 플루토늄의 핵분열에서 생기는 방사성원소에서 비롯된다. 원자폭탄 속에 있는 방사성 물질들은 공기 중으로 올라가면서 냉각되고 검은

도표 6. 폭심지 지상 1m에서의 방사선량과 폭발 후 경과시간

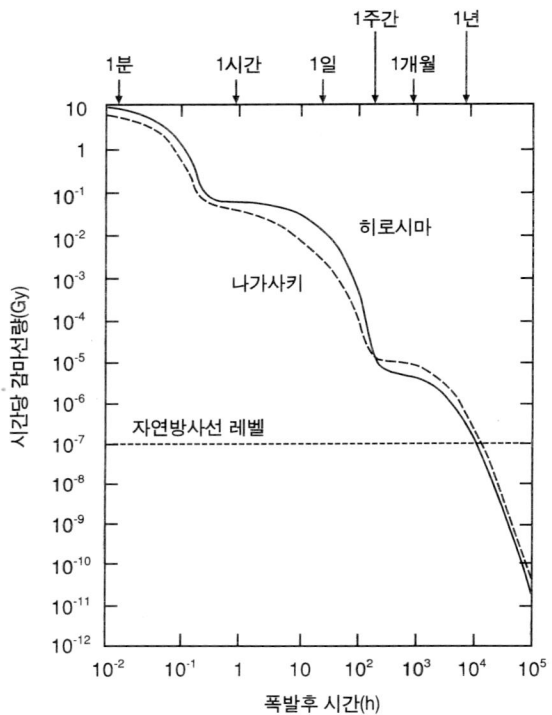

비가 되어 지상을 오염시킨다. 그러나 당시 바람이 불고 있었기 때문에 오염은 폭심지가 아니라 히로시마에서는 북서부(강하물에 포함된 감마선량률이 가장 높았던 코이(己斐)·타카수(高須) 지구에서 남서방향으로), 나가사키에서는 동부(니시야마(西山) 지구)가 심했다.

이 지상오염에 의한 감마선의 최대 외부 피폭선량은, 만약 피폭자가 평생 동안 한 곳에서 살았다고 가정할 때, 히로시마 코이·타카수 지구에서는 0.01~0.03 Gy, 나가사키의 니시야마 지구에서는 0.2~0.4 Gy로 추정된다. 폭심지에서 강하물에 의한 피폭선량은 위에 기록한 수치의 약 10분의 1로 추정된다.

니시야마 지구 일부 주민을 대상으로 음식물 섭취 등 생활환경에 장기간 존재하는 강하 방사성 동위원소에 의한 피폭 선량을 조사했다. 전신 방사능 계측 등에 의해, 주로 방사성 동위원소인 137Cs의 개개인 체내축적량을 계측한 결과 추정 피폭선량은 아주 적었다.

원폭 후 60년 이상이 지난 현재로선 유도방사능을 측정하기 위해서는 특수한 초고감도의 장치가 필요하다(당시부터 남아있는 건물은 아주 적을 수밖에 없다). 또한 방사성 강하물의 측정도 쉽지 않아, 1950~1960년대에 세계 각국에서 행해진 대기권 핵실험에 의한 오염과 구별하기가 어렵다. 히로시마·나가사키의 잔류방사선 선량은 이미 우주방사선이나 라돈(radon) 등의 자연방사선 수준을 크게 밑돌고 있다.

(3) 생물학적 선량측정

혈액세포와 치아 에나멜질에는 원폭 방사선의 일부 영향이 분자수준으로 기록되어 있어 피폭 후 수년이 지난 후에도 방사선량의 생물학적 측정에 이용될 수 있다.

표 6. 방사선 피폭량을 추정하기 위한 생물학적 방법

방 법	시 료	특 징
림프구 염색체 이상	혈액 2cc	피폭 후 언제든
치아 에나멜 ESR	치아	피폭 후 언제든
림프구 TCR 돌연변이	혈액 1cc	피폭 후 수개월 이내

혈액세포 이용은 특정 유전자의 DNA 손상(돌연변이세포) 또는 염색체에 생긴 DNA 손상(염색체 이상)을 측정하는 방식으로 이뤄진다. 피폭선량을 장기간에 걸쳐 조사하는 데 염색체 이상 측정보다 뛰어난 것은 아직 없다. AHS집단 조사에서 나가사키의 공장 안에서 피폭된 피폭자의 염색체 이상 빈도가 일본가옥 내에서 같은 수준의 추정선량에 피폭된 피폭자보다

도 30~40% 낮은 것으로 분석되었다. 이 차이는 공장 내 피폭자의 추정 피폭선량을 재평가할 필요가 있다는 점을 시사한다.

피폭 후 여러 해가 지난 뒤 행해진 돌연변이 림프구 조사에서는 방사선의 영향이 검출되지 않았다. 돌연변이는 방사선에 의해서만 생기는 것이 아니므로, DNA 돌연변이 측정법의 유용성은 한정되어 있다. 돌연변이는 세포분열에 동반해 자연스럽게 생기는 것도 있어, 이들 이상세포의 비율은 연령과 함께 증가하고, 빈도에도 상당한 개인차가 인정된다. 이런 상황에서 소량의 방사선 영향을 조사하는 것은 매우 어렵다. 또한 세포에는 DNA 손상을 고치는 능력이 있는데, 특히 저선량 피폭에서 이런 현상이 뚜렷하다. 손상의 정도는 합계선량 뿐만 아니라 피폭의 양식, 또는 선량률에 의해 좌우된다(급성피폭인지 만성피폭인지, 단일피폭인지 분할이나 반복 피폭인지). 같은 양의 방사선 피폭이라 하더라도 원폭과 같이 순간적으로 대량 피폭된 경우와 체르노빌 원전사고 후 오염된 지구에 사는 사람과 같이 장기간에 걸쳐 조금씩 방사선을 받은 경우를 비교한다면 순간적으로 받은 쪽에 영향이 크다.

치아 에나멜질에 남은 CO_2-라디칼(radical)을 측정하는 방법도 개인이 받은 감마선량의 평가에 유용하다. 빠진 치아에서 에나멜질을 분리해 전자스핀공명(ESR, electron spin resonance)이라는 방법으로 라디칼 양을 측정한다. ESR 신호의 강도는 방사선량에 비례하므로, 피폭 형태와 관계없이 물리학적인 합계선량을 측정할 수 있다. 이 방법은 체르노빌 사고 등에서 피폭자의 선량평가에 이용되고 있다.

염색체 이상 정보 그 자체만으로는 피폭 후 긴 세월이 지난 경우 피폭선량을 산출해 내기가 충분치 않다. 혈액 림프구는 골수간세포에서 많은 단계를 거쳐 생성되는데다, 피폭 후 몇 십 년이 경과해 버리면 관찰하고 있는 림프구에서 어느 정도가 피폭한 림프구인지(또는 피폭한 골수간 세포에 유래하는 것인지)를 알 수 없기 때문이다. 같은 피폭자에 대해 치아 ESR 데이터와 혈액 림프구의 염색체이상 빈도를 조합하면 보다 정확한 생물학적 피폭선량을 추정할 수 있을 것이다.

3. 방사선의 유전적 영향

1) 의학, 그 이상의 문제

원폭 방사선의 유전적 영향이 최근 일본에서 다시 주목받기 시작했다. 백혈병의 유전 가능성에 대한 새로운 연구결과가 나왔기 때문이다. 원폭 이후 60년 넘게 이를 연구해온 방영연의 공식 입장은 "유전성을 인정할 증거가 없다"이다. 일본 정부는 방영연 연구결과를 근거로 유전성을 부인하고 있다. 히로시마 방영연의 나카무라 노리(中村典) 주석(主席)연구원은 2012년 5월 10일 방영연에서 필자를 상대로 가진 브리핑을 통해 "방영연이 실시한 어떤 조사에서도 부모의 방사선 피폭이 자녀에게 유전적으로 영향을 미친다는 증거는 발견되지 않았다"고 말했다. 일본에서는 유전성이 없다는 주장이 정설처럼 굳어진 상태다.

그러나 의학과 과학기술의 급속한 발전에 따라 방영연이 과거에 했던 연구에 분명한 한계가 드러나고 있다. 특히 유전자의 본체를 이루는 DNA는 근년 들어서야 그 실체가 파악되고 있다.

방사선 피폭의 유전성 문제는 단순히 의학적 차원에서 검토될 사안이 아니다. 원폭 1, 2세를 막론하고 유전되기를 바라는 사람은 아무도 없다. 정부 역시 막대한 재정 부담이 수반되는 문제라 이를 인정하고 싶지 않다. 게다가 유전성이 인정될 경우 원자력발전소 건립이나 운용은 더욱 어려워지고 핵무기에 대한 저항은 훨씬 거세질 수밖에 없다. 그럼에도 불구하고 유전성 문제가 논란인 것은 그렇게 의심할 수밖에 없는 일들이 계속 벌어지고 있기 때문이다.

2) 방사선영향연구소 연구결과

이온화 방사선이 남성 혹은 여성의 생식세포에 DNA 손상(변이)을 가져올 경우 그 영향이 후대에 미칠 수 있다. 유전성이 없는 체세포 변이와 다른 점이다. 저선량 방사선에 노출될 경우 생식세포에서 돌연변이를 찾아내기는 힘들다. 동물실험에서는 고선량에 피폭되면 출생 시 장애나 염색체 이상 등이 초래될 수 있음이 밝혀졌지만, 인간인 피폭자 자녀에게서 임상 혹은 준임상적인 영향을 보여주는 증거는 발견되지 않았다. 부모의 평균 피폭선량이 0.14Gy 정도로 비교적 낮은 점을 고려할 때 이는 당연한 결과이다.

표 7. 분야별 조사 개요

조사 분야	인원수	조사기간
출생 시 장애(사산·기형 등)	77,000	1948~1954
성비	140,000	1948~1966
염색체 이상	16,000	1967~1985
생화학적 단백질 조사	23,000	1975~1984
사망률 조사	80,000	1946~진행 중
DNA조사	1,000 가족	1995~진행 중
임상건강조사	10,000	2002~진행 중

유전적 변화라는 측면에서 인간이 방사선에 특히 민감한 것은 아니다. 이는 쥐 실험 예측과 일치한다. ABCC와 RERF는 1940년대 후반부터 피폭자 자녀를 대상으로 유전성 여부에 대한 다양한 연구를 진행해왔다.

(1) 출생 시 장애

1948년부터 1954년까지 신생아 7만 7,000명을 조사했다. 원폭 이후 실시된 첫 대규모 조사였다. 1948년 히로시마와 나가사키의 거의 모든 임산부를 6년간 모니터링 했다. 당시 일본은 극심한 식량난으로 특별식량배급제도를 실시하고 있었다. 임신 5개월 이상 된 임신부가 식량을 받기 위해 시청에 찾아오면 피폭 상황 등을 조사했다. 당시 임산부들은 대부분 집에서 출산했다. 출생 후 2주 이내인 신생아를 진찰해 체중, 사산, 손가락 형태 이상 등 기형, 1~2주내 조기 사망, 남녀 비율 등에 대해 조사했다.

표 8. 임신종결(妊娠終結) 이상 (사산·기형·출생 후 2주 이내 사망)

모친의 가중 선량 (Gy)	부친의 가중 선량 (Gy)		
	<0.01	0.01~0.49	≥0.50
<0.01	2,257/45,234(5.0%)	81/1,614(5.0%)	29/506(5.7%)
0.01~0.49	260/5,445(4.8%)	54/1,171(4.6%)	6/133(4.5%)
≥0.50	63/1,039(6.1%)	3/73(4.1%)	7/88(8.0%)

표 9. 사산 (증례수/조사대상자녀수, 1948~1953)

모친의 피폭상황	부친의 피폭상황		
	시내부재	저·중선량	고선량
시내부재	408/31,559(1.3%)	72/4,455(1.6%)	9/528(1.7%)
저·중선량	279/17,452(1.6%)	139/7,881(1.8%)	13/608(2.1%)
고선량	26/1,656(1.6%)	6/457(1.3%)	2/144(1.4%)

(2) 중도기형에 관한 조사

상호 혈연관계가 없는 부모에게서 태어난 피폭자 자녀 6만 5,431명 가운데 594명(0.91%)에게서 중도(重度)기형 장애가 관찰되었다. 이는 1922년부터 1940년까지 도쿄적십자산과병원이 일반 국민 5만 명을 대상으로 실시한 출생조사에서 나온 중도기형 장애 발견률 0.92%와 거의 일치했다.

가장 많은 기형장애는 무뇌증, 구개열, 구순열, 내반족, 다지증(손·발가

락이 5개 있는 상태) 및 합지증(2개 이상이 붙은 상태)이었다. 이런 장애가 전체 594명 중 445명(75%)이나 되었다. 심장장애처럼 신생아기에 발견하기 어려운 장애는 생후 8개월부터 10개월 사이에 재검사가 이뤄졌다. 재검사를 받은 어린이 1만 8,876명 중 378명(2.00%)에게서 하나 이상의 중증 장애가 확인되었다. 생후 2주 이내에 실시된 검사에서는 0.97%였다.

표 10. 부모 피폭과 자녀의 중도기형 발생률

아버지의 피폭 상황	어머니의 피폭 상황			
	비(非)피폭	저선량	중선량	고선량
비피폭	294/31,904 (0.92%)	121/14,684 (0.82%)	23/2,932 (0.78%)	19/1,676 (1.1%)
저선량	28/3,670 (0.76%)	62/5,994 (1.0%)	7/703 (1.0%)	3/318 (0.9%)
중선량	12/839 (1.4%)	4/658 (0.6%)	6/615 (0.97%)	3/145 (0.2%)
고선량	6/534 (1.1%)	4/422 (0.9%)	1/192 (0.5%)	1/145 (0.7%)

저선량 = 3km 떨어진 곳에서 피폭. 2.0~2.0km에서 피폭으로 차폐유무 불문, 1.5~1.9km 피폭이라면 중도(中度)와 중도(重度)의 차폐, 1.4km이내의 피폭이라면 중도(重度) 차폐.
중(中)선량 = 2~2.9km피폭은 무차폐, 1.5~1.9km는 경(輕)차폐, 1.0~1.4km는 중(中)경도차폐, 1.0km 이내는 경도차폐,
고선량 = 1~1.9km는 무차폐, 1.0km이내는 경도 또는 무차폐, 3km이내는 급성방사선병 발병.

〈표 10〉을 보면, 중도기형 비율은 아버지가 중선량에, 어머니가 피폭되지 않은 경우가 가장 높다. 중도기형이 가장 우려되는 부모 양쪽 모두 고선량에 피폭된 경우는 0.7%로, 양쪽이 모두 피폭되지 않은 경우(0.92%)보다 오히려 비율이 낮다. 중도기형과 방사선의 연관성을 찾을 수 없다는 결론이 나온다.

(3) DS86 추정선량에 의한 재해석

1990년 기형, 사산, 조기사망에 대해 조사했다. 부모 양쪽이 1Gy 이상에

피폭된 경우가 7%가 가장 높다. 그러나 인원수가 적어 통계학적으로 의미를 두기가 힘들다. 피폭선량과 사례수가 정비례하는 것이 아니어서 이 역시도 연관성을 찾기 어렵다.

표 11. 부모 피폭 선량과 자녀의 기형 · 사산 · 조기사망

아버지가 받은 방사선량(Gy)	어머니가 받은 방사선량(Gy)			
	0.01 미만	0.01~0.5	0.5~1.0	1.0 이상
0.01미만	2,257/45,234 (5%)	260/5,445 (4.8%)	44/651 (6.8%)	19/388 (4.9%)
0.01~0.5	81/1,614 (5%)	54/1,171 (4.6%)	1/43 (2.3%)	2/30 (7%)
0.5~1.0	12/238 (5%)	4/68 (6%)	4/47 (9%)	1/9 (11%)
1.0이상	17/268 (6.8%)	2/65 (3%)	1/17 (6%)	1/15 (7%)

(4) 성비

X염색체에 비해 Y염색체가 약해 방사선에 피폭되면 여자(XX)가 남자(XY)보다 비율이 높아질 것으로 추정되었지만 조사결과 차이가 없었다. 나카무라 주석연구원은 "바나나 벌레로 실험했을 때는 여자 아이가 태어날 확률이 높은 것으로 추정되었지만 피폭자를 조사한 결과 그렇지 않았다"고 말했다. 그는 "벌레와 인간이 염색체 구조는 같지만 인간은 유전을 하는 통제방식이 다르기 때문"이라고 설명했다.

표 12. 어머니가 피폭된 경우

어머니의 방사선량	자녀 합계 수	남아 수	성비(남아 수/여아 수)
0	66,548	34,559	108.0
8rep	29,857	15,447	107.2
75rep	6,045	3,096	105.0
200rep	3,459	1,799	108.4

표 13. 아버지가 피폭된 경우

아버지의 방사선량	자녀 합계 수	남아 수	성비(남아 수/여아 수)
0	66,548	34,559	108.0
8rep	10,304	5,323	106.9
75rep	2,956	1,545	109.5
200rep	1,952	1,009	107.0

(5) 염색체 이상

방사선 피폭으로 부모의 생식세포에 상호전좌나 역위[106] 등의 안정형 염색체 이상이 증가했는지를 조사하기 위해 피폭자 자녀집단(F_1)에 대해 광범위한 염색체 분석이 이뤄졌다. 그러나 염색체 이상이 증가했음을 보여주는 증거는 없었다.

부모의 어느 한쪽 혹은 양쪽이 폭심지로부터 2km 이내에서 피폭(추정선량 0.01Gy 이상)된 자녀 8,322명과 부모 모두 2km 이상 떨어져 피폭(추정 선량 0.005Gy 미만)되었거나 혹은 원폭 당시 그곳에 없었던 자녀 7,976명을 조사했다. 그 결과 피폭군에서 18명, 대조군에서 25명이 안정형 염색체 이상으로 인정되었다. 그러나 이후 실시된 부모, 형제자매에 대한 검사에서 돌연변이 대부분이 새로 생겨난 것이 아니라 부모의 어느 한쪽에 존

---

[106] 전좌(転座)는 염색체 구성 물질 조각의 위치가 잘못 되거나 다른 염색체 쌍과 바뀌는 현상을 말한다. 예를 들어, 다운 증후군을 초래하는 전좌는 21번 쌍의 염색체 조각이 15번 쌍에 붙어서 발생한다. 상호전좌는 전좌에 의해 서로 같지 않은 2개의 염색체 간에서 염색체의 일부가 서로 교환하는 현상이다. 유전자의 연관 관계에 변화를 주는 염색체 이상의 하나로, 2개의 염색체에서 동시에 절단이 일어나 그 절단분절이 서로 다른 염색체 절단면과 부착, 융합하여 일어난다. (출전 : 네이버 지식백과)
역위(逆位)는 염색체 돌연변이의 하나로, 한 염색체의 두 지점에서 절단이 생기고 절단된 부분이 180도 회전한 다음 다시 결합하여 유전자 배열이 거꾸로 접합된 것을 말한다. 유전자 서열이 ABCDEFGH인 염색체에서 CDEF부분에 역위가 일어나면 ABFEDCGH의 유전자 서열이 된다. 역위는 자연상태에서 자주 일어나는 현상이며, 염색체 결함을 가진 생식세포는 자손에 불임 등 심각한 유전적 결함을 가져다 주는 경우가 대부분이다.(출전 : 사이언스올 과학백과사전)

재했고 유전된 것으로 확인되었다.

〈표 14〉를 보면, 피폭군과 대조군 사이에 특별한 차이점을 발견할 수 없다. 정상인 대조군에서 오히려 비율이 높게 나온다. 나카무라 주석연구원은 "염색체 이상이 불임, 유산 등을 가져올 수 있지만, 염색체에 이상이 있다고 해서 반드시 질환으로 나타나는 것은 아니다"고 말했다.

표 14. 피폭자 자녀 염색체 이상

구 분	피폭군	대조군
검사한 아이의 총수	8,322	7,976
아이에게 발견된 이상 총수	18(0.2%)	25(0.3%)
부모에게도 같은 이상이 있었던 경우	10	15
부모 모두 정상인 경우	1	1
부모에 대한 검사를 할 수 없었던 경우	7	9

(6) 생화학적 단백질 조사

10년간 LSS집단에 속한 피폭자와 비피폭자 자녀를 합쳐 2만 4,000명에 대해 혈액 속 30종의 단백질을 전기영동[107]으로 검사했다. 단백질을 구성하고 있는 아미노산의 치환에 의한 변화를 관찰하기 위해서였다. 이는 염기(ATGC)가 변화하는 돌연변이이다. 하지만 방사선은 돌연변이보다는 유전자의 결실(일부 또는 전체)을 일으키기 쉽다. 전기영동 검사는 당시에는 최신기술이었지만 방사선의 영향을 조사한다는 점에서는 올바른 조사라고 할 수 없다. 적혈구 산소활성조사(반으로 감소)도 했지만, 방사선에 의한 돌연변이는 빈도가 낮아 조사를 중단했다.

---

[107] 전기영동(電氣泳動)은 전해질 중에 존재하는 하전(荷電) 입자에 직류전압을 걸면 정(+) 입자는 음극으로, 부(-)의 입자는 양극을 향해 이동한다. 이를 전기영동이라고 하며, 같은 방향으로 이동하는 하전 입자 중에서도 이동속도가 다른 성분은 점차 분리되어 간다. 이 기법은 혈청 단백질 분석 등 단백질 연구에 공헌했다. (출전 : 네이버 지식백과 등)

표 15. 혈액 단백질 전기영동(泳動) 검사결과

구 분	피폭군	대조군
조사한 아이 수	11,364	12,297
조사한 유전자 수	544,779	589,506
돌연변이 수	2	4

(7) 피폭자 자녀집단에 대한 DNA 조사

피폭자 가족의 DNA조사는 양친 또는 어느 한 쪽이 0.01Gy 이상에 피폭된 500 가족과 어느 쪽도 피폭되지 않은 500 가족을 대상으로 실시되었다. 지금까지 진행된 연구에서 방사선의 영향은 보이지 않았다.

DNA조사는 현재도 계속 진행되고 있다. 이 조사를 하는데 가장 중요한 것은 배우자와 아이가 세트로 구성되지 않으면 안 된다는 것이다. 최소 10년에 걸쳐 피폭자 가족으로부터 혈액을 제공받아 검사해야 한다. 혈액 중 일부는 제공받은 그대로 냉동보존하고 일부는 인공적으로 바이러스에 감염시켜 영구적으로 분열할 수 있도록 해서 냉동보존하고 있다. DNA의 다양한 부분에 대해 소규모 조사가 이뤄지고 있지만 DNA 지문 염기배열은 사람에 따라 다르다. 조사결과 부모의 피폭에 의한 영향은 보이지 않았다.

표 16. DNA 지문 변이

구 분	<0.01Gy	≥0.01Gy
자녀 수	60	64
조사집단 합계	1,041	1,111
새로운 돌연변이 수	13(1.2%)	12(1.1%)

(8) 피폭자 자녀집단의 사망률, 암발생률 조사

LSS에 속한 피폭자의 자녀 중에서 1946년 5월부터 1984년 12월 사이에 태어난 자녀에 대한 사망률과 암 발생률을 추적조사하고 있다. 이 집단의 연령은 2007년 기준 23세부터 61세로, 평균연령은 47세이다. 지금까지 진행된 조사에서 암 발생률과 암 혹은 다른 질병으로 인한 사망률의 증가는 관찰되지 않았다.

표 17. 피폭자 자녀의 사망률 조사

피폭 상황		95% 신뢰구간	
부	모	암 이외의 질환	암
대조군	대조군	1.00	1.00
대조군	피폭군	0.99(0.74-1.31)	1.20(0.70-2.01)
피폭군	대조군	0.98(0.74-1.28)	1.18(0.68-1.96)
피폭군	피폭군	1.10(0.92-1.46)	0.96(0.59-1.55)

나카무라 주석연구원은 "방사선 피폭이 암 발생을 증가시킨다는 데 대해선 이론이 없다"면서도 "피폭2세의 경우 평균 연령이 50대에 접어들었음에도 암이 더 많이 발생했다는 증거는 발견되지 않고 있다"고 말했다.

(9) 임상건강조사

특정 유전자의 돌연변이에 의한 유전병은 10만 명 당 몇 명 정도의 빈도이기 때문에 현재 진행되고 있는 1만 명 조사로는 이를 확인하기 힘들다. 따라서 생활습관병을 중심으로 조사가 이뤄졌다. 당뇨병, 고혈압, 고 콜레스테롤혈증 등을 조사했다. 부모의 피폭이 자녀의 질환을 증가시켰다는 증거는 관찰되지 않았다. 특정 질환, 혹은 질환 전체를 놓고 봐도 결론은 같았다.

(10) 생활습관병 조사결과

부모의 방사선 피폭이 자녀의 생활습관병에 영향을 미친다는 증거는 발견되지 않았다.

도표 7. 부모의 피폭선량과 자녀의 질환 비율

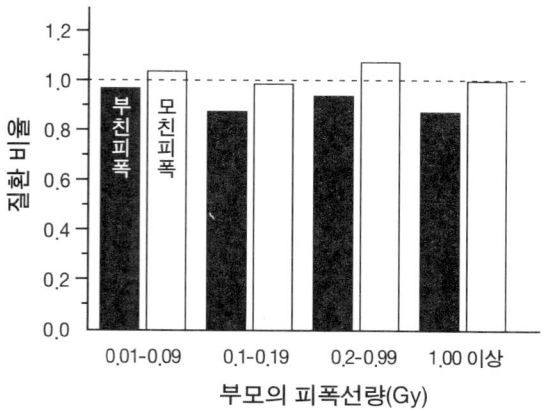

y축 : 조사 후 특정기간 새롭게 생긴 질환의 비율.
부모의 방사선 피폭이 영향을 미친다면, 그래프가 점선 위로 올라가야 한다.

(11) 원폭 피해자 이외의 정보

방사선 치료를 받은 암 생존자의 난소나 정소는 다량의 방사선에 피폭되지만 그들의 자녀에게 기형, 유전병 또는 염색체 이상이 늘어나지는 않는다.

표 18. 방사선 치료 받은 암 생존자 자녀의 유전적 이상

질환	건 수(%)	
	소아암 환자의 아이 (6,129명 중)	환자의 형제자매의 아이 (3,101명 중)
염색체 이상	7(0.1%)	6(0.2%)
멘델성 유전병	14(0.2%)	8(0.3%)
형태 이상	136(2.2%)	97(3.1%)
합계	157(2.6%)	111(3.6%)

평균선량=여성난소 1.26Gy(여성난소), 남성정소 0.46Gy (J Clin Oncol 2009년 논문)

(12) 바이러스 종양환자의 자녀

신장에서 암(腎芽腫)이 생기면 하복부에 방사선을 조사(照射)해 치료한다. 여성 환자로서는 임신 고혈압, 태아 자세이상, 조산 위험이 높아진다. 그러나 기형이 증가하지는 않는다. 기형은 난소보다 자궁의 영향이 크다. 기형 빈도가 높은 것은 화학요법에 의해 자궁이 영향을 받았을 가능성이 있다.

고환에 방사선이 조사된 남성 환자의 경우 25Gy 이상 선량에서 기형이 늘어나는 것처럼 보이지만 그 수가 너무 작아 불확실하다.

표 19. 자궁, 고환의 방사선 노출과 기형아 출산

	방사선 피폭량(Gy)	출산 수	정상출산	기 형
모친 (난소)	0	187	171	16(8.6%)
	0.01~15	49	46	3(6%)
	15~25	111	100	11(9.9%)
	25~35	84	78	6(7%)
	35 이상	50	43	7(14%)
	복부 전체 조사	18	17	1(5%)

	방사선 피폭량(Gy)	출산 수	정상출산	기 형
부친 (고환)	0	55	54	1(2%)
	0.01~15	11	11	0(0%)
	15~25	36	36	0(0%)
	25~35	41	38	3(7%)
	35 이상	22	18	4(18%)
	복부 전체 조사	13	12	1(8%)

(13) 방사선의 영향이 검출되지 않는 이유

1950년부터 1960년대까지 쥐 수백 만 마리를 이용해 방사선의 영향을 실험했다. 1Gy 방사선에서 10만 마리 중 1마리 정도 비율로 돌연변이가 나타났다. 어떤 유전자에 돌연변이가 생길 확률이 10만분의 1이라는 뜻이다. 포유동물은 3만 개 정도의 유전자를 갖고 있으니 빈도는 훨씬 떨어진다. 인간의 DNA는 비슷한 것이 있어 한 개에 이상이 생기면 다른 것이 그 기능을 한다.

게다가 DNA 속에는 이미 축적된 돌연변이가 방사선에 의한 돌연변이보다 훨씬 많다. 나카무라 주석연구원은 "DNA를 화이트보드에 비유하자면 우리는 화이트보드가 완벽하게 하얀 줄 알지만 실제로는 그렇지 않다. DNA에는 이미 많은 이상이 있어 그중 어떤 것이 방사선의 영향인지 구분하기가 사실상 불가능하다"고 말했다.

3) 전문가 인터뷰

나카무라 노리 주석 연구원

(1) 방사선영향연구소 나카무라 주석 연구원

문 : 방사선에 의해 유전자에 이상이 생기면 결국 그만큼 유전적으로 나쁜 영향이 나타날 가능성이 높아지는 것 아닌가?

답 : 방사선의 영향이 '없다'고 말하는 게 아니다. 가능성이 '적다'는 것이다. 또 영향이 관찰되지 않는다고 해서 국가가 전쟁 피해자를 방치해도 된다는 말은 아니다.

문 : 피폭2세에서는 유전적인 영향이 발견되지 않았다 하더라도 3세에서 나타날 가능성이 있지 않은가?

답 : 격세유전의 문제인데, 그런 우려가 있을 수 있지만 가능성은 매우 낮다.

문 : 원폭 직후 폭심지에서 심하게 피폭된 사람들은 거의 다 사망했다. 방영연이 평생 추적조사를 해왔다고 하는데, 아직 생존해 있다면 너무 건강한 피폭자를 놓고 연구했다는 지적이 나올 수 있다.

답 : 폭심지에서 가까운 곳에 있었던 피폭자들은 화재나 강풍으로 숨졌다. 이런 점을 감안해 가능한 한 폭심지에서 가까운 거리에 있었던 사람들을 연구대상으로 했다.

문 : 미국이 시신을 가져갔다는 얘기가 있는데.
답 : 시료를 가져갔지 시신 자체를 가져가지는 않았다. 미국이 ABCC 때부터 해부는 했지만 이는 암이 있는지 여부를 확인하기 위한 것이었다. 전체의 3분의 2에서 암이 증가한 것을 확인할 수 있었다.

문 : 피폭2세는 몇 명 정도로 추산하는가?
답 : 피폭자가 무엇을 뜻하는지 그 정의부터 짚어볼 필요가 있다. 우리도 언제든 피폭자가 될 수 있다. (피폭자 자녀집단) 7만 7,000명은 그 기간 동안 조사한 수치다.

(2) 나가사키대학 나카지마 교수

나가사키대학 의학부 나카지마 마사히로(中島正洋) 교수는 유전성을 부인하면서도 장기적인 관찰이 필요하다고 지적했다. 나카지마 교수는 원폭 피해자의 발암 위험이 현재도 진행되고 있다고 주장해 학계의 주목을 받고 있다.

나카지마 교수는 지난 5월 7일 필자와 가진 인터뷰에서 "방사선 피폭으로 남자의 정소나 여자의 난소가 손상을 받았다면 유전 가능성을 완전히 배제할 수는 없지만 그 가

나카지마 마사히로 교수

능성이 매우 낮고, 또 유전적으로 영향을 미친다는 증거도 발견되지 않고 있다"고 말했다.

나카지마 교수는 "그러나 유전은 장기적으로 봐야 할 문제이기 때문에 지금 당장 있다, 없다고 단정할 수는 없다"면서 "20~30년 정도 더 지켜볼 필요가 있다"고 덧붙였다.

4. 유전 된다

1) 피폭2세 백혈병 조사 보고서

일본 원폭피해자 복지시설인 히로시마원폭양호(요양원) 카마다 나나오(鎌田七男) 원장(히로시마대학 명예교수 · 혈액내과)은 피폭2세의 백혈병 발생률을 분석해 유전 가능성을 제기하고 있다. 가마다 교수는 피폭2세 중에서 부모의 양쪽 모두가 피폭된 경우 어느 한 쪽이 피폭된 경우보다 백혈병 발생 비율이 훨씬 높다고 말했다. 카마다 원장을 주축으로 한 일본 연구진은 피폭자 부모를 둔 2세의 백혈병 실태를 조사해 2012년 6월 5일 '히로시마 원폭 피폭자 자녀의 백혈병 발생에 관하여'란 제목의 연구 보고서를 발표했다.

카마다 나나오 원장

(1) 연구진

카마다 나나오(鎌田七男) : 히로시마대학 명예교수
오타키 메구(大瀧慈) : 히로시마대학 원폭방사선의과학연구소(원의연)
　　　　　　　　　　계량생물
다시로 사토시(田代聰) : 원의연 세포수복제어
호시 마사하루(星正治) : 원의연 선량측정·평가
미하라 케이이치로(三原圭一郞) : 원의연 혈액·종양내과
기무라 테루오(木村昭郞) : 원의연 혈액·종양내과

(2) 관찰 대상

관찰대상이 된 피폭자의 자녀 수는 남성 6만 1천 444명, 여성 5만 7천 887명 등 합계 11만 9천 331명이다. 이 중에서 1946년부터 1995년까지 50년 동안, 히로시마대학 원폭방사능의학연구소 및 관련 병원에서 94례(例)(남성 54례, 여성 40례)의 피폭자 부모를 둔 백혈병 환자가 확인되었고 그 임상적 결과를 분석했다.

(3) 발병 실태

가) 발병 시기

1946년부터 10년마다 백혈병 발병자 수는 순서대로 6, 17, 34, 22, 15례였다.

나) 발병 시 연령

0세부터 5년 간격순서대로 보면 17, 17, 14, 11, 15, 8, 6례 그리고 36세 이상 6례였다.

다) 연령별 병형(病形)

0세부터 10세까지 마다 만성골수성백혈병(CML)/ 급성백혈병(AL) 각각

의 증례 수는 0/34, 6/19, 8/15, 1/11이며, 전국 사망 총수와 비교하여 11~20, 21~30세에서 만성골수성 백혈병 비율이 높은 경향이 있었다.

라) 부모의 피폭 상황과 출생연도

부모의 피폭상황은 부친 피폭·모친 비피폭, 모친 피폭·부친 비피폭, 양친 피폭 등 3군으로 나눌 수 있으며, 이때 각 군의 자녀수는 4만 3천852명, 5만 3천223명, 2만 2천256명이었다. 부모 피폭유형에 따른 백혈병 증례 수를 보면 1946~1955년 10년 사이에 태어난 자녀가 35세가 될 때까지 백혈병 이환(罹患) 수가 49례(52.1%)였고, 1956~1965년 29례, 1957~1964년 16례로 나타났다.

1946~1955년에 태어난 증례를 부모 피폭 상황별로 보면 부친 피폭 6례, 모친 피폭 17례, 양친 피폭 26례로, 양친 피폭군에서 유의미한 초과 이환이 확인되었다.

마) 염색체 분석

32례에 대해 실시하고, 백혈병 병형(病型)의 특이적 이상을 확인했다.

(4) 결론

히로시마 원폭 후에 태어난 자녀(35세가 될 때까지)의 백혈병 이환율은 피폭 후 10년 이내에 태어나 양친 모두 피폭을 당한 경우가 그 외의 두 경우와 비교할 때 의미 있게 높은 수치가 나왔다. 향후 이 자료를 바탕으로 신중한 역학적 해석을 실시할 필요가 있다.

2) 노무라 다이세이 쥐 실험

노무라 다이세이(野村大城)[108] 오사카대학 명예교수는 40년간 쥐 실험을

제2부 유전과 트라우마 163

노무라 다이세이 명예교수

통해 방사선 피폭이 유전적으로 영향을 미칠 수 있다고 주장한다. 아래 내용은 노무라 명예교수가 2012년 8월 6일 경남 합천 원폭피해자복지회관에서 열린 '2012 원폭희생자 추모제'에 참석해 강연한 자료를 요약한 것이다.

(1) 태내 피폭의 영향

자궁 내에서 태아가 피폭될 경우 어떤 일이 일어나는지 확인하기 위해 실험용 쥐를 이용해 시기별로 한 번씩 약을 투여하거나 방사선을 조사했다(도표 8). 이 실험에 사용한 약은 수면제로, 일본에서 우레탄이라는 진통제의 용매로 대량 사용되었던 물질이다. 일본인 약 5천만 명이 이 주사를 맞았다. 실험 결과, 착상 전인 경우 수정란이 죽어 없어졌다. 각종 장기가 생기는 시기에는 태아가 사망하거나, 살아남더라도 여러 장기에 이상이 생겼다.

---

108) 노무라 다이세이 교수는 6년 전 오사카대학을 퇴직한 명예교수로, 일본 후생노동성 산하 독립행정법인인 의약기반연구소에서 노무라 프로젝트를 수행하고 있다. 방사선이나 유해 화학물질의 차세대 영향 연구에 일생을 바쳐온 학자다. 오사카대학 의학부 동물실험시설장과 같은 대학 대학원의 유전의학강좌 방사선기초의학 교수 등을 역임했다. 다음 쪽부터의 도표들은 다이세이 교수 관련 자료에서 재인용한 것이며 자료가 수록되었던 원전은 별도로 표시하지 않았다.

방사선에 노출되어도 같은 일이 발생한다는 사실은 이미 증명되어 있었다. 그런데 태아가 사망하거나 형태이상이 발생하는 시기를 지나, 사람으로 치자면 임신부에게 잘 먹고 적당히 운동을 하라고 말할 즈음의 어미 쥐에게 수면제를 1회 투여했다. 그러자 건강한 새끼 쥐가 태어났지만 1년 쯤 지나 각종 장기에 암이 발생했다.

도표 8. 태아 생성과 치사, 형태 이상, 암의 발생(가로축은 우레탄 등을 작용시킨 시기)

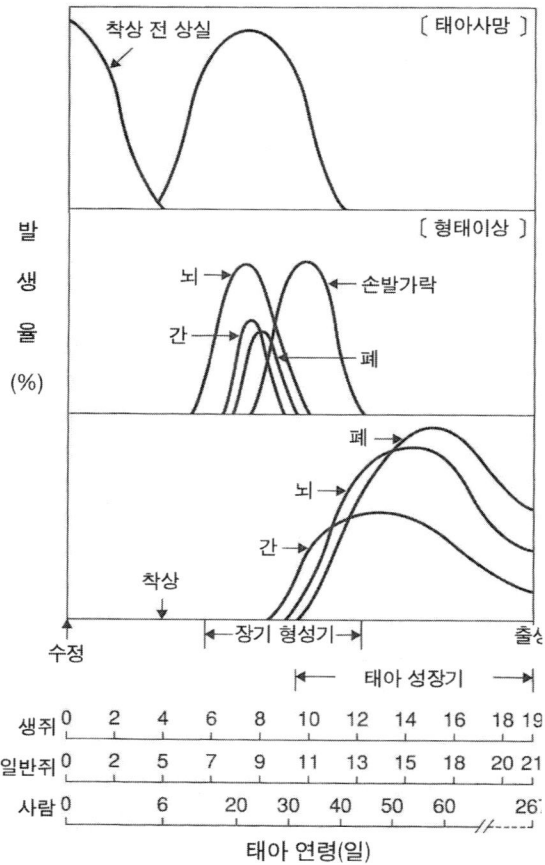

출전 : Nomura, T. Tumors and malformations in the offspring. In: Functional Teratogenesis (Eds. Fujii, T. and Adams, P. M.), pp.175~185. Teikyo Univ. Press, Tokyo, 1987.

이를 알게 된 때가 1970년 이전이다. 대부분의 실험은 화학 물질로 이루어졌다. 1970년대에는 40여 종의 물질이 태아에게 영향을 준다는 사실이 많은 실험으로 증명되어 있었다. 디에틸스틸베스트롤(diethylstilbestrol · DES)이라고 하는 합성 에스트로젠, 이른바 여성용 경구피임약이 사람의 태아에 작용할 경우 지금까지는 없었던 종류의 질(膣)암을 유발한다는 것이 확인되었다.

그런데 방사선 실험의 경우 동물 실험에서도 태내 피폭으로 암에 걸릴 수 있다는 사실이 증명된 것은 나중의 일이다. 원폭으로 인한 방사선 연구에서도 '자궁 안에서 피폭되더라도 백혈병은 물론 다른 암도 증가하지 않는다'는 게 오랜 기간 정설로 통했다.

인간의 태내 피폭 문제에 대해선 앨리스 스튜어트(Alice Stewart · 영국) 등의 역학조사가 유명한데, 이 조사로 임신 중에 엑스선 진단을 받으면 그 아이가 소아암에 걸릴 확률이 40% 정도 증가한다는 것이 밝혀졌다. 하지만 이에 대해선 찬반양론이 존재한다. 반대론자들은 히로시마, 나가사키에서 자궁 내 피폭으로 암 등의 증가는 없었고, 특히 백혈병은 거의 증가하지 않았다는 방영연의 연구결과를 근거로 내세우고 있다. 이렇다 보니 방사선이 태아에 미치는 영향은 좀처럼 증명되지 못했다.

그러나 아주 불가사의한 실험 결과가 있다. 임신한 쥐에게 딱 한 번의 실험치고는 매우 적은 양인 0.36Gy의 엑스선을 조사했다. 그리고 태어난 쥐를 1년간 관찰하며 폐암 발생 빈도를 조사했다. 그 결과, 방사선 조사 시기와는 관계없이 방사선만으로는 전혀 암이 증가하지 않았으나, 생후 21일째에 우레탄을 소량 투여하자 폐에 2~3개의 혹이 생겼다. 어미 쥐의 뱃속에서 미량의 방사선에 한 번 피폭되면 수배 높은 비율로 폐에 종양이 생긴다는 사실이 확인되었다. 1973년에 종료된 이 연구 결과는 유엔 보고서에도 실렸다.

적은 양의 엑스선을 한 번 조사하고 출생 후 우레탄을 뺀 TPA라는 자극성 기름을 피부에 바르는 실험을 했다. 그러자 피부암이 발생하고 간암도 생겼다. '성인암'이 발생한 것이다. 당시 방영연은 태내 피폭자들이 아직 30세 전후의 나이였기 때문에 그 나이에 성인암이 대량 발생할 리가 없음에도 불구하고 '증가하지 않고 있다 = 방사선은 안전하다'는 식의 결론을 내렸다.

쥐 실험에서 임신 중 방사선 피폭만으로는 새끼에게 거의 암이 발병하지 않을 수도 있지만, 그 새끼 쥐의 장기는 '잠재적인 고감수성'을 지니는 것으로 확인되었다. 즉 방사선 피폭으로 바로 암에 걸릴 확률은 낮을지 모르지만, 출생 후 어떤 것의 영향으로 암이 많이 발생할 가능성이 있는 것이다. 더구나 백혈병이 아니라 폐암, 간암 등 성인암이 출현할 가능성이 있다. 쥐 실험을 할 때 쥐는 전혀 오염되지 않은 깨끗한 먹이만 먹는다. 하지만 인간은 태어난 후 음식, 담배 등 다양한 환경에 노출되면서 잠재되어 있던 자궁 내 피폭의 영향이 한순간에 드러나게 되는 것이다.

방영연도 1988년 WHO 회의에서 처음으로 "자궁 내에서 피폭된 사람의 발암 위험은 40세가 되면서 4.4배로 증가하고 있다"고 보고했다. 쥐 실험으로 증명되고 10년 이상 지난 뒤에야 이런 조사결과가 나온 것이다. 위험이 증가하고 있는 것은 모두 성인암이다. 쥐 실험 결과는 사람에게서도 똑같이 일어났다. 과거 방영연 조사에서 이런 결과가 나오지 않았던 이유는 결코 방사선이 안전하기 때문이 아니며, 단지 태내 피폭자가 아직 암에 걸릴 나이가 되지 않았던 것뿐이다. 이 같은 잘못은 방사선의 유전적 영향에 대한 조사에서도 되풀이되고 있다.

(2) 방사선 피폭의 유전적 영향

새끼 쥐를 무심코 방치해둔 적이 있는데 그들 사이에서 손자 쥐가 태어나 버렸다. 그런데 그 손자에 암이 발견되었다. 정자, 난자의 피폭이 영향을 미친 것은 아닐까 하는 의문이 들어 연구를 시작했다. 그때가 1969년이다. 그 결과 놀랄 만큼 높은 빈도로 다음 세대에서 암이 발생했다. 당시에도 방사선이 모든 동식물에 유전적 영향, 돌연변이를 일으킨다는 사실은 이미 증명되어 있었다. 다만 '사람 이외의 모든 동식물'이라는 단서가 붙어 있었다. 방영연의 연구결과 때문이었다.

〈표 20〉은 방영연의 연구결과이다. 우선 기형이나 주산기(周産期)[109] 이상에서 피폭군이 조금 높을 뿐 유의미한 차이가 없다. 조기사망도 마찬가지이다. 암 역시 20세 미만의 피폭2세로 한정되어 있기는 하지만, 아주 조금 증가하고 있을 뿐이다.

표 20. 원폭 방사능의 유전적 영향 (방사선영향연구소)

구 분	대조군	피폭군
주산기 이상(기형 외)	4.75%	4.78%
조기사망	6.4%	6.3%
암(20세 미만)	0.12%	0.14%
돌연변이*	6.4×10^{-6}	4.5×10^{-6}

* : 전기이동도의 변이

이처럼 유전적 영향이 없다는 결론을 내리는 데 주된 근거가 된 것은 전기영동실험이다. 이는 혈청단백질의 이동도 변이를 살펴본 방대한 연구로, 이 연구에서도 '돌연변이가 증가하지 않았다'는 결론이 나왔다. '증가하지 않았으므로 유전적 영향은 없다'는 결론을 내린 것이다. 하지만 이는 '이 방법으로는 늘지 않는다'고 했어야 옳았다. 방사선이 인간의 생식세포에 아무런 변화도 주지 않는가 하면 그렇지 않다.

1954년 비키니섬 수폭실험[110]에 피폭된 일본 선원들에 대한 조사는 방

---

[109] 임신 20주 이후부터 출생 후 28일까지의 신생아 시기로, 태아·신생아의 특이한 생리상황이 나타난다.
[110] 일본 히로시마와 나가사키에 원폭을 투하한 미국은 1954년 3월 1일 서태평양 마셜제도 비키니 환초에서 수소폭탄 실험을 했다. 수소폭탄의 위력은 히로시마 원폭의 1천 배 정도였다. 실험 당시 비키니 근해에서 조업 중이던 제5 후쿠류마루 호 선원 23명 전원이 방사능에 피폭되었고, 39세였던 선원 1명이 6개월 뒤 사망했다. 이 사건은 일본 내에서 반핵, 반원전운동의 도화선이 되었

사선 피폭이 인간의 생식세포에 미치는 영향을 보여주는 대표적 사례이자 유일한 데이터이다. 이 조사 결과를 보면 피폭 직후에는 남자 선원들의 정자 수는 정상이었다. 그러나 3개월 이내에 거의 '0'로 떨어졌다가 얼마 안 가 회복된다. 피폭 직후 변화가 없었던 것은 정자가 이미 완성되어 있으면 DNA 덩어리에 지나지 않아 죽을 일이 없기 때문이다. 그런데 정자의 기원이 되는 정원세포(精原細胞)는 매우 약해 상처를 입게 되면 감수분열 과정에서 죽어 버린다. 정자가 될 정원세포가 죽으면서 2~3개월이 지나 정자수가 '0'이 된 것이다. 이는 방사선 피폭으로 생식세포가 완전히 파괴될 수 있다는 것을 보여주는 명확한 자료이다. 그럼에도 불구하고 '어떠한 유전적 영향도 생기지 않는다'는 건 말이 안 된다.

이는 쥐 실험에서도 확인되었다. 쥐 실험에서 얻은 방대한 데이터는 이미 이전부터 있었다. 미국 테네시주 오크리지국립연구소(Oak Ridge National Lab)는 1951년 생물학 연구부를 만들어 방사선의 유전적 영향에 대해 대대적인 연구를 시작했다. 이것이 100만 마리 쥐를 이용한 '메가 마우스(Mega Mouse) 실험'이다.

대장균이면 샬레 하나로 100만 마리든 1천만 마리든 바로 배양할 수 있지만 포유동물, 그것도 인간과 가까운 동물로 실험하고자 한다면 쥐를 이용할 수밖에 없다. 야생 쥐는 짙은 갈색 털을 가지고 있는데 비해, 흰쥐는 털 색깔 등 7가지의 열성유전자를 호모(homo)로 가지고 있다. 7가지 열성유전자는 털 색깔 6종류와 귀가 짧은 특징을 나타낸다. 야생 쥐와 흰쥐를 교배시키면 야생형의 짙은 갈색쥐가 태어난다. 그런데 이 야생형 털을 가진 쥐의 유전자가 방사선에 피폭되면 유전자 일부가 튕겨나가면서 결실(缺失)이 생기고, 흰쥐와 교배했을 때 흰쥐의 열성유전자 털색이 출현하기

다. 1955년 8월 히로시마에서 제1회 원수폭금지 세계대회가 열렸고 이듬해 나가사키에서도 같은 대회가 열렸다. 일본은 매년 3월 1일을 '비키니 데이'로 정해 다양한 행사를 갖고 있다.

도표 9. 방사선에 의해 발생하는 생쥐 돌연변이 빈도(메가마우스 실험)

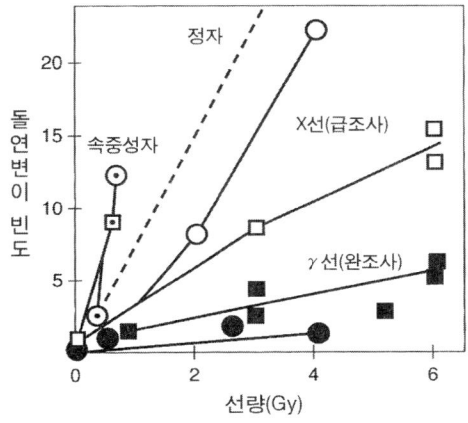

출전: 오사카대학 의학부 곤도 히로오 강의자료

때문에 그 변화를 통해 돌연변이 여부를 알 수 있다. 털색 변화는 태어난 지 1주일이면 확인이 가능하다. 이런 방법으로 쥐 100만 마리를 이용해 실험을 했고, 그 결과를 정리한 것이 〈도표 9〉이다.

수컷에 방사선을 조사하고 1~2주 내에 교배하면 정자 피폭에 해당한다. 6주 이상 지난 뒤 교배하면 정원세포 피폭이다. 이 두 가지를 비교한 결과 정자 피폭이 정원세포 피폭보다 몇 배나 높은 빈도로 돌연변이가 발생했다. 난세포(난자)를 가진 암컷이 피폭되어도 다음 세대에 높은 빈도로 돌연변이가 발생했다. 돌연변이는 방사선 선량에 비례해 일어났다. 중성자는 엑스선, 감마선과 비교해 8~10배 정도 높은 빈도로 돌연변이를 일으킨다.

〈도표 9〉는 정원세포 시기에 원폭처럼 한 번에 강하게 피폭된 경우(□ 표시)와 체르노빌과 같이 조금씩 장기간에 걸쳐 피폭된 경우(■ 표시)를 비교하고 있다. 비교 결과, 한 번에 다량의 방사선에 노출된 경우에 비해 서서히 피폭된 쪽이 1/3밖에 돌연변이가 일어나지 않았다. 조금씩 피폭된 경우 손상이 부분적으로 복원되기 때문에 1/3로 줄어들었지만, 그렇다고 해서 '0'이 되지는 않았다. 난자는 회복능력이 강해 돌연변이 발생 빈도가 낮

지만 이 역시 '0'이 되진 않는다.

　방사선에 노출되면 반드시 새끼에게 돌연변이가 늘어난다. 털 색깔 돌연변이만이 아니라, 사람에게서 볼 수 있는 백내장, 골격변이 등 우성 돌연변이도 똑같이 유발된다는 게 증명되었다.

　그럼 왜 방영연 조사에서는 돌연변이가 증가하지 않았던 것일까. 그들이 어떤 방식으로 조사했는지를 살펴볼 필요가 있다. 털 돌연변이, 백내장, 골격변이는 모두 방사선으로 유전자에 큰 상처가 생겨 일어난 유전자 결실이다. 방사선에 노출되면 정상에 비해 이러한 유전자 결실이 몇 배나 많이 발생한다. 엑스선 등으로 생기는 돌연변이는 유전자 결실에 의한 것이 70% 정도를 차지한다. 1950년대에 이미 알려진 사실이다.

　하지만 방영연은 전기영동으로 혈청단백질을 흘려보내 그 이동의 차이를 보고 돌연변이를 검출하려 했다. 이는 전하의 차이를 분석하므로 '전하 돌연변이'라고 불리며, 유전자의 염기 하나가 바뀌었을 때 일어나는 것이라 '염기치환 돌연변이'라고도 한다. 유전자는 ATGC와 4개의 염기로 구성되어 있는데, 그중 염기 한 개가 바뀌면 단백질의 아미노산이 바뀌므로 단백질 전하가 바뀌게 된다. 그래서 전압을 걸어주면 전하가 흐르는 거리가 변하게 된다.

　이와 같이 방영연은 방사선으로는 거의 발생하지 않는 염기치환 돌연변이를 조사했다. 염기치환 돌연변이는 방사선 피폭으로는 거의 발생하지 않는다는 게 쥐 실험에서도 증명되었다. 방사선으로는 발생하지 않는 돌연변이를 조사했으니 검출될 리가 없었다. [111]

　방사선 피폭으로 인한 돌연변이 중 방영연이 유일하게 조사한 것은 '혈청단백질의 효소활성 돌연변이'이다. 이는 쥐 실험에서도 증가가 확인되었다. 효소활성 돌연변이 역시 결실 돌연변이다.

---

[111] 방영연도 이 같은 문제점을 인정하고 조사를 중단했다. 제3절 '2.방사선영향연구소 연구 결과'의 '(6)생화학적 단백질 조사' 참조.

(3) 방사선의 유전적 영향으로서의 암, 형태 이상

임신 중인 여성이 피폭된 경우 자녀가 유산되는 것은 쉽게 이해할 수 있다. 그런데 남자가 피폭된 경우에도 나중에 태어난 자녀가 죽을 수 있다는 사실이 쥐 실험을 통해 증명되었다. 수컷 쥐에게 상당히 대량인 5Gy 엑스선을 조사해 3주가 지난 뒤 정상적인 암쥐와 교배를 시켜 새끼를 갖게 했다. 새끼가 태어나기 전에 제왕절개를 하자 살아있는 건 3마리뿐이고, 나머지 6마리는 죽어 있었다. 수컷이 피폭된 뒤 정상 암컷과 새끼를 가져도 죽을 수 있다는 사실이 확인된 것이다. 이는 우성치사로, 결국 부모 중 어느 한 쪽이라도 피폭되면 자녀가 죽을 수 있다는 증거이다.

이게 어느 정도의 비율로 발생하는지를 〈도표 10〉이 보여준다. ○는 정자가 피폭된 경우로 엑스선을 조사하고 1주일 이내에 정상 암컷과 교배시켜 생긴 새끼이다. 수컷에게 엑스선을 조사하고 10~15일 정도 경과한 뒤에 정상 암컷과 교배시킨 경우는 정자세포의 피폭에 해당된다. 수컷에게 방사선을 쪼이고 8주 이상 지나서 정상 암컷과 교배한 경우는 정원세포의 피폭이다.

도표 10. 암수 쥐의 방사선 조사(照射)에 의한 치사율

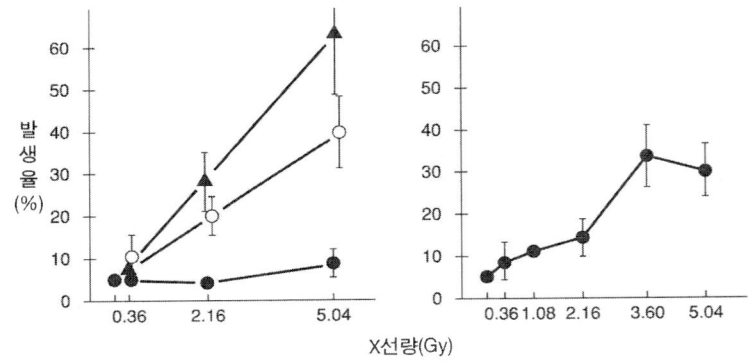

왼쪽 : ○표 정자에 방사선 조사, ▲정자세포에 조사, ●정원세포에 조사
오른쪽 : 메가 마우스 조사

출전 : Nomura, T. Parental exposure to X rays and chemicals induces heritable tumours and anomalies in mice. Nature, 296: 575~577, 1982에서 개도(改圖)함.

정자나 정자세포처럼 감수분열 후 피폭되면 대단히 높은 빈도로 새끼가 죽는다. 예를 들어, 5Gy를 조사하면 태아의 60% 이상이 사망한다. 반면 정원세포가 피폭된 경우는 태아 사망을 확인할 수 없다. 정원세포가 피폭되어 큰 상처를 입으면 감수분열 때 전부 죽어 버리기 때문이다. DNA에 대단히 작은 상처를 입은 세포만 살아남게 된다. 정자의 기초가 되는 정원세포에 큰 상처가 생기면 감수분열로 정자가 되기 전에 죽어버리므로, 건강한 세포만이 정자가 되어 헤엄쳐 다니니까 유산, 사산이 일어나지 않는 것처럼 보이는 것이다.

여기서 주의해야 할 점은, 방영연이 연구에 적용한 피폭선량을 보면 분명히 유산, 사산이 일어날 가능성이 있다. 다만 그것은 피폭 뒤 곧바로 아이를 가진 경우이다. 하지만 원폭 직후 아이를 만든 남성은 거의 없다. 히로시마, 나가사키 피폭의 경우 대부분이 정원세포 시기의 피폭이며 따라서 유산, 사산은 거의 증가하지 않았던 것이다.

〈도표 11〉의 가로축은 수컷 쥐가 쬔 엑스선의 양을 나타낸다. 세로축은 새끼에게서 나타나는 형태이상의 빈도를 보여준다. 선량이 증가하면 이상 발생률도 증가하고, 대량으로 방사선에 노출되면 거의 대부분의 태아가 유산되어 외관상으로는 자녀의 이상이 감소한 것처럼 보인다. 그러나 낮은 선량이라면 이상이 발생한다. 정원세포 피폭은 이상이 발생하기 어려워 절반 정도 비율로 내려간다. 결국 수컷이 피폭된 경우에도 새끼에게 기형이 출현할 가능성이 있는 것이다.

출생 7일째에는 기형이 매우 감소했다. 사람과 달리 쥐는 외뇌증 등의 병을 갖고 태어나면 대부분 바로 죽어 기형을 가진 새끼는 극소수만 살아남기 때문이다. 암컷에게 방사선을 조사한 뒤 정상 수컷과 교배시킨 경우에도 새끼에게 기형이 증가했다.

기형은 어느 정도 증가하는지가 대단히 중요하다. 〈도표 11〉의 괄호 안에 1Gy 피폭 시 1천 마리 당 기형이 어느 정도 발생하는지 그 빈도를 표시

도표 11. 수컷 쥐가 방사선에 노출됐을 때 나타나는 기형

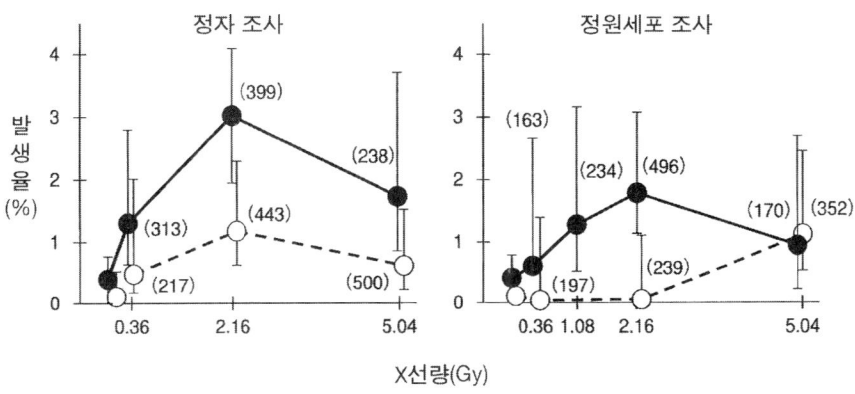

● : 출생 전 검출
○ : 출생 후 검출 (왼쪽: 정자에 조사, 오른쪽: 정원세포에 조사)
출전 : Nomura, T. Parental exposure to X rays and chemicals induces heritable tumours and anomalies in mice. Nature, 296: 575~577, 1982를 수정.

했다. 그러자 정자나 정자세포 시기였다면 4.5정도이지만, 정원세포의 경우 출생 후라면 거의 '0'으로, 5Gy를 쬐어도 1Gy 당 겨우 1.9, 즉 0.2% 정도 증가하는 정도였다.

1Gy 당 0.2% 증가율이라면 히로시마, 나가사키 원폭의 평균 피폭선량이 약 0.5Gy이니까 쥐 실험 데이터를 적용하면 0.1% 정도만 증가한다.

인체 데이터에서는 4.8%가 기본이라 4.9%로 증가해도 유의미한 차이로 보이지 않는다. 그러나 이는 발생하지 않는 게 아니라, 유의미한 차이를 가져오지 않는 정도의 비율로 일어나고 있는 것이다. 방영연 조사에서도 그 정도 증가는 확인되고 있다. 겨우 0.1% 정도만 증가하고 있으니 발견하지 못했던 것이다. 주의해야 할 점은, 눈에 보이는 기형은 극히 적다는 사실이다. 한 예로, 가사(假死)를 들 수 있다. 정상적인 쥐는 제왕절개를 하면 곧바로 숨을 쉬고 동맥관이 신속하게 폐쇄된다. 그런데 좀처럼 숨을 쉬지 않고 동맥관이 열린 채 가사 상태가 되는 쥐가 있다. 이런 쥐의 발생

표 21. X선 조사 쥐의 F_1에 있어서 발생이상과 우성골격 돌연변이 발생률(%)과 1Gy 당 유발률($\times 10^3$)

생식세포기	발생이상(2.16Gy)		골격 변이(6Gy)	
	출생 전	출생 후	출생 전	출생 후
정자·정자세포	3.0%(11.6)	1.13%(4.5)	2.4%(3.3)	1.8%(2.4)
정원세포	1.8%(6.6)	0% 1.1%(1.9)*	1.1%(3.3)	1.3%(2.1)
난모세포	2.4%(10.4)	1.7%(6.2)	-	-
대조	0.41%	0.12%	0.42%	0.06%

출전 : Nomura, T. X-ray and chemically induced germ-line mutation causing phenotypical anomalies in mice. Mutation Res., 198: 309~320, 1988, Nomura, T. Male-mediated teratogenesis-ionizing radiation/ ethylnitrosourea studies. In: Male-mediated Developmental Toxicity(eds. Olshan, A. F., Mattison, D. R.), Plenum Press, New York, pp. 117~127, 1994. 에서 작성.

빈도는 눈에 보이는 기형을 가진 쥐보다 배 정도 많다.

기형뿐만 아니라 그 새끼 쥐가 1년 정도 자란 뒤에는 여러 장기에 종양이 생겼다. 정자시기에 방사선을 조사하고 1주일 정도 지나 정상 암컷과 교배한 경우, 14~15일 경과하고 나서 교배한 경우, 그리고 8주 이상 지나 교배한 경우로 나눠 보았다. 또 암컷에게 엑스선을 조사하고 나서 정상 수컷과 교배한 경우도 검토했다.

〈도표 12〉의 가로축은 부모 쥐의 피폭선량, 세로축은 새끼 쥐에게 생긴 다양한 종양의 합계를 표시한 것이다. 도표를 보면 부모 쥐의 피폭선량에 비례해 새끼에게 암이 생긴 것을 알 수 있다. 정자세포 피폭이 빈도가 높고, 정원세포 피폭에서는 조금 낮게 나왔다.

난세포의 경우 1Gy까지는 별로 증가하지 않지만 그것을 넘으면 갑자기 증가 추세를 보인다. 이 역시 회복능력이 있기 때문이라고 생각한다. 점선은 0.36Gy를 2시간 간격으로 조사한 경우이고, 실선은 1분여 동안 단번에 조사한 경우다.

정자, 정자세포는 회복 능력 없는 시기이므로 방사선을 소량씩 간격을 두고 조사하든, 한 번에 대량으로 조사하든 종양의 발생빈도에 차이가 없다. 정

도표 12. 부모 쥐에게 X선을 조사했을 때 새끼쥐(F1)의 종양발생

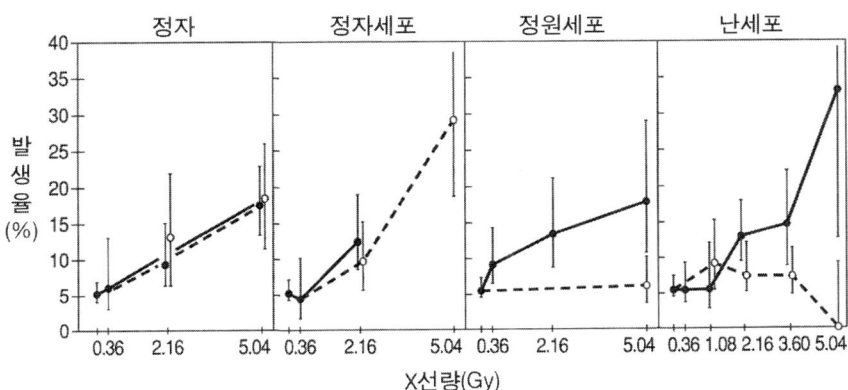

출전 : Nomura, T. Parental exposure to X rays and chemicals induces heritable tumours and anomalies in mice. Nature, 296: 575~577, 1982.

원세포 피폭에서는 종양 발생빈도는 거의 증가하지 않는다. 난세포의 경우도 마찬가지다. 이는 정원세포나 난세포에는 충분히 단백질이 있으므로 상처를 치료하는 작용이 있기 때문이다. 이를 확인하기 위해 바이러스와 그다지 관계가 없는 폐종양에 대해 실험했다. 수컷 쥐에게 5Gy를 조사한 뒤 정상 암컷과 교배시켜 그 새끼를 살펴보니, 종양 발생빈도가 눈에 띄게 증가했다.

이 새끼를 무작위로 교배해 손자를 만들었다. 〈도표 13〉이 실험결과를 보여준다. 손자에게는 부모 중 어느 한 쪽이 폐종양을 갖고 있는 경우에 한정해 폐암이 높은 빈도로 출현했다. 이 손자를 정상인 암컷과 교배해 다음 세대를 만들어 보면 역시 수컷 손자가 폐종양을 가지고 있는 경우에만 암이 눈에 띄게 증가했다.

이 같은 실험결과는 부모의 피폭선량에 비례해 자녀에게 암과 기형이 나오고, 그것이 2세, 3세로 이어질 가능성이 있다는 말로 요약될 수 있다. 이 연구 결과는 1982년 과학저널 네이처에 발표되었으며, '오사카 리포트'로 불리며 큰 반향을 불러일으켰다.

도표 13. 쥐의 방사선 피폭에 의한 폐종양의 유전

종양을 가진 F₁ 쥐 30/171(17.5) ≪ 0.001

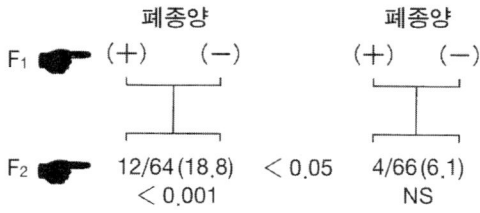

비조사군(非照射群) 29/548(5.3)

출전 : Nomura, T. Role of DNA damage and repair in carcinogenesis. In: Environmental Mutagens and Carcinogens.(Eds. Sugimura, T., Kondo, S., and Takebe, H.) pp.223~230, Alan R. Liss, Inc., New York, 1982.

(4) 방사선의 유전적 영향이 발생하는 빈도와 메커니즘

다만, 문제가 된 것은 돌연변이의 높은 발생 빈도였다. 보통의 돌연변이보다 100배 이상 높은 빈도로 사람에게 암이 발생한다면 이는 엄청난 일이다. 문제는 성인이 된 후 매우 높게 나온다는 사실이다.

두 가지 가능성에 대해 연구했다. 먼저 많은 유전자가 관여할 가능성이다. 연구 당시 폐종양 발생에 관여하는 면역 관련 유전자가 200개 정도 파악되어 있었다. 그렇다면 보통의 돌연변이보다 200배 높게 발생해도 이상하지 않다.

또 한 가지는, 암을 억제하는 유전자에 변화가 생겨 전체적으로 암 발생이 증가하는 것은 아닐까 하는 의문이다. 방사선에 의한 변화만으로는 암 발생 빈도가 그다지 높아지지 않지만, 생후 환경인자가 영향을 줄 수 있다. 엑스선을 조사하면 생식세포나 수정란이 변화하고, 전신의 세포가 영향을 받을 것이다. 돌연변이만으로 암이 된다면 암투성이인 쥐가 나와야 한다. 그러나 폐종양은 1마리에게서 1개 정도만 발견되었다. 그러나 생후 발암제를 주거나 암을 촉진시키는 비발암성 물질을 주면 암투성인 쥐가 나올 가능성이 있다고 보고 실험을 했고, 실제로 놀라운 데이터가 나왔다.

정자기에 피폭된 수컷 쥐에서 태어난 새끼에게 암은 그다지 발생하지 않았으나, 발암물질을 조금만 투여했더니 종양을 100개나 가진 쥐가 출현했다. 러시아에서 추가 실험이 있었고, 같은 결과가 나왔다. 코발트 감마선을 수컷에게 조사한 뒤 태어난 새끼에게 TPA라는 자극성 기름을 바르자, 태어난 지 얼마 안 되어 피부암이나 간암이 생겼다. 원폭처럼 한 번에 많은 방사선을 조사하면 뚜렷하게 피부암이 증가했다. 수컷 쥐에 대한 방사선 조사만으로는 새끼 쥐에 암이 전혀 나타나지 않았는데, 나중에 TPA 기름으로 자극을 주면 암이 대거 발생했다. 림프성 백혈병도 생겼다.

수컷 쥐를 1회 피폭시키면 다음 세대에서 암이 조금 발견되었다. 종양이 있는 쥐끼리 교배시키면, 3대째에는 더 많이 발생했다. 이처럼 방사선의 영향은 다음 세대로 이어지는 것이다. 다른 계통의 쥐를 두고 한 실험에서도 수컷 쥐에게 방사선을 조사하자 다음 세대에 난소종양과 폐종양이 나왔다. 그리고 이것들을 교배시키면 손자 세대에 난소종양, 폐종양도 있고, 백혈병도 나오기 시작했다. 온몸이 암투성이(multiple tumor)인 쥐가 출현하거나, 심장에 종양이 생기고, 폐도 폐종양만이 아니라 이런저런 유형의 종양이 나타났다. 종양을 갖고 있는 쥐끼리 교배하면 다음 세대에는 간암, 난소종양 등에 더해 다양한 형태의 종양이 발견되었다.

여기서 특정 종양을 만드는 유전자가 전달되는 것이 아니라 '암이 되기 쉬운' 유전이 있을 수 있다는 가능성이 제기되었다. 정자가 피폭되면 다음 세대에 암이 되기 쉬운 변화를 일으키는 것이 아닌가 하는 결론에 도달했다.

'암이 되기 쉬운 돌연변이가 나타나고 있다'고 한다면, 그 발생 구조가 문제가 된다. 현재 두 가지 방법으로 이를 연구하고 있다. 히로시마·나가사키 피폭2세 검사에서도 실시되었던 것으로, 우선 한 가지는 불안정한 유전자가 관여하고 있는 것은 아닐까 하는 추정이다. 대단히 변이를 일으키기 쉬운 불안정 유전자가 있고, 거기에 변화가 생기면서 유전자 전체가 어긋날 수 있다는 가정이다.

또 다른 가능성은 생리, 면역 등 여러 기능에 관련되는 유전자 중 몇 가지에 변화가 일어나고 그것이 암의 빈도를 전체적으로 높일 수 있다는 것이다. 이를 증명하는 실험이 현재 진행되고 있다.

(5) "쥐와 인간, 다를 게 없다"

방사선의 유전적 영향에 대한 역학조사 보고서는 많다. 그중에서도 세상을 가장 놀라게 했던 것은 영국 셀라필드(Sellafield)[112] 핵시설 남자 직원 자녀의 백혈병 위험이 일반인에 비해 6~8배 높다는 가드너(Martin Gardner) 논문이다.

이 논문을 토대로 연구한 결과, 피폭 후 6개월 내에 아이를 가진 경우, 즉 정자, 정자세포와 일부 정원세포도 포함되어 있는데, 이런 비교적 감수성이 높은 시기에는 적은 양으로도 위험이 증가하는 것으로 나타났다.

---

[112] 1957년 10월 10일 영국의 윈드스케일(Windscale)이라고 불리던 원자력 단지에서 발생한 방사능 누출사고(5등급)이다. 현재는 그 원자력 단지를 셀라필드(Sellafield)라 부른다. 사고는 원자로 내에서 중성자 감속재로 쓰이는 흑연에 쌓인 위그너 에너지(Wigner Energy)를 줄이기 위해 흑연을 가열하는 과정에서 발생했다. 흑연을 가열하는 동안 과열되어 원자로의 온도가 높아지는 사고가 발생하였다. 이틀 후 원자로의 온도는 다시 낮아졌으나 감시 모니터 상에는 계속 온도가 상승하는 것으로 나타나 냉각팬을 가동시켜 공기를 집어넣어서 방사성 물질이 외부로 퍼져 나가는 사고가 발생했다. 셀라필드 원자력 단지는 영국의 주요 핵시설 중 하나로 여러 공장과 원자력 발전소가 같이 붙어 있는데, 이 원자력 단지에서는 1955년도부터 1979년까지 수차례나 4등급의 원자력 사고가 발생하기도 했다. (출전 : 네이버 지식백과)

〈도표 11〉을 보면, 10mSv 미만에서 3배 이상, 10mSv 이상에서는 7배나 된다. 이는 정원세포 시기와 비교해 정자세포가 장애를 가질 확률이 매우 높게 나온 쥐 실험 데이터와 일치한다. 가드너는 정자에 발생한 장애로 인해 다음 세대에 백혈병이 증가했다고 결론을 내렸다.

이 같은 가드너의 보고에 대해 방영연 데이터를 내세운 반론이 제기되었다. 방영연 연구에서는 피폭2세의 암, 백혈병 발생에 통계적으로 유의미한 차이가 발견되지 않았다. 하지만 쥐 실험에서도 정원세포기 피폭에서는 증가 경향이 없으나, 정자기에서는 늘어나는 것으로 확인되었다. 정원세포 때보다 정자 때 피폭되면 아주 높은 비율로 자녀에게 백혈병이 발병한다는 점이 가드너 보고서와 아주 유사하다.

표 22. 사람 및 쥐의 아버지 피폭에 따른 F_1에서의 백혈병 발생

		선량 (mSv)	상대위험률	배가선량 (mSv)	유발률/mSv ($\times 10^6$)
셀라필드 (Gardner et al, 1990)	전 정자형성기	≧100	6.24(1.5~25.8)	11.9(2.5~126)	22.2(2.1~105)
	정자, 정자세포	5~9	3.54(0.3~38.9)	1.5(0.1~)	179(0~2680)
		≧10	7.17(1.7~30.5)	1.0(0.2~8.8)	260(30~1250)
히로시마·나가사키 (Yoshimoto & Mabuchi, 1991)	정원세포	435	1.24	900	0.23
생쥐 ICR (Nomura, 1978, 1982)	정원세포	360~5040	1	-	0
	정자	360~5040	1.9~3.2	950	1.9
LT (Nomura, 1986, 1991)	정원세포	3600	1	-	0
	정자, 정자세포	360~5040	4.5~7.4	450	0.9
N5 (Nomura, 1986, 1991)	정원세포	5040	9.6	300	6.9
	정자	5040	18.1	150	13.8

수정 전 6개월 간의 피폭량이므로, 정원세포기도 약간 포함됨.
출전 : Nomura, T. Of mice and men? Nature, 345: 671, 1990, Nomura, T. Paternal exposure to radiation and offspring cancer in mice: reanalysis and new evidences. J. Radiat. Res., 32: Suppl. 2, 64~72, 1991을 개정.

그렇다면, 방영연 연구에서는 왜 이런 증가 경향이 없었는지 의문이 든다. 원폭에 의한 방사선 피폭자는 대부분 정원세포 단계에서 피폭되었다. 피폭 후 바로 아이를 만든 것은 아니므로 암이나 백혈병의 증가 확률이 낮은 것은 당연하다.

다만, N5Strain이라는 쥐로 실험하면 정원세포 피폭에서도 이상이 발생한다. 쥐의 계통에 따라 차이가 날 수 있다는 뜻이다. 이는 사람도 마찬가지라 방사선에 반응하는 감수성이 대단히 높은 사람이 있을 수 있다.

생식세포의 감수성은 사람과 쥐가 매우 유사하다. 항상 문제가 되는 것은 양쪽의 피폭선량이 전혀 다르다는 점이다. 쥐 실험에서는 결과가 '0'이 되면 아무런 증명도 되지 못하기 때문에, 반드시 암이 생기도록 원폭 피폭선량보다 10~100배 높은 방사선량을 사용한다. 따라서 쥐 실험 결과를 사람에게 그대로 적용하는 데는 문제가 있다. 다만 이것도 두 가지 이유로 어느 정도 설명이 가능하다.

히로시마, 나가사키와 셀라필드의 차이점은 자녀가 태어난 이후의 피폭 상황이다. 셀라필드 핵시설 주변은 장기간 지속된 방사선 누출로 환경오염이 상당했고, 플루토늄뿐만 아니라 화학물질에 의한 오염도 있었다. 반면 히로시마, 나가사키는 원폭 후 '검은 비'가 내렸지만, 피폭된 뒤 태어난 자녀는 내·외부 피폭이 없는 것으로 간주되었다. 셀라필드는 자녀가 계속해서 그 지역에서 살았기 때문에 환경의 영향이 매우 컸다. 이처럼 자녀가 처한 생후환경이 다르기 때문에, 셀라필드에서 백혈병이 높은 빈도로 발생해도 전혀 이상한 게 아니다.

한 가지 주의할 점은, 백혈병 외에 다른 성인암이 증가할 가능성도 매우 높다는 사실이다. 쥐 실험에서 자궁 내 피폭이나 피폭된 부모 쥐의 새끼에게 발병한 암은 폐암 등 성인암이었고, 백혈병은 극히 일부다. 암을 포함한 생활습관병은 나이가 들어 발생할 위험이 높다. 따라서 피폭2세를 계속 추적 조사할 필요가 있다.

3) 쥐 실험 공방

(1) "쥐와 인간은 종이 다르다"

노무라 오사카대학 명예교수가 방사선 피폭의 유전적 영향을 주장하고 있지만 이에 대한 반론도 만만치 않다. 특히 방영연과 노무라 명예교수 사이에는 '학술전쟁'이란 말이 나올 정도로 수 십 년에 걸쳐 치열한 공방이 벌어졌다. 같은 쥐 실험을 통해 노무라 명예교수의 주장을 반박하는 학자들도 있다. 그가 과도하게 높은 선량의 방사능을 적용했다는 비판과 함께 실험 도구로 사용하고 있는 쥐(ICR, N5)가 적합하지 않다는 지적도 있다.

방영연 나카무라 노리 주석연구원은 인간에게는 쥐에 사용된 편리한 메커니즘이 없다고 말했다. 쥐는 사람에 맞는 모델이 아니라는 것이다. 나카무라 연구원은 노무라 명예교수가 쥐에게 과다한 방사선을 사용하고 있다고 비판했다. 원폭에서 인간이 피폭된 방사선의 양보다 지나치게 많은 양을 쥐에게 적용했다는 것이다. 원폭 당시 2Gy 이상 피폭된 사람은 1%도 되지 않는다는 설명이다. 그는 인간의 DNA는 이미 많은 이상을 갖고 있는 데다 축적된 돌연변이 수가 방사선에 의한 돌연변이보다 훨씬 많고, 돌연변이 자체도 빈도가 매우 낮아 방사선의 영향을 찾아낸다는 것은 사실상 불가능하다고 말했다.

후쿠시마의 와타리병원 의사인 사이토 오사무(齊藤 紀) 박사[113]도 "노무라 명예교수의 쥐 실험은 충분히 가치 있는 연구로 인정해야 하지만 동물학적으로 방사선의 유전성이 입증되었다고 해서 그것을 사람에게 그대로 적용할 수는 없다"고 말했다. 동물과 인간은 종(種)의 차이가 있고 이를 무시할 수 없다는 게 그의 주장이다.

---

[113] 사이토 오사무 박사는 후쿠시마현립 의과대학 출신으로 1970년대 히로시마대학 원폭방사능의학연구소(임상혈액학)에서 근무하다 고향인 후쿠시마로 돌아와 1988년 후쿠시마생협병원 병원장을 역임했다. 2009년 5월부터 후쿠시마 시에 있는 와타리병원에서 의사로 근무하고 있다.

종의 차이를 인정해야 한다고 주장하는 학자들은 쥐와 비교해 인간은 임신 횟수와 한 번에 임신하는 태아 수가 적고, 임신기간도 길어 유전적 영향이 발현할 가능성이 낮다고 지적한다. 또 인간은 근친결혼이 거의 없기 때문에 쥐에 비해 대단히 이질적인 상태에 있어 열성변이가 모습을 드러낼 기회가 적다는 것이다.

방사선 피폭으로 유해한 유전적 변이가 생겼다고 하더라도 치명적인 이상은 자연유산에 의해 선택적으로 도태되고, 임신을 자각하기 전에 생긴 유산에 포함될 가능성이 높다고 한다. 많은 유전적 영향이 자연도태 메커니즘에 의해 발견되지 않은 상태로 소멸하거나 인식할 수 없는 현상에 매몰되어 버린다는 주장이다.

(2) 검증 실험
가) 수컷 쥐의 엑스선 피폭이 새끼에 미치는 영향

코온(Kohn, H. I.)·이플링(Epling, M. L.)·구트만(Guttman, P. H.) 등이 1965년 '팝메드'(the PubMed)에 발표한 보고서이다. 생식세포에 방사선이 조사된 BALB/cJ 쥐의 폐암(양성 선종(腺腫))의 증가를 보여주는 증거가 발견되었다. 1년간 진행된 실험에서 수컷 쥐는 0·250·500cGy의 강한 엑스선에 노출되었다. 그리고 2주 내에 암컷 쥐 2마리와 함께 둬 새끼를 낳도록 했다.

새끼 쥐가 태어난 지 8~12개월 되었을 때 폐암 발생을 검사했다. 그 결과 가임 암컷의 비율이나 새끼의 평균 크기가 방사선의 영향을 받았고 돌연변이도 발견되었지만, 수컷 쥐의 방사선 피폭이 새끼의 폐암 발병에 영향을 주지는 않았다. 방사선 선량이나 새끼의 성별, 짝짓기를 한 시기 등에 따른 차이도 없었다.

나) 우레탄을 이용한 폐암 유발 조사

카타나(Cattanach, B. M.)·팝워스(Papworth, D.) 등이 1998년 '뮤테이션 리서치'(Mutation Research)에 발표한 보고서로, 우레탄을 이용, 엑스선에 노출된 수컷 쥐의 폐암 유발 여부를 조사했다. 노무라 명예교수가 부모 쥐의 방사선 피폭이 폐와 다른 종양의 발생을 증가시킬 수 있다고 한 실험결과를 검증하기 위한 것이었다. 노무라 명예교수가 규정한 최적의 조건 하에서 BALB/cJ 계통 쥐를 이용해 2년 넘게 실험했다. 그 결과, 가임 암컷의 비율과 새끼의 크기는 수컷 쥐의 엑스선 피폭의 영향을 받는 것으로 나타났다. 그러나 새끼에게서 폐암 발생이 증가했다는 흔적은 발견되지 않았다.

다) 피폭된 쥐의 새끼에 대한 일생 추적조사

코스그로브(Cosgrove, G. E.)·셀비(Selby, P. B.)·업톤(Upton, A. C.) 등이 1993년 '뮤테이션 리서치'에 발표한 보고서로, 엑스선에 피폭된 수컷 쥐에서 처음 태어난 새끼를 일생동안 관찰하고 부검한 결과이다. 엑스선에 노출된 C3Hf 계통의 암컷 쥐를 방사선에 피폭되지 않은 쥐와 함께 뒀다. 피폭된 쥐의 새끼들은 피폭 후 7주 이상 지나 임신된 것들이다. 새끼들을 개별적으로 케이지에 두고 일상적인 삶을 이어가도록 했다.

그 쥐들이 죽은 뒤 검사한 결과 종양과 다른 병리학적 이상이 발견되었다. 하지만 이 병변은 일반적인 것들로, 방사선에 피폭되지 않은 다른 쥐와 비교해 큰 차이점은 발견되지 않았다.

(3) 노무라 명예교수 주장

노무라 명예교수는 쥐와 인간은 근본적으로 종이 다르다는 비판에 대해 "쥐와 인간은 꼬리가 있고, 없고의 차이 뿐"이라고 말했다.[114] 그는 쥐는

---

[114] 1990년에 시작되어 2003년 완료된 인간게놈프로젝트(human genome project)에 따르면 인간 유전자는 약 2만 개에서 2만 5천 개 정도가 있다. 그리고 인간과

실험, 인간은 사고(원폭)에 의한 결과를 놓고 실험한다는 점과 쥐는 피폭 시기와 선량이 명확한데 비해 인간은 잡종이고 피폭 정황도 복잡하다는 점이 다르다고 설명했다. 그러나 유전적인 이상이나 기형에 관한 것은 서로 다를 게 없다고 했다. 다만, 여성과 암컷 쥐는 난자가 서로 달라 차이가 있다고 했다. 수컷 쥐는 인간과 유사하다는 게 노무라 명예교수의 설명이다.

4) 진료 현장 의사들의 증언

(1) 마루야 히로시 히로시마공립병원 명예원장

히로시마공립병원115) 마루야 히로시(九屋博) 명예원장은 "방사선 피폭의 유전적 영향은 분명히 있다"고 강조했다. 자신도 피폭1세인 마루야 명예원장은 히로시마공립병원에서 35년간 근무하며 원폭 피해자를 진료했으며 이 병원 원장을 역임했다.

마루야 히로시 명예원장

마루야 명예원장은 나가사키대학에 200만 명에 대한 혈액검사 자료가 있고, 전후 태어난 아이가 전쟁 전 아이보다 백혈병이 많다는 기록도 있다고 말했다. 또 피폭3세도 기형아가 많아지고 있다는 자료를 방영연이 갖고 있다고 했다. 다음은 2012년 5월 9일 히로시마공립병원에서 필자와 가진 인터뷰 내용이다.

쥐의 유전자는 80~90%가 같다고 한다.
115) 히로시마공립병원은 1977년 일본 의료생활협동조합이 세운 병원이다. 피폭2세 검진은 히로시마현 각 구별로 병원이 하나씩 지정되어 총 8개가 운영되고 있는데 히로시마공립병원이 규모가 가장 크다. 히로시마공립병원은 히로시마 지역 원폭 환자의 70~80%를 진료하고 있다.

방영연이 히로시마 지역 병원들의 산부인과에 의뢰해 피폭2세와 비피폭자 자녀의 자연유산을 비교하는 조사를 했다. 1972년부터 5년간 유산된 태아 샘플을 수집해 조사했는데 비피폭자의 경우 기형아 비율이 25%인데 비해 피폭2세에서 태어난 3세는 46%에 이르렀다고 한다. 다만 베트남 고엽제 후유증처럼 뇌가 2개 형성되는 식의 특별한 형태는 없었다. 이 자료가 공개된 것은 1998년이다. 방영연은 10년마다 연구결과를 발표하겠다고 했지만 이후 내놓지 않고 있다.

방사선 피폭의 유전적 영향에 대해선 미국도 건드리지 않으려는 것 같다. 이런 경향은 후쿠시마 원전사고 이후 더 심해질 것으로 보인다. 피폭의 유전성은 접근방식을 너무 넓게 잡으면 파악하기 힘들다. 피폭 거리나 자손을 역추적을 하지 않으면 확인하기 어렵다. 핀포인트(pinpoint)적인 연구가 필요하다.

인간의 유전자에는 나쁜 것을 회복시키는 작용이 있다. 그 회복력에 따라 결과가 달라진다. 백혈병은 급성이지만 만약 저선량 피폭이라면 발병 기간이 길어지고, 극복 면역력이 생겨 다른 양상이 나타날 수 있다. 열화우라늄탄에 의한 피폭처럼 내부피폭을 당한 경우 건강한 생활이 힘든 조건이라면 회복도 어렵다. 저선량 피폭인 후쿠시마 사고는 몇 년 뒤 분명히 영향이 나타날 것이다.

한국인 원폭 피해자는 일본인보다 가난한 환경 속에서 살았기 때문에 자연회복력이 떨어져 피폭2세에 대한 영향력도 훨씬 더 컸을 것이다. ABCC가 수 만 명을 조사했지만 그 속에는 입시피폭자와 비피폭자도 들어 있다. 오차범위가 너무 넓다는 뜻이다. 당시 조사는 군사적인 목적에서 행해졌다. 잘못된 조사에서 도출된 결과가 정답인 것처럼 확산되어 일본에서는 이를 고치기가 매우 힘든 실정이다. 만약 한국에서 조사가 실시된다면 피폭자가 어떤 지역에 있었고, 피폭 이후 어떤 환경에서 생활했는지에 대한 면밀한 조사가 필요하다.

(2) 아오키 가쓰아키 히로시마공립병원 원장

아오키 가쓰아키(靑木 克明) 히로시마공립병원 원장은 방영연 조사가 신뢰를 받지 못하는 이유로 조사집단 자체가 안고 있는 한계를 지적했다. 아오키 원장은 원폭 직후 미국 정부가 피폭 후 생긴 기형아 샘플 상당수를 자국으로 가져갔다고 말했다. 그러나 일본인들은 기형아를 숨기는 경우가 더 많았다. 의사들도 의료현장에서 수많은 기형아를 목격했다. 미국이 기형아를 조사했다고 하지만 실상을 제대로 파악하고 못하고 있다는 것이다. 다음은 아오키 원장의 설명이다.

> 원폭 직후 일본은 피폭자 연구에 대해 의견조차 낼 수 없었다. 이를 임의로 연구하거나 언론이 보도하면 체포되는 일까지 있었다. 이것이 허용된 건 1949년 9월 이후다. 하지만 당시 일본에는 원폭에 대한 기본적인 지식이 없었다. 원폭 직후 미국 정부의 조사활동에 동경대학, 규슈대학 등 많은 대학 교수들이 참여했지만 샘플을 포함해 모든 자료를 미국이 가져갔다. 과거 미국이 기형아 시료 일부를 반환했는데 히로시마대학과 방영연에 보관되어 있다.[116] 그러나 반환한 시료에 대한 연구결과는 제공하지 않고 있다. 미국은 이를 의

---

[116] 미국은 일본의 요구에 따라 1973년 5월 10일 종전 직후 군이 수집한 피폭관계 자료 중 일부를 반환했다. 당시 반환된 것은 피폭 직후 히로시마의 참상을 촬영한 사진 1,879매와 유품 등 전시자료가 대부분이었다. 카마다 나나오 히로시마대학 명예교수는 2012년 5월 9일 필자와의 인터뷰에서 미국이 원폭 시료를 1975년 3차례에 걸쳐 일본에 반환했다고 말했다. 첫 번째와 세 번째로 반환된 시료는 히로시마대학에 있고, 두 번째는 방영연에 보관되어 있다고 했다. 반환품에는 기형아 시료가 포함되어 있으며 이를 검사한 현미경 사진도 있다고 덧붙였다. 그는 시료는 포르말린 속에 담겨 있었지만 너무 오래된 것이라 연구하기 힘든 상태였다고 전했다. 카마다 명예교수는 미국이 보유한 전체 시료에 대한 정보는 없으며, 따라서 반환된 양이 전체의 어느 정도인지는 아무도 모른다고 했다. 그는 "미국이 더 이상 필요 없어 반환한 것으로 보이는데, 반환 시료에서 어떤 연구결과를 얻었는지에 대한 정보는 전혀 공개하지 않고 있다"고 말했다. 그 이유를 "미국이 시료를 군사적 목적으로 사용했기 때문"이라고 추정된다. 이 시료를 연구한 곳은 미육군 병리연구소라고 그는 말했다.

학적인 연구가 아니라 군사기밀로 생각하고 있다.

기형아 시료가 일부 반환되었지만 수 십 년 간 포르말린에 담겨 있던 것이라 연구가 가능할 지 의문이다. 한국인 피폭자는 폭심지에서 가장 가까운 곳에서 피폭된 경우에 해당한다. 따라서 한국인 피폭자가 일본인보다 더 적합한 조사 대상이다.

태내 피폭 문제에 있어서는 남성과 여성에 차이가 있다. 여성은 유전을 걱정해 임신중절 수술을 하거나 임신 자체를 기피했다. 일본 내 일부 연구자들은 피폭2세를 13만 명 정도로 추산하고 있지만 사실 제대로 파악이 안 되고 있다. 히로시마 당국은 히로시마에 주소만 두고 있으면 2세로 간주하는데 반해, 도쿄는 1세 원폭수첩과 호적을 비교해 실제 2세인지 여부를 확인한다. 히로시마는 예산이 부족해 제대로 파악할 수 없는 실정이다. 하지만 방영연이 지금까지의 주장과 다른 결과를 내놓는다면 다시 조사하지 않을 수 없을 것이다.

일본에서는 유전성이 없다는 게 정설로 굳어진 상황이라 뒤집기가 힘들다. 오히려 합천에서 피폭2세를 연구한다면 상당한 성과가 있을 수 있다. 한국의 독자적인 연구가 필요하다. 방사선의 유전적 영향에 대한 연구는 일본보다 오히려 한국에 희망이 있다. 경상남도가 피폭자 지원조례를 제정한 것은 매우 고무적이다.

(3) 사이토 오사무 와타리병원 의사

후쿠시마 와타리병원 사이토 오사무 박사는 2012년 6월 23일 일본교육회관에서 열린 원폭증 인정 집단소송 종결집회 심포지엄에서 ABCC 조사에는 잔류 방사능을 무시하고 원폭 초기 피폭 선량만 감안하는 오류가 있었다고 지적했다.

사이토 박사는 저선량 피폭, 외상 기인성 질환(뇌좌상)에 대해서도 방사선 기인성을 부정할 수 없다는 '마쓰타니(松谷)소송'[117]의 2000년 대법원

---

[117] 나가사키 폭심지로부터 2.45km 지점에서 피폭되어 오른쪽 반신 불구가 된 마쓰타니 에이코(松谷 英子)는 1988년 9월 원폭증 인정을 거부한 후생노동성을

판결을 사례로 제시했다. 당시 대법원은 원고인 마쓰타니 씨가 원거리(2.45km) 피폭, 저선량(0.02Gy) 피폭, 외상(기와에 의한 뇌좌상)이라는 조건을 갖고 있어 원폭증 인정요건에 미달되었지만 탈모·뇌 구멍증·반신마비라는 질병을 앓은데 대해 방사선 피폭과의 인과성을 배제할 수 없다고 판단했다.

이 판결은 ABCC의 수명조사(LSS)에서 초기 방사선만을 기준으로 삼는 '초기 방사선 지상주의'의 불완전성을 인정한 것으로, 초기 피폭은 피폭의 일부이지 전체가 아니라는 점을 사법부가 명백하게 판단한 것이라고 사이토 박사는 평가했다.

사이토 박사는 원폭 이후 나가사키 니시야마 지역에서 장기간에 걸쳐 섭취된 방사성 물질에 의한 내부피폭 문제도 예로 들었다. 니시야마 주민은 방사능 낙진에 의한 외부피폭과 함께 오염된 것으로 추정되는 물을 장기간에 걸쳐 마셨다. 결국 이 지역 주민들에게 원폭에 의한 방사선 피폭은 외부피폭과 내부피폭이 공존하는 상태였다.

사이토 박사는 "방사능 피폭 문제를 다루면서 외부피폭과 내부피폭 중 하나만을 기준으로 삼는 것은 불합리하다"면서 "ABCC가 잔류방사선을 배제한 이유에 대해 통찰할 필요가 있다"고 강조했다.

상대로 소송을 제기했다. 1993년 5월 나가사키지방재판소는 "원고의 질병은 원폭 장애에 의한 것으로 진료가 필요하다고 인정된다"며 원고 승소 판결했다. 정부는 항소했고 후쿠오카고등재판소는 1987년 11월 원폭 질병에 있어 기인성(基因性)을 부정한 후생노동성 원폭의료심의회의 조사심의 및 판단은 잘못이라며 역시 원고 승소 판결을 내렸다. 2000년 7월 18일 최고재판소가 정부의 상고를 기각해 원심이 확정되었다.

2장 원폭의 또 다른 유전

1. 차별과 가난

1) 피폭자들의 귀국과 좌절

히로시마, 나가사키 두 지역의 조선인들은 병원, 학교 등지에 분산 수용되었다가 귀국준비에 들어갔다. 종전 직후 재일조선인들은 귀국과 구제라는 구호아래 '귀환자 단체' 등을 구성하였다. 이들의 귀국을 시기별로 보면 제1기(1945.8.15~11.30, 자발적 집단 출국기), 제2기(1945.12~1946, 인양원호국을 통한 귀환), 제3기(1947.1~1948.8.15, GHQ 통제에 의한 귀향) 등 크게 3가지로 구분할 수 있다.[118]

시기별 귀국 인원은 일반 귀국자와 피폭자를 합쳐 2기 40만 1,634명, 3기 10만 6,988명으로, 이 숫자를 귀환자 총수 140만 명에서 빼면 대체로 90만 명에 달하는 조선인이 1기에 귀환했을 가능성이 있다.[119] 이들 귀환자들

---

[118] Wagner, E. W., 『The Korean Minority in Japan』, 1951 ; 森田芳夫, 『在日朝鮮人處遇の推移と現況』, 司法硏修所, 1955 ; 金英達, 「解說」, 山根昌子 編, 『朝鮮人・琉球人 歸國關係資料集-1946-1948 장야헌』, 新幹社, 1992 ; 김인덕, 『재일본조선인연맹 전체대회 연구』, 선인, 2007 참조. 김영달은 1기(1945. 8~1946. 3, 자주귀환기), 2기(1946. 4~1946. 12, 계획송환기), 3기(1947. 1~1950. 6, 심사귀환기)로 구분한다. 일본정부의 인양원호국에 따라 1기(1945. 8~11, 인양조직정비기), 2기(1945. 12~1946. 3, 계획준비기), 3기(1946. 4~12, 계획송출기)로 나누기도 한다(일제강점하강제동원피해진상규명위원회, 『해방 직후 이끼・대마도지역의 귀국 조선인 해난사고 및 희생자 유골문제 진상조사』, 2009).

[119] 미군정 자료에 의하면 1945년 11월 40만 5,602명, 12월 21만 4,617명, 1946년 1~3월까지 22만 2,278명으로 전체 84만 2,497명이다. 이 숫자는 1945년 9~10월 사이 귀환자를 추가하면 최대 100만 명 이상이다(*History of the nonmilitary*

은 시모노세키(下關, 도쿄), 센자키(야마구치), 하카다(博多, 후쿠오카), 사세보(佐世保, 나가사키) 등의 항구에서 여객선에 승선하여 부산으로 출발하였다.[120] 1945년 8월 21일 일본 정부는 조선인의 징용 해제방침을 결정하고 9월 1일에 센자키(仙崎)에서 귀환선 제1호 고안마루(興安丸)[121]가 부산을 향해 출발했다. 이날 출발한 귀환자들 가운데 히로시마·나가사키 거주자는 각각 1만 9,922명과 4,516명으로 총 2만 4,438명이었다.[122]

상당수의 피폭자들은 가족·친인척과 함께 100~500엔을 주고 100t남짓한 낡은 어선을 빌려 타고 목숨을 건 항해를 감행했다. 1945년 10월 이런 식으로 밀항을 감행했던 권강승(67, 경남 합천군 율곡면 와리 원촌 거주)은 "풍랑으로 배가 난파되었고 겨우 목숨만 건질 수 있었다"고 말했다.[123]

히로시마 원폭의 큰 피해자였던 미쓰비시중공업 강제동원 노무자[124] 246명은 1945년 9월 17일 규슈지역을 강타한 초대형 태풍인 마쿠라자키에 의해 이끼(臺崎)섬 아시베만(芦邊灣)에서 조난을 당해 실종되었다.[125] 같은 날 가츠우라(勝浦)만에서 조선인이 탄 배가 표류하다 59명 중 6명이 사망

---

activities of the occupation of Japan 1945-1951, vol.16).

[120] 수송선은 1945년 9월부터 3일에 1회(2,500명)만 부산을 왕복하고 있었다.

[121] 이 배는 1937년 1월 나가사키 조선소에서 준공되어 부관연락선으로 투입된 7,103t급 여객선이었다. 이 배의 정원은 4,500명이었지만 6,500명까지 수용할 수 있는 큰 배였다. 도쿠주마루(德壽丸, 3,000t급)는 정원 2,500명으로 하카다와 부산을 3일 2회 왕복하고 있었다. 그 외에도 운젠마루(雲仙丸, 1938년 건조, 속력 13노트, 수용정원 4,745명) 등이 있었다(『內鮮關係通牒書類編冊』(아시아역사자료센터, A06030086000), 1945. 9. 1).

[122] 「昭和二十一年度第二豫備金支出要求書朝鮮人送還費」(아시아역사자료센터, A05020306400), 『種村氏警察參考資料』 第117集, 1946.

[123] 권강승·이재선, 증언, 자택, 2011. 6. 18.

[124] 미쓰비시중공업 히로시마 조선소는 1944년 3월 15일 칸온(觀音)공장에 984명, 에바(江波)공장에 1,100명의 노동자를 갖고 운영을 시작했다(『廣船二十年史』, 1964).

[125] 深川宗俊, 『鎭魂の海峽』, 現代史出版會, 1974. 이들 246명은 1945년 9월 15일 히로시마 역에서 모여 9월 17일 기타큐슈시(北九州市) 와카마츠구(若松區) 도바타(戶畑)항에서 출발하였다.

했고, 10월 11일 이끼섬 아시베만 구요시하마(淸石浜) 해안에서도 사체 168구가 인양되었다. 10월 14일에도 이끼섬 가쓰모토(臺崎勝本)에서 조선인이 탄 배가 침몰했다.

가까스로 조국에 돌아온 피폭자들은 부산에서 잠시 머물다가 전국 각지로 흩어졌다. 하지만 그들을 맞이한 것은 지독한 가난과 차별이었다. 일본에서 온갖 고생 끝에 모아둔 재산은 원폭으로 일순간 잿더미로 변해 사라져 버렸다. 자연재해와 식량난을 견디지 못해 일본으로 갔다가 원폭을 맞고 돌아온 고향은 달라진 게 없었다. 일제강점기에는 일제의 공출(供出)에 시달렸는데 이번에는 미군정의 미곡자유판매정책과 하곡공출제(夏穀供出制) 때문에 또다시 궁핍이 이어졌다.[126]

미군정 공출에 반대하는 소작농들은 공출할당을 거부하고 시위를 벌이기도 했다.[127] 1946년 2월 밀항선을 타고 합천으로 돌아온 구선희(85)는 "해방 직후 3년 동안 지독한 가뭄에 시달렸는데 소나무 껍질을 벗겨 먹고 살며 간신히 연명하던 중에 첫 애가 영양실조로 죽고 말았다"고 당시의 비참한 생활상을 회고했다.[128]

피폭자 박임순(81, 합천원폭피해자복지회관)도 1945년 10월 초 히로시마에서 밀항선을 타고 고향 합천으로 귀향한 뒤 길쌈이나 농사일 등 닥치는 데로 일을 해 겨우 생계를 유지할 수 있었다고 말했다. 김월례(63, 합천군 가야면)·필례(59, 합천군 가야면) 자매는 1945년 8월 히로시마 시 요코가와(橫川) 2초메(丁目)에서 피폭되었다. 아버지는 강제징용으로 끌려가 북해도의 한 공장에서 일하다가 히로시마에 정착했고 원폭 등으로 자녀 5명

---

[126] 『釜山新聞』, 1946. 10. 13.
[127] 농민들은 "새벽부터 흙과 싸우며 이 땅에 농사지어 우리도 먹고 살고 남는 것은 나라에 팔아서 우리나라 민족이 다 같이 먹고 살 수 있도록 일일일작(一日日昨)이라도 더 생산하려고 피와 땀을 흘려가며 일을 하는데…"라며 일제 때와 다르지 않은 미군정의 공출제에 대하여 강하게 반발하였다.(『京鄕新聞』, 1949. 5. 31).
[128] 구선희, 증언, 합천원폭피해자복지회관 2011. 5. 17.

을 잃었다. 이들은 1945년 11월에 고향으로 돌아왔지만 하루 한 끼조차 먹기 힘든 가난이 이어졌고 3년 뒤 아버지는 피를 토하며 숨지고 말았다. 구선희는 귀향 직후 친척이 준 오두막집에서 살았으나 배를 굶기가 다반사였다고 말했다. 그는 "밤을 따와 하루 종일 껍데기 채로 삶아 다진 뒤 밥에 넣어 먹기도 했다"고 당시의 절박했던 상황을 전했다.

혹독한 굶주림을 견디다 못한 일부 피폭자나 농민들은 고향을 등지고 다시 일본으로 밀항하는 사태가 벌어졌다. 1946년 1월 당시 나가사키로 밀항한 조선인이 8,491명에 이르렀으며 그들은 오무라·사세보 임시수용소에 있다가 다시 본국으로 송환되었다.129)

이런 와중에 합천에서는 1947년 11월 13일 콜레라로 1명이 숨지고 2명이 감염되는 일이 발생했다.130) 김일조(84)는 1947년 11월 중순 히로시마로 가기 위해 마산에서 밀항선에 올랐다. 하지만 도중에 풍랑을 만났고 일본 경비선에 발각되어 김 씨를 포함해 배에 타고 있던 50명 전원이 사세보 밀항자 수용소로 끌려가 3개월 동안 갇혀 있다가 합천으로 돌아왔다.131)

1948년 3월 합천을 비롯한 산청·함양 일대는 대홍수로 다시 큰 위기를 맞았다.132) 이어 한국전쟁기인 1952~53년에는 가뭄까지 겹쳐 식량난이 극에 달했다. 주민들은 면사무소로 몰려가 구호식량을 요청했지만 전쟁 중이라 면사무소도 어쩔 수 없었다.133) 결국 집이며 땅, 가축 등을 헐값에 팔아 치우고 다른 지역으로 이주하거나 일본 밀항에 나설 밖에 없었다.

1953년 3월 합천에 거주하는 이병배 등 주민 26명은 히로시마 현에 있던

---

129) 「出航朝鮮人取締に要する経費」(アジア歴史資料センター A05020307700), 『種村氏警察参考資料』第117集, 1946.
130) 「慶南「虎列刺」아직도 發惡」, 『京鄕新聞』, 1947. 11. 16.
131) 김일조, 증언, 합천원폭피해자복지회관, 2011. 5. 16.
132) 경남도의 발표에 따르면 함양군의 수해 피해는 사망 10명, 행방불명 40명, 중경상 80명, 가옥유실·도괴 350호, 가축사망 350두, 농작물 유실 700정보, 피해액 3억 원 정도였다(『京鄕新聞』, 1948. 8. 31 ; 『東亞日報』, 1950. 2. 14).
133) 「當局의 救護策時急」, 『東亞日報』, 1953. 2. 23.

친지에게 부탁해 히로시마 현 아키군(安藝郡) 후나코시초(船越町)에 거주한다는 거주등록증을 위조한 뒤 부산 충무동에 살던 명성호(明星號) 선장 김진생에게 1인당 5천 환 씩 주고 쓰시마(對馬島) 니시키항(錦港)으로 밀항을 시도했다. 검문이 심한 부산항을 피해 버스를 대절해 경주 감포로 가려다 3월 8일 부산경찰서 사찰계에 적발되었다.[134]

2) 차별과 가난의 굴레

"원폭 문제는 사회적 차별이 70%이다." 후쿠시마 와타리병원 사이토 박사가 필자에게 한 말이다. 이 말에는 일본에서 원폭 피해자들이 겪어야 했던 아픔이 고스란히 함축되어 있다. 2011년 일본에서는 신혼인 여성이 자살하는 사건이 있었다. 부모가 원폭 피해자라는 사실이 뒤늦게 알려지면서 이혼을 당했기 때문이다. 이 소식을 필자에게 전한 한 일본 피폭2세는 "일본 정부가 과학적인 근거를 들어가며 유전성을 부인하고 있지만, 피폭자를 바라보는 사회적 시선은 좀체 바뀌지 않고 있다"고 말했다.

나가사키현 피폭2세회 마루오 이쿠로(丸尾 育朗) 회장은 "피폭자들은 차별이 두려워 병이 있어도 숨기는 경우가 많다"고 전했다. 그는 "편견과 차별의 가장 큰 피해자는 피폭 1세가 아니라 피폭자를 부모로 둔 2세"라고 말했다.

마루오 회장은 "원폭 직후 피폭1세 자녀들이 유산되거나 기형아가 태어나고 암으로 죽는 일이 빈번하자 원자폭탄 때문에 그렇다는 말이 나왔고, 이게 유전된다는 말이 정설처럼 굳어지고 말았다"면서 "요즘도 원전 사고가 난 후쿠시마 지역 주민들이 이주해 오는데 거부감을 보이는 지역이 많은데 당시에는 오죽했겠느냐"고 반문했다.

나가사키피폭2세교직원회 히라노 노부토(平野伸人 · 전국피폭2세단체연

---
[134] 「깨어진 밀항의 꿈!」, 『京鄕新聞』, 1953. 3. 15.

락협의회 전 회장) 회장도 "만에 하나 방사선 피폭이 유전된다 하더라도 유전은 확률인데 무조건 그런 것으로 간주해버리는 경향이 있다"면서 "이런 잘못된 인식이 좀체 고쳐지지 않고 있다"고 말했다.

히로시마 현 원폭피해자단체협의회 후루타 미쓰에(古田光惠) 부이사장은 "히로시마, 나가사키 안에서는 별다른 차별을 못 느끼지만 다른 지역으로 가면 결혼에 반대하는 등 분위기가 아주 다르다"고 전했다.

사정이 이렇다보니 유전 문제에 대해 원폭 피해자들은 매우 조심스럽다. 정부에 피폭2세를 위한 대책을 요구하려면 유전성을 문제 삼아야 하지만 자녀를 생각하면 부인해야 하는 딜레마에 빠진 것이다. 일본원수폭피해자단체협의회 다나카 테루미(田中熙巳) 사무국장은 "주변에서 백혈병 등에 걸려 고통 받는 2세들을 보면 부모된 입장에선 심정이 복잡할 수밖에 없다"고 말한다.

다나카 테루미 사무국장

일본 피폭자들의 이런 고통은 결코 남의 나라 일이 아니었다. 조선인 피폭자들이 해방된 조국으로 돌아왔을 때 그들을 맞이한 것은 따뜻한 위로가 아닌 지독한 가난과 편견, 멸시였다. 강제징용으로 혹은 굶주림을 피해 일본으로 간 것이 친일로 왜곡되었고, 원폭이 남긴 상처는 '몹쓸 병에 걸린 사람'이라는 낙인이 되었다. 혼삿길이 막혔고, 일자리 구하기도 힘들었다. 정부는 모든 책임을 일본에 떠넘긴 채 외면했다. 원폭은 조선인 피폭자에게 육체적, 정신적 상처와 함께 가난과 편견까지 대물림시켰다.

이는 국가인권위 등의 실태조사에서 확인된다. 국가인권위원회는 2004

년 피폭2세 실태조사를 하면서 대구적십자병원에서 피폭2세 47명을 대상으로 심층면접을 했다. 그 결과 응답자의 42.5%가 직업이 없다고 했고, 직업이 있는 경우에도 육체노동이나 농사, 유통업 종사자 등이 많았다. 월 평균 수입은 144만 원으로 공무원, 농협, 대기업 종사자를 제외하고는 150만 원이 넘는 경우가 거의 없었다. 기초생활 수급자가 6명 있었다. 조사 대상이 된 피폭2세의 평균 연령은 44.3세였다. 응답자 중 일부는 '차별이 두려워 피폭2세라는 사실을 숨기고 있었고, 가장 두드러지게 차별을 걱정하는 부분은 결혼 문제였다.

1990년 한국보건사회연구원이 실시한 원폭피해자 실태조사에서도 유사한 결과가 나왔다. 당시 이 조사를 보면 국내 원폭 피해자들은 가장 큰 어려움으로 생계곤란(69.4%)을 꼽았고 의료비(37.6%)가 다음으로 많았다. 또 복지후생 측면에서도 장애수당지급(39%), 건강수당지급(27%), 복후생관 설립(15%) 순으로 희망했다.

한국교회여성연합회가 1979년 실시한 조사에서도 피폭자들의 직업은 전체 1,070명 가운데 농업이 53.9%로 절반이 넘었고, 무직 28.6%, 노동 5%, 상업 3.8% 등으로 나타났다. 농업을 직업이라고 밝힌 원폭 피해자의 42.9%는 3,300㎡(1,000평) 이하의 땅에서 농사를 짓고 있다고 답했다. 자신의 노동능력에 대해선 65.1%가 일을 할 수 없거나 힘들다고 했다.

2. 원폭 트라우마

1) 트라우마의 개념

원폭 피폭자들은 육체적, 정신적 고통과 차별 속에 살아왔다. 피폭 직후 대다수 피해자들은 정신적 충격에서 벗어나지 못해 고통을 재생산하는 악순환의 굴레에 갇혀 있다. 이는 외상 후 스트레스 장애(Post-Traumatic

불에 탄 시신의 옆에 무표정하게 선 소녀. 이 같은 충격은 평생 트라우마로 남게 된다.

Stress Disorder, PTSD), 흔히 말하는 트라우마(trauma)의 전형적 양상이라 할 수 있다.[135]

---

[135] 트라우마와 관련하여 그 기준은 두 가지가 있다. 하나는 미국 정신의학협회가 작성한 DSM(Diagnostic and Statistical Manual of Mental Disordersthird cdition, 정신진환을 진단하기 위한 정략적 지침, 1980)이다. 이 지침에는 진단규준의 명확성을 도모하고 임상성, 인성장애, 신체질병·신체상태, 심리상태, 심리사회적 스트레스, 과거 1년간의 최고적응도 등 다양한 관찰을 시도하고 있다. 또 하나의 이론은 쥬디스 하맨(Judith Leiws Herman)은 '인상적 입장으로부터의 정의'라는 글에서 트라우마를 이야기하고 있다. 전자는 현실에 일어난 자연재해

트라우마는 사전적 의미에서 신체적인 손상과 생명의 위협을 받은 사고에서 정신적으로 충격을 받은 뒤에 나타나는 질환으로, 주로 일상에서 경험할 수 없는, 예외적인 사건으로부터 발생한다. 예외적 사건은 천재지변, 사고, 전쟁, 고문, 성폭행, 인질, 소아학대 등이 그 예라고 할 수 있다. 증상이 나타나는 시기는 개인에 따라 차이를 보이는데 충격 후 즉시 시작될 수도 있고 짧게는 며칠에서 몇 개월 혹은 몇 년이 지난 후가 될 수도 있다. 일반적으로 증상이 1개월 이상 지속되면 외상 후 스트레스 장애라고 하며, 1개월 안에 일어나고 지속 기간이 3개월 미만인 경우는 급성 스트레스 장애로 분류한다.

트라우마로 나타날 수 있는 증상은 불안, 공포, 분노, 슬픔, 절망감, 외로움, 죄책감, 수치심, 기억력 저하, 사건에 관한 기억의 반복, 자살 충동, 수면습관 변화 등 매우 다양하다. 이런 증상은 피해자의 정치·경제·문화적 차이나 계급·계층에 따라 증폭 혹은 재생산된다.

2) 국내 트라우마 연구 동향과 사례

국내 원폭 피해자의 트라우마에 대한 실태조사나 연구는 전무한 상태라 해도 과언이 아니다. 1991년 보건사회연구원과 2010년 평화박물관 내 트라우마 치료팀이 일부 피폭자를 대상으로 정신적 장애를 설문이나 면접을 통해 조사한 적은 있지만 두 사례는 트라우마 문제를 단일화시켜 실시한 것은 아니었다.

한국원폭피해자협회에 등록된 회원 1,982명을 대상으로 1991년 실시한 조사에서는 피폭자의 88.5%가 후유증을 갖고 있다고 생각했으며, 자신이

나 원폭 등의 인위적 재해에 의한 트라우마도 포함시키고 있다. 후자는 강간이나 학대 등 여성에게 일어나는 인간의 대사건에서 트라우마가 발생한다는 차이점을 보이고 있다. 쥬디스는 "트라우마의 기억"이 사라지지 않으면 격렬한 스트레스로 남는다고 주장하였다.

건강하지 않다고 인식하는 경우도 70.2%로 일반인(31%)에 비해 배 이상 많았다.[136] 조사 시 피폭자들은 원폭 후유증 중 내적 후유증(빈혈·피로·무기력·트라우마)보다 외적 후유증(화상·타박상·자상·기형아 출산)에 큰 장애를 가지고 있다고 응답하였다.

내적 후유증 응답자 중 45~54(피폭 당시 0~9세)세가 42.7%였다. 〈표 23〉에서 알 수 있듯이 트라우마는 피폭 때의 연령과 무관하게 오래도록 지속되고 있음을 알 수 있다.[137]

표 23. 피폭자의 연령별 피폭 시 후유증

구 분	45~54 (0~9)	55~64 (10~19)	65~74 (20~29)	75+ (30+)	계
외적 후유증	33.4	46.2	51.0	63.8	46.3
내적 후유증	42.7	36.6	33.3	24.3	35.7
응답자	574	556	590	206	1926

또한 피폭자의 67.2%(피폭2세는 69%)가 병에 잘 걸린다고 생각했으며, 31.1%(피폭 2세는 28%)은 출산 및 자녀건강에 불안감을 갖고 있었다.

한편 2004년 국가인권위원회가 인도주의실천의사협의회에 의뢰하여 실시한 '원폭피해자 2세의 기초현황 및 건강실태조사'에 따르면 피폭 2세들은 빈혈, 우울증, 정신분열증 등을 앓고 있으며 이는 내적 후유증과 밀접한 연관을 갖고 있는 것으로 분석하고 있다.[138]

평화박물관건립추진위원회는 2010년 1~12월 31일까지 아름다운재단의 '변화의 시나리오'의 연구용역 사업 일환으로 피폭 2세를 치유하는 '국가폭력 피해자를 위한 트라우마힐링 프로그램'을 진행하였다.

---

[136] 이 조사는 원폭피해자협회 직원이 연구원에서 작성된 조사표를 중심으로 문답형식으로 이루어진 졌다(宋建鏞·金英任·金泰貞,『原爆被害者 實態調査』, 韓國保健社會研究員, 1991, 32~33쪽).
[137] 宋建鏞·金英任·金泰貞, 앞의 책, 1991, 35쪽.
[138] 국가인권위원회,『원폭피해자 2세의 기초현황 및 건강실태조사』, 2004, 103~105쪽.

표 24. 프로그램 참여자의 인구통계학적 변이

변 인		n (%)
성별	남	17(51.5)
	여	16(48.5)
연령	30대	2(6.1)
	40대	15(45.5)
	50대	11(33.3)
	60대	4(12.1)
교육수준	무학	6(18.2)
	초등학교 졸업	6(18.2)
	중학교 졸업	5(15.2)
	고등학교 졸업	12(24.2)
	대학교 졸업	2(6.1)
직업	농축산	7(21.2)
	가사	3(9.1)
	서비스	4(12.1)
	일용직	3(9.1)
	자영업	2(6.1)
	회사원	2(6.1)
	무직	9(27.3)
종교	불교	12(36.4)
	기독교	2(6.1)
	종교없음	12(36.4)
혼인여부	기혼	24(72.7)
	이혼	1(3)
	미혼	7(21.2)
정신건강서비스	경험있음	7(21.1)
	경험없음	21(63.6)

두 기관 모두 피폭자들에게서 대인관계 민감성, 강박성향, 우울, 불안, 적대감, 공포증, 편집증, 정신병 등을 갖고 있는 것으로 분석했다.

원폭 직후 훼손된 시신 등 참혹한 광경을 보고 지금까지 잠을 이루지 못하거나 전쟁과 관련된 드라마나 영화를 볼 수 없거나, 피를 보면 놀라는 사람도 있었다. 더불어 2세들은 1세로부터 물려받을지 모르는 병이나 유전 등을 걱정하고 있었다.[139]

[139] 이 보고서는 미간행된 자료이며 일부는 비공개를 전제하고 있다(사단법인평화

이 프로그램에 참여한 피폭자들은 자기 몸의 불편함이 방사능 유전에 의한 것 같다는 불안감과 자신이 피폭피해자 2세라는 것이 노출되면 자기를 희귀하고 무시무시한 사람으로 볼지도 모른다는 두려움 등을 갖고 있었다.

잠을 자다 갑자기 놀라며 '폭격'이라고 소리치는 피폭 1세도 있었다. 대부분의 피폭자들은 "피폭 직후의 쇼크와 참상을 선명하게 기억하고 있다"고 했다.140) 따라서 피폭 2세가 보이는 신체 질환에 대한 두려움, 낙인에 대한 수치심 등 내면적 문제점을 보다 깊이 분석하고 평가할 수 있는 연구가 필요한 것으로 지적된다.

이 프로그램에 참여한 원폭 2세는 33명(남성 17 · 여성 16명)이며, 대부분 31세에서 64세였다. 참여자 중 정신건강과 관련된 서비스를 받은 경험이 있는 사람은 7명(21.2%)에 불과했다.

SCL-90-R(간이정신진단검사)의 하위척도의 평균 및 표준편차에 따른 신체 증상 등은 〈표 25〉와 같다.

WHO-QoL(전반적인 삶의 질)과 SCL-90-R 점수의 성별집단 평균비교. WHO-QoL과 SCL-90-R 점수의 남녀차이를 살펴보았을 때, 심리적 삶의 질 점수를 제외하고는 집단 별 차이가 발견되지 않았다(〈표 24〉). 심리적 삶의 질 측정치의 경우 여성이 남성에 비하여 심리적 삶의 질을 유의미하게 더 낮게 지각하는 것으로 나타났다($t(21)=2.145$, $p=.044$).

박물관추진위원회, 『아름다운재단 〈변화의 시나리오〉 최종보고서』, 2010. 1. 18). 이 보고서에 나오는 주요 문헌은 다음과 같다. 김광일 · 김재환 · 원호택, 『간이정신진단검사 실시 요강』, 서울: 중앙적성출판사, 1984 ; Min, S., Kim, K., Lee, C., Jung, Y., Suh, S., & Kim, D., *Development of the Korean versions of WHO Quality of Life scale and WHOQOL-BREF*. Quality of Life Research, 11, 2002, 593-600.

140) 山手茂, 「被爆者の精神的苦悩」, 『被爆の実相と被爆者の実情』, 朝日イブニングニュース社, 1978 참조.

표 25. SCL-90-R 하위척도의 점수 범위 및 평균과 표준편차

구 분		평균점수	표준편차
SCL-90-R	신체증상	16.43	9.16
	강박성향	13.83	6.35
	대인관계 민감성	8.17	5.11
	우울	14.39	8.51
	불안	9.52	5.88
	적대감	4.43	2.76
	공포증	3.61	3.39
	편집증	4.65	3.71
	정신증	7.26	6.09
	전체심도점수	89.13	47.30

표 26. WHO-QoL과 SCL-90-R의 하위척도별 남녀 집단 평균과 표준편차

구 분		남 (n=11)	여 (n=12)	t
WHO-QoL	신체적 삶의 질	20.06(4.55)	18.50(4.89)	.790
	심리적 삶의 질	19.22(4.03)	16.23(2.54)	2.145*
	사회적 삶의 질	10.20(2.43)	8.42(2.27)	1.819
	환경적 삶의 질	27.39(8.39)	21.92(5.05)	1.916
SCL-90-R	신체증상	15.09(9.03)	17.67(9.51)	-.665
	강박성향	11.91(5.58)	15.58(6.74)	-1.417
	대인관계 민감성	6.64(4.15)	9.58(5.65)	-1.414
	우울	12.64(8.97)	16(8.11)	-.945
	불안	8.27(5.99)	10.67(5.79)	-.975
	적대감	4.27(2.49)	4.58(3.09)	-.264
	공포증	3.36(2.98)	3.83(3.86)	-.325
	편집증	4.18(3.82)	5.08(3.73)	-.573
	정신증	7.18(5.93)	7.33(6.5)	-.058
	전체심도점수	80.09(43.46)	97.42(51)	-.873

    SCL-90-R의 점수에 따라 임상집단을 구분하였는데 SCL-90-R의 점수를 T점수로 변환하였을 때, T점수 65점 이상인 참여자들을 임상적 관심이 필요한 대상으로 설정하고 이들의 명수를 산출하였다. 각 하위 척도별 65점 이상에 해당되는 참여자의 명수와 비율을 〈표 26〉에 제시하였다. 임상집단의 명수가 가장 높은 하위 척도는 신체증상으로 9명이 포함되었고, 이어 우울, 불안, 공포증이 다음 순으로 4명이 이에 해당되었다. 강박성향 및 정

신증에 해당되는 임상적 관심집단은 3명, 대인관계 민감성 및 편집증에 해당되는 임상적 관심집단은 2명, 적대감과 관련된 임상적 관심집단은 1명이었다. 전체심도점수를 보았을 때 임상집단에 해당되는 사람은 3명으로 나타났다.

표 27. SCL-90-R 하위척도의 T점수에 따른 임상적 관심집단의 명수와 비율

구 분	임상적 관심집단 (T65 이상)	일반집단 (T65 미만)
신체증상	9(39.1%)	14(60.9%)
우울	4(17.4%)	19(82.6%)
불안	4(17.4%)	19(82.6%)
공포증	4(17.4%)	19(82.6%)
강박성향	3(13.0%)	20(87.0%)
정신증	3(13.0%)	20(87.0%)
대인관계 민감성	2(8.7%)	21(91.3%)
편집증	2(8.7%)	21(91.3%)
적대감	1(4.3%)	22(95.7%)
전체심도점수	3(13.0%)	20(87.0%)

SCL-90-R 중 T65점 이상인 하위척도가 1개인 사람은 4명(17.4%), 2개인 사람은 1명(4.3%), 3개인 사람은 1명(4.3%), 4개인 사람은 1명(4.3%), 5개인 사람은 2명(8.7%), 9개인 자는 1명(3%)인 것으로 나타났다. 즉, 23명의 참여자 중 하위척도가 1개 이상 T65점 이상으로 상승한 사람이 전체 23명 중 10명(43.48%)이었다.

3) 일본의 트라우마 연구 동향

일본에서도 원폭 피해자의 트라우마에 대해 본격적으로 연구가 시작된 것은 2008년 이후이다. 따라서 연구는 아직 초기 단계라 할 수 있다.

다만 원폭 직후 히로시마에서 한 교회 목사가 개인적으로 한 조사가 있어 관심을 끈다.

(1) 다니모토 목사의 조사

1948년 7월 피폭자 원조와 고아 구조 활동을 하던 히로시마 루카와(廣島流川)교회 다니모토 기요시(谷本淸) 목사는 자신의 교회에 다니는 피폭자 50명(17~73세)을 상대로 B5용지 2매에 심리적 영향, 피폭 장소, 부상 정도, 피폭 직후의 생사관(生死觀), 피폭 후 1년간의 행동, 원폭증의 증상 등 30항목을 질문한 뒤 그 답변을 정리했다.[141]

주요 문항 중 "굉음을 들었을 때 무엇을 상상했는가"라는 질문에 대해 응답자들은 "비행기의 굉음을 들으면 귀를 가리고 싶어졌고 어디론가 숨으려고 한다", "몇 만 명의 사람들이 차례차례 겹쳐져 죽음을 다투는 상태를 생각했으며 자꾸 눈물이 난다", "피폭 직후의 괴로움이 생각나고, 죽은 자들의 영혼이 보인다"고 답했다.

또 "(사진을 찍을 때 사용하는) 마그네슘과 같은 빛을 보면 어떤 느낌이 드는가?"라는 물음에 "말로 표현할 수 없는 무서움과 죽음의 공포를 느낀다", "숨이 막히고 가슴에 압박이 느껴지며 아이의 죽음에 대한 기억이 떠올라 슬프다"고 말했다.

"지진을 통해 원폭을 연상할 수 있을까"라는 문항에 대해선 "집에 깔린 상태에서 화재가 일어나 타 죽는 것을 생각하게 된다", "원폭 직후를 생각하면 공포심이 일어난다"고 답해 전형적인 트라우마 증세를 호소했다.

(2) 오타 교수의 연구

다니모토 목사의 조사 이후 트라우마에 대한 연구는 전혀 이뤄지지 않았다. 그러다 2008년 8월 나가사키대학 의학부 보건학과 오타 야스유키(太田保之·정신신경학과 전공) 교수는 일본 내의 KAKEA과학연구비 조성사업에 따라 피폭자의 트라우마 상황을 연구결과에서 "피폭 체험이 심리적 외상에 큰 영향을 남겼으며, 피폭으로부터 60년을 거친 현재에도 트라우마

---
[141] 「〈廣島原爆〉投下3年後、被爆者に初のPTSD調査」, 『每日新聞』, 2006. 7. 27.

치료를 받기 위해 병원으로 가는 모녀. 어머니는 두 다리에 화상을 입었고 6살짜리 딸은 눈을 다쳤다.

의 정신 증상을 가지고 있는 피폭자는 28.1%에 이르고 있다"고 진단했다.[142] 오타 교수는 "심리적 외상이 강하게 남아 있는 피폭자는 전반적인 정신적 건강도도 낮다"는 연구결과를 내놨다.

그는 하나의 가설을 설정하여 연구를 진행하였다. 폭심지에서 피폭지점까지의 거리를 지표로 2.0km 이내에 있었던 피폭자, 2.5~3.0 km에 있었던 피폭자, 3.0km 이상 거리에 있었던 피폭자 등 3가지 분류로 나누어 분석했다. 그 결과 근거리 피폭자들은 3.0km 이상 피폭자들보다 트라우마 증상이 높게 나타났다. 이는 심리적 외상의 강도와 정신적 증상에 연관성이 존재하는 것을 의미한다. 심리적 외상이 강하게 남아 있는 피폭자는 성별이나 연령별로 봐도 신체 질환 이환율(罹患率)이 높으며, 그 신체 질환이 원자폭탄 피폭체험과 밀접한 연관성을 가진다. 다른 사람 앞에서 자신이 피폭자라는 사실을 밝힐 수 없었던 경험을 가진 피폭자가 많은데, 특히 여성과 청년에게서 그런 경향이 강했다.

---

[142] 太田保之, 「原爆被爆者の心的外傷と60年後の精神医學的な転帰」, KAKEA과학연구비조성사업(연구과제번호 : 16591144), 2004~2005.

(3) 원자폭탄실태조사연구회 설문조사

원자폭탄 피폭 체험은 심리적 외상으로 이어져 현재까지 정신적, 신체적 건강에 악영향을 주고 있다. 히로시마 시는 원자폭탄실태조사연구회에 의뢰해 2008년 11월~2009년 3월 아키오타(安芸太田), 키타히로시마마치(北廣島町) 거주자(71~82세) 약 3만 7,000명을 대상으로 설문조사를 실시, 피폭자들이 심각한 트라우마를 겪고 있다고 발표했다.

임상심리사가 피폭자 3만 7,000명 중 486명과 개별면담을 실시한 결과, 피폭 후 1회 이상 수면장애나 플래시백 등의 트라우마를 겪고 있는 사람이 5~9%였으며, 트라우마와 유사한 증상을 호소하는 피폭자도 상당수 있었다.

원폭투하 직후 지금까지 트라우마 증상을 갖고 있는 피폭자는 전체 3만 7,000여 명 중 13%에 이르고 있다. 이는 한신(阪神) 대지진을 겪은 이재민이나 미국 국제무역센터 테러 사건을 겪은 사람들과 비슷한 경향이다.

히로시마대학 원폭방사선의학연구소 가미야 켄지(神谷研二) 소장은 "2008년 히로시마 조사는 원폭 체험자의 정신적 영향을 처음으로 파악할 수 있었다는데 의미가 있다"고 평가했다.[143]

(4) 방사선영향협회와 후생노동성 조사

2011년 12월 27일 방사선영향협회 가사기 후미요시(笠置文善) 등은 '검은 비'를 체험한 피폭자를 조사하면서 트라우마 현황을 파악했다. 이 조사는 히로시마·나가사키 지역 71~82세 피폭자(건강수첩 미소지자 포함)와 원폭지로 지정되지 않은 지역에서 검은 비를 맞은 경험자를 대상으로 했는데 조사대상자들은 검은 비를 경험하면서 심리적인 충격을 받았다고 답했다.[144] 이후 2012년 1월 20일 후생노동성에서 제6회「원폭체험자등 보건의

---

[143]「廣島への原爆投下で、被爆者の5~9%がこれまでに、心的外傷後ストレス障害(PTSD)を発症、60年以上」,『読売新聞』, 2010年 2月 15日.

식조사보고」에 관한 검토회의에서 히로시마 피폭자 3만 6,614명 중 2만 7,147명을 대상으로 설문조사를 실시한 결과를 내놓았다. 이 조사는 검은 비를 경험한 피폭자의 트라우마 증상을 살펴보고 있으며 조사결과는 앞의 가사기 후미요시의 조사와 비슷한 결론을 내리고 있다.[145]

전체 조사자 2만 7,147명 중 1만 8,328명은 검은 비를 보고 트라우마를 경험했으며 아직도 그 장면을 잊을 수 없다고 증언했다. 특히 피폭 당시 0~9세(6,280명), 10~19세(3,395명), 20~29세(3,393명), 30~39세(2,212명) 사이가 가장 심각한 심리적 공황상태와 충격을 받았으며 40세 이상은 10% 이하로 상대적으로 적었다. 이처럼 피폭 시 유년기에서 30대 사이의 피폭자들은 검은 비를 목격하면서 내·외적 충격을 경험하였고 그 경험은 현재까지 어느 정도 영향을 미치고 있었다.

4) 합천 지역 피폭자들의 트라우마와 그 역사성

피폭자가 받은 충격과 상처는 병리학적 트라우마 외에도 그 시대의 정치적·사회적 환경과 분리해 생각할 수 없다. 합천 지역 1세 피폭자들은 자연재해에 내몰린 약자였고 '화려한 황국신민'이 아닌 강제 노동과 전쟁에 나가 싸워야 하는 충성스러운 '총후국민(銃後國民)'이 되어야 했다. 이 두 굴레는 원폭과 결부되어 견고한 트라우마가 되었다. 합천지역 피폭자가 지닌 트라우마의 역사성과 삶을 통한 트라우마의 재생산 과정을 살펴볼 필요가 있다.

20세기는 전쟁의 시대이자 폭력이 난무하는 잔인한 시기였다. 조선의 식민지 이전 동북아 지역에서 일어난 여러(청·일, 러·일)전쟁은 일본과

---

[144] 笠置文善, 「心身の健康影響について(アンケートデータの解析)-地域の區分に基づく解析-」, 第4回ワーキンググループ提出資料, 2010. 12. 27 ; 廣島大學 原爆放射線醫學研究所 佐藤健一, 「個別調査アンケートの統計解析(中間報告)」, 2011年 11月 25日.
[145] 厚生勞動省, 『「原爆體驗者等健康意識調査報告」の檢證に關する』, 2012.

1946년 5월 26일 히로시마 역에서 개최된 재일조선인 대회. 이날 조선인들은 미·소공동위원회에 의한 조선 분할 움직임을 강력 규탄했다. 이 같은 대규모 군중집회는 일제 강점이 초래한 역사적 트라우마에서 비롯됐다.

의 악연의 단초에 불과하였다. 1931년 일본의 만주침략 이후 조선은 제국주의 전쟁에 무기와 식량을 생산하는 병참기지역할을 담당하고 있었다. 이런 국가 간에 상존하는 폭력에 의해 상당수 조선인은 일본으로부터 물리적·정신적 피해를 당하였다. 특히 히로시마와 나가사키로 갔던 합천 주민들은 원자폭탄이라는 거대한 폭력을 통해 절망과 절멸이라는 극한적 상황을 경험했다. 원폭 현장이라는 예외적인 시간과 공간에서 참혹한 장면을 목격한 피폭자들은 자신도 그렇게 될 수 있다는 공포감에 휩싸였다. 피폭1세 구선이(85·여)는 "피폭 후 집 앞 도랑에 빠져 있던 수많은 시체와 학교 운동장에서 시체를 불태우는 장면은 결코 잊을 수 없다"고 털어놨다. 그는 원폭후유증으로 유산을 했고 가족도 화상으로 큰 고통을 겪어야 했다.

손귀달(74, 2004년 당시)은 "히로시마 시내에서 친척을 찾기 위해 꼬챙이로 시체더미를 뒤지기도 했고, 한 학교 운동장에서 나무장작 위에 기름칠한 시체를 올려놓고 태우는 광경을 직접 목격하기도 했다"면서 "꿈에 다시 볼까 두렵다"고 말했다. 원폭 직후 일본인들의 살해 위협에 대한 두려움도 조선인 피폭자에게는 큰 충격이 되었다. 김일조(84)는 히로시마에서 무너진 집 잔해에 깔려 있다가 어머니가 발견해 목숨을 건졌다. 그는 "가진 모든 것이 그곳에서 있어 히로시마에 그대로 거주할 생각이었으나 '조선 사람이 조선에 안 돌아가면 일본 사람들한테 맞아죽는다'는 소문이 돌아 결국 귀국하게 되었다"고 말했다. 백두이(84)도 "원폭으로 패망한 뒤 일본인들이 조선 사람을 다 죽인다는 소문이 있었고, 나도 히로시마 역에서 한 일본 할머니로부터 심한 욕설을 들은 적이 있다"고 말했다.146)

박민규 나가사키 현 조선인피폭자협의회 회장은 1957년 피폭자건강수첩을 교부받기 위해 시청에 갔다가 '한국·조선적(籍) 피폭자는 일본인 증인이 있어야 한다'며 거부당했던 차별을 기억하고 있다. 일본에 있는 조선인 약 7,000명(2003년 기준, 히로시마 5,000·나가사키 2,000명)은 박 회장과 같은 경험을 갖고 있다.147)

피폭자들은 1945년 11월부터 1953년 한국전쟁을 전후해 다시 일본으로 넘어갔다가 적발되어 오무라수용소(大村收容所)에서 감금생활을 하다 강제추방을 당하기도 했다.148) 이런 현상은 '디아스포라(diaspora)'라는 개념

---

146) 1945년 8월 15일~26일까지 해방직후 일본인들은 조선인들로부터 전국 각지에서 보복을 당했다. 일부 경찰 관료와 면 직원, 자본 출신 일본인들은 조선인 청년들로부터 폭행을 당했으며, 그들은 귀환 후 재일조선인들을 죽이겠다고 호언장담하기도 했다.(京城日本人世話會調査課, 「停戰後ニ於ケル治安狀況調査(北鮮38度以南)」, 1945. 12).

147) 한국원폭피해자를 구원하는 시민의 모임(韓國の原爆被害者を救援する市民の会)은 2003년 1월 2일 현재 두 지역의 재일조선인 피폭자를 7,000여 명으로 파악하고 있다.

148) 전갑생, 「한국전쟁기 오무라수용소(大村收容所)의 재일조선인 강제추방에 관한 연구」, 『제노사이드연구』 제5호, 2009 ; 岡正治, 『大村收容所と朝鮮人被爆者』, 「大村收容所と朝鮮人被爆者」 刊行委員會, 1981 참조.

오무라(大村) 육군병원 전경.

에서 이해될 수 있다. 윌리엄 사프란(William Safran)은 디아스포라는 "국외로 추방된 소수집단 공동체(expatriate minority communities)"라고 정의하였다.149) 김귀옥은 디아스포라에 대하여 '구 디아스포라와 신 디아스포라'로

---

149) 팔레스타인 외역(外域)에 거주하는 유대인 또는 그들의 거주지. 디아스포라는 이산(離散)을 뜻하는 그리스어로, 원래 유대인의 민족적 이산(離散) 상황을 뜻하는 용어였지만, 현대에서는 전쟁과 식민지화로 고국을 등져야 했던 난민이나 인민 그리고 그 후손들을 총칭하는 단어로 확장되어 쓰이고 있다.(네이버 지식백과) 사프란은 디아스포라에 대해 원래 하나의 중심으로부터 적어도 두 개 이상의 주변적인 장소로 분산되었으며, 원 고향에 관한 기억이나 환상 신화를 유지하며, 그들은 자신이 수용국에 의해 완전히 받아들여지지 않는다-아마도 그럴 수도 없을 것이다-고 믿으며, 때가 되면 궁극적으로 조상의 고향에 돌아갈 수 있다고 여기거나, 고국이 영속하거나 해방되도록 헌신하며, 집단의식과 연대는 고국과의 계속적인 관계에 의해 규정된다라고 규정하고 있다 (William Safran, "Diasporas in Modern Societies: Myths of Homeland and Return", *Diasporas* 1(1), 1999, pp.83~84 ; 김귀옥, 「분단과 전쟁의 디아스포라: 재일조선인 문제를 중심으로」, 『북한연구학회 하계학술발표논문집』, 북한연구학회, 2010, 53쪽).

나누어 설명하고 있다. 전자는 냉전시대 원래의 거주지와 새 거주지의 교류 자체가 이루어지지 않는 폭력을 담보하고 있다. 후자는 쌍방이 교류하고 상봉할 수 있는 탈냉전의 사고를 담고 있다.[150] 피폭자들은 일제강점기 조선에서 일본으로 갔다가 국가폭력과 예외상태의 공간에 감금되어 강제적으로 원래 거주지로 추방되었다. 냉전체제에서 피폭자들은 거주지를 자유롭게 선택할 수 없는 상태였다.

분단체제의 고착화와 탈냉전 체제에 접어든 현 시점에서 피폭자들은 도일치료와 건강수첩 교부 등을 통해 일부 지원을 받고 있으나 여전히 차별에서 벗어나지 못하고 있다. 따라서 피폭자들은 국가폭력과 디아스포라 속에서 트라우마를 겪고 있다. 이 같은 트라우마는 계속 재생산되는 구조를 유지하고 있다.

5) 트라우마 해소 방안

피폭자들의 트라우마를 치유하기 위해선 다양한 접근이 필요하다. 첫째, 트라우마는 정신질환이라는 인식에서 출발해야 한다. 김종군은 트라우마 치유에 대하여 "트라우마 실체에 대해 자각하고 자기 정체성을 확립하는 것이 치유의 첫 걸음"이라면서 "고통이 가해지면 아파할 줄 알고, 그 아픔의 원인을 파고드는 가운데 치유의 길은 찾아 진다"고 해법을 제시했다.[151]

5·18기념재단과 (사)평화박물관건립추진위원회는 2011년 10월부터 5.18 희생자들을 대상으로 트라우마 힐링 프로그램을 진행하였다. 5.18 피해자 5~10명을 선정해 매주 한 차례(1~2시간)씩 모두 10회에 걸쳐 심리치료 등 다양한 프로그램을 진행했다.[152]

---

[150] 김귀옥, 위의 논문, 북한연구학회, 2010, 78~79쪽.
[151] 김종군, 「구술을 통해 본 분단 트라우마의 실체」, 『통일인문학논총』 제51집, 건국대학교 인문학연구원, 2011, 60~61쪽.

음악, 영화 등을 이용하여 치료하는 방법도 있다. 특히 구술은 개개인의 트라우마를 치유하는데 중요한 방안이다. 5·18재단은 2012년 6월에 트라우마 힐링 프로그램을 발전시켜 '5·18트라우마센터'를 설립해 운영하고 있다.

둘째, '인문치료'가 있다. 유재춘은 철학자 프란시스 베이컨(Francis Bacon)이 제시하는 인문치료의 당위성을 강조한다. 베이컨은 "학문이 마음의 온갖 질병에 대해 제공하는 치료제는 그 수가 너무 많아 일일이 거론하기 힘들 지경"153)이라며 학문을 이용한 트라우마 치유를 제시하고 있다. 인문치료는 역사학이 타 학문과 결합했을 때 가능하다고 보는 견해도 있다.154) 인문치료는 문학을 비롯해 철학, 심리학 등 다양한 분야와 교류하면서 효과를 극대화해야 하는 과제를 갖고 있다.

원폭 트라우마는 개인이 해결하기는 힘든 구조를 갖고 있다. 국가 차원에서 저질러진 사건의 피해자이기 때문이다. 따라서 국가가 나서야 하는데 다양한 방식이 제시될 수 있다. 첫째는, 피해보상이다. 국내 피폭자들은 1세대에 한하여 도일 치료와 지원비를 일본 정부로부터 보조받고 있다. 하지만 이 지원은 예산과 기간이 한정되어 있다. 정부는 5.18재단에 트라우마 치유와 관련하여 "1990년 보상과 기념(위령)사업이 중요하다"고 여겨 보상심의위원회를 설치하고 피해자 선정과 보상을 실시하고 있다. 그밖에 민주화운동보상심의위원회나 제주4·3항쟁, 거창·산청·함양 민간인 학살 사건의 보상 및 기념사업, 노근리 사건 등도 위령사업과 보상이 진행되고 있다.

---

152) 「끝나지 않은 고통… 5·18 트라우마 치유 나선다」, 『한겨레』, 2011. 6. 1. 치료는 심리학자 등 전문가 2명이 참여하며, 피해자와 대화를 통한 심리상담 방식으로 이루어졌다. 평화박물관은 피해자들의 심리적 메커니즘을 파악해 상황에 따라 예술(미술)치료방법을 선보였다.
153) 프란시스 베이컨, 이종흡 역, 『학문의 진보』, 아카넷, 2002, 128쪽.
154) 유재춘, 「인문치료학에서 역사학의 역할」, 『인문과학연구』 제26집, 2010. 9, 419~520쪽.

하지만 최정기는 보상이나 기념사업 등으로는 트라우마가 해소될 수 없다고 결론 내리고 있다.[155] 정부는 원폭 피해자들에게 단순한 금전적 지원보다 의료, 생계지원 등이 가능하도록 특별법을 제정할 필요가 있다.

둘째, 실태조사와 트라우마 치유를 위한 독립적인 재단 설립이 필요하다. 과거 진행된 실태조사는 대상이 일부 피폭자에 한정되었다. 따라서 트라우마 해소에 근원적 접근이 가능한 치료센터 건립이 필요하다. 치료센터는 국가인권위원회와 같은 독립적인 기구가 되어야 한다.[156]

셋째, 원폭과 관련된 평화박물관이 건립이 필요하다. 히로시마·나가사키 등지에 있는 평화기념관 혹은 공원은 '가해'가 아닌 피해와 평화의 메시지만 전달하고 있다. 1990년대 히로시마 시는 가해자의 역사를 대신해 '전전과 전후의 히로시마'라는 코너를 신설해 우익진영을 만족시키는 타협안을 제출했다.[157] 즉 시는 '객관성'이란 단어를 이용해 일본이 전범국가라는 사실을 덮어버렸다. 이런 결정은 전쟁의 책임과 반성을 뒤로 하고 원폭 피해만 부각시켜 평화의 메시지를 전달하려는 의도였다. 평화기념관은 반성과 사죄가 없는 평화를 내세우고 있다. 따라서 한국의 평화박물관은 일제의 침략과 제국주의 전쟁이라는 원폭의 근원을 담아야 한다.

한국과 유사하게 전쟁이나 분쟁 등으로 피해를 입은 몇몇 국가는 진실화해위원회와 같은 과거사진상규명위원회를 운영하였고 별도의 재단을 설립해 후속 조치까지 실시하고 있다.[158] 현재 전 세계적으로 과거사와 관련한 위원회나 재단이 운영되는 국가는 아르헨티나, 페루, 칠레, 남아프리

---

155) 최정기, 앞의 논문, 2008. 3, 74쪽.
156) 현 정권 하에서 국가인권위원회는 식물인권위로 변색되었다고 비난을 받고 있다. 독립기구의 인사문제 등은 제도적 보완이 필요하리라 본다.
157) 김미경, 「기억의 전환, 저항 그리고 타협: 광주5·18민주묘역과 히로시마평화자료관을 둘러싼 기억담론의 분석」, 『한국시민윤리학회보』 제21집 1호, 한국시민윤리학회, 2008, 187~189쪽.
158) 서울대학교 사회과학대학 사회발전연구소, 『진실화해를위한과거사정리위원회 화해·위령 및 과거사연구재단설립방안 연구용역 결과보고서』, 2009. 4. 10 참조.

카공화국, 르완다, 독일, 이스라엘, 대만, 에스파냐 등이다. 이들 국가는 피해자 보상 및 위령사업, 후속 조치를 지속적으로 수행하는 재단 등을 운영하고 있다. 재단은 국가기구로서 독립적인 형태로 운영하고 국가재정으로 운영되고 있다.

트라우마 치유사업과 관련해 남아프리카공화국은 트라우마 센터(TCSVT)에 직원 99명이 고문 및 가혹행위 피해자를 위한 심리적 재활프로그램을 운영하고 있다. 이 프로그램은 상담 등을 통해 피해자들이 존엄성을 되찾고 소중한 삶을 재활할 수 있도록 신체적·심리적인 도움을 제공하고 있다.[159]

대부분의 국가는 화해·위령사업, 기록·연구·교육사업(사료관, 스페인 역사기억문서보관소, 아르헨티나 국가기억자료보관소, 남아공의 국가기록원·박물관), 조사·발굴 사업 등을 진행하고 있다.

---

[159] 서울대학교 사회과학대학 사회발전연구소, 위의 책, 224쪽. 이 센터는 1993년에 출범하였고 비정부 인권단체에 의해 운영되고 있으며 국가의 재정적 지원을 받고 있다.

제3부
원폭 실태조사와 제도

1장 원폭 실태조사의 역사

1. 일 본

1) 원폭상해조사위원회와 방사선영향연구소

방사선영향연구소(이하 방영연)는 미국, 일본 양국 협정에 따라 1975년 4월 1일 문을 열었지만 그 역사는 원폭 직후로 거슬러 간다. 방영연의 전신인 원폭상해조사위원회(Atomic Bomb Casualties Commission, 이하 ABCC)는 1947년 미국 원자력위원회의 재정지원을 받아 미국 학사원이 설립하였다.

1946년 6월 24일 미국 워싱턴 D.C.에서 열린 학사원 회의에서 참석자들은 방사선의 생물학적, 의학적 영향에 대한 장기적 조사가 전시는 물론 평화 시에도 산업에 큰 영향을 미칠 수 있다는데 의견 일치를 보았다. 미군은 백악관에 이런 필요성을 건의했고, 1946년 11월 26일 트루먼 대통령이 승인함에 따라 전미과학아카데미연구평의회 산하에 ABCC가 설립되었다. ABCC는 1947년 히로시마, 1948년 나가사키에 연구소를 각각 설치했다. ABCC가 수집한 자료와 생리검사, 해부표본은 미 육군병리연구소에 보관되어 핵전쟁과 관련한 각종 연구에 활용되었다.

ABCC 연구에 일본이 참여한 것은 1948년 3월로, 전후 연합군최고사령부(GHQ)에 의해 설립된 일본 후생노동성예방위생연구소가 이를 맡았다. 미·일 양국은 공동으로 피폭자에 대한 대규모 조사를 시작했다. 그러나 재정의 90%를 미국이 부담하고 있었고, 인적 구성도 철저하게 미국 중심으로 짜여져 ABCC에서 일본은 제목소리를 낼 수 없었다. 연구주제 설정이나 연구방식 등 주요 결정을 전적으로 미국이 주도했다.

ABCC 연구는 곧 한계를 드러냈다. 무엇보다 ABCC가 원폭의 지발(지연)효과(late effects)를 제대로 연구할 수 있을지에 대한 의문이 제기되었다. 당시에는 방사선 피폭에 대한 단기간에 걸친 조사와 가설만 존재했을 뿐, 의학적으로 확실한 조사대상도 존재하지 않았다. 이에 따라 미시간대학 역학 전공 교수인 토마스 프란시스(Thomas Francis Jr)를 책임자로 ABCC 프로그램을 재평가할 임시위원회가 구성되었다. 책임자의 이름을 따 프란시스 위원회(Francis Committee)로 명명된 이 위원회는 방사선의 영향에 대한 장기간에 걸친 연구가 필요하며 이를 위해 평생 동안 발병과 변화를 추적 조사할 수 있는 '고정되고 잘 정돈'된 피폭자와 비(非)피폭자 그룹을 확보해야 할 필요성을 인식했다. 이와 관련한 회의가 미국과 일본 히로시마에서 수차례 열렸으며 1955년 11월 27일 미국국립과학아카데미(National Academy of Sciences)-미국원자력규제위원회(Nuclear Regulatory Commission) 임시회에서 프란시스 보고서는 승인되었다. 이 보고서는 ABCC-RERF의 연구프로그램의 청사진이 되었다.

1955년부터 ABCC 조사 결과물에 대한 전면적인 재검토 작업이 이뤄졌으며 연구계획에 대한 대폭적인 수정작업 이뤄졌고, 오늘에 이어지고 있는 집단조사의 토대가 마련되었다.

현재 방영연은 의학부와 통계부, 임상연구부, 유전학부, 방사선생물학/분자역학부, 정보기술부로 구성되어 있다. 연구소 소장은 일본인이, 부소장은 미국인이 맡고 있다.

2) 히로시마대학 방사선연구소

1958년 4월 히로시마대학 의학부 부속 연구소로 설립된 방사선연구소는 1945년 8월 6일부터 1968년 11월까지 히로시마에 거주한 '피폭자 코호트(cohort)'를 만들어 방사선의 생물학적 영향과 생활환경적 영향을 추적조사하고 있다. 연구소는 2012년 4월 19일까지 연구한 결과로 원폭피폭자 데이터베이스를 구축했다. 여기에는 320만 1,812건, 29만 3,769명에 대한 정보가 담겨있다. 주요 항목은 성별, 피폭상황, 피폭선량, 생사구분, 생존자 연령, 사망자 연령, 악성 신생물질, 사망원인 등이다. 연구소는 매년 의학연구연보를 발간하고 있으며, 미 육군병리학연구소(AFIP)가 작성한 의학적사진자료(1,200점), 미국 및 구 소련의 핵실험실시기록(1,800점) 등을 보관하고 있다.

3) 후생노동성 실태조사

(1) 개요 및 조사방법

후생노동성은 '원자폭탄 피폭자 실태조사'는 일반 통계로 피폭자의 생활, 건강 등의 현황을 파악하는데 목적이 있었다. 이 조사는 피폭자건강수첩을 소지한 사람에 한해 실시되었다. 피폭자 성별, 연령, 거주지, 피폭 상황, 취업, 건강상태 등을 조사했다. 조사기간은 1975년부터 매 10년마다 이뤄지고 있다. 조사는 조사표를 각 지역에 우송해 본인 또는 가족이 기입한 뒤 다시 후생노동성에 보내는 방식으로 진행되었다. 하지만 후생노동성은 2010년 조사결과를 공개하지 않기로 결정했다. 피폭자 단체와 시민단체들은 공개를 요구하고 있다.

(2) 조사결과

공개된 조사결과 중 가장 최근 것인 2005년 자료를 보면, 일본 국내조사에 참여한 피폭자는 그해 9월 1일 기준으로 히로시마 2만 9,098명(59.7%), 나가사키 1만 9,597명(40.3%), 피폭지역 불상자 3명 등 총 6만 5,109명이다. 조사표 응답자는 4만 8,689명(74.4%)이다.[160]

---

[160] 1995년 조사 때는 응답률이 76.7%였고, 1985년 조사는 86.7%였다.

이들 중 취업자는 2005년 10월 현재 전체 피폭자 20.3%(남 2만 582명·여 2만 8,106명)며 주로 자영업이나 임시직 등에 종사하고 있었다. 10년 전 1985년에는 취업자가 36.9%였다. 따라서 2005년과 비교하면 15.7%가 하락했다. 또한 소득자들은 2004년 1년간에 100~300만 엔 세대가 36.4%이고, 300~500만 엔(25.1%), 100만 엔 미만(11.8%) 등이었다. 건강상태는 응답자 7.6%가 병원에 입원해 있었고, 자택치료자가 2.2%, 병원·진료소에 통근자가 76.8%, 입원 또는 통원하는 자가 7.9%였다.

국외조사는 피폭자 및 피폭인정증 교부자 3,058명 중 사망, 부재·불명자를 제외한 3,039명을 대상으로 했으며 2,499명(82.2%·피폭확인증 소지자 13명)이 응답했다. 국외 조사 참여자는 한국이 1,730명(피폭확인증 소지자 5명), 미국 573명, 헝가리 107명, 캐나다 23명, 대만 14명 등이다. 피폭지는 히로시마가 2,207명으로 대다수(88.3%)였고 나가사키는 292명(11.7%)이다.

피폭 유형은 1호(직접 피폭자) 피폭자는 2,203명, 2호 피폭자(입시 피폭자) 169명, 3호 피폭자(구호활동 등에 의한 피폭자) 58명, 4호(태내 피폭자) 피폭자 68명 등이었다. 이 가운데 1호 피폭자를 피폭거리별로 보면 히로시마 피폭자는 35.9%가 2.1~3.0km였고, 나가사키는 46.9%가 3.1km 이상 떨어진 지점에서 피폭되었다고 응답했다.

피폭자 중에 취업자는 11.0%(남 1,041명·여 1,458명)에 지나지 않았다. 한국인 취업자는 8.3%로 다른 국가보다 낮았다.

도일치료 여부는 한국인 응답자 1,730명 중 41.7%가 도일치료를 받았고, 미국이 537명 중 22.3%, 헝가리 107명 중 45.8%였다.

4) 히로시마·나가사키 실태조사

(1) 히로시마

가) 개요 및 조사방법

히로시마 시는 2008년 4월 1일 '원자폭탄 피폭 실태조사연구회'를 출범시켰다. 이 연구회는 피폭자 조사에 필요한 전문적 조언과 지원을 위한 조직으로, 학자와 행정기관 전문가가 참여한다. 시는 이 연구회를 통해 2001년부터 매년 '원자폭탄 피폭자 등 건강의식조사'를 실시하고 있다. 조사는 건강수첩 소지자와 건강진단수진자증을 소지한 사람을 대상으로 하며, 원폭이 건강에 미치는 영향을 파악하는데 초점을 맞추고 있다.

나) 조사결과

이 연구회가 한 여러 조사 가운데 2008년 조사결과를 보면 다음과 같다. 연구회는 같은 해 6월 30일~11월 30일 히로시마 거주자와 외국거주 피폭자를 대상으로 우편조사를 실시했다. 설문지는 성별, 생년월일, 생활상황(거주상황·수입), 원폭체험의 유무 및 내용, 원폭 이외의 전쟁체험, 검은 비 체험 유무, 건강관련 척도, 트라우마 증상 평가척도, 현재 치료 중인 병명 등 16개 문항으로 구성되었다.

전체 조사대상자 3만 6,614명 가운데 2만 7,147명이 우편조사에 답했다. 구체적으로 히로시마 시 거주자 3만 5,377명 중 2만 6,469명, 히로시마 현 내 나머지 지역에 거주하는 1,237명 중 678명이 조사에 응했다. 또한 심층면담 조사에 응한 사람은 전체 891명 중 직접 피폭자가 486명, 검은 비 경험자가 405명이었다. 검은 비를 경험한 사람 405명 중에는 피폭지역 내 주거한 사람 63명, 피폭지로 지정되지 않은 지역에서 검은 비를 경험한 사람 165명, 검은 비 경험자와 비교대조하고자 선발된 미 체험자 177명(이하 비교대조군) 등이 포함되었다.

조사결과를 구체적으로 살펴보면, 직접 피폭자들은 검은 비를 체험하지 않은 집단과 비교해 심적 외상성이 높게 나타났고 정신건상 척도에서도 큰 차이를 보였다. 또한 피폭자 집단은 폭발 직후 광선, 열, 바람 등을 느끼거나 시체 화장 광경을 목격, 대량의 시체 유기된 상태 등을 경험한 후 심각한 스트레스와 트라우마를 겪었다고 응답했다. 이들 집단은 전쟁, 사고, 화재, 폭력범죄 등을 직간접적 체험을 겪은 후 심리·외상적 영향을 받는다고 말했다. 특히 피폭자 집단은 비교대조군보다 급성 장해나 방사선의 영향에 따른 병이 발병했다고 증언했다. 이는 검은 비를 경험하지 않는 집단과 비교해 피폭자 집단이 3배 이상의 정신건강상의 불안과 불량을 겪었음을 나타낸다. 또한 피폭자들은 비교 대조군과 달리 최대 4배 이상의 방사선으로부터 병이 생길 수 있다는 불안감을 갖고 있었다. 피폭자군 중 직접 피폭자들은 56%, 입시피폭자는 43.3%, 구호 및 간호 피폭자는 34.2%가 방사선에 의해 병이 생길 수 있다고 응답했다. 또한 피폭자들은 비교대조군과 비교해 차별 또는 편견을 받고 있다고 말했다. 이런 고통에 시달리고 있는 피폭자들은 최근 병원에서 다음과 같은 진단을 받았다. 주요 병명은 빈혈 및 조혈(造血)기능 장애, 간경변 및 간장병, 뇌출현, 당뇨병, 고혈압, 심장병, 벽내장, 위궤양, 불면증, 각종 산인부과 병 등이다.

이상과 같이 피폭자들은 정신적 불안에 의한 압박감, 차별·편견에 대한 두려움 등 트라우마 증상을 갖고 있는 것으로 나타났다. 이를 촉발시킨 요인은 원자폭탄 폭발 당시의 빛과 열·바람, 시체와 파괴된 건물, 가족을 구조하던 기억과 방사선 피폭에 의한 급성장애 등이었다.

특히 피폭자들은 방사선 피폭이 건강에 미치는 악영향을 두려워하고 있었고 고령화에 따른 건강불안이 증폭되고 있었다.

(2) 나가사키
1) 개요 및 조사방법

나가사키 시는 1970년부터 정부 지원을 받아 폭심지로부터 2km 이내 지역을 대상으로 '원폭재해복원조사사업(原爆災復元調査事業)'을 하는 한편, 1976년부터는 복원조사와 복원보완 조사를 했다. 나가사키 시와 후생노동성 등은 1979년 원폭피폭자동태조사사업, 1985~1995년 원자폭탄피폭자실태조사(사망자에 관한 조사) 등을 실시했다. 1985년 원자폭탄피폭자실태조사(사망자에 관한 조사)는 7만 240세대, 20만 100명을 대상으로 피폭 당시의 가족 및 사망자 상황을 중점 조사했다.

1970~1979년 원폭피폭자복원조사는 1만 786세대 4만 7,687명을 대상으로 기초자료 수집 및 피폭지 상황을 기록한 자료, 2km 이내의 피폭세대의 가구별 지도 복원 및 피해상황 등을 파악했다. 시는 '피폭자 기본정보' 조사를 통해 건강수첩 소지자의 사망, 전출 등에 대한 자료를 수집하고 사망자 명부 또한 정리했다.

2) 조사결과

나가사키 시는 2009년 '원폭피폭자동태조사사업'을 실시했다. 피폭자 총수는 24만 4,908명이며, 폭심지로부터 약 2km 이내가 5만 5,000여 명으로 가장 많다고 발표했다. 전체 피폭자 중 사망자는 14만 6,702명이며 이들 가운데 2km 이내 사망자가 2만 8,000여 명으로 가장 많았다. 피폭 당시 연령은 10대가 27%, 10세 미만(태아 피폭 포함) 20%, 20대 15%, 30대 12%, 40대 11% 순이었다.

사망 시기는 원자폭탄이 떨어진 1945년 8월 9일 당일에 전체의 15%(2만 2,000명)가 사망했고, 8월 10일~8월 말 5%, 9월~12월 말 2% 정도가 사망해, 결국 원폭 후 5개월 만에 전체의 22%(3만 2,054명)가 숨진 것으로 파악되었다. 1946년 1월 1일~8월 8일 사이가 3만 4,325명, 1946년 8월 9일~1957년 3월 31일 4만 6,775명이다. 또 1957년 4월 1일~1968년 8월 31일이 6만 2,037명이며, 1969년 4월 1일~2009년 당시까지가 8만 3,735명이다. 사망시기가 확인되지 않는 피폭자는 27명이다. 생사가 확인되지 않은 사람은 2,733명이다. 전체 피폭자 중 직접 피폭자는 18만 8,203명이라고 나가사키 시는 밝혔다.

2. 한국

1) 개요

한국의 피폭1세대는 정부의 방치 속에 90% 이상이 사망했다. 피폭1세가 사회적 차별을 걱정해 피폭 사실을 숨기다보니 2세들은 부모의 피폭상황을 제대로 알지 못한다. 정부 차원의 실태조사가 시급한 이유다. 정부기관이 수행한 실태조사가 그동안 2번 있었다. 첫 번째는 1990년 당시 보건사회부의 의뢰를 받아 한국보건사회연구원이 실시한 '원폭피해자 실태조사'이고, 두 번째는 2004년 국가인권위원회가 인도주의실천의사협의회에 의뢰한 '원폭피해자 2세의 기초현황 및 건강실태조사'이다. 그러나 두 조사 모두 수행 주체가 정부기관일 뿐이지 조사의 수준이 우편설문에서 벗어나지 못했다.

그 외 실태조사로는 1979년 한국교회여성연합회가 피폭1세 1,070명과 2세 493명을 대상으로 신체적인 피해 등에 대해 우편 설문조사를 한 적이 있다. 또 1965년 5월 재일본대한민국거류민단 히로시마 현 지방본부가 재한피폭자실태조사단 25명을 한국으로 보내 한 달 동안 피폭자 실태를 파악한 뒤 한국 정부와 대한적십자사에 실태조사와 의료구제 요청한 적이 있다. 이 요청에 따라 같은 해 8월 대한적십자사가 피폭자 실태조사를 벌여 사망자 8명을 포함해 전국에서 피폭자 462명을 확인했다.

1964년 8월 한국원자력병원 방사선의학연구소도 전국 보건소와 도립병원 등을 통해 피폭자 신고를 접수받아 히로시마 164명, 나가사키 39명 등 203명의 피폭자를 확인했다.

2) 국가인권위원회 실태조사

(1) 조사 방법

국가인권위원회는 2004년 8월부터 12월까지 인도주의실천의사협의회에

히로시마원폭병원을 퇴원하는 임복순(林福順·서울)·엄분련(嚴粉連·부산). 두 사람은 관광 차 일본을 방문했다가 1968년 12월 13일 히로시마 병원에 입원해 피폭자건강수첩을 교부받고 1969년 2월 19일 퇴원했다.

연구용역을 의뢰해 '원폭피해자 2세의 기초현황 및 건강실태조사'를 실시했다. 조사는 우편 설문조사와 건강진단, 심층인터뷰 방식으로 진행되었다.

우편 설문조사는 한국원폭피해자협회에 등록된 원폭 피해자를 대상으로 피폭 1세 1천256명(여성 665명)과 2세 1천226명(여성 429명)을 대상으로 했다.

건강진단은 1세 223명과 2세 49명에 대해 이뤄졌고, 2세 47명을 심층 인터뷰했다. 사례조사는 2004년 10월 16, 17일 이틀간 합천군에 거주하는 원폭 피해자 11가구에 대해 이뤄졌다. 이 조사는 2003년 한국원폭2세 환우회 회장 김형률(1970~2005)이 국가인권위에 원폭피해자 2세 환자들의 건강권 보장과 관련한 진정서를 제출하면서 이뤄졌다.

(2) 조사 결과
가) 피폭1세 건강실태

경남 합천에 거주하고 있는 피폭1세 중 223명에 대해 건강진단을 실시했다. 여성이 118명이다. 피폭 장소는 216명(96.8%)이 히로시마였다. 223명 중 146명(65.5%)이 일본 정부가 발행한 건강수첩을 갖고 있었다.

검진 당시 연령은 60대(62.3%)와 70대(26.9%)가 대부분을 차지했다. 태내 피폭도 3명(1.4%)이 있었다. 태내 피폭을 포함하면 피폭 당시 연령은 10살 미만(59.2%)이거나 10대(31.4%)인 경우가 가장 많았다. 피폭 당시 상황을 제대로 기억하지 못할 가능이 크다는 의미다.

표 1. 피폭 당시의 연령

연 령	피폭인 수	비율(%)
0(태내 피폭)	3	1.4
출생직후~9	129	57.9
10~19	70	31.4
20~30	21	9.4

혈압 등 17개 항목을 대조군(2001년도 국민건강영양조사를 통해 비교할 수 있는 일반국민)과 비교 분석했다. 그 결과 이완기 혈압이 피폭1세의 경우 84.3±13.2인데 대조군은 79.0±12.0으로 피폭1세가 유의하게 높았다. 간효소 AST/ALT, 혈액요소질소 등도 1세 집단의 수치가 높았고, 헤마토크리트, 공복시 혈당, 크레아티닌 측정값은 낮게 나타났다.

이 조사에서 혈색소 농도와 헤마토크릿[161] 수치가 낮게 나왔는데, 이는 원폭 피폭에 의해 조혈기능에 손상이 생겼고 그 후 시간이 흐르면서 일부 회복되었지만 정상인에 비해서는 부족하기 때문에 나타난 결과로 해석되었다.

---

[161] 헤마토크릿(hematocrit)은 혈액 중 적혈구가 차지하는 용적률(백분율)로, 빈혈 진단의 기준이다. 성인 남자의 경우 42~45%, 여자는 38~42%이다. 빈혈이 있으면 낮은 값을 나타낸다.

우편설문에서 피폭1세가 일반 국민에 비해 우울증이 93배나 많은 것으로 나타났다. 백혈병, 골수종과 같은 림프, 조혈계통의 '악성 신생물(암)'이 70배, 빈혈이 52배, 정신분열증이 36배, 갑상선 질환이 21배나 많았다.

심근경색증이나 협심증(19배), 위·십이지장궤양(13배), 천식(9.5배), 자궁암(8.7배), 위암(4.5배), 뇌졸중(3.5배), 당뇨병(3.2배), 고혈압(3.1배) 등도 높게 나타났다. 대장암, 간암, 피부암, 폐암 등은 일반인과 비교해 큰 차이가 없는 것으로 분석되었다.

나) 피폭 1세 설문서 나타난 2세의 건강실태

피폭1세 우편설문에서 기본정보를 충실히 제공한 1,092가구의 자녀 4,080명을 분석했다. 피폭2세 중에서 7.3%인 299명이 사망한 것으로 확인되었는데 사망 당시 나이는 10세 미만(52.2%)이 가장 많았다. 사인은 원인불명이거나 미상인 경우(60.9%)가 많았고, 감염성 질환(9.4%), 사고사(8.0%) 등이었다.

생존 중인 피폭 2세 3,781명 중에는 19명(0.5%)이 선천성 기형과 선천성 질병이 있다고 답했다. 정신지체가 7명(0.2%)으로 가장 많았고 척추이상이 4명(0.1%), 골관절 기형이 2명(0.05%) 있었다. 다운증후군, 심장기형, 선천성 면역글로블린 결핍증, 선천성 황달, 소이증, 구순구개열 등은 1명씩 보고되었다.

다) 피폭2세 우편 설문조사

전국에 있는 피폭2세 1,226명을 대상으로 우편 설문조사를 실시했다. 연령은 30대(43.6%)가 가장 많았고, 40대(33.3%)가 다음으로 많았다. 설문 결과 거의 대부분의 질병에서 대조집단인 일반국민보다 많은 것으로 나타났다. 남자의 경우 같은 연령대의 일반국민에 비해 빈혈이 88배로 많았다. 심근경색·협심증이 81배, 우울증 65배, 천식 26배, 정신분열증 23배, 갑상선 질환 14배, 위·십이지장 궤양 9.7배로 파악되었다. 대장암(7.9배), 뇌졸중(6.1배), 고혈압(4.8배), 당뇨병(3.4배)도 높은 것으로 조사되었다. 간암, 위암 등은 큰 차이가 없었다.

여성은 심근경색·협심증이 89배, 우울증 71배, 유방 양성종양 64배, 천식 23배, 빈혈 21배로 많았고 정신분열증 18배, 위·십이지장 궤양 16배, 간암 13배, 백혈병 13배, 갑상선 질환 10배, 위암 6.1배 순이다. 그 외에 뇌졸중 4.0배, 당뇨병 4.0배, 고혈압 3.5배로 높게 나타났으나 유방암, 자궁암은 통계적으로 의미 있는 차이를 보이지 않았다.

표 2. 피폭2세 사망 시 연령　　　　　　　　　　　　　　　(조사대상집단 299명)

사망 시 연령	명(%)
0~9	156(52.2)
10~19	14(4.7)
20~29	22(7.4)
30~39	22(7.4)
40~49	19(6.4)
50~58	15(5.0)
미상	51(17.1)

표 3. 피폭2세 사망 원인　　　　　　　　　　　　　　　(조사대상집단 299명)

사망 원인	명(%)
원폭 투하 당시 사망	7(2.3)
사고사	24(8)
선천성 기형	7(2.3)
영아기 사망	14(4.7)
간장질환	6(2.0)
감염성 질환	28(9.4)
암 또는 종양	14(4.7)
뇌, 심혈관 질환	11(3.7)
기타 내과질환	6(2.0)
미상	182(60.9)

표 4. 피폭2세 선천성 기형과 질병 (조사대상집단 299명)

구 분	명(%)
정신지체	7(0.20%)
척추이상	4(0.10%)
골관절 기형	2(0.05%)
다운 증후군	1(0.03%)
심장 기형	1(0.03%)
선천성 면역글로블린 결핍증	1(0.03%)
선천성 황달	1(0.03%)
소이증	1(0.03%)
구순구개열	1(0.03%)

라) 피폭2세 건강검진

2004년 11월 3일부터 11월 15일까지 대구적십자병원에서 피폭2세 49명(환자로 파악된 자 일부 포함)을 대상으로 혈압 등 20개 항목에 대한 건강검진을 실시했다. 그 결과 수축기혈압, 콜레스테롤 등이 높게 나타났다.

마) 피폭2세 심층면접

2004년 11월 3일부터 15일까지 대구적십자병원에서 피폭2세 47명에 대한 심층면접이 이뤄졌다. 평균 연령은 44.3세였다. 질병과 경제적 상태, 가족의 지지를 포함한 사회적 관계 등에 대해 심층면접을 실시했다. 그 결과 질병은 근골격계 질환(18명), 전신탈모·소양증·종기 등 피부질환(9명), 정신질환(5명)이 많았다. 정신질환의 경우 정신지체로 인해 심층면접을 하지 못한 경우가 4명 있었기 때문에 이를 포함시키면 총 51명 중 9명이 정신질환을 갖고 있는 것이 된다.

응답자의 42.5%는 직업이 없다고 했고, 직업이 있는 경우에도 육체노동이나 농사·유통업 종사자 등이 많았다. 월 평균 수입은 144만 원으로 공무원, 농협, 대기업 종사자를 제외하고는 150만 원이 넘는 경우가 거의 없었다. 기초생활 수급자가 6명 있었다.

응답자 중 일부는 차별이 두려워 피폭 2세라는 사실을 숨기고 있었고, 가장 두드러지게 차별을 걱정하는 부분은 결혼 문제였다.

바) 사례 조사 결과

합천에 있는 11가구를 조사한 결과 정신질환과 정신지체를 가진 2세들이 11가구 중 4가구에서 확인되었으며 2세 중에서 뇌종양도 1건이 파악되었다. 원인은 알 수 없으나 1세인 아버지와 2세인 아들 간에 공통적으로 후천성 시력손실이 확인되었다. 또 한 가구에서 2세 중 선천적으로 양측 손가락과 발에 뼈가 없는 선천성 기형 사례도 확인되었다. 3세 중에서 백혈병 사례도 확인되었다.

사) 정책 제안

국가인권위는 국내 피폭1세 90% 이상이 이미 사망한 상태인데다 생존한 1세 연령이 모두 고령인 점을 고려해 하루속히 실태조사를 진행해야 한다고 지적했다. 아울러 피폭자 인증, 생존 피해자에 대한 의료·복지서비스 제공, 피폭2세에 대한 건강진단과 방사선영향평가사업 등이 가능하도록 일본의 피폭자 원호법에 준하는 특별법 제정을 정부에 제안했다. 피폭2세에 대한 건강검진은 지방자치단체가 아니라 정부 책임 아래 진행할 것을 제안했다.

또 현재로선 방사선 피폭의 유전성을 단정할 수는 없지만 향후 유전학 지식이 더 발전할 것에 대비해 2세의 유전자 샘플을 채취해 보관할 필요가 있다고 밝혔다.

(3) 국가인권위 자평

인권위는 피폭2세 건강문제에 대해 국가기관으로서는 처음 실시한 조사라는 점에서 큰 의미가 있다고 자평했다. 원폭 피해가 2세 이후에까지 미칠 가능성이 상당 부분 존재하는 것으로 나타났다고 밝혔다. 원폭피해 문제에 접근하기 위해서는 1, 2세에 대한 역학조사와 분자생물학적, 유전학적 조사 등이 병행되어야 한다고 지적했다.

인권위는 향후 정부 차원에서 2세 이후에까지 미칠 건강상의 피해 문제에 대해 보다 종합적이고 정밀한 조사가 이루어질 수 있도록 하는 한편, 원폭 피해자의 건강권 보호 및 복지를 위한 정책을 다각도로 검토하겠다고 밝혔다.

3) 한국보건사회연구원 실태조사

(1) 조사방법

한국보건사회연구원은 1990년 7월 보건사회부의 의뢰를 받아 '원폭피해자 실태조사'를 실시, 1991년 8월 보고서를 냈다. 보고서 제목은 실태조사이지만 설문조사 수준에서 벗어나지 못해 현황조사에 가까웠다.

(2) 조사결과

가) 국내 피폭자 수

보건사회연구원은 1990년 9월부터 피해 신청을 접수받았다. 1991년 5월 자격심사를 통과한 신청자를 대한적십자사에 통보, 적십자사 원폭피해자복지증진대책위원회 인준을 거쳐 피폭자임을 인정하고 적십자사 총재 명의로 진료증을 발급했다. 1991년 8월 기준 2,307명이다. 피폭자들이 노출을 꺼리고 피폭자임을 노출시킬 유인책이 없는 현실을 감안할 때 실제 숫자는 훨씬 많을 것으로 추정했다. 보건사회연구원은 인정된 피폭자 2,307명 중에서 1,982명에 대해 면접조사를 실시하고 내용을 분석했다.

나) 피폭지

피폭지는 91.5%가 히로시마, 8.5%는 나가사키였다. 나가사키 피폭자 비율이 38.3%인 일본과는 상당히 대조적인데, 연구원은 그 원인을 알 수 없다고 했다.

표 5. 피폭지

피폭지	한국		일본	
	수(명)	비율(%)	수(명)	비율(%)
히로시마	1,729	91.5	193,472	61.7
나가사키	161	8.5	120,022	38.3
계	1,890	100.0	313,494	100.0

다) 피폭 장소

피폭 장소는 건물 안이 71%였고, 나머지 29%는 밖에서 피폭되었다. 미취학이나 초등학생 연령대에서 건물 안 피폭 비율이 높고 학생 비율이 높은 10~19세에서 외부 피폭이 많다.

표 6. 피폭 장소

구 분	현재 연령(당시 연령)			
	45~54(0~9)	55~64(10~19)	65~74(20~29)	75~(30~)
건물 내 (70.7)	79.7	63.3	68.9	71.0
건물 외 (29.3)	20.3	36.7	31.1	29.0
조사대상수(총1,768)	523	515	547	183

( )안은 피폭 당시 연령

라) 피폭 유형

직접 피폭이 97%가 넘었다. 현지에 연고자가 없다보니 입시피폭이나 구호활동에 의한 피폭은 일본인에 비해 적었다.

표 7. 피폭 유형

피폭 종류	한 국		일 본	
	수	비율	수	비율
직접피폭	1,884	97.1	197,529	63.0
입시피폭	26	1.3	86,274	27.5
구호활동	11	0.6	24,849	7.9
태내피폭	19	1.0	4,843	1.6
계	1,940	100.0	313,495	100.0

- 직접피폭 : 히로시마, 나가사키 인접지역에서 직접 피폭된 사람
- 입시피폭 : 2주 이내에 피폭지 2km 이내에 들어간 사람
- 구호활동 : 피폭자 구호에 종사한 사람
- 태내피폭 : 임신 중에 있었던 태아

마) 피폭 연령

10~29세 사이, 즉 노동력이 있는 연령층이 절대 다수를 차지했다. 대부분 육체노동을 하고 있었기 때문이다.

표 8. 피폭 연령과 장소

구 분	현재 연령(당시 연령)			
	45~54(0~9)	55~64(10~19)	65~74(20~29)	75~(30~)
히로시마	97.0	93.1	84.3	93.0
나가사키	3.0	6.9	15.7	7.0
조사대상수(1,768)	558	551	581	200

바) 피폭 당시 직업

직업은 노동 37%, 군인 3%, 학생 23%였다. 일본으로 넘어간 시기는 1940~1945년이 44%였다. 징용, 징병으로 넘어간 경우는 16%이다. 피폭자의 78%는 1945년 귀국했다. 피폭자 중 남자는 56.3%였고 평균연령은 남자 60.8세, 여성 59.9세였다.

표 9. 피폭 당시 직업

구 분	현재 연령(당시 연령)			
	45~54(0~9)	55~64(10~19)	65~74(20~29)	75~(30~)
주부, 무직	-	13.1	23.9	31.8
군인	-	2.8	7.6	1.6
노동	-	24.8	66.5	65.0
학생	21.8	56.7	2.3	0.5
미취학	78.2	2.6	-	-
조사대상수(1,828)	536	536	565	191

사) 도일 사유 및 연도

일본으로 가게 된 사유는 친지방문이나 가족을 따라간 경우가 74.9%로 가장 많았다. 일제 식민지하에서 경제적 약탈과 농촌경제의 파탄으로 일본으로 넘어간 경우였다. 징용, 징병은 16.2%, 직장·학업이 8.9%였다.

일본으로 넘어간 시기는 1930~1939년이 45.3%였고 1940~1944년이 40.1%였다. 피폭 시 연령이 20~29세인 경우 제2차 세계대전(1939~1945) 중에 가장 많이 일본으로 넘어간 것으로 파악되었다.

표 10. 도일 사유

구 분	현재 연령(당시 연령)			
	45~54(0~9)	55~64(10~19)	65~74(20~29)	75~(30~)
징용, 징병 (16.2)	-	7.1	39.2	18.2
직장, 학업 (8.9)	-	4.8	13.3	28.6
기타 (74.9)	100.0	88.1	47.5	53.1
조사대상수(1,863)	553	547	571	192

기타는 친지방문이나 가족을 따라간 경우 등.

표 11. 도일 연도

구 분	현재 연령(당시 연령)			
	45~54(0~9)	55~64(10~19)	65~74(20~29)	75~(30~)
1901~1919 (0.8)	-	-	0.7	4.6
1920~1929 (9.5)	-	10.5	14.9	14.5
1930~1939 (45.3)	35.0	65.8	32.0	59.0
1940~1944 (40.1)	57.3	20.1	49.2	20.8
1945 (4.3)	7.7	3.7	3.1	1.2
조사대상수 (1,558)	429	438	518	173

아) 귀국 연도

전체 피폭자의 77.7%가 1945년 귀국한 것으로 나타났다. 원폭투하 직후 일본인들이 피폭자에 대한 구호나 진료에서 한국인을 차별해 서둘러 귀국할 수밖에 없었다. 모든 연령층에 걸쳐 1945년 귀국 비율이 높은 것도 이런 이유에서다.

표 12. 귀국 연도

구 분	현재 연령(당시 연령)			
	45~54(0~9)	55~64(10~19)	65~74(20~29)	75~(30~)
1945	73.8	76.6	82.6	77.0
1946~1947	19.6	16.0	13.6	16.4
1948~1950	5.7	6.1	3.3	4.3
1951~	0.9	13.3	0.5	2.3
조사대상수 (1,876)	526	526	567	257

자) 피폭자의 인구학적 특성

피폭자 중 남자는 56.3%, 여자는 43.7%였다. 피폭자 평균 연령은 조사 당시 기준으로 남자는 60.8세, 여자는 59.9세였다. 조사 당시 피폭자의 거주지(조사대상수 1천982명)는 경남이 43.8%(869명), 부산 13.8%(274명), 대구 10.5%(208명), 서울 10.1%(201명)였다. 경남에서는 합천이 전체 피폭자의 29%인 578명으로 조사되었고 고성군 45명, 마산시 32명, 의창군 30명 등이었다.

현 거주지와 본적지를 비교했을 때, 도시는 두 가지가 일치하는 비율이 낮은 반면 농촌지역은 높은 것으로 나타났다. 광주·전남 97.5%, 경남 97.3%, 충북 82.9% 등이었고 인천·경기 70.6%, 부산 52.9%, 서울 25.8% 등으로 나타났다. 농촌지역일수록 피폭자가 원래 거주지(본적지)로 돌아와 장기간 거주했음을 알 수 있다.

피폭자 가구당 평균 가구원수는 4.21명으로 전국 평균(4.32명)과 비슷했다. 피폭 후 평균 3.72명(피폭 2세)을 출산했고 그중 3.69명이 생존했다. 전체 출생자 수는 5천557명이다. 출생아 수와 무 출산율, 자녀 생잔(生殘)율 등에서 피폭자와 일반인 사이에 별다른 차이가 없었다.

표 13. 연령별 출생아 수, 무 출산율, 자녀 생잔율 (단위 : %)

구분	현재 연령(당시 연령)				
	45~49 (0~4)	50~54 (5~9)	55~59 (10~14)	60~64 (15~19)	65~69 (20~24)
피폭자					
여자 1인당 출생수	3.44	3.63	3.81	4.22	3.86
무 출산율	-	3.3	6.0	2.5	6.6
자녀 생잔율	95.0	95.7	89.2	83.1	74.5
일반 인구					
여자 1인당 출생수	4.05	4.56	4.90	5.12	5.12
무 출산율	1.4	1.6	2.0	2.6	2.9
자녀 생잔율	86.3	94.5	91.6	88.2	85.3

일반 인구는 1985년 인구센서스 기준.

차) 신체적 피해 및 후유증

원폭으로 인한 피해는 직접적으로 육체적 피해(화상, 타박상 등)를 입은 피폭자가 67%였다. 피폭 시 10세 이상인 경우 그 피해율이 70% 이상이다. 피폭 후유증을 갖고 있다고 생각하는 피폭자가 88.5%였다. 육체적 피해의 종류를 보면 45.1%가 타박상, 외상 등 피해를, 22.8%는 화상을 입은 것으로 조사되었다.

피폭자의 4%는 1년 이상 입원했고 24%는 단기입원 경험을 갖고 있었다. 연간 41일 이상 누워있는 심한 활동제한자의 비율은 36%로 일반 만성 이환자(罹患者) 11%보다 훨씬 높았다. 자신이 건강하지 않다고 인식하는 피폭자가 70.2%로 일반인(31%)에 비해 배 이상 많았다.

한국원폭피해자협회에 등록된 회원의 66%가 건강진단을 받은 반면 미등록자는 39%에 그쳤다. 미등록자가 건강진단을 받지 않은 이유는 '돈이 없어서'가 56.9%였다. 피폭자의 67.2%(피폭2세는 69%)가 병에 잘 걸린다고 생각했으며, 31.1%(피폭 2세는 28%)는 출산 및 자녀건강에 불안감을 갖고 있었다.

표 14. 피폭자의 육체적 피해 및 후유증

구 분		현재 연령(당시 연령)				계
		45~54 (0~9)	55~64 (10~19)	65~74 (20~29)	75~ (30~)	
육체적 피해율		57.0	70.5	72.2	70.9	67.0
육체적 피해 종류	화상	16.4	24.3	25.9	27.7	22.8
	타박상, 외상	37.6	47.3	49.0	48.5	45.1
	기타	6.8	10.6	11.5	5.3	9.2
후유증	원폭 후유증	83.6	89.6	91.5	90.8	88.5
	외적 후유증	33.4	46.2	51.0	63.8	46.3
	내적 후유증	42.7	36.6	33.3	24.3	35.7
	기타	20.2	25.2	23.6	21.1	21.8
조사대상수		574	556	590	206	1,926

- 육체적 피해에서 기타는 위장장애, 배변곤란, 두통 등
- 외적 후유증은 화상, 타박상, 자상, 기형 등 중 어느 한 증상이라도 갖고 있는 경우
- 내적 후유증은 빈혈, 백혈병, 시각장애, 백내장, 생리불순, 피로, 무기력 등 어느 한 증상이라도 갖고 있는 경우
- 원폭 후유증에서 기타는 심장허약, 배변곤란, 언어호흡장애, 천식, 신경통, 탈모증 등

카) 생활 실태

피폭자는 경제적인 어려움으로 생계곤란(69.4%)을 첫 손가락에 꼽았고 의료비(37.6%)가 다음으로 많았다. 복지후생 측면의 요구는 장애수당지급

(39%), 건강수당지급(27%), 복후생관 설립(15%) 순이었으며 의료혜택에서는 원폭전문기관 설립(29%), 의료혜택 범위확대(28%), 정기건강진단(17%) 등의 요구가 많았다.

(3) 대정부 건의

보건사회연구원은 이 같은 조사결과를 근거로 정부에 피폭자가 생활보호대상자 혜택을 받게 하고, 원하는 경우 의료혜택을 받게 하며 직계가족도 의료수혜대상에 포함시킬 것을 건의했다. 또 합천원폭진료소를 병원수준으로 기능을 강화하고, 피폭자가 진료를 받을 수 있는 지정 병원 수를 늘리며, 평생건강관리 프로그램을 개발해 피폭자와 그 가족의 건강을 돌볼 필요가 있다고 했다. 정기건강진단을 연 1회 무료로 실시하고, 필요한 항목에 대한 정밀검진을 실시하며 교통실비를 지원할 것도 제안했다.

합천, 부산, 대구, 서울, 수원 등에 피폭자 복지후생관을 설치할 필요가 있다고 했다. 장애수당, 건강관리수당 등 지급방안을 검토하고 재원은 국고, 지방비 또는 기부금으로 조성해야 한다고 했다.

연구원은 또 피폭자 대책 강구를 위해 특별법을 제정할 필요는 없으나 기존 법규의 관련 조항을 활용해 복지와 의료를 증진할 필요가 있다고 건의했다.

4) 한국교회여성연합회 실태조사

(1) 조사 방법

한국교회여성연합회는 1979년 9월~10월 2개월간 서울(143명), 경기(101명), 부산(106명), 합천(720명) 지역의 피폭1세 1천70명(히로시마 1천29명, 나가사키 41명)을 우편 설문방식으로 조사했다. 피폭2세 493명도 무작위로 추출해 조사했다. 총 830세대 중 한 세대에 피폭자가 2명 이상인 경우가 197세대였다.

(2) 조사 결과

가) 피폭으로 인한 신체적 피해

한국교회여성연합회가 낸 '한국인 원폭피해자 실태조사보고서'를 보면 피폭자의 연령은 21~30세가 1,070명 중 37.8%인 404명으로 가장 많았다. 다음으로 10세 미만 어린이가 242명(22.6%)이나 되었다. 세대별 피폭자 수에 있어서는 가족 중에 2명이 피폭된 경우가 전체 197세대의 82.2%(162세대)를 차지했다. 피폭 당시 현지에 있었던 이유는 이주가 61.2%였고 징용은 16.8%였다.

표 15. 피폭자 성별, 연령별 분류   (단위 : 명)

구 분	연 령			
	남	여	계	비율(%)
1~10	171	71	242	22.6
11~20	108	101	209	19.5
21~30	285	119	404	37.8
31~40	109	73	182	17.0
41~50	10	23	33	3.1
합 계	683	387	1,070	100.0

표 16. 세대수 별 피폭자

피폭자 수	2	3	4	5	합계
세대 수	162	28	6	1	197

표 17. 피폭지 체재 이유

구 분	인원 수 (%)	구 분	인원 수 (%)
징용	180 (16.8)	현지 출생	212 (19.8)
이주	655 (61.2)	기타	17 (1.6)
고용	226 (34.5)	무응답	6 (0.6)
남편 따라서	187 (28.5)	계	1,070 (100.0)
부모 따라서	242 (37.0)		

피폭 당시 폭심지로부터의 거리는 히로시마의 경우 2~5km 이내가 37.6%로 가장 많았고, 2km 이내(32.7%), 5km 밖(13.4%), 1km 이내(11.0%) 순이었다. 나가사키는 조사대상 41명 가운데 2km 이내가 14명으로 가장 많았으며 피폭 당시 있었던 곳은 건물 안이 59.6%였고 거리 등 외부가 32.9%였다.

표 18. 피폭 당시 폭심지로부터의 거리 (단위 : 명)

거 리	지 역		합계(%)
	히로시마	나가사키	
1km 이내	114 (11.0)	4	118 (11.0)
2km 이내	337 (32.7)	14	351 (32.8)
2~5km 이내	387 (37.6)	12	339 (37.3)
5km 밖	138 (13.4)	5	143 (13.4)
기억 못함	53 (0.05)	6	59 (5.5)
합 계	1,029	41	1,070 (100.0)

표 19. 피폭된 장소

장 소		인원수 (%)
옥내 (638)	목조건물	551 (51.5)
	콘크리트건물	32 (3.0)
	방공호	42 (3.9)
	기타	13 (1.2)
옥외 (352)	거리, 운동장	241 (22.5)
	나무나 목조건물 밑	73 (6.8)
	콘크리트건물 밑	4 (0.4)
	기타	34 (3.2)
무응답		80 (7.5)
합 계		1,070 (100.0)

표 20. 피폭 당시 피해 유형(복수응답 가능)

피해 유형	인원수 (%)	피해 유형	인원수 (%)
화상	317 (29.6)	폭풍에 몸이 날아감	241 (22.5)
타박상	586 (54.8)	몸이 깔림	241 (22.5)
검은비 맞음	351 (32.8)	가벼운 쇼크	511 (47.8)

표 21. 피폭 후 24시간 행동 상황

소재지	인원수(%)
건물 내 (병원, 주택 등)	554 (51.8)
방황하거나 허허벌판에 노출	289 (27.0)
교외, 방공호, 산 등으로 대피	108 (10.1)
구조 및 복구작업을 도움	15 (1.4)
무응답	104 (9.7)
합 계	1,070 (100.0)

신체적 피해는 타박상(54.8%)이 절반이 넘었지만 소위 '검은 비'를 맞았다는 응답도 32.8%가 있었다. 피폭 후 24시간 동안 289명(27.0%)이 방황하거나 벌판에 노출되어 있었다. 피폭 직후 급성증상으로 현기증, 식욕부진, 구토, 갈증, 탈모, 발열 등이 나타났다. 피폭 직후 임시진료소나 병원 등에서 치료를 받은 사람은 전체의 19.8%(212명)에 그쳤다. 한국교회여성연합회가 조사할 당시 건강상태에 대해선 신경통과 위장병, 현기증, 신체허약, 구토 등의 증세가 있다고 답했다.

표 22. 피폭 직후 증세(복수응답 가능)

구 분	인원수	구 분	인원수
식욕상실	219 (20.5)	탈모증	109 (10.2)
구토	188 (17.6)	극도의 피로	104 (9.7)
현기증	160 (14.9)	입술 수포	80 (7.5)
설사	146 (13.6)	출혈	73 (6.8)
심한 갈증	125 (11.7)	잇몸 출혈	30 (2.8)
발열	114 (10.7)		

피폭한 여성의 임신과 유산에 대한 질문에서는 응답자 387명 중 25.2%(98명)이 피폭 후 전혀 임신을 하지 못한 것으로 드러났다. 이들의 피폭 당시 연령은 20세 미만이 8명, 21~30세가 28명, 31~35세가 23명, 36세 이상이 39명이었다. 임신을 경험한 289명 중에서는 31.5%(91명)이 최소 한 차례 이상 유산했다. 7번 임신해 그중 5번을 유산한 피폭 여성도 있었다.

표 23. 피폭 후 임신과 유산

임신 횟수	인원수	유산 횟수				
		1	2	3	4	5
1	30	2				
2	45	7	1			
3	41	6				
4	43	8	2			
5	38	4	3			
6	37	9	3	3		
7	26	8	4	4	1	1
8	17	5	3	4	2	
9	11	3	4	3	1	
11	1					
합계	289	52	20	14	4	1

나) 피폭으로 인한 생활고

한국교회여성연합회가 조사할 당시 피폭자들의 직업은 전체 1천 70명 가운데 농업이 53.9%로 절반이 넘었고 무직이 28.6%, 노동이 5%, 상업이 3.8% 등으로 나타났다. 직업을 농업이라고 밝힌 피폭자의 42.9%는 3천 300m²(1천 평) 이하의 땅에서 농사를 짓고 있다고 답했다. 자신의 노동 능력에 대해선 65.1%가 일을 할 수 없거나 힘들다고 했다.

5) 1974년 합천지역 피폭자 실태조사

1970년 8월 한국원폭피해자원호협회에 가입된 합천지역 피폭자는 2,600명이다.[162] 1974년 4월 외무부는 피폭자진료병원 설립을 계획하면서 경남지역 피폭자 수를 4,976명으로 파악했다.[163] 하지만 이 같은 자료들은 현지 조사를 통해 파악된 게 아니었다. 유신체제라는 당시 시대적 상황을 볼

---

[162] 「원자병25년 참상더하기만…」, 『京鄕新聞』, 1970년 8월 6일.
[163] 외무부, 『한국인 원폭피해자 구호』, 1974. 이 통계는 자진신고에 의한 환자수이다. 전체 9,362명 중 서울 718명, 부산 573명, 경기 396명, 강원 57명, 충북 484명, 충남 397명, 전북 283명, 전남 475명, 경북 982명, 제주 21명이다.

때 피폭자들은 정부를 신뢰할 수 없는 상태였고, 편견과 멸시로 인한 피해의식 때문에 조사에 잘 응하지 않았을 가능성도 있다.

그러다가 1970년 8월 20일 히로시마원폭병원 이시다 사다무(石田定) 내과과장이 이끄는 일본 의료진 4명이 합천, 서울, 부산 등지에서 진료활동을 하면서 피폭자들에게 한 가닥 희망을 주기 시작하였다.[164] 이시다 등은 국내 피폭자구원한일협의회의 주선으로 서울 중부시립병원, 부산복음병원, 합천보건소 등에서 건강검진을 실시했다.

이시다는 당시 한국에서 진료를 하게 된 계기에 대해 "지난 해(1969년) 원폭피해 2세 여학생들로 구성된 '종이학 접기 모임(折鶴會)'이 한국을 다녀 온 뒤, 일본 사회에 호소한 한국 원폭피해자들의 참상을 듣고 마음이 괴로웠다"고 말했다. 그는 히로시마에서 약 15년 간 원폭피해자 전문병원에서 근무하였고 8만여 명의 피폭자를 진료한 경험을 갖고 있었다.

일본 의료진과 인연을 맺은 정기장(전 원폭피해자원호협회 이사 겸 합천지부장, 당시 54, 합천 율곡면 제내리 거주)은 합천진료센터에 의뢰해 1974년 1월부터 10월 1일까지 합천지역 피폭자 실태조사를 벌였다. 이 조사는 국내에서 처음 실시된 피폭자 실태조사로, 피폭자의 호적부와 증언자 등을 광범위하게 조사했다.[165]

조사항목은 성별, 생년월일, 현주소, 도일 시기, 귀국 일시, 피폭종류, 사망자의 생년월일 등이다. 피폭자 조사는 피폭지, 피폭 유형(옥내·옥외), 부상정도, 급성 증상, 피폭 직후의 건강상태, 피폭 당시와 현재의 직업, 히로시마·나가사키 체류 이유 등이었다.

조사결과 합천군 피폭자 5,001명(남 2,570명·여 2,385명·불상 46명, 사

---

[164] 「원폭피해자 진료 일인의사단 내한」, 『京鄕新聞』, 1971년 9월 21일.
[165] 한국원폭피해자협회 합천지부에는 1974년에 조사한 자료가 그대로 보존되어 있다. 지부에는 『被爆者名簿』(원폭피해자협의회 합천지부, 1974. 10. 1)와 1972년 『72년 原爆被害者 實態調査表』 10권, 1978년 『78년 原爆被害者 實態調査表』 6권 등이 있다. 1972년 실태조사는 합천군 자체에서 조사한 것이며, 1978년은 보사부가 조사한 내용이다.

표 24. 생존·사망별, 성별, 피폭시 연령별 피폭자 수

피폭시 연령	생존자				사망자				총계
	남	여	불상	계	남	여	불상	계	
태내피폭	36	21	1	58	14	9	-	23	81
0~4	471	438	9	918	121	114	3	238	1,156
5~9	359	360	5	724	55	26	-	81	805
10~14	234	264	2	500	45	26	1	72	572
15~19	118	179	2	299	31	16	2	49	348
20~24	135	220	1	356	35	26	1	62	418
25~29	138	162	5	305	39	32	1	72	377
30~34	137	134	2	273	57	27	-	84	357
35~39	91	94	3	188	102	27	-	129	317
40~44	56	53	1	110	73	28	1	102	212
45~49	35	34	1	70	65	20	2	87	157
50~54	20	17		37	42	14		56	93
55~59	4	8		12	24	13	1	38	50
60~64	2	2		4	14	10		24	28
65~69				0	1	5		6	6
70~74				0	2			2	2
75~79				0				0	
80~84				0				0	
85 이상				0	1			1	1
불명	9	3	1	13	4	3	1	8	21
합계	1,836	1,986	32	3,854	721	393	12	1,126	5,001

망자 1,134명 포함) 중 히로시마가 4,506명으로 절대 다수를 차지했고 나가사키는 95명이었다.[166]

1974년 10월 1일 당시 생존자는 3,867명으로, 합천군 전체인구 15만 6,797명 가운데 2.5%에 해당하는 숫자였다. 생존자들은 전체 17개 면 중에서 율곡(1,165명), 합천(682명), 대양(632명), 쌍책(543명), 용주(532명), 묘산(387명), 초계(263명), 적중(223명), 대병(118명) 등 9개면에 집중적으로 거주하고 있었다. 나머지 지역은 50명 이하 수준이었다. 1935년 이전에는 가야면, 율곡면, 용주면 등의 주민이 많았고 초계면, 쌍책면, 대병면 등에서도 일부

---

[166] 합천 지역의 피폭자 실태는 나가사키의학학회지에 게재되었다. 자세한 내용은 鄭基璋·鄭昌生·栗原登·渡邊正治, 「韓國陜川における被爆者の實態(基礎的調査の報告)」, 『長崎醫學』 53권 3호, 長崎醫學會, 1978. 9. 25.

표 25. 피폭 당시의 거주지별 피폭자 수

사망 연·월·일		남	여	불상	계
1945년	8월 6일	68	42	2	118
	8월 7~10일	14	6		28
	8월 11~31일	17	4		29
	9월	6	5		20
	10월	1	4		15
	11월	3	4		18
	12월	6	4		22
1946년	1월~8월 5일	47	35		83
	8월 6일~12월	8	8		24
1947년		21	16	2	37
1948년		15	10		25
1949년		19	9		28
1950~1954년		109	71	2	180
1955~1959년		83	38	3	121
1960~1964년		97	49		146
1965~1969년		102	37	1	139
1970~1974년		81	43	2	124
1975년 이후		24	11		35
불 명		4		1	4
합 계		721	396	12	1,192

가 이주했다.

피폭자 5,001명 중 일본에서 태어난 사람이 전체의 37%였다. 피폭 당시 연령을 보면 20세 미만이 58%로 가장 많았고 20~59세는 40% 이상을 점하고 있었다. 사망한 피폭자의 연령은 60세 이상이 33명으로 노인도 적지 않았음을 알 수 있다. 노인이 많다는 것은 합천 주민들이 일본으로 넘어갈 수밖에 없었던 이유와 밀접한 연관을 가진다. 50세 이상은 180명 중 127명이 사망했고, 태내 피폭자의 28%, 0~4세 21%가 사망한 것으로 나타났다.

1935년 이전에 이주한 사람이 1,180명이고 전시체제기(1937~1945)에 437명이 도일한 것으로 파악되었다. 특히 1933~1936년 사이에 708명이나 일본으로 넘어갔는데 이는 삼남지방의 대홍수와 흉년이 겹친 데 따른 것으로 분석된다.

표 26. 성별, 사망시기별 사망 피폭자수

거주지	생존자				사망자				총계
	남	여	불상	계	남	여	불상	계	
우지나(宇品)	21	18	-	39	16	6	-	22	61
우치코시(打越)	40	36	4	80	11	6	-	17	97
에바(江波)	90	110	2	202	43	17	-	60	262
오테(大手)	15	14	-	29	4		-	4	33
오가나(尾長)	34	39	-	73	9	7	1	17	90
가미텐마(上天満)	49	61	1	111	25	10	1	36	147
가와하라(河原)	21	31	2	54	18	11	1	30	84
칸온(観音)	44	44	1	89	21	13	-	34	123
구스노키(楠木)	93	119	2	214	53	37	1	91	305
고이(己斐)	121	126	-	247	38	23	-	61	308
코고(庚午)	6	20	-	26	7	5	-	12	38
신죠(新庄)	14	22	-	36	11	3	-	14	50
담바라(段原)	13	13	1	27	3	3	-	6	33
나카히로(中廣)	32	44	2	78	13	13	-	26	104
니시칸온(西観音)	30	36	2	68	19	7	1	27	95
니시텐마(西天満)	14	15	-	29	5	7	-	12	41
니호(仁保)	26	17	-	43	2	2	-	4	47
히가시칸온(東観音)	73	82	-	155	30	14	-	44	199
후쿠시마(福島)	31	33	1	65	17	5	-	22	87
후나이리(舟入)	198	208	2	408	70	28	1	99	507
미사사(三篠)	29	33	-	62	20	14	-	34	96
미나미 칸온(南観音)	129	139	2	270	44	21	3	68	338
미나미(皆實)	12	11	-	23	4	4	-	8	31
야가(矢賀)	25	16	-	41	1	3	-	4	45
요코가와(横川)	59	73	2	134	34	23	1	58	192
요시지마(吉島)	84	122	1	207	38	16	-	54	261
기 타	168	165	2	335	58	33	1	92	427
아키군(安藝郡) 후츄우(府中)	53	57	1	111	18	6	1	25	136
아키군(安藝郡) 후나코시(船越)	38	38	-	76	11	7	-	18	94
아키군(安藝郡) 나카노(中野)	20	13	-	33	3	7	-	10	43
사에키유와(佐伯郡) 이츠카이치(五日市)	16	14	-	30	7	1	-	8	38
사에키유와(佐伯郡) 모토카즈 마을(友和村)	10	7	-	17	8	5	-	13	30

거주지	생존자				사망자				총계
	남	여	불상	계	남	여	불상	계	
아사군(安佐郡) 기온(祇園)	48	50	1	99	15	14	-	29	128
기 타	97	99	2	198	29	15	1	45	243
거주불명	43	32	-	75	12	6	-	18	93
나가사키	49	32	2	83	8	4	-	12	95
합 계	1,845	1,989	33	3,867	725	396	13	1,134	5,001

시기별로는 1940년이 576명으로 가장 많았다. 1940년 이후 도일자 대부분은 강제 징용이나 노무자였다. 5,001명 중 1,824명은 일찍이 도일한 사람들에게서 태어난 2세로 파악되었다. 피폭자들은 현지에서 사망한 165명을 제외한 나머지 703명이 귀국한 날짜를 기억하지 못했다.

5,001명 중 1945년 9~12월 사이에 귀국한 사람이 3,960명(79%)이다. 월별로 보면 9월 104명, 10월 1,499명, 11월 1,119명, 12월 262명이었고, 1945년에 귀국은 했으나 날짜를 기억하지 못하는 사람이 976명이었다. 또 1946년 1~3월 사이에 76명이 귀국했다고 답변하였다. 그 외 703명은 귀국 연도를 기억하지 못했다. 피폭자들은 일본 정부에서 알선한 귀국선이나 밀항선을 타고 부산으로 와 기차를 타거나 걸어서 합천으로 돌아왔다. 부산에서 합천으로 오는 데 한 두 달이 걸리는 게 다반사였다.

피폭 당시 히로시마 시내에 거주한 사람이 전체 5,001명 중 4,101명이고, 시외 거주자는 805명이었다. 이들의 집단거주지는 후나이리(舟入), 칸온(南觀音), 코이(己斐), 구스노키(楠木), 에바(江波), 요시지마(吉島), 요꼬가와(橫川), 가미텐마(上天滿) 등이다. 히로시마 시외에는 아키군 후츄우초(安芸郡府中町), 아사군 기온초(安佐郡 祇園町) 등에 다수가 거주하고 있었다. 피폭 유형은 시내 피폭이 4,675명(93%)으로 절대 다수를 차지했고, 외곽피폭 161명(3%), 입시 피폭 39명(0.8%), 불명 126명 등이다.

사망자 1,134명의 사망 시기는 1945년 8월 6일이 112명으로 약 10%였다. 8월 중 사망은 153명이며, 9~12월 33명이다. 또 1946년 1~8월 5일에 82명이

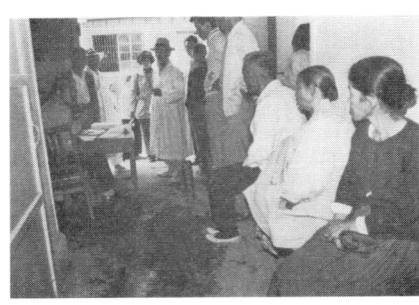

1974년 히로시마 의사단이 경남 합천에서 진료 활동을 하는 모습.

일본핵병기금지평화건설국민회의는 합천의 피폭자들을 위해 자활촌건립용지를 제공했다.

사망해 결국 히로시마 원폭으로부터 1년 이내에 사망한 피해자가 총 268명으로 전체의 24%가량을 차지했다. 1947년부터 1949년까지 한 해 평균 약 30명이 사망했다. 사망 시 연령을 보면 70세 이상이 91명으로 전체의 8%였다. 한국전쟁기에는 사망자 수가 급격히 증가했는데 이는 전쟁 중에 벌어진 민간인 학살 등 외부적 요인이 작용한 것으로 추정된다.[167]

이 같은 조사결과는 1978년 핵병기금지평화건설국민회(核兵器禁止平和建設國民會)의 '재한피폭자'에 게재되었으며, 후쿠나가 히사요시(福永久義) 핵금 히로시마 현 민회의사 사무국장은 히로시마대학교 원폭방사능의학연구소 구리하라 노보루(栗原登) 교수에게 조사결과에 대한 분석을 의뢰했다.

---

[167] 합천 지역은 한국전쟁기 보도연맹 학살과 공비토벌 등에 의해 학살된 사람이 적지 않다. 따라서 피폭자들 가운데 이 사건에 연루되어 학살된 사람이 있는지 파악할 필요가 있다.

2장 버림받은 피폭자

1. 일본 피폭자 법적 투쟁

1) 원폭증 인정 집단소송

원폭증(原爆症) 인정 집단소송은 원폭증을 인정받지 못한 히로시마, 나가사키 피폭자들이 일본 정부를 상대로 집단적으로 제기한 소송이다. 일본 정부는 원폭투하와 질병과의 인과관계가 인정된 피폭자에 대해 매달 13만 7,000 엔의 의료특별수당을 지급했다. 그러나 인정기준이 까다롭고 절차가 복잡해 피폭자들과 다툼이 끊이지 않았다. 2003년 4월 당시 히로시마·나가사키에서 피폭 생존자가 약 26만 명 중 원폭증 인정을 받은 사람은 2,200명에 지나지 않았다.

원수폭피해자단체협의회 등은 같은 해 4월 17일 피폭자 306명을 시작으로 나가사키, 히로시마, 나고야 등 전국 17개 재판소에 소송을 냈다. 소송이 제기된 모든 지역에서 강력한 지원조직이 만들어졌다. 각 현의 원수폭피해자단체협의회와 반핵운동체가 조직의 중심이 되었고 공판 방청자 동원, 서명운동, 모금운동, 홍보활동 등을 전개했다. 또 정치권을 움직여 모든 정당이 의원 간담회나 대책위원회 등을 만들게 했다. 특히 자민당·공명당의 여당 프로젝트팀이 구성되어 원폭증 심사기준에 대한 재검토가 이뤄졌다.

재판결과 2003년 3월 20일 센다이지방재판소에서 피폭자 2명이 승소했고 같은 달 22일 도쿄지방재판소에서 원고 30명 중 21명이 승소했다. 이어

2004년 1월 31일 나고야지방재판소에서 2명, 5월 12일 오사카지방재판소에서 9명, 8월 4일 히로시마지방재판소에서 41명이 연이어 승소하였다. 또 2006년 5월 12일 오사카지방재판소에서 9명이 승소했고 같은 해 8월 4일 히로시마지방재판소에서도 41명이 승소했다. 일본 정부는 총 30건의 집단소송 중 29건에서 패소했다.[168]

일본 정부가 소송에 6번째로 졌을 때인 2007년 8월 5일 아베 총리는 원폭증 인정기준의 재검토를 후생노동대신에게 지시했고, 이듬해 3월 17일 제1차 기준개정이 이뤄졌다. 이 개정에는 여당 프로젝트팀의 안이 채택되었다. 이 개정으로 3.5km 이내 직접 피폭, 원폭 후 100시간 이내 2km 내로의 입시 등에서 모든 고형암, 백혈병 등이 인정되었다. 이 개정으로 2,000명 전후였던 인정 피폭자가 7,000명 가까이 증가했다. 개정 전 심사기준은 폭심지로부터의 거리를 기초로 피폭자가 받은 방사선량을 산정하고 성별과 연령 등을 감안해 방사선 피폭이 발병에 영향을 준 확률을 계산, 이 확률이 10%이상인 경우 원폭증을 인정하는 소위 '원인확률' 방식이었다.

이는 원폭 투하 초기 방사선만 중시해 입시피폭자 등이 받은 잔류방사선은 고려하지 않는 문제점을 안고 있었다. 1차 개정에 이어 2008년 6월에 있은 2차 개정에서는 만성간염, 갑상선 기능저하증 등 암 이외의 질병이 적극 인정 범위에 추가되었다.

2009년 8월 6일 아소 다로 총리, 자민당 총재, 피단협 대표가 소송자 전원을 구제하는 집단소송의 종결에 관한 '확인서'에 서명했다.

일본 정부는 1심에서 패소한 피해자에 대해서도 의원 입법을 통해 기금을 조성키로 했다. 이에 따라 2009년 12월 국가를 상대로 원폭증 인정 소송을 제기했다가 패소한 원폭 피해자들을 구제하는 기금을 설치하는 것을 골자로 하는 '기금보조에 관한 법률'(원폭증구제법)이 제정되었다. 가와무

---

[168] 2012년 6월 23일 원폭증 인정 집단소송 종결집회 심포지엄-'원폭증 인정 소송이 후쿠시마에 전하는 것' 자료 참조.

라 다케오 관방장관은 "그동안 심각한 질병으로 고통받아온 피폭자와 집단소송에 휘말려온 원고들에게 진심으로 사과한다"며 "정부는 그동안 확대되어 온 원폭증 인정 기준에 따라 한 사람이라도 더 인정받을 수 있도록 노력하겠다"고 밝혔다. 이로써 6년간 진행된 원폭증 인정 집단소송은 일단락되었다.

그러나 일본 정부의 구제조치는 소송을 제기한 피폭자만을 대상으로 해 당시 원폭증 인정을 신청하고 심사를 기다리던 피폭자 7,700명에게는 적용되지 않았다.

특히 2차례에 걸친 심사 기준 개정에도 불구하고 원폭증으로 인정하는 병명 앞에 '방사선 기인성이 인정되는'이라는 요건이 붙어, 일정한 피폭 선량이 인정되는 질병에 대해서만 원폭증이 인정되는 결과를 가져오고 말았다. 따라서 2차 개정 후에 많은 피폭자가 원폭증 인정을 신청했지만 대거 기각되는 일이 벌어졌다. 실제로 2010년 원폭증 인정 신청 6,435건 가운데 5,000건이 기각되었다.

이 같은 한계에도 불구하고 원폭증 인정 집단소송은 일본과 미국의 핵정책을 돌아보게 만든 소송이라는 점에서 상당한 의미를 갖는다. 다나카 테루미(田中 熙巳) 일본원수폭피해자단체협의회 사무국장은 "일본 정부가 원폭증 인정 기준을 엄격하게 적용한 것은 원폭 피해를 축소하고, 핵무기가 사용 가능한 무기이며, 핵무기의 사용이나 소지를 정당화하는 일본과 미국의 핵정책과 연결되어 있다"면서 "집단소송은 원고의 피해실태 진술을 통해 원폭의 실상을 재판부에 호소하는데 있었고 원폭 피해를 과소평가하는 일본과 미국의 핵정책과 일본 정부의 수인정책을 폭로하는 데 있었다"고 평가했다.

2) 도쿄(東京) 원폭소송

1955년 4월 히로시마의 시모다 류이치(下田隆一) 외 3명은 도쿄지방재판소에 국가를 상대로 손해배상을 청구하고 미국의 원폭투하가 국제법 위반이라며 소송을 제기했다. 도쿄지방재판소는 원고의 손해배상 청구를 기각했지만 원폭 투하에 대해선 "국제법 위반"이라고 판단했다. 재판부는 "국가가 권한과 책임을 가지고 개시한 전쟁으로 인하여 많은 사람들이 죽었고 여러 신체적 장애까지 입혀 불안한 생활에 몰아넣었다. 게다가 그 피해의 심각한 정도는 일반 전쟁 피해자에 비교할 바가 아니다. 이러한 책임은 입법부와 내각에 있다"고 판시했다. 이 같은 판단은 1963년 12월 최고재판소까지 그대로 이어졌다.

이 재판은 일본 내의 핵무기 폐지와 피폭자 원호 정책을 요구하는 전 국민적 시위를 촉발시키는 기폭제가 되었다. 재판이 진행 중이던 1956년 8월 제2회 원수금세계대회에서 일본원수폭피해자단체협의회의가 결성되었고, 1957년 원폭의료법, 나아가 1968년 원폭특별조치법이 시행되는 계기가 되었다. 또 일본 내에서 반핵운동을 촉발시키는 원동력으로 작용했다.

3) 쿠와바라(桑原) 원폭소송

1969년 3월 히로시마 피폭자 쿠와바라 타다오(桑原忠男)는 원폭증 인정 각하 처분을 취소해 달라고 소를 제기했다. 폭심지로부터 1.3km 지점에서 피폭된 그는 척추원추 상부증후군을 앓고 있다며 히로시마 시에 원폭증 인정을 신청했으나 거부당하자 소송을 냈다.

1973년 히로시마지방재판소는 "피폭과의 인과관계에서 합리적으로 추론할 수 있는 사실 또는 의학적 진단이 나타나지 않는 한 인정할 수 없다"며 원고 패소판결을 내렸다. 쿠와바라는 고등법원에 항소했지만 1979년 히로시마고등재판소는 "현재의 의학 수준에 비추어 원폭상해에 기인하는 개연성이 입증되어야 한다"며 역시 원고 패소 판결을 내렸다.

4) 이시다(石田) 원폭소송

1973년 7월 히로시마 피폭자 이시다 아키라(石田明)는 원폭으로 인해 백내장을 앓고 있다며 시청에 원폭증이라고 인정해 달라고 신청했으나 거부되었다. 그는 히로시마지방재판소에 소송을 제기했고 1976년 5월 승소했다. 이시다는 폭심지로부터 0.7km 지점에서 피폭되었지만 살아남았다. 재판소는 백내장 치료가 수술뿐만 아니라 점안약 치료에서도 유효하다고 판단했다. 이 재판은 진료의 범위를 둘러싸고 쟁점이 되었다.

5) 교토(京都) 원폭소송

폭심지로부터 1.8km지점에서 피폭된 다카야스 쿠로우(高安九郎)는 백혈구 감소와 간 기능장애 등으로 원폭증 인정을 신청했으나 방사능과의 인과관계가 불명확하다는 이유로 거부당했다. 다카야스는 1987년 교토지방재판소에 소송을 냈고 1998년 12월 재판소는 "원폭 방사능의 기인성이 다른 외적 가능성보다 상대적으로 높다"며 원고의 손을 들어줬다. 후생노동성은 오사카고등재판소에 항소했지만 2000년 11월 7일 중도 포기했다.

이 판결은 백혈구 감소증에 대해선 '고도의 개연성'을 이유로 원폭증을 인정했으나, 간기능 장애에 대해서는 방사선이 아닌 바이러스에 의한 것이라고 판단했다.

6) 아즈마(東数男) 원폭증 재판

아즈마 가즈오(東数男)는 나가사키현립공업학교 3학년 때 미쓰비시병기 오하시공장에서 일하다가 피폭되었다. 그는 등과 후두부에 상처가 생겼고 왼쪽 팔꿈치 아래에 화상을 입었다. 그는 원폭 당일 오무라 해군병원에 입원했으며 탈모·설사·고열이 계속되는 급성 방사선 장애로 사경을 헤매고 있었다. ABCC는 아즈마에게 원폭증이라고 확증진단을 내렸고 지속적인 추적조사를 실시했다. 1981년 간 기능 수치가 갑자기 높게 나타나자 ABCC는 정밀검사를 받도록 했다. 무기력증에 시달려 1992년 9월부터 10월까지 병원에 입원하기도 했다. 아즈마는 1994년 2월 16일 간 기능 장애로 원폭증 인정을 신청하였으나 후생노동성은 1995년 11월 9일 각하했다. "간 기능 장애의 원인은 C형 간염 바이러스에 의한 것으로, 방사능 노출은 간염 발병에 영향을 미칠 정도가 아니다"는 이유였다.

그는 1996년 6월 29일 도쿄지방재판소에 제소했고 20회에 걸친 재판에서 원폭증 인정을 강력히 요구했다. 그 결과 2004년 3월 31일 승소했으나 정부가 판결에 불복하여 도쿄고등재판소에 항소했다. 재판 과정에서 아즈마를 중심으로 '동우회(東友會)'가 결성되었고 도쿄 거주 피폭자 200여명이 참여한 가운데 재판 승리를 위한 집회가 열렸다. 이들은 2000년 5월 18일 '도쿄회(東京會)'라는 피폭자 모임을 조직했다.

후생노동성의 항소로 소송이 진행 중이던 2005년 1월 29일 아즈마는 간 기능 장애로 사망했다. 2005년 3월 29일 도쿄고등재판소는 아즈마가 이미 사망했음에도 원고 승소 판결을 내렸다. 후생노동성이 상고를 포기함에 따라 이 판결은 그대로 확정되었다.

7) 히로세(廣瀨) 미불금 재판

한국인 피폭자 곽기훈의 재판이 확정되기 직전인 2003년 2월 일본인 피폭자 히로세 마사히토(廣瀨方人)가 해외 출국을 이유로 건강관리수당 지급을 중단한 정부를 상대로 제기한 소송에서 최종 승소하는 일이 있었다. 나가사키에서 피폭된 히로세는 1994년 8월 일본어 대학 강사로 중국에 가게 되었고, 피폭자원호법에 근거한 건강관리 수당 지급이 중지되었다. 1995년 7월 일시 귀국한 히로세는 나가사키 시에 전입신고를 했다. 그 뒤 그는 출국했다가 1998년 7월 귀국했다. 그는 출국을 이유로 건강관리 수당 지급을 중지한 것은 부당하다며 받지 못한 수당(약 30만 엔)을 달라고 국가와 나가사키 시를 상대로 소송을 제기했다.

2001년 9월 나가사키지방재판소에서 승소했고, 정부가 항소했지만 2002년 12월 오사카고등재판소, 2003년 2월 후쿠오카고등재판소에서 승소했다. 일본 정부는 상고를 단념했다. 그 결과 일본은 기존의 정령(기존의 원호법 시행령)을 수정해 해외에 사는 피폭자에게도 수당 지급을 가능하도록 전향적인 자세를 보이게 되었다. 이 재판은 이강녕, 이재석 등 한국인 피폭자들의 재판에도 직접적인 영향을 줬다. 재판부는 재외 동포나 재외 피폭자(한국·중국·대만 등)에게도 똑같이 수당이 지급되어야 한다고 판시했으나, 미불금은 과거 5년으로 한정했다. 이 판결에 한국이나 미국 등의 피폭자단체들이 강력 반발했다.

2. 한국인 피폭자 법적 투쟁

1) 개요

일본은 패전 이후 원폭 피해자에 대한 각종 지원책을 마련했다. 1957년 원폭의료법, 1968년 원폭특별조치법, 1974년 피폭자원호법을 제정해 의료와 생활지원을 했다. 그러나 조선인 피폭자는 지원대상이 아니었다. 일본 정부의 외면과 한국 정부의 무관심으로 방치되던 조선인 피폭자들은 결국 스스로 나설 수밖에 없었다. 관광비자를 받아 합법적으로 일본에 간 경우도 있지만 밀입국을 감행한 피폭자도 있었다.

조선인 피폭자에 대해서도 원폭의료법 등에 의거해 원폭 피해자임을 인정하고 일본인 피폭자와 동일한 지원을 요구하는 이른바 '수첩재판'은 그렇게 시작되었다. 30여 년에 걸쳐 이어진 국내 피폭자들의 법적 투쟁은 전범국가인 일본에 책임을 묻는 것이었지만 동시에 국민보호 의무를 저버린 한국 정부에 대한 항변이라고도 볼 수 있다.

일본 정부는 1964년 한국인 피폭자에게 건강수첩을 발급한 적이 있다. 그해 열린 동경올림픽 관람을 목적으로 입국한 박도연은 히로시마 시로부터 수첩을 받아 히로시마적십자병원에서 검진을 받았다. 당시 박씨에게 수첩을 교부한 후생노동성은 "피폭자로 확인이 가능하다면 수첩만은 교부하라"고 히로시마 시에 지시했다. 그러나 1965년 한일기본협정을 기점으로 일본 정부는 속지주의를 내세워 수첩교부를 거부하기 시작했다.

2) 손진두 '수첩' 재판

한국원폭피해자협회 부산지부 손귀달(여)[169]은 1968년 10월 일본 야마구치에 밀입국한 뒤 치료를 요구했지만 거부당했다. 일본에서 태어난 손씨는 히로시마 시립여중 3학년(13살) 때 길을 걷다 피폭되었다.[170] 손씨는 "치료를 받기 위해 왔다"고 호소했지만 일본 정부는 그를 한국으로 강제송환했다.[171] 같은 해 12월 교토에서 열린 제2차 세계대전 한국인전몰자위령제에 초청받은 원폭피해자협회 부산지회장 엄분연과 같은 협회 서울지부 임복순도 위령제 참석 후 히로시마원폭병원에 입원, 수첩을 요구했지만 거부당했다. 일본 후생노동성은 1969년 5월 8일 국회 중의원 사회노동위원회에서 다음과 같이 밝혔다.

> "원폭의료법, 원폭특별조치법은 주된 거주지가 일본에 있어야 함을 전제로 한다. 속인주의가 아니라 속지주의가 적용되어 일시적으로 일본을 방문한 외국인에게는 적용될 수 없다."

---

[169] 손귀달은 2009년 11월 합천 원폭피해자복지회관에서 사망했다.
[170] 『동아일보』, 1980. 8. 21.
[171] 이치바 준코, 이제수 역, 『한국의 히로시마』, 역사비평사, 2003, 53쪽.

그러나 일본은 1970년 3월 오사카에서 개막한 만국박람회(EXPO70)에 온 미국 국적의 일본계 피폭자에게는 수첩을 교부했다. 한국인 피폭자에 대해서만 속지주의를 적용한 것이다.

한국인 피폭자의 수첩 투쟁은 손귀달의 오빠 손진두의 밀입국으로 본격화되었다. 1927년 일본 오사카 태생으로 히로시마 폭심지로부터 2.5Km 지점에서 피폭된 것으로 알려진 손진두는 1951년 외국인등록법 위반으로 강제송환 된 뒤 부산에 거주하다 1970년 12월 3일 사가(佐賀)현 쿠시우라(串浦)항으로 밀입국하다 체포되었다. 손씨가 밀항을 감행한 것은 어지럼증 등에 시달리다 병원 검진을 받은 결과 원폭증이라는 진단을 받았지만 국내에서 제대로 치료를 받을 수 없었기 때문이다.

손씨의 밀입국 사실이 알려지면서 후쿠오카, 히로시마, 오사카, 도쿄에서 그의 체류와 치료를 요구하는 전국 시민모임이 결성되었다.172) 또 이듬해 오사카를 중심으로 조선인 피폭자를 구원하는 시민의 모임이 결성되었다. 출입국관리령 위반죄로 후쿠오카형무소에서 복역하다 건강이 악화된 손씨는 1971년 11월 후쿠오카 현에 건강수첩을 신청했다. 후쿠오카 현은 후생노동성에 이를 넘겼고 후생노동성은 1972년 7월 14일 적법한 거주자가 아니라는 이유로 수첩교부를 거부했다. 손씨는 1972년 10월 2일 후쿠오카 현 지사를 상대로 후쿠오카지방재판소에 수첩교부신청 각하처분 취소 소송을 제기했다. 이른바 '손진두 수첩재판'이 시작된 것이다.

쟁점은 일본인 피폭자에 대한 지원입법인 원폭의료법이 '국가보상법'인지 아니면 '사회보장법'인지에 맞춰졌다. 이 법의 본질을 전쟁에 대한 국가 책임으로 볼 경우 당연히 조선인 피폭자에 대해서도 책임을 져야 하지만, 단순히 자국민을 위한 사회보장으로 볼 경우 외국인은 대상이 될 수 없었다.

후쿠오카지방재판소는 1974년 3월 30일 손진두의 손을 들어줬다. 그러

---

172) 이치바 준코, 이제수 역, 앞의 책, 2003, 56쪽.

나 일본 정부는 그대로 물러나지 않았다. 1심을 패소한 직후인 1974년 7월 22일 후생노동성 공중위생국장 통달(제402호)로 재외(在外) 피폭자에 대해서는 원폭의료법과 원폭특별조치법의 적용을 배제해 1심 판결을 무용지물로 만들어버렸다. 통달 402호는 '원폭특별조치법은 일본 내에 거주하는 피폭자에 적용하는 것으로 일본의 영역을 넘어 거주지를 옮긴 자에게는 동법의 적용은 없다'고 규정했다. 후생노동성은 재외 피폭자에 대한 수첩교부 조건을 치료를 목적으로, 적법하게 입국해, 1개월 이상 일본에 체류할 것을 요구했다.

일본 정부는 1심 판결에 불복해 항소, 상고를 거듭했지만 후쿠오카고등재판소(1975년 7월 17일)와 최고재판소(1978년 3월 30일)는 1심 재판부의 판단을 그대로 인정했다.[173] 최고재판소는 이 판결에서 원폭의료법은 피폭자 지원을 위한 사회보장법이지만 동시에 '전쟁을 수행한 국가의 책임'이라는 국가보상의 성격도 있어 불법 입국자라는 이유로 법 적용을 거부할 이유가 없다고 판단했다.[174]

한편 손진두가 1심에서 승소한 직후인 1974년 7월 22일 치료를 목적으로 일본으로 건너가 도쿄의 한 병원에 입원해 있던 서울의 신영수가 도쿄 도에 건강수첩 교부를 신청했고 사흘 뒤 수첩을 받았다. 이 수첩은 1965년 6월 한일기본협정 체결 이후 재한 피폭자에게 수첩이 교부된 첫 사례였다. 그러나 신영수보다 한 달 늦은 같은 해 8월 23일 관광비자로 입국한 재한 피폭자 4명에 대해서는 히로시마 시가 수첩 교부를 거부했다. 입국한 목적이 문제였다.

후생노동성은 1978년 4월 4일 재외 피폭자에 대한 수첩 교부조건을 '일본에 현존하는 자인 이상 그 현존하는 이유를 불문하고 교부한다'로 변경했다. 손진두는 7년에 걸친 법적 투쟁 끝에 1978년 4월 30일 수첩 신청 시

---

[173] 부록의 손진두 판결문 참조.
[174] 부록의 최고재판소 판결 전문, 국가인권위 자료 참조.

로 소급해 건강수첩을 받을 수 있었고 일본 특별체류허가도 받았다.

3) 곽귀훈 '통달 402호' 재판

속지주의를 고수한 통달 402호는 또 다른 법적투쟁으로 이어졌다. 1944년 9월 징병으로 끌려가 히로시마에서 피폭된 곽귀훈(1924년생, 서울)은 치료를 받기 위해 1998년 5월 일본에 입국, 오사카의 한 병원에 입원해 있던 중 건강수첩을 신청했고, 오사카 부로부터 수첩과 함께 5년간 건강관리수당(매월 약 3만 4,000엔)을 지급받을 권리를 인정받았다.

곽기훈은 같은 해 7월 귀국하면서 일본 정부에 수당을 한국의 은행계좌로 입금해 줄 것을 요구했다. 하지만 일본 정부는 자국을 벗어날 경우 수급권을 인정할 수 없다며 거부했다. 수당 지급대상자가 국외로 나갈 경우 수급권이 효력을 잃는다는 통달 402호가 그 근거였다.

곽기훈은 같은 해 10월 1일 일본 정부와 오사카부를 상대로 재외피폭자 자격확인소송을 제기했다. 2000년 6월 1심, 2002년 12월 5일 2심 법원은 각각 원고 승소 판결을 내렸다. 오사카부는 지방의회 등 정치권의 요구에 밀려 상고를 포기했고 판결은 확정되었다. 통달 402호는 2003년 3월 폐기되었고 그동안 밀렸던 각종 수당은 소급해 지급되었다.

4) 이재석 '원호법' 재판

곽귀훈이 법적 다툼을 벌이는 사이 이재석(79·경남 합천)도 오사카 부를 상대로 한 피폭자수당 청구 소송에서 승소했다. 그는 히로시마 센다초(千田町) 태생으로, 폭심지로부터 1.7km 떨어져 있던 집에서 피폭되었다. 이재석은 위암 등의 지병으로 1988년부터 여러 차례 도일치료를 받았고 1996년 11월 15일 건강수첩을 발급받았다.

이후에도 도일치료와 귀국을 되풀이하던 그는 2001년 3월 10일 귀국하면서 피폭자 수당을 계속 지급해 줄 것을 오사카 부에 요청했다. 그러나 오사카 부는 재외피폭자가 치료를 마치고 귀국하면 수당을 지급할 수 없다며 이를 거부했다.

이재석은 2001년 10월 3일 오사카지방재판소에 소송을 냈고, 2003년 3월 20일 오사카지방재판소는 원고 승소판결을 내렸다. 피고가 항소를 하지 않아 이 판결은 그대로 확정되었다.

5) 이강녕 '미불금' 재판

곽귀훈의 최종 승소로 조선인 피폭자들의 법적 투쟁은 일단락되는 것처럼 보였다. 그러나 곽 씨와 비슷한 시기 소송을 벌여온 이강녕(2006년 78세로 사망, 부산)이 최고법원에서 패소하는 일이 벌어졌다.

일본 나가사키의 미쓰비시 군수공장으로 징용되었다가 17세 때 피폭된 이강녕은 후유증에 시달리다 1994년 7월 일본으로 건너가 원폭피해자로 인정받았다. 그러나 2개월 뒤 귀국하면서 의료비와 수당지원이 중단되었다. 통달 402호가 적용된 것이다. 이 씨는 1999년 수급권과 귀국 후 받지 못한 미지급분 약 100만 엔을 요구하는 소송을 나가사키 시와 일본 정부를 상대로 나가사키지방법원에 제기했고 곽기훈 재판과 비슷한 시기인 2001년 12월 1심, 2003년 2월 2심에서 연이어 승소했다.

그러나 곽기훈 때와는 달리 이 재판은 최고재판소까지 이어졌고, 2006년 6월 일본 최고재판소는 원고 패소 판결을 내렸다. 최고재판소는 지불의무는 국가가 아니라 지방자치단체에 있다고 판단했다. 이는 한국인 피폭자에 대한 수당지급이 전쟁행위에 대한 국가책임이 아니라 단순히 인도주의적 차원의 지원임을 분명히 한 것으로, 손진두 수첩재판 때 최고재판소의 판단을 완전히 뒤집는 것이었다. 이 씨는 이 판결이 있고 한 달 뒤 사망했다.

6) 최계철 '재외 피폭자 수당 신청' 재판

원폭 투하 다음날 나가사키에 갔다가 피폭된 최계철(2004년 7월 78세로 사망, 부산)은 1980년 건강수첩을 발급받았다. 최씨는 곽기훈 재판으로 2003년 3월 통달 402호가 폐기되자 2004년 1월 일본 내 한국인 피폭자 지원단체의 도움을 받아 나가사키 시에 밀린 건강관리수당 지급을 신청했다. 그러나 나가사키 시는 '본인이 직접 일본에 와서 신청하지 않았다'는 이유를 들어 이를 기각했다.

최 씨는 고령과 질병으로 일본에 갈 수 없는 상황을 고려하지 않았다며 2004년 2월 나가사키지방재판소에 소송을 냈다. 최씨는 그해 7월 사망하고 말았다. 재판은 한국에 사는 원폭 피해자가 피폭자원호법에 규정된 수당 지급을 일본에 가지 않고 한국에서 신청할 수 있는지가 쟁점이 되었다.

최 씨는 2004년 9월 28일 1심에서 승소했고, 나가사키 시가 항소했지만 2005년 9월 26일 후쿠오카고등재판소가 이를 기각했다. 2008년 2월 18일 일본 최고재판소는 "시가 시효를 이유로 건강관리수당 지급을 거부하는 것은 부당하다"고 원고 최종 승소 판결을 내렸다. 최고재판소는 특히 "이자를 포함한 320만 엔을 지급하라"고 판결함으로써 "5년이 지나면 시효가 완성되기 때문에 그 이전의 수당은 받을 수 없다"는 항소심 판결도 뒤집었다.

최계철 재판은 한국인 피폭자가 일본에 직접 가지 않더라도 대리인을 통해 수당을 신청할 수 있다고 인정했다는 점에서 의미가 있다. 재판부는 "원고가 일본을 방문할 수 있는지 조사하지도 않고 수당 신청을 기각한 것은 위법"이라며 "정부가 피폭자원호법 시행규칙에서 모든 해외거주 피폭자에게 일본 방문을 의무화한 것은 위임의 범위를 넘어선 것으로 무효이며 법 취지에 어긋난다"고 판단했다. 2008년 5월 1일 다우에 도미히사(田上富久) 나가사키 시장은 부산 동구 초량동에 거주하는 최계철의 유족을 찾아가 장기간 재판을 끈 데 대해 사죄의 뜻을 밝혔다.

한편 최 씨의 유족은 2004년 최씨가 사망하자 나가사키 시에 장제비 지급을 신청했지만 나가사키 시는 '사망 시 거주지가 나가사키가 아니었다'는 이유로 거부했다. 유족들은 같은 해 9월 21일 나가사키지방재판소에 장제비를 지급하라며 소송을 냈다. 이 소송은 2005년 3월 8일 나가사키지방재판소에 승소했다. 이 재판은 해외거주 피폭자의 장제비 지급 신청이 법원에서 인정된 첫 판결이었다.[175]

7) 장영준 '증인' 재판

나가사키지방재판소는 장영준(1930년생·경남 창원)이 피폭자 인정을 거부하는 나가사키 시를 상대로 제기한 소송에서 2012년 9월 18일 원고 승소판결을 내렸다.

재판부는 이날 판결에서 "장 씨가 피폭되었다는 사실을 증언해줄 증인은 없지만 장 씨의 주장이 원폭 투하 당시의 객관적인 사실과 일치하고 부자연스러운 점이 없는 만큼 신뢰할 수 있다"며 "증인을 구하지 못했다는 이유로 건강수첩 발급을 거부한 것은 부당하다"고 밝혔다. 재판부는 장영준에 대해 입시(入市) 피폭 사실을 인정하고, 나가사키 시에 대해 피폭자 건강수첩 기각처분 취소를 명했다. 하지만 장영준은 이 판결이 있기 한 달 전인 8월 17일 사망했다.

일본 교토에서 태어난 장영준은 1945년 8월 12일 나가사키 시 혼고우치(本河內)에 있는 아버지의 안부를 확인하기 위해 폭심지를 지나다 방사선에 피폭되었으며, 혈액종양의 일종인 골수이형성증후군(骨髓異形成症候群)을 앓아왔다.

그는 2009년 1월 나가사키 시에 건강수첩을 발급해달라고 신청했지만 '가족을 제외한 제3자 증인 2명'이 없다는 이유로 거부되자 2011년 5월 17

---

[175] 연합뉴스 2005년 3월 8일 '日법원, 한국인 원폭피해자에 장례비 지급 판결' 참조.

일 소송을 냈다.

2012년 7월 결심공판에서 장영준은 "(눈앞에 보이는) 구부러진 선로 끝은 허공을 향한 상태였고, 오른쪽에 보이는 가스탱크는 부서져 있었다"며 원폭 직후의 나가사키 시 모습을 구체적으로 설명했다.

장영준 소송을 지원한 히라노 노부토(平野信人)는 언론 인터뷰에서 "이번 판결이 일본인과 달리 증인을 구하지 못해 건강수첩에 어려움을 겪고 있는 100명 이상의 한국인 피폭자에게 도움이 되길 기대한다"고 말했다.[176]

그러나 피고인 나가사키 시는 항소기한인 2012년 10월 2일 "사망자에 대한 수첩교부는 제도의 원칙에 반한다"며 후쿠오카 고등법원에 항소했다. 사망한 사실이 판결 후에 판명되었다는 이유였다.

나가사키 시 타우에 토미히사(田上富久) 시장은 항소 당일 기자회견에서 "사망하게 되면 수첩취득 권리가 소멸되는 것이 피폭자원호제도의 원칙"이라고 밝혔다.[177] 타우에 시장은 "민사소송에서 당사자가 사망한 경우 대리인은 재판소에 신고해야 한다는 대법원 규칙도 있다"면서 "이번 항소는 절차, 제도상의 문제"라고 설명했다.

타우에 시장은 "장 씨가 생존해 있었다면 판결을 받아들였을 것이다"고 말했다. 그는 재판소가 판결 전 사망 사실을 파악했다면 판결에 영향을 주었을 가능성이 있다고 덧붙였다. 수첩교부 신청 중에 신청자가 사망한 경우 신청서류는 유족에게 반환되며, 수첩을 가질 권리는 피폭자 본인에게만 있어 상속할 수 없다는 논리였다.

타우에 시장은 "원폭투하로부터 67년이 지나 증인을 찾는 것이 어려워

---

[176] 한국원폭피해자협회와 대한적십자사에 따르면 현재는 한국인 피폭자가 일본 정부에 건강수첩을 신청할 때 반드시 증인이 있어야 하는 것은 아니다. 원폭 후 오랜 세월이 지나 피폭자 대다수가 사망한 상태이고 이를 증언해 줄 사람도 거의 없기 때문이다. 증인을 내세울 경우 수첩소지자로 신청인과 같은 곳에 살았던 사람이어야 한다.

[177] 나가사키신문, 아사히신문, 마이니치신문 2012년 10월 3일자 보도 참조.

졌고 신청자도 고령화하고 있다"면서 "원고의 증언만으로 수첩교부를 인정한 판결의 '사실 인정'에 대해서는 다툴 생각이 없다"고 말했다.

그러면서도 2009년 재한피폭자에 대한 수첩교부를 둘러싼 소송에서 패소한 오사카 부가 소송 중에 사망한 원고 3명의 유족에게 무효처리를 한 수첩을 교부한 사례가 있지만 소송의 구체적 내용이나 형태가 달라 대응도 다를 수밖에 없다고 했다. 이는 증인 없이 피폭자임을 인정한 이번 판결이 장 씨 개인에 한정된 것으로 일반화될 수 없다는 점을 분명히 한 것이다. 그는 장 씨를 원폭사몰자(原爆死沒者)명부에 등록하는 방안을 검토하겠다고 덧붙였다.

나가사키 시는 항소 당일 오전까지 후생노동성, 법무성과 항소 문제를 논의했다고 일본 언론은 보도했는데 원고 변호단은 "수첩교부를 둘러싼 오사카와 히로시마의 다른 재외피폭자소송에서는 원고가 사망했더라도 지자체가 항소를 포기했다"면서 "나가사키 시의 항소는 대단히 유감스러운 일"이라고 밝혔다. 나가사키 시가 항소한다는 사실이 알려지자 한국인 피폭자를 지원하는 일본 내 시민사회단체들도 일제히 성명을 내고 항소 철회를 촉구했다.

'한국 원폭피해자를 구원하는 시민모임' 나가사키지부(지부장 히라노 노부토·平野信人)는 "나가사키 시가 피폭 사실을 가지고 싸우지 않는다고 말하면서 한편으로는 1심 판결은 법령 위반이라며 판결을 무효화할 것을 요구하고 있다"면서 "원고가 사망한 상황에서 재판을 계속한다는 것은 슬픔에 빠진 유족에게 엄청난 부담을 준다"며 항의했다. 시민모임은 "이번 판결은 피폭자이면서도 원호를 받지 못하고 있는 한국인 피폭자들에게 희망을 주었다"면서 항소 철회를 촉구했다.

나가사키 재외피폭자지원연락회도 "피폭자임을 인정해 놓고 무엇을 다투어야 하는지 모르겠다"며 "나가사키 시는 판결을 받아들이고 유족에게 건강관리수당 소급분과 장제비를 지급해야 한다"고 요구했다. 연락회 히라노 노부토 공동대표는 "피폭 사실을 인정한다면 항소하여 싸울 필요가 없다"면서 "항소를 포기하고 시장은 유족에게 사과해야 한다"고 말했다.

장영준에 대한 나가사키지방재판소의 판결은 3가지 측면에서 주목을 받았다. 첫째, 증인을 내세울 수 없는 한국인 피폭자에 대해 원폭 피해자임을 인정했다는 사실이다. 한국원폭피해자협회에 등록된 회원 2,671명(2012년 10월 기준) 가운데 130명가량이 증인을 내세울 수 없다는 등의 이유로 건강수첩을 발급받지 못한 상태이다. 따라서 이번 판결이 최고법원에서도 그대로 유지될 경우 한국인 피폭자가 건강수첩을 발급받는데 걸림돌이 된 증인 문제가 해결될 수 있다. 일본 정부는 한국인 피폭자에 대해 건강수첩을 신청할 때 피폭 사실을 입증할 2명 이상의 증인이나 이재증명서 등 증거 제출을 요구하고 있다. 따라서 일본 내에서도 이번 판결은 획기적이라는 평가가 나왔다.

둘째, 1심 판결이 최고법원까지 그대로 이어질 경우 이미 사망한 피폭자에 대해서도 원폭 피해자임을 인정한다는 점에서 의미가 있다. 신청자가 사망하면 수첩 교부 자체의 실효성은 떨어지지만 피폭1세가 모두 고령인 상황을 감안할 때 향후 재판에서 중요한 전례가 될 수 있다.

셋째, 한국인 입시 피폭자에 대해 피폭자임을 인정하는 판결이라 주목된다. 건강수첩을 발급 받은 한국인 피폭자 중 몇 명이 입시 피폭자인지는 파악되지 않고 있다. 정부가 외면하는 바람에 피폭자들이 개별적으로 소송을 진행하고 있기 때문이다.

한국원폭피해자협회 관계자는 "건강수첩 신청자가 사망할 경우 수첩을 발급해도 사용할 수는 없지만 수첩 유무에 따라 장례비 등에 차이가 있을 수 있어 이번 판결은 중요하다"고 밝혔다.

8) 김순길 '원폭피해 배상과 미불금' 재판

1945년 1월 9일 부산에서 미쓰비시중공업 나가사키조선소로 강제 징용됐다가 피폭된 김순길(1998년 2월 사망·당시 77세)은 1992년 7월 31일 일본 정부와 미쓰비시중공업을 상대로 강제연행과 피폭에 대한 배상(1천만 70엔), 미불임금(124엔28전) 반환을 요구하는 소송을 나가사키지방재판소에 냈다.

이 재판은 일본 정부를 상대로 강제징용과 원폭피해에 대한 책임을 물었다는 점에서 주목을 받았다.

나가사키에서 '김순길 재판을 지원하는 모임'이 결성됐고, 18차례나 되는 기나긴 공판이 이어졌지만 김순길은 1997년 10월 1일 패소하고 말았다. 이어 후쿠오카고등재판소도 1999년 10월 1일 "일본 정부와 미쓰비시조선소는 지불책임이 없다"며 그의 주장을 받아들이지 않았다. 김순길은 항소심이 진행되는 도중 폐암으로 사망했다.

당시 항소심 재판부는 강제징용에 따른 원폭피해에 대해 불법성은 인정하면서도 "국가가 민법상의 사용자 책임 등을 지는 것은 아니며, 원폭투하 후 처리에 대해 국가가 직접 책임을 지는 것은 아니다"고 판시했다. 미불임금에 대해서도 "당시 미쓰비시조선소와 현재의 미쓰비시조선소는 별개의 회사로 옛 미쓰비시조선소의 책무는 현재의 미쓰비시조선소에 승계되지 않는다"며 기각했다.

'김순길 재판을 지원하는 모임'은 항의성명을 내고 "후쿠오카고등재판소가 이번 재판의 역사적 의의를 외면한 채 1심 판결을 되풀이한 것은 일본 정부의 역사적 책무를 저버린 실망스런 결과"라고 비판했다.

항소심 1차 심리가 항소 후 1년여가 지난 1998년 12월에야 열리고 이후 심리도 특별한 이유 없이 계속 지연되자 "원고가 지쳐 포기하도록 의도적으로 재판을 지연시키고 있다"는 비난여론이 일기도 했다. 일본 최고재판소는 2003년 3월 28일 김씨 유족이 제기한 상고를 기각했다.

2012년 11월 김순길이 1945년 2월 12일부터 원폭 투하 하루 전날인 8월 8일까지 적은 192쪽짜리 일기가 공개돼 관심을 끌기도 했다. 원폭투하 하루 전날 쓴 일기장에는 "사쿠라다니 신사 근처의 민가 옆 두덩이에서 대기함. (공습경보) 해제는 12시정도였다. 도시락은 산에서 먹었다"고 기록돼 있다. 그는 일기에서 나가사키를 '악마 나가사키'라고 표현했다.

9) 한국 법원의 '강제징용 배상' 판결

히로시마 미쓰비시중공업의 기계제작소와 조선소에 강제 동원된 김돈영, 박창환, 이근목, 이병목, 정상화, 정창희 등 6명도 미쓰비시중공업을 상대로 미지급 임금 반환과 가혹한 노동, 원폭투하 후 회사의 불법행위로 인한 손해배상을 청구하는 소송을 1995년 12월 11일 히로시마지방재판소에 제기했다.

이들의 재판은 1심(1999년 3월)과 2심(2005년)과 상고심(2007년)에서 모두 패소했다. 당시 일본 법원은 조선인 징용은 합법적인 국민징용령에 따라 이뤄졌고, 일부 불법행위와 임금 미지급이 있었지만 소멸시효가 완성됐으며, 특히 1965년 한·일청구권협정으로 정부와 개인 차원의 모든 채권·채무관계는 없어졌다고 판단했다.

원고들은 1심 재판에서 패소한 뒤 2000년 5월 1일 부산지법에도 같은 소송을 냈다. 이들이 부산에서 소를 제기한 것은 당시 미쓰비시중공업 연락사무소가 부산에 있었기 때문이다.

하지만 국내 1심(2007년 2월 2일)과 2심(2009년 2월 3일) 법원도 일본 법원의 판단을 수용해 그들의 주장을 받아들이지 않았다.

1심 재판부는 한국 법원에 재판관할권이 있다는 점과 일본 최고재판소에서 진행되고 있는 소송이 중복제소에 해당하지 않는다는 것을 인정했다. 하지만 채권의 소멸시효에 대해서는 원고 주장을 배척했다. 원고들은 청구권협정 관련 문서가 전면 공개된 2005년 8월 26일에서야 권리행사가 실질적으로 가능해졌다는 점을 근거로 그 이후부터 소멸시효를 계산해야 한다고 주장했다. 하지만 재판부는 손해배상채권과 임금채권이 전쟁범죄와 관련된 채권이라는 이유만으로 소멸시효를 특별히 연장할 수는 없다고 판단했다. 따라서 일본과 국교가 정상화된 1965년 6월 22일부터 계산하여 시효가 지났다고 판단했다.

2심 재판부는 원고가 일본에서 패소 확정판결을 받았고 이 판결은 한국에서 그 효력이 승인된다는 이유로 원고 청구를 기각했다.

그러나 대법원은 2012년 5월 24일 원심 판결을 파기하고 사건을 부산고법으로 돌려보냈다. 재판부는 "피해자들이 일본에서 낸 소송을 일본 법원이 기각한 것은 한국에 대한 식민지배가 합법적이라는 전제 아래 내린 판결로, 이는 일제강점기 강제동원 자체를 불법으로 본 대한민국 헌법의 핵심가치와 정면으로 충돌한다"고 판단했다.

아울러 "한·일청구권협정도 일본의 식민지배에 대한 배상을 청구하기 위한 협상이 아니라 샌프란시스코조약에 근거해 두 나라 간 재정·민사적 채권·채무 관계를 정치적 합의로 해결하기 위한 것으로, 개인청구권의 소멸에 대해서까지 양국 간에 의사 합치가 있었다고 볼 충분한 근거가 없다"고 밝혔다. 대법원의 이 판결은 국내 강제징용 피해자에게 배상을 받을 수 있는 길을 열어주었다는 평가를 받았다.

10) 헌법소원

한국원폭피해자협회 회원 2,339명은 2008년 10월 29일 정부가 일본을 상대로 원폭 피해에 대한 손해배상 등을 요구하지 않아 기본권이 침해되었다며 외교통상부를 상대로 헌법재판소에 헌법소원을 제기했다.

원폭협회는 정부가 국내 원폭 피해자를 방치함으로써 인간의 존엄과 가치, 행복추구권, 재산권 등을 침해받았다고 주장했다. 협회는 1965년 한·일청구권협정은 양국 간 채권·채무 관계를 해결하기 위한 것이었던 만큼 원폭 피해와 같은 인권 문제는 여전히 일본 정부에 법적인 책임이 있다"고 강조했다.

헌법재판소는 2011년 8월 30일 원폭 피해자의 배상청구권 문제에 대해 정부가 구체적 해결노력을 하지 않은 것은 피해자의 기본권을 침해한 것이라며 재판관 6(위헌) 대 3(각하) 의견으로 위헌 결정을 내렸다.

헌법재판소는 한·일협정 제3조에서 양국 간에 분쟁이 있으면 중재위원회 등 분쟁해결 절차로 나아가도록 규정하고 있다며, "이는 일본국의 조직적이고 지속적인 불법행위로 인간의 존엄과 가치가 심각하게 훼손당한 자국민들의 배상청구권을 실현하도록 협력하고 보호하여야 할 헌법적 요청에 따른 (국가의) 의무"라고 밝혔다. 헌법재판소는 "한·일협정에 피해자들의 배상청구권이 포함되는지를 놓고 해석 차이가 존재하므로 협정 절차에 따른 외교적 경로로 이를 해결해야 하는데도 국가가 이를 하지 않아 피해자들의 기본권을 침해했다"고 지적했다.

조대현 재판관은 이런 다수의견에 더해 "피해자들이 일본에 대해 손해배상 청구권을 행사할 수 없게 된 손해까지 정부가 완전하게 보상할 책임을 지도록 해야 한다"는 보충 의견을 냈다. 반면 이강국·민형기·이동흡 재판관은 헌법 상 기본권 보장과 협정 3조를 이유로 국가가 분쟁해결에 나서야 할 구체적 작위(作爲)의무가 있다고 보기 어렵다며 각하 의견을 냈다.[178]

위헌결정이 나자 외교통상부는 그해 9월 15일 원폭 피해자 배상 문제를 협의하기 위한 한·일 양자협의를 일본 측에 공식 제안했다. 이 제안은

---

[178] 부록의 '대한민국과 일본국간의 재산 및 청구권에 관한 문제의 해결과 경제협력에 관한 협정 제3조 부작위위헌확인' 참조.

1971년 9월 14일 히로시마원폭병원 의사 이시다(石田)를 비롯한 한국피폭자진료의사단은 가나야마치(金屋町)에서 결성식을 갖고 서울, 합천 등지에서 의료활동을 벌였다.

1965년 한·일 협정의 분쟁을 해결하기 위한 정부 차원의 첫 양자협의 제안이라는 점에서 주목을 받았다. 이 제안은 '협정의 해석 및 실시에 관한 양국 간 분쟁은 우선 외교상의 경로를 통해 해결하며, 이에 실패했을 때 중재위원회에 회부한다'는 협정 3조에 근거한 것이었다.

그러나 일본 정부는 1965년 협정으로 인해 모든 청구권이 소멸되었다는 기존 입장을 되풀이했고 이후 한국 정부가 더 이상 이를 문제 삼지 않아 결국 헌법재판소의 위헌 결정은 선언적 의미에 그치고 말았다.

3. 한국 피폭자 지원 특별법 무산

1) 17대 국회

한국인 원폭피해자 지원을 위한 특별법 제정 운동은 2002년 피폭2세 김형률의 커밍아웃으로 본격화되었다. 그해 12월 부산에서 아오야기 준이치

(青柳 純一, 부산대 교수), 조석현(전조교) 등이 주축이 되어 '한국피폭2세 환우회를 지원하는 모임'(이하 피폭2세지원모임)을 결성했다. 2003년 5월 피폭2세지원모임은 원폭 피해자와 피폭2세 환우의 생존권 보장을 위한 국가인권위원회 진정하기로 결의하고 서울의 시민단체들과 연대를 추진했다. 그해 6월 28일 서울에서 '피폭2세 환우 문제 해결을 위한 간담회'가 개최되었고 이어서 '피폭2세 환우 문제해결을 위한 공동대책위원회'(이하 공대위)를 구성하기로 결의했다. 이어 8월 5일 국가인권위 진정을 위한 기자회견을 갖고 8개 시민단체와 함께 공대위를 정식으로 발족시켰다. 공대위는 정부 차원의 실태조사와 진상규명을 골자로 하는 진정서를 국가인권위에 제출했다. 국가인권위는 2004년 8월 이들의 진정서를 받아들여 피폭2세 기초현황과 건강실태 조사에 착수했고, 2005년 2월 14일 그 결과를 발표했다. 2005년 4월 12일 공대위는 원폭피해자 진상규명과 지원대책 촉구 및 특별법 제정을 위한 의견청원 기자회견을 개최하고 한국원폭피해자협회와 한국원폭2세환우회, 시민사회단체 대표들이 연명해 국회에 특별법 제정 촉구 청원서를 제출했다. 같은 해 5월 공대위는 이름을 '원폭피해자 및 원폭2세 환우 문제 해결을 위한 공동대책위원회'로 변경하고 5월 18일 국회에서 원폭 피해자 문제 해결을 위한 입법 방향을 주제로 토론회를 열었다.

공대위는 원폭피해자협회 기호지부 사무실과 합천원폭피해자복지회관에서 한국인 원폭피해자 진상규명과 인권 및 명예회복을 위한 특별법 제정에 관한 설명회를 개최하기도 했다. 2005년 5월 29일 김형률 2세환우회장이 사망하면서 특별법 제정 분위기는 더욱 고조되었다.

2005년 6월 16일 조승수 외 국회의원 79명이 '원폭피해자진상조사와 지원대책 마련을 촉구하는 대정부결의안'을 내고, 이어 8월 4일 조 의원을 대표로 17대 국회에 특별법안을 발의했다.

특별법안의 골자는 원자폭탄 피해자의 진상을 규명하고 의료생활에 대한 실질적인 지원을 위한 업무를 수행하기 위해 국무총리 산하에 '원자폭탄피해자지원위원회'를 설치하고, 원폭에 의해 부상당하거나 질병에 걸린 피해자와 그 자녀에 대해 의료지원을 하며, 원폭 피해자와 그 자녀는 연 1회의 일반검사와 정밀·암 검사를 무료로 받도록 하며, 그들의 건강상태와 생활여건을 고려해 중복되지 않는 범위 내에서 특별수당, 보건수당, 생활수당 등을 지급하고, 원폭 피해자가 사망한 때에는 150만 원의 장제비를 지급한다는 내용이다.

아울러 원폭 피해자에 대한 진상조사를 실시, 피해자의 명예를 회복하고 인권과 평화를 위한 교육의 장으로 활용하기 위한 기념사업을 시행한다는 내용을 담고 있었다.

그러나 국회 보건위원회 김종두 수석전문위원은 특별법안 검토보고서에서 "부모의 피폭과 원폭피해자 2세 질환의 인과관계는 아직까지 명확히 밝혀지지 않은 상태로 보여 지고, 현재 일본에서도 원폭피해자와 달리 원폭피해자 2세에 대해 정부차원에서 시행하고 있는 지원 대책이 마련되어 있지 않다는 점에서 정부가 피해자녀에 생활 및 의료지원 등을 하는 문제는 신중히 검토해야 한다"고 부정적인 입장을 취했다.

2007년 4월 17, 23일 제267회 국회(임시회) 제1·2차 보건복지위원회 법안심사소위는 특별법안을 안건 목록에는 넣었으나 상정조차 하지 않았다.

이에 공대위와 시민단체들은 특별법 제정을 위해 국회의원을 상대로 특별법 통과 찬성 서명운동을 펴는 한편 13일간 국가인권위 점거 농성을 벌이고 국회 보건복지위원회에 계류된 법안의 조속한 처리를 촉구하는 시위 등을 전개했다. 그러나 이 법안은 국회에서 논의조차 되지 못하고 회기를 넘겨 자동 폐기되었다.

2) 18대 국회

특별법안 첫 시도에 실패를 경험한 공대위는 한국원폭피해자협회와 함께 2008년 7월 2일 다시 특별법 제정 촉구를 위한 청원서를 18대 국회에 제출했다. 10월 21일 공대위는 2기 출범을 결의하고 사무국을 평화박물관 건립추진위원회가 맡았으며 같은 해 11월 25일 조진래 의원(한나라당)을 대표로 103명이 '한국인 원자폭탄 피해자와 그 피해자 자녀의 실태조사 및 지원을 위한 특별법안'을 발의했다.

사실 18대 국회에 청원서 제출 및 법안 발 과정에서는 공대위보다는 '한국원폭피해자협회'가 더 적극적이었다. 협회는 공대위에는 참여하지 않고 독자적으로 활동했지만, 2008년 2월 신임 선출된 김용길 회장이 5월 김형률추모제에 참석한 계기로 공대위나 2세환우회와도 적극적으로 연락관계를 가졌고, 먼저 공대위로 연락하여 공대위가 17대 때 펼친 활동내용도 있고 조승수 법안과 청원서 내용도 보유하고 있으니, 수정보완을 거쳐 함께 다시 청원하자고 찾아왔고 이어서 7월 2일에 공대위와 한국원폭피해자협회가 공동 연명하여 청원서를 제출하고, 11월에 조진래 위원이 법안을 발의하기에 이르렀다. 17대에 제출된 법안과 차이점을 보이는 주요 내용은 총리 산하 '원자폭탄피해자지원위원회'를 '한국인원폭피해자지원위원회'로 바꾸고, 원폭 피해자가 사망한 때에는 150만 원의 장제비를 지급한다는 규정에서 금액만 삭제했을 뿐 나머진 동일했다.

이 법안은 발의 후 약 2년 동안 잠자다가 2010년 2월 19일 제287회 국회(임시회) 제1차 보건복지가족위원회는 전체회의 석상에서 특별법안을 상정하고 발의 의원 제안설명, 보건복지가족위원회 이원탁 전문위원 검토보고, 대체토론과 소위원회부 등을 논의하였다. 그해 11월 29일 제294회 국회(정기회) 제2차 법안심사소위는 전문위원 검토의견을 청취하였다. 이원탁은 검토의견에서 "실태조사와 의료·생활지원의 법적근거 마련과 실질적인 지원은 필요하다 보여지나, 이들 피해자와 그 피해자 자녀에 대한 생존권과 인권보장, 명예회복을 목적으로 규정하는 것은 신중한 검토가 필요하다"고 17대 국회 때와 유사한 의견을 내놓았다. 이원탁은 "피해자 자녀를 동 제정법의 적용 대상에 포함시키는 것은 유사한 사례를 발견하기 어려운 실정"이라며 부정적인 의견을 제시했다.

같은 해 11월 29일 제294회 국회(정기회) 제5차 법안심사소위는 특별법안을 상정하고 김대현 전문위원으로부터 법안 검토의견을 청취했다. 김대현은 앞의 이원탁 전문위원의 검토보고서 중 쟁점 부분만을 낭독하고 마쳤다. 이어서 보건복지부 전병율 질병정책관은 일본 방사선영향연구소에서 조사한 '피폭자 2세 건강영향 조사분석 결과' 자료를 의원들에게 배포했다. 김대현 위원은 방영연 조사결과를 근거로 "현시점에서 부모의 피폭과 2세에 대한 건강영향의 연관성은 낮으며, 특히 부친의 피폭선량과 2세 남성의 다인자 질환에 한해 유병률이 유의하게 낮은 부의 상관관계[179]가 있다"는 것과 국가인권위 조사실태, MBC 등에 보도된 원폭 2세 건강실태 등을 언급하였다.

소위원장 신상진 의원은 원폭피해자 2세의 사망자 55.2%가 10세 이전에 사망했다는 국가인권위 조사결과에 대해 검증해 봤느냐고 전 정책관에게 물었다. 전 정책관은 "아직 검증하지 못했다. 인권위원회 실태조사 결과를 토대로 해서 발표한 내용"이라고 답변하였다. 이에 신 의원은 방영연과 인권위의 해석이 엄청 다르다고 지적했고 전 정책관은 "우편 설문조사를 가지고 자기 기술을 하다 보니까"라고 답해 인권위 조사결과에 대해 회의적인 입장을 보였다.

같은 위원회 박은수(민주당·변호사) 의원은 과학적 검증과 관련해 "우리나라보다는 일본에 훨씬 많으니까 일본에서의 어떤 그런 검증을 우리가 원용해서 쓰는 게 더 맞지 우리는 모수가 적은데 우리나라의 피폭자 상대로 그렇게 조사를 한다고 하더라도 의미 있는 결과를 도출하기 어렵다"고 말한 뒤 "그러니까 그 자료를 가지고 하면 되지 그것을 또 조사한다고 다 돈 들이고 하는 것은 별로 의미가 없다"고 부정적인 입장을 취했다.

---

[179] 부(負)의 상관관계는 음(陰)의 상관관계 혹은 반대적 상관관계라고 해석할 수 있다. 이는 한쪽이 상승하면 다른 쪽은 감소하는 반대적인 음의 상관관계라고 하겠다.

신 의원은 현재 정부에서 건강수첩 미소자에게 장제비 150만 원을 지원하고 있다는 점과 일본에서 이미 오랜 기간 실태조사를 한 사실 등을 들며 "특별법을 제정하는 데 있어서는 빈약한 감이 있다"고 지적했다. 박 의원은 "일본이 자국민에 대해서도 2세에 대해서는 안하고 있는 것을 우리가 그것을 더 굳이 조사를 한다고 하는 것은 합리적이 않다"면서 "법은 일본에서 가져오고 일본이 한국인까지 다 지원하고 있는데도 불구하고 필요한 부분이 있다면 그것만 만들자"고 제안했다.

이에 신 의원은 최원영 보건복지부 차관에게 "법이 있어야 된다는 공감이 있으니 기존에 지원하고 있는 내용 말고 일본에서 인정받지 못한 내용을 별도의 법안으로 만드는게 가능하냐고 물었고 최 차관은 "검토해 보겠다"고 답변했다.

하지만 원희목(한나라당·약사) 의원은 "법안을 위한 법안을 만들면 안된다"면서 "진실화해를 위한 과거사정리 기본법에 담거나, 원폭 피해자가 대부분 고령이라서 특별법이 제정되더라도 시행될 수 있는 기간이 제한적이기 때문에 종합적으로 검토해 현실성 있는 대안을 내야 한다"고 주장했다. 이날 소위원회는 결국 몇 가지 질문만 한 채 끝나고 말았다.

2010년 12월 1일 제294회 국회(정기회) 제7차 법안심사소위는 다시 특별법안을 상정하고 보건복지부 의견을 청취했다. 전 정책관은 추가로 검토한 의견이라면서 "복지부는 특별히 법을 제정하지 않더라도 현재 원폭피해자에 대해 의료비 지원이라든지 장제비 등을 지원하고 있기 때문에 입법을 안 하는 의견을 가지고 있다"라고 특별법 제정에 반대한다는 뜻을 분명히 했다.

하지만 유재중(한나라당·합천 출신) 의원 등은 2세 지원 부분만 제외하고 기념사업과 명예회복 등의 사업을 하자고자 제안했다. 그러나 보건복지부 차관과 정책관 등은 2세의 실태조사나 지원사업에 부정적인 의견을 냈다. 김대현 위원은 특별법안에 대해 "여러 각도로 검토해 봤으나, 조진래 의원이 입법취지로 제안한 피해자 자녀의 지원책 등은 지금보다는 나은 것을 원하는 건데, 사실 법을 만들어 봐야 해 줄 게 별로 없다"면서 "이 법을 만들어 놓으면 그 관련된 사람도 채용하고 또 심의회도 운영해야 되고 행정비용이 만만치 않다"며 반대했다. 결국 18대 국회가 2012년 5월 29일 임기만료 됨에 따라 특별법안도 자동 폐기되고 말았다.

3) 19대 국회 입법 운동

두 번의 좌절에도 불구하고 특별법 제정운동은 19대 국회로 이어지고 있다. 한국원폭2세환우회, 건강세상네트워크, 합천평화의 집 등이 특별법 제정 추진에 관하여 2012년 4월 27일 1차 준비모임을 갖고 특별법 참여단체 선정과 17·18대 국회 때 벌인 입법운동 등을 평가했다. 같은 해 8월 3일 2차 모임은 특별법안 공대위 구성과 합천평화의집 주최 노무라 다이세이(오사카대학 명예교수) 특별초청 강연회 준비 등을 논의했고 한국원폭피해자협회와도 특별법추진위 구성 및 활동계획과 관련하여 두 차례의 사전 준비모임을 가졌다. 이어 8월 20일 범시민사회단체와 개인, 각 정당에 특별법제정추진위 참여제안서를 보냈다.

9월 12일 현재 특별법 제정운동에 참여하겠다고 의사를 밝힌 단체는 한국원폭피해자협회, 한국원폭2세환우회, 합천평화의집, 건강세상네트워크, 인도주의실천의사협의회, 평화박물관, 한국교회여성연합회, 한국교회희망봉사단, 생명평화마중물, 녹색당, 녹색연합 등이었으며, 참여단체를 더욱 확대 구성할 계획이다. 원폭피해자특별법제정추진위원회는 결성 이후 현재까지 법안 대표발의 의원 섭외 및 법안 준비를 해 왔으며, 대국민 여론화를 위한 각종 캠페인과 홍보, 공청회 및 토론회, 다큐멘터리 상영화, 피해자증언집 발간 등도 계획하고 있다.

4. 피폭2세 운동

1) 일본

(1) 피폭2세 단체 결성

일본에는 전국피폭2세단체연락협의회(全國被爆2世團體連絡協議會)를 중심으로 지방자치단체, 노동사회단체별 피폭2세 조직이 결성되어 있다. 최초의 피폭2세 단체는 히로시마에서 조직되었고 초기 2세 운동을 이끌었다. 1966년 7월 10일 히로시마 현의 피폭2세 70여 명은 나카초(中町) 미마(見眞)강당에서 전국 최초로 피폭2세 모임인 '태내피폭·피폭2세를 지키는 모임'(이하 2세모임)을 결성했다. 이날 피폭 2세, 히로시마현 원수협, 히로시마현 피단협(被團協), 히로시마현 교원노조, 히로시마현 모친연락회, 모친학습서클 야마시다(山下)회, 신일본부인회, 그리스도자평회회, 민주주의문학동맹 히로시마지부, 학습서클 모두회, 히로시마현 문화회의, 민주의사연합회 후쿠시마(福島)병원, YMCA 등의 대표와 소두증 자녀를 둔 부모 회원들이 참석해 2세 피폭자건강수첩 발급 및 완전한 원호 획득, 핵병기 완전금지 실현 등을 결의했다. 이들은 결의문에서 일본 정부에 의료비 지급, 의료시설 설치, 생활비 지원 등을 요구했다.

초기 2세 단체에는 원수협을 비롯해 전국 단위 노동조합과 시민사회단체들이 대거 참여했는데 2세모임은 1972년 1월 10일 '태내피폭자·피폭2세 문제대책회'로 조직을 재편했고, 2월 29일 원수협과 함께 피폭2세상담회를 열었다.

일본 내의 피폭2세 운동은 원수협과 원수금, 피단협 등 소속 단체에서 피폭 2세들을 지원하면서 지방과 단체별 조직화로 이어졌다. 현재 피폭2세 운동은 전국피폭2세단체연락협의회를 중심으로 전개되고 있다.

1955년 8월 6일 히로시마에서 개최된 원수폭금지세계대회 모습.

가) 전국피폭2세단체연락협의회(全國被爆2世團體連絡協議會, 2세협회)

1977년 8월 일본노동조합총평의회(総評)와 원수금은 히로시마에서 만나 피폭2세를 위한 통일된 요구서를 작성하고 전국 각지에 피폭2세 조직을 결성하고 의견을 교환하기로 합의했다. 같은 해 10월 두 단체는 히로시마에서 제1회 전국피폭2세 간담회(총 4회 개최)를 개최하고 새로운 2세 전국조직을 결성하기로 결정했다. 1978년 3월 피폭2세들은 전국피폭2세연락회 준비회를 결성하고, 8월 원수금대회에서 처음으로 2세운동분과회를 개최했다.

준비회 결성 이후 1979년 7월 나가사키 피폭2세회, 1980년 11월 히로시마 피폭2세회 등이 각각 결성되었고, 1988년 12월 정식으로 전국피폭2세단체연락협의회가 출범했다. 이 단체에는 히로시마현의 부락해방동맹 히로시마현연합회 피폭2세회·히로시마현 피폭2세교직원회·NTT(일본전신전화)노조 히로시마 피폭2세협의회·히로시마현 고등학교 피폭2세교직원회·자치노동조합 히로시마현본부 피폭자연락협의회, 나가사키현 NTT노조 나가사키피폭자2세협의회·국철노조피폭자대책협의회 나가사키 피폭2세회·나가사키현 피폭2세연락협의회·나가사키현 피폭2세 교직원회·나가사키현 피폭자 수첩동우회(手帳友會)·부락해방동맹 나가사키현 연합회 피폭2,3세회·자치노조 나가사키 피폭2세회·자치노조, 야마구치 피폭2세회, 후쿠오카현 피폭2세 교직원회, 가나가와(神奈川)현 피폭2세 교직원회, 오사카 피폭2세회, 전일본교직원노조 전국피폭2세 교직원회 등이 참여했다.

나) 히로시마·나가사키 피폭2세 조직

히로시마에서는 앞의 2세모임을 시작으로 각 부문별로 2세회가 조직되었다. 1972년 4월 15일 히로시마 전국전기통신노동조합(全電通)노동조합 피폭2세들은 조합원들을 중심으로 '피폭청년회'를 결성했다. 1973년 7월 전국전기통신노동조합 노조원들은 '전국전기통신노동조합 히로시마피폭2세협의회'를 조직하고 활동에 들어갔다. 1974년 7월 히로시마 국철노동조합원들도 '히로시마 국철노조 피폭2세회'를 결성했다. 1975년 6월 전일본체신노동조합은 '히로시마 피폭2세협의회'를 결성하고 1979년 7월 '자치노동조합 히로시마현본부 피폭2세협의회' 등을 조직해 실태조사 등을 실시했다. 이들 노조원들은 원수협 등에서 활동하면서 별도의 2세 조직을 구성해 활동을 전개했다.

1980년 11월 히로시마에는 피폭2세회와 3세회까지 조직되었다. 이 단체는 히로시마 현 피단협과 협력해 피폭2세 건강검진의 내실을 기하고 의료비 보조 등을 실현하기 위해 지자체에 협조를 요청하고 있다. 특히 자체적으로 피폭2세수첩을 만들어 부모의 피폭상황과 2세의 건강상태를 기록해 보존하고 있다. 회원들은 히로시마 방문객을 대상으로 피폭지 순례 등을 실시해 원폭 피해의 실상을 전하는 활동도 펼치고 있다. 그 외 1982년 히

1969년 12월 21일 일본원수협과 히로시마대 교수 등이 피폭2세를 조사하기 위해 피폭2세문제연구회를 결성했다.

로시마고등학교교원 피폭2세회 등이 조직되었다.

2011년 5월 18일 후쿠오카 현 원폭피해자단체협의회는 2세 문제연구회를 설치하기로 결정했다. 후쿠오카지역 피폭2세 40여 명은 2004년 8월 8일 후쿠오카 피단협의 원조를 받아 후쿠오카 현에 거주하는 2,3세를 중심으로 건강을 지키고 핵병기 철폐 등을 목적으로 하는 '후쿠오카 피폭2세회'를 결성했다. 연구회는 2,3세의 건강진료 종목과 의료기관 확대 등을 정부에 촉구했다.

나가사키 지역에서는 1972년 3월 5일 나가사키 청년회 피폭2세회가 결성되었고 1974년 10월에는 '나가사키 젠덴츠 피폭2세회', 1977년 7월에는 '나가사키 국철노조 피폭2세회'가 조직되었다. 또 1986년 7월 '나가사키피폭2세 교직원회', 같은 해 8월 '나가사키현 피폭자수첩우회 2·3세회', 1989년 8월 '나가사키현 직원 피폭2세협의회' 등이 연이어 결성되었다.

히로시마, 나가사키 외에도 오사카 피폭2세회(1974년), 아이치(愛知)현 원수금피폭2세회(1980년) 등 전국 각지에서 수많은 2세 단체들이 결성되었다. 1981년 7월에는 공명당(公明黨)·히로시마2세협의회가 조직되기도 했다.

일본피단협은 2012년 9월 6일 도쿄 도내에서 모임을 갖고 핵병기 철폐와 2세 운동을 위한 2세위원회를 설치했다. 위원은 히로시마·나가사키 등 6개 2세회 모임의 대표자 6명, 피단협 간부 6명 등 12명으로 구성되었다.

(2) 피폭2세 운동의 흐름

일본에서 피폭15주년 때인 1960년 8월 히로시마 피폭2세인 모토기 가쓰유키(本木 克行, 당시 13세)가 백혈병으로 사망하면서 피폭2세 건강 문제가 사회적 이슈로 등장했다. 모토기의 아버지는 직접 피폭을 당했고 어머니는 입시 피폭자였다. 그는 원폭의 영향으로 사망한 최초의 피폭2세로 알려지면서 파문이 크게 확산되었다.

피폭2세들은 정부를 상대로 1세와 동등한 건강진단과 의료지원을 요구하고 나섰다. 1960년 3월 14일 일본피단협은 원호법 실현 전국집회에서 피폭2세를 위한 의료·생활보장을 촉구했다. 이어 7월 16일 히로시마현 대회에서도 '의료 원호조치에 관한 청원서'를 채택했다.

1968년 3월 30일 히로시마현 원수협·피단협·2세를 지키는 모임은 히로시마 시 교육위원회에 2세 아동의 실태조사와 건강관리 요구서를 제출했고, 1970년 5월 14일 피폭2세 건강조사를 실시했다. 일본피단협 전국이사회는 2세에 대한 건강수첩 교부 등을 요구했다.

1978년 9월 2일 후생노동성은 1979년도부터 피폭2세건강진단을 실시하기 위해 1억 800만 엔을 내각에 요청했다는 언론보도자료를 배부했다. 같은 달 25일 2세 단체(히로시마피폭2세연락협의회 준비회 중심)는 후생노동성 진료가 일방적이라며 반발했고 정부와 교섭이 시작되었다. 2세 단체는 후생성의 건강진단에 대하여 ▲조사 및 연구 목적이 불분명하고, ▲질병이 발견되어도 의료 조치에 대한 방안이 없고, ▲개인정보를 어떻게 처리할지 구체적인 방안이 없다며 적극적으로 반대했다.[180] 2세 단체의 반대에도 불구하고 후생노동성은 1979년 1월 9일 2세 건강진단비로 약 6,000

---

[180] 『中國新聞』, 1978. 9. 25.

만 엔을 배정했다. 양측은 2세 진료에 관한 5개 항(앞의 2세 단체에서 지적한 3개항을 포함)에 합의했다. 1980년 11월 2세 건강진단 실시요강을 발표했다. 1981년 9월 2세 단체들은 앞의 건강진단 실시요강에 따라 실시한 「피폭2세 건강진단에 관한 조사·연구보고서」를 후생노동성에 제출했다.

2012년 8월 31일 현재 지방자치단체별(12곳)로 건강진료와 건강수첩(지방자치단체 자체) 발급 등이 이뤄지고 있으며, 희망자에 한해 개별부담으로 정밀진단도 실시되고 있다.

1984년 방사선영향연구소는 피폭자인 양친 사이에서 태어난 자녀를 대상으로 DNA의 분자유전학적 조사를 실시하겠다고 발표했다. 2세 단체들은 방영연 조사가 일방적이고 2세 단체와 협의도 없었다며 반발했다. 오사카·히로시마·나가사키 2세회는 방영연에 질문서를 제출하고 2세의 동의 없는 조사는 수용할 수 없다고 선언했다. 그 이후 쌍방은 논란을 거듭하다가 조사 자체가 이뤄지지 않았다. 그 뒤 방영연은 1997년 8월 피폭2세 건강영향조사를 실시한다고 발표했다. 이에 2세 단체는 조사목적이 단순한 학술적 연구보다 피폭2세의 입장을 대변할 수 있어야 하고, 호적 부표(付票, 꼬리표, 호적부에 부착된 별지) 문제를 비롯한 방영연과의 신뢰 회복이 전제가 되어야 한다고 주장했다. 또 조사방법의 타당성과 대조군, 입시피폭에 대한 견해차가 해소되어야 하며, 조사결과를 공표할 때 2세의 개인정보가 보호될 수 있어야 한다는 점을 강조했다. 양측은 1999년 5월 2세 문제 해결에 도움이 되는 방향으로 조사를 진행한다는데 합의했다.

방영연은 피폭2세건강영향조사과학위원회, 피폭2세건강영향조사윤리위원회라는 2개의 제3자위원회를 설치했다. 2세 단체는 위원을 추천해 조사과정을 감시했다. 2000년 4월 22 전국피폭2세협회는 방영연에 2세 조사 전 우편조사·예비조사를 먼저 실시하자고 제안했다. 이에 쌍방은 우편예비조사에 동의했다. 9월 19일 방영연은 피폭2세 건강조사방법에 있어 외부 전문가들이 심의할 수 있도록 「과학위원회」를 열어 2001년 초부터 본격적인 조사에 들어가기로 했다. 10월 18일 방영연은 계획에 따라 피폭2세건강영향 조사 전 전국피폭2세협회와 히로시마 시내에서 별도 협의회를 열었다. 이 자리에서 전국피폭2세협회는 후생노동성에 피폭 2세의 원호대책을 세워줄 것을 요구했다. 2002년 1월 21일 방영연은 2세 단체의 요구에 따라 피폭2세 건강진단조사의 예비 검진을 시작했다. 2007년 2월 28일 방영연은 2002부터 시작한 피폭2세건강진단 조사 결과를 발표했다. 연구소는 부모 피폭이 2세에게 유전적 영향이 있는지에 대해 연구소 내의 과학·윤리 합동 위원회에서 "피폭 2세에게 발병 리스크가 증가하는 증거는 없다"라고 발표했다.

그리고 피폭2세들은 사회적 차별에 맞서는 운동의 일환으로 대외 연대와 평화운동을 전개하고 있다. 1987년 8월 한국에서 피폭2세회가 결성되자 일본 피폭2세들이 서울을 방문했다. 1989년 8월에는 한국 2세 7명이 일본 2세단체의 도움으로 히로시마와 나가사키를 방문했다. 2000년 2월 나가사키 피폭2세는 한국 피폭2세와의 건강진료 문제 등을 협의하기도 했다. 북한은 1999년 8월 반핵평화 조선피폭자협회가 중심이 되어 나가사키·평양에서 개최된 사진전에 참여한 적이 있지만 이후 일본인 납북 문제 등으로 인한 양국 간 정치적 갈등으로 인해 별다른 교류가 이뤄지지 못하고 있다.

2000년 이후 일본의 2세 운동은 2세협회와 히로시마·나가사키 2세회 등을 중심으로 전개되고 있다. 2005년 2월 전국 2세 교류회를 열어 피폭2세의 순회 진료와 재외피폭자지원사업, 피폭자상담원연수회, 세계 동시 반전행동 등을 펼쳤다. 2세협회는 소식지인 '2세통신'을 매월 발간해 전국의 소식을 전하고 있다. 2006년 6월 2세협회는 서울에서 한일피폭2세교류회를 열고 피폭 문제에 공동 대응키로 결의했다. 이들 단체는 원폭 피해와 관련된 각종 소송에 참여해 한일공조를 더욱 확고하게 만들었다. 2세협회는 서울, 부산 등지에서 수시로 교류회를 개최하고 있다.

일본 내의 피폭 2세들은 피폭자 단체들과 연대하여 반핵·반전·평화운동을 전개하고 있다.

(3) 관련 조직
가) 원수폭금지일본협의회

1954년 3월 1일 태평양 비키니 섬에서 벌어진 제5 후쿠류마루(福龍丸) 피폭 사건은 원폭의 악몽에서 깨어나지 못하고 있던 일본 국민들에게 다시 한 번 큰 충격을 줬고 반핵 운동의 계기로 작용했다. 1955년 8월 3일 원폭금지서명운동 전국협의회는 일본 국민 반 이상인 약 3천158만 3,123명의 서명을 받아냈다.

같은 해 8월 6일 이 단체는 히로시마에서 제1회 원폭금지세계대회를 열고 원폭실험금지와 핵무기 폐기 등을 주장했다. 이어 9월 19일 원수금세계대회 준비회와 서명운동 전국협의회는 '일본원수폭금지일본협의회'(日本原水爆禁止日本協議會, 약칭 원수협)을 결성했다. 초대 이사장은 야스이 가오루(安井郁・오사카 출신・국제법학자・법정대학 명예교수)였다. 창립 당시에는 자유민주당, 민사당, 일본 사회당 등이 참여했으나 '일본과 미국 상호 협력 및 안전보장 조약'이 원자력 발전 문제와 상반된다는 이유로 자민당계와 민사당계가 탈퇴했다.

1956년 8월 9일 일본원수폭피해자단체협의회가 결성되었다. 1956년에는 나가사키에서 제2회 원수폭금지세계대회가 열렸다. 1961년 원수금 7회 대회에서는 "핵실험을 개시하는 국가는 평화의 적, 인도주의의 적"이라고 결의했다. 하지만 8월 30일 소련이 핵실험을 하자 원수협에 참여한 일본 공산당과 사회당은 소련 정부에 항의 문제를 놓고 갈등을 빚기 시작했다. 1962년 8월 제8회 대회 개최 직후 소련의 핵실험이 또 실시되자 양측의 대립은 표면화되었다.

1963년 사회당과 총평계 그룹은 어떠한 나라의 핵실험에도 반대한다는 슬로건을 기치로 상대방에 대해 부분적 핵실험금지 조약의 지지를 요구했다. 이에 공산당은 지하 핵실험은 조약에 의해 인정된다면서 "사회주의 나라의 핵병기는 침략방지를 위해 용인되어야 한다"고 맞섰다. 공산당은 핵전쟁의 근원은 미국의 제국주의이며, 일본이나 아시아에서 내쫓아야 한다며 반안보·기지투쟁으로 확장해 갔다. 양측의 대립으로 1963년 세계대회는 결국 열리지 못했다.

공산당은 핵무기 폐기, 핵전쟁 저지, 피폭자 구원이라는 세 가지 슬로건을 내걸었다. 그러나 사회당은 원수협에서 탈퇴하고 말았다. 1977년 원수협은 사회당 중심의 원수폭금지일본국민회의(원수금)와 통일대회를 개최했으나 핵동결 정책에 대한 지지 문제를 놓고 또 다시 대립했다. 이 대립은 1980·1983·1985·1986년 세계대회에서 핵 동결과 위원 배분 문제 등을 놓고 지속적으로 이어졌다.

원수협은 핵실험 정지조약 및 포괄적 핵실험 금지조약과 관련, "부분 핵실험 정지 조약은 지하 핵실험 등이 금지되지 않는 이상 핵무기 폐기에 충분한 효과를 낼 수 없다"고 주장하고 있다. 이 단체는 피폭 60주년인 2005년 세계대회에서 "모든 핵병기의 폐기"를 주장하면서 전 세계적으로 서명운동을 벌였다.

일본원수협 가맹단체와 각지의 원수협은 다음과 같다.

   전국노동조합총연합(全國労働組合総連合)
   도쿄 원수협(東京原水協)
   후꾸치야마 원수협(福知山原水協)
   도카치 원수협(十勝原水協)
   홋카이도 근의협(北海道勤医協)
   오카야마겐 평화위원회(岡山県平和委員会)
   반핵평화운동 피폭자단체(反核平和運動 被爆者団体)
   일본피폭자단체협의회(日本被爆者團體協議會)
   나가사키원폭 마쓰타니소송을 지원하는 회(長崎原爆松谷訴訟を支援
    する会)
   도쿄고교생평화세미나(東京高校生平和ゼミナール)

가나가와 고교생 평화세미나(神奈川高校生平和ゼミナール)
오사카고교평화세미나(大阪高校生平和ゼミナール)
나가사키겐 평화위원회(長崎県平和委員會)
도쿄도원폭피폭자단체협의회(東京都原爆被害者団体協議會)
고이루 호수의 평화운동가를 지원하는 회(ゴイル湖の平和運動家を支援する會)

나) 원수폭금지 일본국민회의

원수폭금지 일본국민회의(原水爆禁止 日本國民會議, 약칭 원수금)는 원수협과 함께 활동하다 1965년 부분적 핵실험 금지 조약의 찬반 문제로 갈등을 빚다 원수협에서 탈퇴해 독자 행동에 나섰다. 원수금은 원수협과 달리 소련의 핵개발에 반대했으며 반전·평화단체이자 핵확산금지조약체제를 지지하고 기본적으로 정부와 공동보조를 취하고 있다.

이 단체는 1980년대에 원수협과 여러번 공동집회와 세계대회에 참여했다. 지금은 핵병기금지평화건설국민회의(핵금지회의, 구 민사당 및 일본노동조합 총동맹계 참여)와 함께 공동투쟁을 벌이고 있다.

2) 한국

(1) 김형률의 커밍아웃

김형률(1970~2005, 부산 동구 수정동)은 2002년 3월 22일 한국청년연합회(KYC) 대구지부에서 기자회견을 열어 자신이 히로시마 원폭 피해자의 아들로, 선천성 면역글로블린 결핍증으로 고통 받고 있는 피폭2세 환우라고 공개적으로 밝혔다. 그는 자신처럼 아픈 피폭2세들이 전국 도처에 있을 것이라며 정부 차원의 실태조사와 지원 대책 마련을 촉구했다.

그는 한국원폭2세환우회를 결성하여 회원을 직접 찾아 나섰다. 그의 활동을 돕기 위한 '한국 원폭2세환우를 지원하는 모임'이 구성되어 국가인권위원회에 진정서를 제출, 2004년 원폭피해1세와 2세 실태조사가 성사되었다. 또 환우회를 비롯해 인권·평화·과거사운동, 환자권리운동, 반핵·장애인·종교 관련 시민단체와 진보정당까지 합류한 '원폭2세 환우 문제해결을 위한 공동대책위원회'[181]가 조직되어 특별법 제정 촉구 활동이 집중적으로 전개되었다.

한국과 일본 양국의 시민·인권·평화운동 단체와 연대해 핵의 참상과 피폭자 인권 문제를 알리는 활동도 전개해 나갔다. 그러나 2005년 5월 29일, 3년 동안 한국 원폭2세환우 운동의 중심에 섰던 김형률이 사망했다. 김형률과 한국원폭2세환우회 등장 이전에도 우리 사회에서 피폭2세의 현실을 알리고 지원하는 활동이 전무했던 것은 아니다. 1967년 '한국원폭피해자원호협회'(현재의 한국원폭피해자협회) 결성 이후 1970~1980년대 한국교회여성연합회가 피폭1세대를 지원하는 인도적 활동과 함께 질병과 가난의 대물림으로 고통 받는 2세의 현실을 접하며 실태조사, 사진집과 수기 발간 등을 했다. 그러나 피폭2세 환우 그 자신이 스스로 운동의 전면에 나서고 시민단체와 전문가 집단이 전폭적으로 이 운동에 연대하여 활동을 전개면서 사회적으로 피폭2세 환우의 현실이 널리 알려진 것은 역시 김형률의 커밍아웃 기자회견과 환우회 활동 이후라 할 수 있다.

김형률의 사망 이후에도 공동대책위는 17대, 18대 국회에서 특별법 제정 운동을 지속하였고, 2006년에는 '한국 원폭2세 피해자 고 김형률 추모사업회'를 결성하여 추모사업도 이어갔다. 또 한국피폭2세환우회도 회장을 새로 선출하여 2대 정숙희 회장, 3대 한정순 회장이 회원을 결집하는 등 활동을 이어가고 있다. 그러나 특별법 제정은 국회 및 사회의 무관심 때문에 실현되지 못했다.

---

[181] 2005년 한국원폭피해자협회도 참여단체로 받아들여 '원폭피해자 및 원폭2세환우문제해결을 위한 공동대책위원회'로 확대 개편되었다.

(2) 합천평화의 집 출범

그러던 중 2010년 3월 1일, 국내 최초의 원폭2세환우 쉼터인 '합천평화의 집'이 경남 합천에 문을 열었다. 특별법 제정이나 원폭피해자 전문의료 요양기관 설립 및 반핵평화자료관 설립을 꾀하던 공동대책위와 김형률추모사업회, 한국원폭2세환우회와 지원자들은 18대 국회의 지지부진한 상황에 매달릴 수 없었고, 오랫동안 방치되어 보살핌과 돌봄이 당장 시급한 2세 환우들을 위한 쉼터부터 열어 활동을 이어가기로 한 것이다.

순수 민간의 힘으로 설립된 합천평화의 집은 개소 후부터 '한국의 히로시마' 합천의 현실을 알리며, 국내 피폭2세 환우와 연대하고 지원하는 운동의 중심이 되었다. 지금까지 원폭피해자 및 원폭 2·3세 전문복지센터 부지 마련을 위한 땅 한평 사기 운동과 더불어 경상남도 원폭피해자(2·3세 후손 포함) 지원 조례 제정운동을 전개하였고, 합천 지역에 살며 보살핌을 필요로 하는 환우를 방문하여 돌봄 서비스를 하고, 쉼터에서 치유와 상담, 문화체험을 할 수 있는 프로그램을 진행하고 각종 모임과 회의를 열었다. 특히 피폭2세환우와 자원봉사자들이 함께 떠나는 평화나들이를 매년 봄, 가을 실시하고 사진교실, 합창단, 말하기 모임 등의 다양한 심리적 치유와 자신감과 정체성 회복을 위한 프로그램을 정기적으로 실시하였다.

합천평화의 집에는 개소 후 국내·외 방문객이 줄을 잇고 있는데 이에 맞춰 인권, 평화 교육 프로그램도 실시하고 있으며 비핵평화, 인권 운동에도 다양하게 연대활동을 펼치고 있다. 이 과정에서 2011년 12월 22일 경상남도 원폭피해자 지원 조례가 통과되었다. 또 2011년부터 매년 8월 6일 합천원폭피해자복지회관에서 원폭희생자 추모제를 개최하고 있으며, 2012년 3월 23~24일 국내 원폭피해자의 현실을 알리는 것은 물론 전 세계의 피폭자 인권 향상과 비핵평화 실현을 촉구하고 결의하는 '2012 합천 비핵·평화대회'를 개최했다. 현재 19대 국회에서 한국인 원폭피해자와 그 자녀의 실태조사 및 지원을 위한 특별법 제정 운동에 총력을 기울이고 있다.

(3) 피폭2세 한·일 공동연구 추진

원자폭탄에 피폭된 한국인 피해자를 대상으로 방사선 피폭의 유전적 영향에 대한 한·일 공동연구가 추진되고 있다. 합천평화의 집과 일본 의약기반연구소 노무라 다이세이(오사카대학 명예교수) 박사는 한국 내 원폭 피해자를 대상으로 방사선의 유전적 영향에 대한 공동연구를 추진키로 2012년 8월 6일 합의했다. 이번 공동연구는 방사선 피폭자를 직접 대상으로 한 민간차원의 첫 조사라는 점에서 역사적으로 큰 의미를 갖는다.

카마다 나나오 히로시마대학 명예교수 등 일본 연구진이 지난 6월 발표한 히로시마 피폭자 자녀의 백혈병 발생에 대한 연구 보고서는 의료기관에서 백혈병진단을 받은 피폭2세를 통계학적으로 분석한 자료로, 피폭2세를 직접 실험대상으로 삼아 조사, 연구한 보고서는 아니었다.

이번 한일공동연구는 한국인 피폭자를 직접 대상으로 한 사상 첫 조사연구라는 점에서 피폭자에 대한 연구를 독점적으로 수행해 온 방사선영향연구소의 보고서와 비교해 어떤 차이를 보여줄 지 주목된다. 따라서 한국 피폭자를 대상으로 한 이 실험에서 방사선 피폭의 유전적 영향이 확인될 경우 세계적으로 큰 파장이 일 가능성이 있다. 연구는 한국은 원폭 피해자의 혈액 샘플을 제공하고 일본은 이를 분석하는 방식으로 진행될 예정으로 국내 피폭 1세대 100명과 이들의 2, 3세대가 대상이다. 연구 목적은 방사선 피폭의 유전성 여부를 확인하는 데 있다.

2012년 8월 6일 경남 합천을 방문한 노무라 명예교수는 "한국 원폭 2세에 대한 조사에서 진실이 보일 가능성이 있다"고 강조했다. 그는 한국의 피폭자는 가장 확실한 대조집단을 갖고 있어 일본보다 훨씬 정확한 연구가 가능하다고 말했다. 합천에는 원폭 방사선에 전혀 노출되지 않았고, 또 피폭자 집단과 동일한 환경 속에서 살아온 완벽한 대조집단이 있기 때문이다. 유전적 영향을 조사함에 있어 피폭자의 생활환경도 중요한 변수이기 때문에 히로시마, 나가사키의 경우 해당 지역 원거리 피폭자 등을 대조집단으로 설정할 수밖에 없었다. 노무라 명예교수는 "암, 기형, 생활습관병 등의 건강조사, 양친이 건재하다면 DNA 검사로 부모의 피폭이 다음 세대에 끼치는 영향을 조사할 수 있다"면서 "의학자, 과학자, 유전학자로서 지금까지의 모든 경험을 살려 공동연구에 협력하겠다"고 밝혔다. 양측은 공동연구를 위한 연구윤리위원회를 양국에 조만간 구성하고, 한국 내 원폭 1, 2세대를 대상으로 적극적인 홍보활동을 펴기로 했다.

이와 관련, 원폭 2세 검진병원인 히로시마공립병원 아오키 가쓰아키 원장도 "방사선 피폭의 유전성에 대한 연구는 일본이 아니라 한국에 희망이 있다"고 말했다. 그는 히로시마공립병원에서 가진 필자와의 인터뷰에서 "한국인 피폭자는 폭심지에서 가장 가까운 곳에서 피폭된 경우에 속해 일본인보다 더 적합한 조사 대상"이라며 "귀국 후 가난한 환경 속에 살면서 자연회복력이 떨어져 2세에 대한 영향력도 일본에 비해 훨씬 더 컸을 것으로 추정된다"고 말했다. 그는 "한국 피폭자를 조사할 경우 부모의 정확한 피폭 상황과 자녀의 성장 환경을 세밀하게 파악할 필요가 있다"고 덧붙였다.

아오키 원장은 "일본에서는 유전성이 없다는 주장이 정설처럼 굳어진 상황이라 이를 뒤집기가 힘들다"면서 "(이런 장애물이 없는) 합천에서 피폭 2세를 연구한다면 상당한 성과가 있을 수 있다"고 기대했다.

3장 피폭자 지원제도

1. 일 본

1) 피폭1세를 위한 지원제도

일본 정부의 피폭자[182]에 대한 지원은 3단계를 거쳐 완성되었다. 1957년 원폭의료법이 시행되어 피폭자 건강수첩이 발급됨으로써 기본적으로 무료치료가 실현되었고, 1968년 특별조치법 제정으로 수당이 제도화되었다. 1994년 두 법률을 통합한 원호법이 제정되어 사망자 유족에 대한 조위금 지급 등이 가능해졌다.

일본 정부의 2012년도 피폭자대책 예산은 총 1,478억 엔(2조 1천 여 억 원)으로, 약 17만 9천명이 혜택을 받고 있다. 전체 예산 중 건강관리수당이 699억 엔(1인당 약 40만 3천 엔), 의료비가 426억 엔가량 된다. 건강관리수당에는 수당교부금, 개호수당 부담금, 장제료 교부금 등이, 의료비에는 진

---

[182] 2010년 말 기준 일본 정부가 파악하고 있는 일본인 피폭자 수는 총 21만 9,410명이다. 폭심지로부터 3.5km이내에서 피폭된 1호 피폭자가 13만 5,159명으로 전체의 61.6%를 차지하고 있으며, 나머지는 원폭 후 피폭지역에 들어간 입시 피폭자들(p.296 후생노동성 원폭증 심사 기준 참조)이다. 지역별로는 히로시마 시에 6만 8,886명이 있고 히로시마 현에 3만 498명이 거주하고 있다. 나가사키는 시 지역에 4만 908명, 현 지역에 1만 6,543명이 있다.
일본인 피폭자 수는 2002년 27만 9,174명이던 것이 2003년 27만 3,918명, 2004년 26만 6,598명, 2005년 25만 9,556명, 2006년 25만 1,834명, 2007년 24만 3,692명, 2008년 23만 5,569명, 2009년 22만 7,565명 등으로 매년 급속히 줄고 있다. 피폭자 수의 감소는 고령화에 따른 것이다. 일본 피폭자의 전국 평균 연령은 2010년 기준 77.44세에 이른다.
피폭자 수당을 받고 있는 일본인 피폭자 20만 1,992명(92.0%)이다.

료비, 건강진단비가 포함되어 있다. 그밖에 보건복지시설 운영비, 조사연구 및 노인보건사업 추진비 등 각종 보조금도 책정되어 있다. 피폭자 예산은 1957년 원폭의료법 제정 때 1억 7천만 엔, 1968년 특별조치법 때 43억 엔이던 것이 원호법이 시행된 1994년 1,451억 엔으로 크게 늘었다.

(1) 원자폭탄피폭자에 대한 의료 등에 관한 법률(원폭의료법)

1957년 3월 1일 원폭의료법이 제정되어 피폭자는 피폭자 건강수첩을 발급받게 되었다. 수첩을 발급받은 '인정피폭자'[183]는 생활수준에 관계없이 무료로 연 2회 건강진단과 치료가 가능하게 되었다.

이 법은 1960년 8월 1일 일부 개정되었고, 인정피폭자 외에 폭심지로부터 2km이내에서 피폭된 자와 건강진단에서 후생장관이 정하는 장해가 있다고 판단되는 자를 '특별피폭자'로 규정해 의료비를 지급토록 했다. 특별피폭자 제도는 1973년 10월 1일 법 개정으로 폐지되었고 이후 모든 피폭자에게 일반병원 의료비가 지급되었다.

그러나 이 법률에는 노동 능력의 상당부분을 상실한 피폭자와 피폭 사망자 유족에 대한 생활대책은 포함되지 않았다.

(2) 원자폭탄피폭자에 대한 특별조치에 관한 법률(원폭특별조치법)

일본 정부는 1968년 5월 20일 피폭자의 생활안정과 복지향상을 위해 각

---

[183] 인정피폭자란 말 그대로 일본 정부가 피폭자임을 공식적으로 인정한 사람을 말한다. 인정피폭자 중 ①직접 피폭자는 원폭 투하 때 해당 지역과 그 구역에 있었던 사람들을 말한다. 히로시마는 시내, 安芸郡 戸坂村·狐爪木·中山村·中·落久保·北平原·西平原·寄田·茂陰北 등이고, 나가사키는 시내, 西彼杵郡 福田村·大浦郷·小浦郷·本村郷·小江郷·小江原郷, 西彼杵郡 長与村·高田郷·吉無田郷 등이다. ②입시피폭자도 인정 피폭자가 될 수 있다. 입시피폭자는 원폭 투하로부터 2주간 이내에 구호활동, 의료활동, 친족 등을 찾고자 히로시마나 나가사키 시내(폭심지로부터 약2km 구역내) 들어간 사람들을 말한다. 히로시마는 1945년 8월 20일까지, 나가사키는 1945년 8월 23일까지이다. ③원폭 직후 구호 또는 시신 처리 등에 참여했다가 피폭된 사람도 인정피폭자가 될 수 있다.

표 27. 피폭자 수당 현황

수당종류	지급요건		지급액 (2012년도)
보건수당	2km이내 직접 피폭자와 그 피폭자의 태아	신체장애 수첩 1급~3급 정도 신체장애, 켈로이드(keloid)가 있는 사람 또는 70세 이상의 친척이 없는 단신으로 주택 생활자	월 33,570엔
		위와 같은 사람을 제외한 나머지	월 16,830엔
건강관리수당	고혈압성 심질환 등의 순환기 기능 장애 외, 운동 기능 장애, 기능 장애(백내장), 조혈기능 장애, 간장 기능 장애, 내분비선 기능장애 등 11개 장애를 가진 자		월 33,570엔
의료특별수당	원폭 방사능이 원인으로 병이나 부상 상태에 있다고 후생 노동대신으로부터 인정을 받은 사람으로 현재 그 병이 지속되거나 부상을 가진 자		월 136,480엔
특별수당	원폭 방사능이 원인으로 병이나 부상 상태에 있다고 후생 노동대신으로부터 인정을 받은 사람으로 현재 그 병이 지속되거나 부상을 가진 자		월 50,400엔
원폭 소두증(小頭症)수당	원폭 방사능의 영향으로 소두증이 있는 사람		월 46,970엔
개호수당	정신 또는 신체장애가 있어 신변을 돌보는 사람을 비용을 지출해 고용했을 경우(중증 : 신체장애 수첩 1급 및 2급의 일부 정도, 중도 : 신체장애수첩 2급의 일부 및 3급 정도)		(중증)월 104,290엔 이내 (중간)월 69,520엔 이내
가족개호수당	중증 장애가 있는 사람으로, 비용을 내지 않고 보살핌을 받고 있는 경우(신체장애 수첩 1급 및 2급의 일부 정도)		월 21,420엔
장제료(葬祭料)	원폭 영향에 의해 사망한 피폭자		201,000엔

수당 종류의 상세한 내용은 부록에 수록하였다.

종 수당을 지급하는 내용의 원폭특별조치법을 제정했다. 이 법에는 생존 피폭자 및 피폭 사망자 유족을 위한 특별수당, 건강관리수당, 보건수당, 의료수당, 개호수당, 가족개호수당 등 6개 수당 지급 규정이 마련되었다.

1969년 4월 1일 일부 개정을 통해 특별피폭자가 사망한 경우 장례비를 지급토록 했다. 특별조치법은 피폭자나 그 유족의 생계보장을 위한 것으로, 일정 수준 이상의 소득자에게는 수당이 지급되지 않는 것을 원칙으로 했다. 이 법은 피폭자의 일본 내 거주를 수당지급의 전제조건으로 요구했다. 즉 한국인을 포함해 재외 피폭자는 지원 대상에서 제외되었다. 후생노동성은 1974년 7월 22일 공중위생국장 통달(제402호)을 통해 '원폭특별조치법은 일본 국내에 거주관계를 가지는 피폭자에 적용되는 것으로, 일본 영역을 넘어 거주지를 옮긴 피폭자에게는 적용되지 않는다'고 해석했다. 후생노동성은 재외피폭자에 대한 건강수첩 교부조건으로 '치료목적으로 적법하게 입국하여 1개월 이상 일본에 체재할 것'을 요구했다. 1975년 9월 1일 재외피폭자에 대한 수첩 교부 조건에서 '치료목적'이란 문구를 삭제하고 '적법하게 입국하여 1개월 이상 체재했다면 입국 목적을 묻지 않는다'고 요건을 완화했다.

1975년 10월 1일 보건수당(폭심지로부터 2km 이내에서 피폭된 자)과 가족간호수당이 신설되었고, 1981년 6월 일부 조항을 개정해 지급기준에서 소득제한을 철폐했다. 의료수당 대신 의료특별수당 신설하고 원폭 소두증 수당도 신설했다.

(3) 원자폭탄피폭자에 대한 원호에 관한 법률(피폭자원호법)

1990년 10월 일본원수폭피해자단체협의회 회원 100명 사흘간 후생노동성 앞에서 피폭자원호법 제정 호소하며 연좌농성을 벌였다. 1970년대 중반부터 야당과 시민사회단체 등으로부터 특별조치법 이상의 원호대책을 요구하는 목소리가 있었지만 번번히 무산된 상태였다.

일본 정부는 1994년 11월 9일 피폭 50주년에 즈음하여 기존의 원폭의료법과 원폭특별조치법을 포괄하는 피폭자원호법을 제정했다. 이로써 피폭자에 대해 군인, 군속에 준하는 폭넓은 원호가 가능해졌다. 피폭자 건강관리와 생활 향상, 복지 증진을 위해 국가가 포괄적인 지원을 할 수 있게 되었다. 피폭 사망자의 유족에 대해서도 국가위로금 성격의 특별장례급부금 지급이 이뤄졌다.

이 법은 피폭의 특수성과 중대성을 감안, 피폭자 국적을 묻지 않아 한국인 피폭자도 그 수혜대상이 될 수 있게 되었다.

2) 피폭2세를 위한 제도

피폭2세는 원자폭탄이 떨어진 날을 기준으로 임신기간(280일)을 고려해 히로시마는 1946년 6월 1일 이후, 나가사키는 1946년 6월 4일 이후에 태어난 피폭자 자녀를 뜻한다. 이 기간 이전에 태어난 사람은 태내 피폭자이다. 부모 모두, 혹은 어느 한쪽이 피폭이 된 경우도 피폭2세로 간주한다.

방사선의 유전적 영향을 인정하지 않는 일본 정부는 피폭2세에 대해 혈액검사 등 통상적인 건강검진 외에는 아무런 지원을 하지 않고 있다. 피폭2세들은 오래전부터 암 검진을 요구해 왔지만 일본 정부는 이를 받아들이지 않고 있다.

정부가 지원을 외면하자 일부 지자체가 나서 피폭2세에 대한 지원 사업을 하고 있다. 그러나 지자체 차원에서 진행되는 것이다 보니 의료비 지원 정도로 매우 제한적일 수밖에 없다. 도쿄(東京)도와 가나가와(神奈川)현은 피폭2세를 위한 의료비를 마련해 자체적으로 지원 사업을 펴고 있다.

도쿄도는 지역에 거주하는 피폭2세로 도에 신청해 건강진단수진표를 발급받은 사람이 건강관리수당의 대상이 되는 빈혈, 암, 갑상선기능저하 등 질병에 걸려 6개월 이상 치료나 경과관찰이 필요한 경우 의료비를 지원한다.[184]

가나가와 현은 현 내에 거주하는 피폭자 자녀에 대해 '피폭자 자녀 건강진단 수진증'을 발급하고, 빈혈, 간경변, 암 등 지정된 질환의 치료에 드는 비용의 자기부담액을 대신 지급하는 지원을 하고 있다.

이외에도 사이타마(埼玉)현은 피폭2세 건강수첩을 교부하고 봄, 가을 2

---

184) 부록 히로시마현피폭2,3세회가 만든 피폭2세수첩 참조.

차례 일반 건강진단을 무료로 실시하고 있다. 오카야마(岡山)·야마구치(山口)현은 피폭2세를 대상으로 건강진단만 실시하고 있다. 검사는 일반검사와 정밀검사로 나누어지는데, 정밀검사는 개인이 추가요금을 내야 한다.

마루오 이쿠로 나가사키현 피폭2세회 회장은 "피폭2세들이 건강에 대한 불안 때문에 암 검진을 30년 넘게 요구하고 있지만 정부가 받아들이지 않고 있다"면서 "피폭1세와 2세를 후생노동성보다 재무성이 더욱 확실하게 구분할 것을 요구하고 있는 것을 볼 때 일본 정부는 원폭을 전쟁책임이 아니라 예산문제로 판단하고 있음이 명백하다"고 말했다.

히라노 노부토 전국피폭2세단체연락협의회는 "피폭2세 문제는 원폭과의 인과관계가 입증되지 않는 한 정부에게 법적 책임을 묻기가 힘든 상황이다"고 말했다.

2. 한 국

1) 도일치료

국내 피폭자에 대한 지원사업은 일본의 시민단체인 핵병기금지평화건국민회의의 지원으로 1973년 12월 경남 합천에 원폭피해자 진료소를 건립해 기초적인 진료사업을 시작한 것이 처음이라 볼 수 있다.[185] 그 뒤 1977년 한국교회여성연합회가 서울세브란스병원에서 재한피폭자 무료치료 지원 사업을 실시했다.

1978년 3월 손진두 수첩재판을 계기로 1979년 6월 25일 한·일 양국 정부는 재한 피폭자 의료원호에 대해 3개 항에 합의했다. 3개 항은 ▲재한피폭자 도일치료, ▲한국 의사의 일본 연수, ▲일본 의사의 한국 파견이다.

---

[185] 국가인권위원회 원폭피해자 2세의 기초현황 및 건강실태조사 참조

1979년 8월 한국원폭피해자협회가 경북지역 피폭자 151명에 대한 실태조사를 벌였고, 한국교회여성연합회도 같은 해 9~10월 한국 내 피폭자 107명에 대한 실태조사를 했다. 하지만 1980년 10월 8일 한·일 양국정부는 3개 항 중에서 도일치료만 실시키로 결정했다. 한국 보건사회부와 일본 후생노동성은 1981년 12월 1일 '재한피폭자도일치료에 관한 합의서'를 체결했다. 주요 내용은 ▲도일치료자에 대해 일본 정부는 도일 직후 피폭자건강수첩을 교부한다. ▲입원기간은 2개월을 원칙으로 하고, 최장 6개월까지 연장할 수 있다. ▲왕복 여비는 한국 측이 부담하고 일본은 의료급부와 건강관리수당, 특별수당 등을 지급한다. ▲합의서는 1986년 11월 말까지, 5년간 유효하다는 것이었다.

도일치료의 본격시행에 앞서 시범적으로 1980년 11월 17일 권삼출(당시 62·경남 합천) 등 재한피폭자 제1진 10명이 히로시마원폭병원에 입원해 치료를 받았고 1981년 12월에도 19명(히로시마 13, 나가사키 8)명이 일본으로 건너갔다. 이후 1982년 5월 15명(히로시마 10, 나가사키 5), 1982년 9월 11명(히로시마), 1983년 4월 25명(히로시마 15, 나가사키 10), 1983년 6월 25명(히로시마 15, 나가사키 10), 1983년 10월 19명(히로시마 13, 나가사키 6)이 도일 치료를 받았다.

또 1984년 2월 20명(히로시마 12, 나가사키 8), 1984년 4월 20명(히로시마 12, 나가사키 8), 1984년 6월 18명(히로시마 11, 나가사키 7), 1984년 8월 20명(히로시마 12, 나가사키 8), 1984년 10월 10명(히로시마), 1985년 1월 16명(히로시마 10, 나가사키 6), 1985년 5월 20명(히로시마 12, 나가사키 8), 1985년 7월 22명(히로시마), 1986년 3월 19명(히로시마 12, 나가사키 7)이 치료를 받았으며, 마지막 해인 1986년 5월 20명(히로시마 12, 나가사키 8), 1986년 7월 23명(히로시마 15, 나가사키 8), 1986년 9월 17명(히로시마 9, 나가사키 8)이 도일치료를 받았다.

도일치료 기한 만료를 앞둔 1986년 10월 일본변호사연합회 인권옹호위원회가 도일치료를 계속 진행할 것을 요구하는 재한피폭자문제 보고서를 양국 정부에 제출했지만 그해 11월 20일 도일치료는 중단되었다. 당시까지 도일치료를 받은 재한피폭자는 모두 349명(히로시마 226, 나가사키 123명)이다.

1986년 중단된 도일치료는 이후 일본 히로시마 재한피폭자도일치료위원회라는 민간단체가 왕복 여비를 마련해 대한적십자사에 도일치료를 신청한 재한피폭자를 초청하는 형식으로 이뤄졌다. 이 단체가 시행한 도일치료는 치료기간을 당초 3개월로 잡았지만 돈이 부족해 기간이 줄어들기도 했다. 1989년 전국민 의료보험이 시행되면서 정부가 피폭자 본인부담금 중 50%를 부담했다.

1990년 노태우 대통령이 일본을 방문했을 때 일본 정부가 재한피폭자에 대한 지원금으로 40억 엔(당시 한화로 약 248억 원)을 내놓기로 합의가 이뤄짐으로써 미흡하게나마 피폭자에 대한 의료와 복지서비스 지원이 시작되었다. 일본 정부는 이 지원금이 전쟁에 대한 배상이 아니라 인도주의적 견지에서 지원하는 것임을 분명히 했다. 1991년(17억엔)과 1993년(23억엔) 두 차례에 걸쳐 한국에 지급된 지원금은 피폭자단체가 아니라 대한적십자사에 위탁되었다. 1993년 6월 10일 대한적십자사에 원폭복지사업소가 개설되어 이 업무를 맡았다. 1996년 일본 지원금 일부와 정부 지원금으로 합천 원폭피해자복지회관이 건립되었다. 그러나 2008년 이 기금은 고갈되었다. 이런 모든 지원이 피폭1세만을 위한 것으로, 2세에 대한 지원책은 전혀 마련되지 않았다.

2) 현행 지원 제도

원폭 피해자로 인정되면 진료비와 진료보조비, 원호수당, 보건의료비, 건강검진, 장례비 지원 등을 받을 수 있다. 지원은 피폭자의 건강상태나 건강수첩 소지, 원폭증 인정 여부 등에 따라 달라진다.

(1) 피폭자 건강수첩

피폭자건강수첩은 일본 정부가 교부하는 피폭 증명서이다. 원폭 당시 히로시마 혹은 나가사키에서 피폭된 사실을 일본 정부가 공식적으로 인정하는 것으로, 소지자는 한·일 양국 정부로부터 복지 혜택을 받을 수 있다.[186]

대한적십자사에 등록된 피폭1세 2,671명(2012년 2월 말 기준) 가운데 이 수첩을 갖고 있는 피폭자는 2,544명이다. 한국인 피폭자에 대해선 2005년 4월 1일부터 발급되었다.

가) 발급 대상자

피폭자 건강수첩 발급 대상자는 다음과 같다.

① 직접 피폭자 : 1945년 8월 6일 히로시마 또는 8월 9일 나가사키의 일정 구역에서 직접 원자폭탄의 피해를 입은 경우
② 입시 피폭자 : 원자폭탄 투하 후 2주 이내에 히로시마 또는 나가사키의 일정 구역으로 들어간 경우
③ 사체처리 및 구호 종사자 : 원자폭탄 투하 후 사체처리, 피해자 구호 등에 종사해 방사능의 영향을 받을만한 상황에 있었던 경우

---

[186] 후생노동성이 밝힌 일본을 제외한 다른 국가의 피폭자 건강수첩 소지자 수는 2011년 기준 총 4,448명이다. 이들 중 건강관리수당 등 각종 수당을 지급받는 인원은 3,388명이다. 국가별로는 한국이 3,048명으로 가장 많고 미국이 974명, 브라질 158명, 중국 60명, 캐나다 38명, 아르헨티나 21명, 호주 20명, 대만 18명, 인도네시아 11명, 필리핀·영국 각각 7명, 독일·볼리비아 각각 6명, 폴란드·프랑스 각각 5명, 말레이시아·스위스 각각 4명 등이다. 또 북한, 아랍에미리트, 우루과이, 캄보디아, 그리스, 잠비아, 스웨덴, 뉴질랜드, 브루나이, 페루, 벨기에, 포르투갈, 모로코가 각각 1명이다. 미국, 브라질 등에 건강수첩 소지자가 많은 것은 전후 일본이 이민정책을 적극적으로 펴면서 해외로 이주한 일본인 피폭자가 많기 때문이다. 대한적십자사에 등록된 건강수첩 소지자 수는 2012년 2월 말 기준 2,544명으로 후생노동성 통계 수치와 500명가량 차이가 나는데 이는 개별적으로 일본에 가서 건강수첩을 발급받은 인원일 수도 있고 또 일본 측 통계에 사망자가 제대로 반영되지 않았을 가능성도 있다.

④ 태내 피폭자 : 히로시마 원폭 피해자의 태아로 1946년 5월 31일 이전 출생자. 나가사키 원폭 피해자의 태아로 1946년 6월 3일 이전 출생자

나) 발급 절차

신청서류를 작성해 주한일본대사관(영사관)에 접수하면 일본 정부가 심사한 뒤 일본대사관을 통해 받게 된다. 한국인 피폭자가 일본에 직접 가지 않고 국내에서 건강수첩을 신청할 수 있게 된 것은 2008년 12월 15일부터이다. 이는 일본 자민당이 해외 피폭자를 구제하기 위해 원호법을 개정한 데 따른 것이다.

표 28. 원폭증에 대한 일본 후생노동성 심사 방침

I. 방사선 기인성 판단	
1. 적극적으로 인정하는 범위	2. 종합적으로 판단
대상자 ① 피폭지점이 폭심지에서 약 3.5km 이내인 자 ② 원폭투하로부터 100시간 이내에 폭심지에서 약 2km 이내의 시내로 들어간 자 (入市) ③ 원폭투하로부터 약 100시간 경과한 뒤 약 2주일 이내의 기간 중에 폭심지로부터 약 2km 이내의 지점에 약 1주일 이상 체재한 자 대상 질병 ① 악성종양 ② 백혈병 ③ 부갑상선기능항진증 ④ 방사선 백내장(고령으로 인한 백내장 제외) ⑤ 방사선 기인성이 인정되는 심근경색 ⑥ 방사선 기인성이 인정되는 갑상선기능저하증 ⑦ 방사선 기인성이 인정되는 만성간염, 간경화	'적극적으로 인정하는 범위'에 해당하지 않는 경우 기인성을 종합적으로 판단
II. 치료 필요성 판단 해당 질병 등을 기초로 개별 판단	

수첩을 발급받기 위해서는 재해를 입었음을 증명하는 이재(罹災)증명서, 재직증명서, 재학증명서, 군력서(軍歷書) 등 피폭 당시 상황을 증명할 수 있는 공공기관이 발행한 증명서가 필요하다. 당시 사진이나 편지 등은 참고자료가 될 수 있다. 과거 일본 정부가 요구했던 증인은 반드시 필요한 것은 아니다.

(2) 원폭증

원폭증(原爆症)이란 ▲원자폭탄 투하로 인해 상해를 입고(放射線 起因性), ▲현재 치료가 필요한 상태(要 醫療性)를 말한다. 즉 방사선 때문에 암 등 질병이 생겼다 하더라도 완치가 되었다면 원폭증은 인정되지 않는다. 주한일본대사관(영사관)에 신청하면 일본 후생노동성이 심사해 결정한다.

원폭증이 인정되면 5가지 원호수당 가운데 '의료특별수당'이 지급된다. 의료특별수당은 13만 6,890엔으로 원호수당 중 하나인 보통의 특별수당(5만 550엔)에 비해 금액이 많다.

(3) 지원 내용

가) 진료비

대한적십자사에 등록된 피폭1세 전원에게 지급된다. 국민건강보험법이 정하는 의료비 요양급여 항목의 본인부담금(비급여 항목은 제외)과 처방전에 의한 약제비를 정부가 국고로 부담한다.

나) 진료보조비

대한적십자사에 등록된 피폭1세 전원이 대상이다. 국민건강보험료와 의료기관 방문 때 소요되는 교통비 등을 지원하는 것으로 월 10만 원 정액을 지원한다. 한국 정부가 국고로 부담한다.

다) 보건의료비

대한적십자사에 등록된 피폭1세 가운데 피폭자건강수첩을 소지자가 지급 대상이다. 국민건강보험법이 정하는 의료비 요양급여와 비급여 항목의 본인 부담 총액, 처방전에 의한 약제비를 연간 상한액 내에서 지원한다. 일본 정부가 부담하고 있으며 2011년 기준 상한액은 17만 1,000엔이다. 단 4일 이상 입원한 경우 18만 3,000엔이 지급된다. 상한액 초과분은 한국 정부가 부담한다.

진료비 지급대상에서 빠진 한의학 치료 등 비급여 항목이 포함되어 있다는 특징이 있다. 2011년 4월부터 치료 목적으로 한약(첩약)을 처방받은 경우 상한액 중 연간 30만 원 한도에서 지원되고 있다.

라) 원호수당

피폭자건강수첩을 소지한 피폭자가 별도의 신청을 통해 일본 정부로부터 수급대상자로 인정되면 매월 지급된다. 원호수당의 종류는 다음과 같다.

표 29. 원호수당의 종류 및 요건

원호수당 종류	지급요건 (중복수령 안됨)
건강관리수당 (33,670엔)	순환기 기능장애, 뇌혈관장애, 조혈기능장애, 간기능장애 등 11가지 질환 중 해당사항이 있는 경우
보건수당 (16,880엔)	원폭 투하 중심지로부터 2km 이내에서 직접 피폭되거나 피폭자의 태아였던 경우
의료특별수당 (136,890엔)	일본 후생노동성으로부터 원자폭탄 방사능에 의한 질병, 부상임을 인정받아 현재도 치료를 필요로 하는 경우
특별수당 (50,550엔)	일본 후생노동성으로부터 원자폭탄 방사능에 의한 질병, 부상임을 인정받고 현재는 완치된 경우
원자폭탄소두증수당 (47,110엔)	원자폭탄 방사능으로 인해 소두증(小頭症)인 경우

2012년 2월 말 기준 전체 피폭1세 2,671명 가운데 수첩소지자 2,544명 전원이 원호수당을 받고 있다. 대한적십자사가 2,505명에게 지급하고 있고, 일본 정부로부터 받는 피폭1세는 20명에 불과하다.

종류별로 보면 건강관리수당이 2,363명, 의료특별수당이 130명, 보건수당이 8명, 특별수당이 4명이다. 여러 수당을 함께 받는 중복수령은 허용되지 않는다. 매월 25일 수급권자 통장으로 입금된다.

마) 장례비

피폭자건강수첩 소지자가 사망한 경우 유족 등 장례비 신청자에게 일본 정부가 20만 1,000엔을 지급한다. 수첩 미소자에 대해선 한국 정부가 150만 원을 지급한다. 사망 원인이 원자폭탄 상해작용과 무관한 교통사고, 천재지변 등의 경우 지급되지 않는다.

바) 도일치료 지원

대한적십자사에 등록된 피폭1세가 신청하면 일본 측 심사를 거쳐 피폭의료 전문병원에 입원해 치료받을 수 있다. 항공료 등 여비와 치료비(피폭자건강수첩 소지자) 전액을 일본 정부가 부담한다. 일본은 2003년 도일치료 업무를 대한적십자사에 위탁했다. 한국인 피폭자가 대한적십자사에 신청하면 일본 정부가 심사해 초청 여부를 결정한다.

2003년부터 2011년까지 258명이 도일치료를 받았다. 연도별로 2003년 27명, 2004년 34명, 2005년 20명, 2006명 33명, 2007년 42명, 2008년 34명, 2009년 31명, 2010년 28명이 일본으로 건너가 치료를 받았다. 2011년에는 동일본 대지진 때문에 9명(10월 기준)만 치료를 받을 수 있었다.

사) 종합건강검진

대한적십자사에 등록된 피폭1세 전원을 대상으로 매년 1회 암을 포함한

80개 항목에 대한 건강검진을 실시한다. 국내 병원에서 검사를 받되 피폭자건강수첩이 있는 경우 일본, 없는 경우는 한국 정부가 비용을 부담한다.

아) 건강상담

일본의 피폭의료 전문병원 의사를 국내로 초청해 원폭 후유증에 대한 건강 상담을 실시한다.

3) 원폭 피해자 지원조례

(1) 경상남도 조례

경남도는 2012년 1월 12일 '경상남도 원자폭탄 피해자 지원 조례'를 제정했다.187) 이 조례는 피폭1세는 물론 2, 3세까지 지원 대상으로 했다는 점에서 일본보다도 진일보했다는 평가를 받고 있다.

국내 최초의 피폭자 지원조례인 이 조례의 제정으로 경남에 사는 원폭 피해자들이 체계적이고 다양한 의료·복지혜택을 받을 수 있게 되었다. 경남도지사는 원폭 피해자를 지원하기 위한 종합적인 시책을 마련해 추진해야 하며, 정기적으로 실태조사도 해야 한다. 또 해마다 원폭 피해자의 복지·건강에 관한 체계적 지원계획을 세워 시행해야 한다.

조례안에 따르면 경남도는 원자폭탄 피해자의 지원을 위한 시책을 추진해야 하며 매년 원폭 피해자 지원 계획을 수립, 시행해야 한다.

(2) 경남 합천군 조례

경남 합천군은 2012년 10월 11일 '합천군 원자폭탄 피해자 지원조례'를 제정했다.188) 조례는 합천군이 지역에 거주하는 원폭 피해자를 위한 복지

---

187) 조례 전문은 부록 참조.
188) 조례 전문은 부록 참조.

지원 계획과 지원 시책을 마련하고, 이를 위해 관계 기관과 협력체계를 구축하도록 규정하고 있다.

또 피해자를 위한 고충상담과 그들에게 필요한 각종 정보와 자료를 제공하도록 했다. 합천군 조례는 경남도 조례와 마찬가지로 원폭 피해자의 범위에 피폭 2,3세를 포함시키고 있다.

(3) 대구 동구청 조례

경남도 지원조례 제정에 앞서 대구 동구청은 2002년 5월 20일 원폭피해자 지원조례를 제정해 공포했다.[189] 이 조례는 동구지역에 거주하는 피폭1세를 대상으로 월 10만 원의 진료보조비 지급과 동구보건소 물리치료실 이용 때 진료비 또는 수수료를 면제해 주는 것이 주된 내용이다. 조례는 구청장이 재원을 매년 예산에 확보해야 한다고 규정하고 있다.

하지만 이 조례는 부칙에서 진료보조비 지급은 대한적십자사에서 지원하는 진료보조비가 지급되지 않는 그 익월 1일부터 시행한다는 단서가 있어 제정의 의미가 반감되었다. 이 조례는 원폭 피해자에 대한 국내 최초의 지원 조례라는 점에서 주목을 받았지만 시행되지 못한 채 사문화되고 말았다. 조례상 강제규정인 예산 확보도 전혀 지켜지지 않았고, 피폭자 지원 실적이 전무했다. 현재 동구청에는 이 업무를 담당하는 부서는커녕 직원조차 없다. 구청 복지정책과 관계자는 "오래전 그런 조례가 있었다는 것만 알고 있을 뿐 실제로 시행된 것은 없다"고 말했다.

---

[189] 조례 전문은 부록 참조.

4장 해결 과제

1. 인식의 전환

특별법 제정을 통한 실태 파악과 진상조사는 두말할 나위 없이 중요한 과제다. 그러나 법률 제정에 앞서 이 문제의 근원적 해결을 위해선 접근방식에 대한 인식 전환이 요구된다. 특히 피폭2세의 경우 유전성 여부에 지나치게 몰입함으로써 오히려 문제 해결을 어렵게 만드는 결과는 낳고 있다. 방사선 피폭의 유전성에 대해 이를 인정하는 노무라 오사카대학 명예교수의 40년에 걸친 쥐 실험과 최근 카마다 나나오 히로시마대학 명예교수 등의 백혈병 조사 등이 있기는 하지만, 아직은 유전성을 인정하지 않는 게 정설처럼 굳어져 있는 상태다. 한국 국회에서 두 번이나 특별법 제정이 무산된 것도 이 문제를 의학적으로만 접근했기 때문이다.

한국인 피폭자들은 원폭으로 인해 육체적, 정신적 상처 외에 사회적 편견과 냉대, 경제적 궁핍 등으로 고통스런 삶을 살아왔다. 따라서 피폭자 문제는 시각을 넓혀 인권, 사회복지 차원에서 해결책을 찾아야 한다. 피폭2세 문제를 유전성으로 판가름 지으려는 시도는 사회적 논란만 더욱 가중시키고 지원책을 오히려 가로막는 결과를 가져 올 수 있다. 유전성 여부에 대한 의학적 검증도 인권, 복지차원에서 접근한다면 그 결과와 상관없이 피폭자를 지원할 수 있을 것이다.

2. 일본 외에 미국을 상대로 한 배상 청구

일본은 샌프란시스코 평화조약(대일강화조약)을 통해 미국에 대해 원폭과 관련한 아무런 책임을 묻지 않기로 했다. 그러나 일제의 식민지로 엄청난 피해를 입은 한국은 이 조약에 참가하지 못함으로써 전쟁으로 인한 손해 및 고통에 대한 배상청구권을 전혀 행사하지 못했다. 특히 강제징용 등으로 억울하게 원폭의 희생양이 된 조선인 피폭자는 전쟁의 상처를 고스란히 혼자 떠안아야 했다.

한국 정부는 1965년 한·일청구권 협정을 이유로 이들을 방치했고 일본 정부는 배상이 아닌 '인도주의'라는 수식어를 붙여 일부 지원했을 뿐이다.

2005년 한국 정부가 공개한 한일청구권협정에 원폭 피해에 대한 규정이 없는 것으로 드러난 이후 국가적 차원에서 일본 정부를 상대로 배상을 청구해야 한다는 목소리가 높다.

미국을 상대로 한 배상 청구도 적극 검토할 필요가 있다. 한국은 당시 일제의 식민지로 전범국가가 아니었다. 또 원자폭탄 사용은 민간인에 대한 대량, 무차별 살상을 초래하는 인류와 문명에 대한 중대 범죄라는 점에서 미국은 한국인 피폭자에 대해 마땅히 책임을 져야 한다.

3. 지원제도 개선

1) 피폭1세

(1) 원폭피해자복지회관 확충

경남 합천에 있는 합천원폭피해자복지회관은 수용 인원이 110명에 불과하다. 이곳은 입주자가 자진해서 시설을 떠나거나 사망하지 않는 이상 대기자가 들어갈 수 없다. 수용가능 인원이 너무 작다보니 고령인 피폭자 대다수가 혜택을 받지 못하고 있다. 입주는 원폭피해자협회가 결정하는데 1996년 개관 당시 65세 이상이 대상이었으나 희망자가 너무 많아 70세 이상으로 기준을 올린 상태다. 그럼에도 불구하고 2012년 10월 기준 대기자 수가 140명에 이른다. 입주자 평균 연령은 80세가량이며 최고령자는 94세이다.

이곳은 피폭1세를 위한 수용시설로 전문적인 치료를 위한 시설이나 인력은 전혀 갖추지 못하고 있다. 따라서 시설을 확대하고 진료가 가능하도록 정책적 지원이 시급하다. 영남권이나 수도권에 시설을 추가로 건립하는 방안도 적극 검토할 필요가 있다.

(2) 피폭자 진료 전담병원 운영

방영연 연구에서 확인되었듯이, 저선량 피폭자는 나이가 들어 피폭의 영향이 발현되는 경우가 많다. 특히 방사선 피폭에 의한 암 발생은 피폭자의 생활환경적 요인과 밀접한 연관이 있어 장기간에 걸친 관찰이 요구된다. 따라서 국가차원에서 피폭자 건강을 체계적으로 관리하고 치료할 수 있는 전담병원을 설치하거나 지정해 운영할 필요가 있다. 원폭 피해자의 트라우마 치료를 위해선 그 필요성이 더욱 크다고 할 수 있다. 피폭2세도 고령화되고 있다는 점을 감안하더라도 전담병원은 반드시 있어야 한다.

(3) 치료비 상한제 철폐

한국인 피폭자가 도일치료를 받을 경우 일본인 피폭자와 마찬가지로 치료비에 상한선이 없지만 국내에서 치료를 받을 때는 금액이 제한된다. 2012년의 경우 연간 17만 6,000엔으로 제한되었다. 상한액은 일본 피폭자들의 평균 치료비를 기준으로 산정되기 때문에 매년 약간씩 변동된다. 피폭1세들이 고령이라 일본으로 가기가 힘들고, 경제적 여건도 열악하다는 점을 고려해 상한제를 하루속히 폐지해야 한다.

(4) 평화공원 조성

일본을 제외하고 가장 큰 피해를 입은 한국에 평화공원이 단 한 곳도 없다는 것은 문제로 지적된다. 일본 정부는 1955년 히로시마, 1996년 나가사키에 각각 평화공원을 조성했다. 그러나 이들 평화공원에서 일본은 원자폭탄의 피해자일 뿐 전쟁을 일으킨 데 대한 반성은 전혀 찾아볼 수 없다.

한국의 히로시마로 불리는 합천에 전범국 일본의 만행을 고발하고 한국인 피폭자의 참상을 보여줄 수 있는 평화공원 조성이 필요하다.

2) 피폭2세

(1) 유전성 대한 객관적 검증

원폭에 의한 방사선 피폭에 유전적 영향이 있는 지 여부는 여전히 논란의 대상이다. 방영연이 공식 부인하고 있지만 다양한 이견이 존재하는 건 그만큼 이 사안이 심각하다는 것을 방증한다. 방영연 연구가 신뢰를 받지 못하는 이유는 원폭 당사자인 미국이 이 연구소를 세웠고 지금도 연구에 직접 관여하고 있는데다, 피폭자에 대한 연구를 사실상 독점하고 있기 때문이다. 한국인 피폭자를 대상으로 한 한·일공동연구는 이런 불신을 종식시키고 방사선 피폭의 위험성을 제대로 검증할 최선의 방안 중 하나라 할 수 있다.

(2) 경상남도 피폭자 지원조례의 실효성 확보

일본에도 피폭2세를 위한 정부차원의 지원정책은 건강검진뿐이다. 피폭1세에 지급되는 치료비나 수당 등은 전혀 지원되지 않고 있다. 이는 한국에도 그대로 적용되어, 피폭자 지원업무를 맡고 있는 대한적십자사에 피폭2세를 위한 지원책은 전무하다.

경상남도가 2011년 12월 피폭자 지원조례를 만들었지만 이후 구체적인 실천방안이 제시되지 못하고 있다. 조례의 핵심은 경남지역 피폭자 실태조사인데 재정 확보가 관건이다. 피폭자 지원을 약속한 김두관 경남도지사가 18대 대통령 선거에 출마하면서 이 조례도 상당부분 추진력을 잃고 말았다.

피폭자 지원 문제는 기본적으로 국가가 나서야 할 사안이다. 따라서 특별법의 뒷받침이 없는 지방자치단체 조례는 선언적 의미에 그칠 가능성이 높다. 2002년 제정된 대구 동구청이 2002년 국내 최초로 피폭자 지원조례를 제정했지만 흐지부지되고 만 것도 이런 이유에서다.

(3) 복지지원

피폭자를 부모로 둔 피폭2세 중 상당수가 어려운 생활 여건에 처해 있음이 여러 조사를 통해 확인되고 있다. 중증장애 등으로 생계유지가 힘든 피폭2세에 대해선 의료구호와 별도로 복지 차원에서 경제적 지원이 필요하다.

실제로 2004년 국가인권위원회가 실시한 피폭2세 조사에서 심층면접을 한 47명(평균 연령 44세) 가운데 직업이 없는 사람이 20명(42%)이나 되었다. 무직자 중 남자는 5명으로 2명은 정신지체, 1명은 정신분열, 1명은 선천성 면역글로블린 결핍으로 인한 폐렴, 1명은 뇌경색을 갖고 있었다. 직장을 가진 사람도 사업장에서 육체노동을 하거나 농사 등에 종사하고 있어 월평균 수입이 144만 원에 그쳤다. 경제적 궁핍은 의료 공백으로 이어질 수밖에 없다.

피폭2세들이 함께 할 수 있는 복지회관과 쉼터 등의 공간 마련도 시급하다. 경남 합천에 피폭2세를 지원하는 합천평화의 집이 있지만 개인 후원과 자원봉사에 의지해 시설을 유지하다보니 큰 어려움을 겪고 있다.

부 록

부록 I. 원폭관련 주요일지

1945
국내〉
- ▶8.15 한국인 피폭자 2만 3,000명(추정) 귀국.

일본〉
- ▶9.8 미국, 히로시마·나가사키(9. 9)에 최초로 조사단 파견.
- ▶패전 후 일본 정부의 이민정책에 의해 많은 일본인 피폭자가 남미, 중남미로 이민(이민정책 1973년까지 지속).

1947
일본〉
- ▶원폭상해조사위원회(ABCC) 히로시마(3월, 히로시마적십자병원), 나가사키(1948. 7, 나가사키의과대학부속병원)에 설치.

1949
일본〉
- ▶9월 나가오카 쇼고(長岡省吾, 초대 히로시마 평화자료관장), 원폭참고자료진열실(히로시마 시 중앙공민관, 유물 약 6,700점) 개설.

1950
일본〉
- ▶1월 ABCC, 피폭 생존자 조사.

1951
일본〉
- ▶1월 태내피폭 아동 조사개시.

1952
일본〉
- ▶1월 히로시마 시, 원폭사망자 조사.
- ▶8.10 최초의 피폭자 조직인 '원폭피해자회(原爆被害者會, 회원 250명)' 히로시마에서 조직.

1954
일본〉
- ▶7.16 '원수폭금지서명운동전국협의회(原水爆禁止署名運動全國協議會)' 결성.

1955
일본〉
- ▶2.11 나가사키국제문화관 내 '원폭자료관' 개설(4. 1 개관).

▶4.25 일본인 피폭자 5명 일본 정부 상대로 원폭피해 손해배상 소송을 도쿄지방재판소에 제기.
▶8.6 히로시마에서 제1회 원수폭 금지 세계대회 개최.
▶8.24 '히로시마 평화회관 원폭기념진열관, 히로시마 중앙공민관에서 평화공원 현 위치로 이전. 히로시마 평화기념자료관으로 명칭 변경.

1956
일본〉
▶8.10 피폭자 전국 조직인 '일본 원수폭피해자단체 협의회' 결성.

1957
일본〉
▶3.31 '원폭 피해자의 의료 등에 관한 법률(원폭의료법)' 4월 1일부터 시행. 적용대상에서 오키나와 제외.

1959
▶재일본 북한인 귀환협정 체결로 피폭자 약 1,000명 귀환.

1960
일본〉
▶8.1 원폭의료법과 시행령 일부 개정 '특별피폭자'(①폭심지로부터 2km 이내에서 피폭된 자 ②인정피폭자 ③건강진단결과 후생노동대신이 정한 장해가 있다고 인정된 자) 조항 신설해 일반질병 의료비 지급. 인정피폭자에게는 의료수당 지급.

1963
국내〉
▶8월 원폭 피해자 이종욱·오남연 부부 정부, 주한미국대사관, 일본대표부 등에 피폭자 실정 호소.

일본〉
▶12.7 1955년 4월 일본인 피폭자 5명이 일본 정부를 상대로 낸 원폭피해 손해배상 소송에 대해 도쿄지방재판소가 기각. 그러나 재판부 "전쟁재해에 대하여 당연히 책임에 근거한 국가보상의 문제가 생긴다. 원폭의료법이 있지만 이 정도로 원폭피해자의 구제, 구원이 될 수 없다는 것은 명확하다"고 판시.

1964
국내〉
▶8월 한국원자력방사선의학연구소가 피폭자 신고 권유. 히로시마 164명, 나가사키 39명 파악.

일본〉
▶8월 부분적 핵실험 금지조약에 대한 시각 차이로 원수폭금지세계대회가 2개로 분열.

▶11.5 도쿄올림픽 관광 위해 일본으로 간 박도연(대구)이 히로시마 시로부터 수첩 교부받아 히로시마 적십자병원에서 검진. 후생성은 히로시마 시에 피폭자라고 확인할 수 있으면 수첩 교부하라고 지시.

1965
국내〉
▶3.20 정부, 국내에 피폭자 203명이 거주한다고 발표. 이들 중 91명은 원폭증, 69명은 화상, 43명은 외상이며, 피폭지는 히로시마가 164명, 나가사키가 39명.
▶5.22 재일한국거류민단 히로시마현 지방본부(단장 김관식)가 한국으로 '재한 피폭자 실태조사단' 20명 파견. 한국 정부와 대한적십자사에 피폭자 조사와 의료구제(救濟) 촉구.
▶6.22 한·일기본조약, 한·일청구권협정 체결.
▶8월 대한적십자사 피폭자 462명(사망자 8명 포함) 추가로 확인.

일본〉
▶6월 태내피폭에 의한 소두증 아이를 둔 부모 모임 '버섯회' 결성.
▶10.5 4살 때 히로시마에서 피폭된 이옥련(李玉連) 급성 악성빈혈로 히로시마병원에 입원하자 범시민 헌혈운동 전개.
▶11월 후생성, 원폭피해자 실태조사 전국적으로 실시.

1966
국내〉
▶8.31 한국인 원폭피해자 김재근 서석우 배도환 염수동 등이 피폭자협회기성회 결성. 사무실은 서울 용산구 한강로 2가.

1967
국내〉
▶2.11 한국원폭피해자원호협회(이하 원폭협회) 창립총회(초대회장 홍순봉, 회원 800명).
▶7.10 보건사회부 734호로 협회 인가.
▶11.4 원폭협회 회원 20여 명 주한 일본대사관 앞에서 보상요구 시위. 일본대사관 "한일조약으로 정산 완료."

일본〉
▶9월 히로시마·나가사키 지사와 시장, 피폭자 원호법 제정 요망서 수상에게 제출.

1968
국내〉
▶8.6 서울에서 제1회 한국인 원폭희생자 위령제 거행(서울 종로 조계사).
▶10.3 손귀달 구명운동 전개. 야마구치 피단협 등이 10월 10일 서명운동 전개(시민 1,000명 참여).

- ▶10.14 손귀달 석방(시모세키입국관리사무소에서 1개월 구류).
- ▶10.19 손귀달 히로시마원폭병원에 입원. 야마구치지방재판소 손씨에게 징역 6월, 집행유예 2년 선고. 손씨 강제 추방.
- ▶12월 엄분연, 임복순 관광비자로 도일하여 히로시마 시에 수첩교부 신청.

일본〉
- ▶1.17 히로시마 평화기념공원 원폭 위령비 앞에서 한국인 희생자 위령제 처음으로 개최. 히로시마, 오카야마 등에서 유족 150명 참석.
- ▶5.20 '원자폭탄 피폭자에 대한 특별조치에 관한 법률'(특별조치법) 제정. 9월 1일부터 시행. ①특별수당 ②건강관리수당 ③간호수당 ④의료수당 ⑤각 수당에 소득제한.

1969

국내〉
- ▶원폭협회 등록 회원 4,218명.
- ▶1.6 손귀달, 밀항자로 분류되어 부산시경에 체포.
- ▶6.27 핵금회의, 원폭협회에 100만 엔 기부. 한국인 피폭자센터 설립기금과 응급환자 진료비에 충당.
- ▶11.1 원폭협회 중앙지부 결성(지부장 서석우).
- ▶12.17 부산(지부장 엄분연), 경북(지부장 이을갑), 경남(지부장 노홍규)에 지부 결성.

일본〉
- ▶2.14 일본 후생성 엄분연, 임복순 수첩교부 신청 각하.
- ▶3월 히로시마 피폭자 쿠와바라 타다오(桑原忠男)가 원폭증 인정 소송 히로시마지방재판소에 제기.
- ▶4.1 특별조치법 일부 개정해 장제비 지급.
- ▶5월 후생성, 치료를 목적으로 도일하는 피폭자에게는 원폭의료법과 특별조치법이 적용되지 않는다고 결정.
- ▶10.16 히로시마 한국인원폭희생자 위령비건립위원회(위원장 장태희), 히로시마 시 허가받아 평화기념공원 내 혼가와교(本川橋) 서쪽 끝에 위령비 설치하기로 결정.

1970

국내〉
- ▶원폭협회 등록회원(보사부 조사) : 4,933명.
- ▶8.23 히로시마 '종이학 접기 모임(折鶴會)' 소속 중·고생 6명, 서울 방문해 피폭자 위문.

일본〉
- ▶2월 일본 핵확산방지조약 조인.
- ▶4.10 히로시마 평화공원 밖에 한국인 원폭피해자 위령비 건립(일본 정

부 반대로 평화공원 내 건립 무산). 제막식에 김재권 주일공사, 재일거류민단 히로시마 본부 최성원 단장, 야마다(山田) 히로시마 시장 등 100여 명 참석. 비문은 '한국원폭희생자위령비 이공전하 외 2만 여 영위(韓國原爆犧牲者慰靈碑 李公殿下外 二萬餘靈位)'.
- ▶ 4.20 시미즈 키요시(志水清) 전 원폭의학연구소장, 일본 주고쿠신문에 한국인 피폭자 원호가 필요하다는 기고문 게재. 부산을 중심으로 1만 5천 명이 거주하고 있다고 주장.
- ▶ 8.6 히로시마 피폭 25주년 맞아 평화기념공원에서 개최된 원폭사몰자위령식 및 평화기념식에 남·북한 피폭자 2명 참석.
- ▶ 10월 원폭의료법 시행령 일부 개정해 '검은 비' 내린 지역 주민을 특별피폭자로 인정.
- ▶ 12.3 손진두, 사가(佐賀)현으로 밀입국. 후쿠오카 히로시마 오사카 도쿄에서 '손진두의 일본 체류와 치료를 요구하는 전국시민회' 결성.

1971
국내 〉
- ▶ 8.6 원폭협회 회원 10여명 주한미국대사관 앞에서 시위. 대사관 1등 서기관 "미국은 역사상 전쟁배상을 한 사실이 없다."
- ▶ 8.26 히로시마 '종이학 접기 모임' 회원, 한국 피폭2세단체 비둘회 회원 만나 4개 지역(서울·부산·대구·합천) 방문.
- ▶ 9.28 한국원폭피해자원호협회, 사단법인 한국원폭피해자협회(이하 원폭협회)로 개칭.

일본 〉
- ▶ 1.30 손진두, 사가지방법원 카라츠지부에서 출입국 관리령 위반으로 징역 10월 선고.
- ▶ 3.26 이방자 여사, 한국인 원폭희생자위령비와 원폭위령비 참배.
- ▶ 6.7 후쿠오카고등재판소, 손진두에게 1심과 같은 징역 10월 선고. 재판부 "원폭증은 동정하나 법 위반 어쩔 수 없다."
- ▶ 6.30 히로시마에서 한국피폭자 원폭증 치료를 위한 전문의사단파견 준비위원회 발족. 파견시기 9월 22일(기간 13일), 의사 4명, 서울 부산 합천서 진료.
- ▶ 8.5 제2회 한국인원폭희생자위령제 히로시마 시에서 개최. 한국 희생자 명부(545명) 봉납.
- ▶ 10.5 손진두 후쿠오카 현에 수첩교부 신청.
- ▶ 10.20 히로시마대학 원폭의학연구소, 한국 의사(1~3명) 연수시키기로 결정.
- ▶ 12월 '한국의 원폭피해자를 구원하

는 시민의 회'가 오사카에서 발족.

1972

국내〉
- ▶원폭협회 등록 회원 (4월 현재) 6,269명.
- ▶10.6 원폭협회 합천지부 결성(지부장 노홍규).

일본〉
- ▶3.7 후쿠오카형무소에서 폐결핵에 걸린 손진두, 형집행 정지로 석방되어 국립요양소 후쿠오카 히가시(福岡東)병원에 입원.
- ▶3.10 핵금히로시마민회의, 합천에 피폭자진료소 건립기금 1,000만 엔 모금운동 전개.
- ▶3.13 합천보건소장 정창생, 히로시마원폭병원에서 피폭자건강관리 진료법 연수.
- ▶4.21 핵금히로시마, 8월 2일 핵금회의 전국 집회에 한국 피폭2세 4명 초청하겠다고 발표.
- ▶7.14 후쿠오카 현, 손진두 수첩교부신청 각하.
- ▶10.2 손진두, 수첩교부신청 각하처분 취소 소송 후쿠오카지방재판소에 제기.
- ▶10.8 오히라 외무대신 "외국인 원폭피해자를 구제하기 위하여 정부는 특별조치를 취할 필요가 있다."

1973

국내〉
- ▶12월 일본 핵병기금지평화건설국민회의 기부로 합천에 원폭피해자 진료소 설치.

1974

국내〉
- ▶3.30 손진두 수첩재판 1심 승소.
- ▶4.22 귀국 도중 조난당한 미쓰비시중공업 히로시마 기계제작소 징용노무자 241명의 유족들이 '일본 히로시마 미쓰비시중공업 한국인 피폭자 침몰 유족회' 결성.
- ▶5.21 히로시마 미쓰비시중공업 기계제작소와 조선소에 강제 동원됐다가 피폭된 원폭협회 회원 200명이 협회 산하에 '한국원폭피해자 미쓰비시 징용자 동지회' 결성.

일본〉
- ▶3월 야(野)4당 '원자폭탄피폭자의 원호에 관한 법률안' 국회에 제출(5월 폐기).
- ▶7.22 후생성 공중위생국장 통달 402호 발효. "원폭특별조치법은 일본 내에 거주하는 피폭자에게 적용되는 것으로, 일본 영역을 넘어 거주지를 옮긴 자에게는 적용되지 않는다."
- ▶7.22 치료목적으로 도일해 동경에서 입원치료 중이던 신영수가 동경

도에 수첩교부 신청.
▶7.25 미노베 도쿄지사, 신영수에게 수첩 교부.
▶8.23 관광비자로 도일한 재한피폭자 4명이 낸 수첩교부 신청을 히로시마 시가 거부.

1975
국내〉
▶3.6 "내가 죽으면 관을 일본대사관 앞에 두라"고 유언한 이남수의 장례식에 주한일본대사관 참사관 참석.
▶4.10 원폭협회 기호지부 결성.
▶7.17 손진두 수첩재판, 2심에서 승소(피고 상고).

일본〉
▶4월 ABCC, 방사선영향연구소로 개편.
▶9.1 후생성, 재외피폭자에 대한 수첩 교부조건을 '적법한 입국으로 1개월 이상 체재하면 입국목적을 묻지 않는다'로 변경.
▶10.1 특별조치법 일부 개정해 보건수당, 가족간호수당 신설.
▶11월 후생성, 전국을 대상으로 피폭자 실태조사.

1976
국내〉
▶5월 정칠선(서울)이 재한피폭자로서는 처음으로 히로시마 시로부터 건강관리수당 지급을 인정받음.

일본〉
▶7월 일본인 피폭자 이시다(石田), 1심 승소. 재판부 "원폭의료법은 국가보상법 성격을 갖는다."

공통〉
▶1월 오크리지국립연구소 재미피폭자 300명 실태조사 발표. 재미피폭자 존재 공식 확인.

1977
국내〉
▶한국교회여성연합회, 서울 세브란스 병원에서 재한피폭자 무료치료지원 개시.

1978
국내〉
▶8.1~8.6 한국교회여성연합회, 서울에서 국내 처음으로 원폭사진전 개최.
▶12.23 김윤식(金允植) 등이 서울에서 한국피폭2세회 결성.

일본〉
▶3.30 손진두 수첩재판, 일본 최고재판소에서 승소.
▶4.4 후생성, 재외피폭자에 대한 수첩교부 조건을 '일본에 현존하는 자

인 이상 그 현존하는 이유는 불문하고 교부한다'로 변경.
▶4.30 후쿠오카 현, 손진두에 대해 수첩신청 시로 소급해 수첩 교부.
▶9.13 히로시마 현 조선인 피폭자협의회, 히로시마 시에 거주하는 한국인 피폭자 206명 실태조사 결과 발표. "60% 이상 병을 갖고 있으며 노동력도 없음."
▶9.19 법무성, 손진두에 임시체류 허가.
▶10.12 히로시마 시, 피폭증인 없이 피폭수기와 전쟁 중 학적부만 갖고 수첩 신청한 이순옥에게 수첩 교부 결정. "12세 때 원폭으로 부모와 백부가 사망해 증인을 요구하는 것은 무리."
▶11.16 재일본조선총연합회 한덕수 의장, 히로시마 시에서 조선인피폭자 문제와 관련 "동정은 원하지 않는다. 일본 정부는 보상할 의무만 있을 뿐이다."

1979
국내〉
▶1.9 한국 원폭피해자를 구원하는 시민회, 히로시마 시에서 재한피폭자 실태조사 중간발표. 1978년 여름 원폭협회와 공동조사.
▶6.25 한·일 양국 여당 '재한피폭자 의료원호에 관한 3개항' 합의. ①한국 의사 일본연수 ②일본 의사 한국파견 ③재한피폭자 도일치료.
▶8월 원폭협회와 일본시민의회가 경상북도 피폭자 151명 실태조사.
▶9~10월 한국교회여성연합회가 피폭자 1,070명 실태조사.

일본〉
▶1월 사회보장심의회, 손진두 재판 관련 원폭2법 재검토 신청.
▶3.4 히로시마 현에서 조선인피폭2세회, 피폭2세회 준비회 결성.
▶4.29 재일조선인피폭자2세회, 히로시마 현 조선인피폭2세협의회가 평화기념관에서 결성(800명).
▶6월 후생성 장관 자문기관 '원폭피폭자대책기본문제간담회' 설치.

1980
국내〉
▶10.8 한·일 양국 합의한 3개 항목 중 도일치료만 실시하기로 결정.
▶11.17 도일치료 제1진 10명 히로시마 원폭병원에 입원.

일본〉
▶2월 처음으로 피폭2세 검진 실시.
▶4.12 원폭문제히로시마종합연구회, 히로시마 시에서 남·북한 피폭자 문제 심포지엄 개최. "조속한 실태조사 필요."
▶8.9 나가사키 시, 평화기념식전 개

최하며 피폭 후 처음으로 남·북한 피폭자 3명 초청.
▶12.11 원폭피폭자대책기본문제간담회, 후생성 장관에게 의견서 제출, 현행 2법 외 피폭자원호법 필요성 부정.

1981
국내〉
▶12월 재한피폭자도일치료 실시. 히로시마 13명, 나가사키 6명.
▶서울 경희의료원 재한피폭자 무료진료. 한국교회여성연합회 지원.

일본〉
▶6월 후생성 원폭특별조치법 일부 개정. 의료수당 폐지하고 의료특별수당 신설.

1982
국내〉
▶재한피폭자 26명 도일치료.

1983
국내〉
▶재한피폭자 69명 도일치료 실시
▶도일치료 3월 19명, 5월 20명, 7월 23명, 9월 17명.
▶11.20 도일치료 중단. 총 도일치료자 349명.

일본〉
▶교토 거주 피폭자가 원폭증 인정 요구하는 소송 교토지방재판소에 제기.

1987
국내〉
▶11.1 정부, 국내 피폭자 치료대책 수립(의료비 90% 일본 국고 부담, 10%는 정부 부담으로 하되 상한선 60만 원).
▶11.15 원폭협회, 일본 정부에 23억 달러 피해보상 요구.

1988
국내〉
▶5월 '재한피폭자문제시민회의' 도쿄에서 발족.

일본〉
▶4월 원폭의료법 시행규칙 일부 개정, 건강진단에 암 검진 신설.
▶9월 일본인 피폭자 마츠다니(松谷), 원폭증 인정 요구하며 나가사키지방재판소에 소송 제기.

1989
국내〉
▶7월 국민의료보험 시행으로 피폭자 의료비 자기부담분 30%의 반을 정부가 지원.

일본〉
▶11월 외무성, 4,200만 엔 대한적십자사에 송금. 원폭협회에 운용 위임. 협회는 의료보험 자기부담금 30%를 부담, 의료비 무료화 실시.
▶12.27 외무성, 1990년도 예산에 재한피폭자 대책비 4,200만 엔 상정.

1990
국내〉
▶1.1 재한피폭자 무료진료 시작.
▶5.24 노태우 대통령 방일, 한일정상회담에서 일본 정부 재한원폭피해자의료지원금 40억 엔 거출 표명.
▶6.11 재한피폭자 이맹회가 일본대사관 앞에서 일본의 40억 엔 결정에 항의하며 농약을 마시고 자살 기도.
▶7월 보건사회연구원, 원폭피해자 실태조사 실시.

일본〉
▶4.19 원폭협회위령방일단(신영수 회장 외 15명) 일본 외무성 방문, 카와지마 아세아국 심의관이 재한피폭자기금 창설 표명.

1991
국내〉
▶6월 원폭피해자 1세 2,307명, 2세 5,557명 대한적십자사에 등록.
▶8.1 동지회 방일단(김춘식 회장 외 7명)이 도쿄 미쓰비시중공업본사와 외무성 방문하여 미불임금 지불과 보상 요구.
▶11.1 재한피폭자 지원을 위한 거출금 40억 엔 중 1차분 17억 엔이 대한적십자에 입금(한화 9,718,549,620원).

일본〉
▶4월 해외 의사를 초청하여 연수를 실시하는 '방사선피폭자의료국제협력추진회(HICARE)' 히로시마 시에 설립.

1992
일본〉
▶7.31 미쓰비시중공업 나가사키조선소에 강제 연행되어 피폭된 김순길이 일본 정부와 미쓰비시중공업에 강제연행, 강제노동, 피폭의 손해배상과 미지불 임금 반환을 요구하는 소송을 나가사키지방재판소에 제기.
▶7월 나가사키에서 김순길 재판을 지원하는 모임 결성.

1993
국내〉
▶2.17 재한피폭자지원을 위한 거출금 40억 엔 중 2차분 23억 엔이 대한적십자사에 입금.
▶11.25 재한피폭자를 위한 복지회관 부지매입 계약 체결(정부 요청으로

합천군수 책임 하에 부지매입 업무 수행 후 대한적십자사로 등기이전).

1994

국내〉
- ▶7.23 재한피폭자 113명, 주한일본대사관 앞에서 방한 중이던 무라야마(村山) 수상 앞으로 23억 달러 보상청구 성명문 발표.
- ▶11월 일본 피폭자원호법안에 한국인 피폭자와 관련한 규정이 없는 것에 대해 원폭협회 "한국의 피폭자를 경멸하는 조치"라는 항의성명 발표. 신영수 회장이 방일해 이가라시 관방장관에게 일본 피폭자와 같은 조치 요구.

일본〉
- ▶1.31 나가사키현피폭2세교직원회, 나가사키형무소 한국인유족회지원 연락회 결성.
- ▶3.28 히로시마 미쓰비시중공업 징용노동자모임 '한국인원폭피해 미쓰비시징용자 동지회'와 한국원폭협회 기호지부 회원 2명 히로시마 방문.
- ▶8.29 무라야마 수상 "재외피폭자도 일본 피폭자와 똑같이 처우."
- ▶11.9 '원자폭탄 피폭자에 대한 원호에 관한 법' 제정. ①명칭은 '피폭자원호법' ②전문에 핵병기의 폐기, 항구평화, 사망자 명단 명기(明記) ③수당 소득제한 철폐 ④특별장제금 신설 ⑤평화를 염원하는 사업 실시. 재외 피폭자 원호에 대한 규정은 없음.

1995

국내〉
- ▶7.1 원폭협회, 후생성에 수첩을 취득한 재한피폭자에 대하여 한국 내에서 피폭자원호법에 정한 제 수당과 특별장제비를 지불하도록 요구.

일본〉
- ▶2.2 북한 피폭자 보상을 목적으로 한 '반핵평화를 위한 조선피폭자협회(조선피폭자협회)' 발족.
- ▶4월 피단협이 4,000명을 대상으로 원폭피해자 조사.
- ▶12.11 박창환 등 한국인 피폭자 6명 히로시마지방재판소에 미쓰비시중공업 상대로 강제징용 배상 및 미불금 반환 소송 제기.
- ▶12월 히로시마에서 한국의 미쓰비시 징용재판을 지원하는 모임 결성.

1996

국내〉
- ▶10.18 40억 엔 기금과 한국정부 지원금으로 합천원폭피해자복지회관 건립.

일본〉

▶ 2.2 북한에서 조선피폭자협회 결성 2주년 집회를 열고 하시모토 수상 앞으로 북한 피폭자에 대한 보상요구서 발송.

▶ 5월 조선피폭자협회 실태조사, 475명이 피폭자로 판명.

▶ 5.22 한국, 미국, 일본의 피폭자 단체가 공동으로 후생성에 피폭자원호법 국외적용 요청.

▶ 8.29 재한피폭자 40명, 일본 정부와 히로시마 미쓰비시중공업 상대로 강제연행, 강제노동, 피폭 손해배상과 미지불 임금 지불을 요구하는 소송 히로시마지방재판소에 제기.

▶ 12.5 유네스코, 히로시마 원폭 돔 '세계의 문화유산'으로 등록. 미국은 불참, 중국은 유보.

1997

국내〉

▶ 2.22 부산에서 '나가사키 징용공생존자 동지회' 결성.

▶ 10.1, 조선피폭자협회 대표 5명 방일, 히로시마에서 일본 피폭자 단체와 교류.

일본〉

▶ 10.1 김순길 나가사키 재판 패소. 김순길 항소.

1998

국내〉

▶ 2.10 김순길 사망. 유족이 재판 승계.

일본〉

▶ 10.1 곽귀훈, 일본 정부와 오사카부 상대로 재외피폭자 자격 확인 소송 제기.

1999

국내〉

▶ 5~7월 HICARE 초청으로 한국인 의사(인제대학교 2명) 처음으로 원폭후장해치료 연수.

일본〉

▶ 3월 박창환 등 6명 1심 재판 원고청구 기각. (2005년 항소심, 2007년 상고심 원고 패소)

▶ 5.31 이강녕, 일본 정부와 나가사키 시 상대로 원호법 소송 제기.

▶ 7.6 후생성, 1995년에 실시한 원폭피해자 실태조사결과 발표. "누워있는", "거의 누워있는" 사람이 1만 5,702명으로 응답자의 9.1%, 일반 고령자의 2.3배.

▶ 7.21 한국인원폭희생자위령비, 히로시마 평화공원 내로 이전.

▶ 10.1 김순길 재판, 후쿠오카고등재판소에서 패소. 유족 상고.

▶ 10월. 히로시마평화공원 내 한국인

원폭희생자위령비 대좌(臺座) 부분에 페인트 뿌려져 경찰 수사.

2000

일본〉
- ▶ 2.29~3.7 북한 피폭자 1명, 의사 2명 등 북한피폭자실무대표단 7명이 방일해 히로시마원폭병원, 지바의 방사선의학총합연구소 연수. 북한 대표단 "북한에 피폭자 1,301명이 생존해 있으며 평균 72세."
- ▶ 5.1 히로시마 미쓰비시 징용 피폭자 6명 강제연행, 강제노동, 피폭직후 방치, 미지불 임금 지급 등을 요구하는 소송 부산지방법원에 제기.
- ▶ 6월. 곽기훈, 1심 재판서 승소.
- ▶ 8.8 조선피폭자협회, 모리 수상에게 '사죄와 보상은 일본 정부의 당연한 법적, 도덕적 의무'라며 항의서한.

2001

국내〉
- ▶ 8.30~31 후생노동대신 사카구치 내한. 김원길 보건복지부장관과 면담한 자리에서 "일본 정부는 거주국에 관계없이 피폭자들이 동등한 대우를 받을 수 있도록 한다는 원칙을 갖고 있다."
- ▶ 12.24 곽귀훈 사건 1차 고등법원 승소판결.
- ▶ 12.26 이강녕 사건 나가사키 지방법원 승소.

일본〉
- ▶ 4.19 일본 국회 내 초당파의 의원 50여명 '재외피폭자에 원호법적용을 실현시키는 의원간담회' 결성.
- ▶ 6.1 곽귀훈, 오사카고등법원에서 승소.
- ▶ 8.1 후생대신의 사적자문기관 '재외피폭자에 관한 검토회' 설치.
- ▶ 10.3 이재석 원호법 소송 오사카지방재판소에 제기.
- ▶ 10.22 일본 국회의원 일행 내한. 재외피폭자에 대한 원호법 적용을 위한 간담회 등 개최.
- ▶ 12.10 재외피폭자에 관한 검토회 "인도적 견지에서는 거주지에 따라 원호에 차이가 나는 것은 불합리하다"는 보고서를 사카쿠치 대신에게 제출.

2002

국내〉
- ▶ 3.22 원폭2세 김형률 커밍아웃.
- ▶ 5.13~16 원폭피해자협회 방일단 22명이 일본 정부에 피해자원호법의 적용 요구.
- ▶ 8.6 한국원폭2세환우회 설립.

일본〉
- ▶ 6.1 해외사업으로 재외피폭자 도일

등 지원사업 시작(수첩교부 시 도일 경비 등 지원).
▶12.5 곽귀훈 사건 2차 고등법원에서 승소.
▶12.18 일본 정부 상고 포기로 곽귀훈 승소 확정.

2003
국내〉
▶6.28 원폭2세 환우 문제 해결을 위한 공동대책위 결성.

일본〉
▶2.7 이강녕 사건 고등법원 승소.
▶3.1 402호 통달 폐지.
▶3.20 이재석 재판 오사카지방재판소에서 승소, 판결 확정.
▶3.28 김순길 상고 기각
▶8.1 재한 원폭피해자 지원사업, 일본 나가사키 현과 대한적십자사 위탁계약 체결. ①수첩교부 도일지원 ②현지 건강진단 및 상담 ③도일치료 지원 ④의사 등 연수 초청 ⑤정보 제공 및 상담 ⑥피폭확인증 교부.

2004
국내〉
▶7.25 최계철 사망.
▶7월 합천복지회관거주자 일본의료진 건강상담 실시.
▶8~12 국가인권위, 피폭2세 기초현황과 건강실태조사 실시.

일본〉
▶2.22 한국 현지에서 건강관리수당 지급 요구하는 최계철(崔季澈) 소송 나가사키지방재판소에 제기.
▶5.18 최계철, 과거의 건강관리수당 지급을 요구하며 나가사키지방재판소에 소송 제기.
▶9.21 최계철 장제비 소송 나가사키지방재판소에, 정학련(鄭學連)·박원경(朴源慶) 장제비 재판 오사카지방재판소에 제기.
▶9.28 최계철 건강관리수당 소송 나가사키지방재판소에서 승소(나가사키 시장 불복).
▶후생성 법외(法外)사업인 '재외피폭자보건의료조성사업'(재외피폭자의 거주국에서 의료비 지원하는 사업) 실시.

2005
국내〉
▶2.1 일제강제점령하강제동원피해진상규명위원회 피해신고 접수 개시.
▶2.14 국가인권위 피폭2세 조사 결과 발표.
▶5월 원폭2세 환우 문제 해결을 위한 공동대책위를 '원폭피해자 및 원폭2세환우 문제 해결을 위한 공동대책위원회'로 확대 개편.
▶5.29 김형률 2세환우회장 사망.
▶6.20 한·일정상회담에서 고이즈미

(小泉)수상, 노무현 대통령에게 "재한피폭자 지원을 인도적 관점에서 가능한 한 진행."
▶8.4 민주노동당 조승수 국회의원 17대 국회에 '원자폭탄 피해자 진상규명 및 지원 특별법안' 대표 발의.
▶8.21~23 곽귀훈, 북한 평양에서 열린 일본의 과거청산을 요구하는 국제연대협의회 3차 대회에 참석해 박문숙 조선원자폭탄피해자협회 부회장 등 5명과 대화.
▶10월 원폭공대위 국가인권위 점거 농성, 국회 보건복지위 계류 중인 특별법안 조속한 제정 촉구 시위.
▶10.12 경기도 평택 이상엽, 건강수첩 2,000번째 수령.
▶10.21 김근태 복지부장관 합천 원폭복지관 방문 피폭2세 건강검진실 시 등 약속.

일본〉
▶3.8 최계철 장제비 소송, 나가사키지방재판소에서 승소(나가사키 시장이 항소).
▶9.26 최계철 건강관리수당인정 신청각하처분 취소청구 재판에서 승소(후생성 상고 포기). 최계철 장제비 재판, 후쿠오카고등재판소에서 승소(후생성 상고 포기).

2006
국내〉
▶1.2 주한일본대사관, 건강관리수당, 장제비 신청 접수.
▶9.18~21 처음으로 한일공동원폭전시회 개최.

일본〉
▶2.18 히로시마고등재판소, 지방자치법상 시효(5년)를 이유로 건강관리수당을 지급하지 않은 것은 위법이라고 판시.
▶5.12 일본 피단협이 주도하는 원폭증인정 집단소송 오사카지방재판소에서 9인 전원 승소.
▶6.13 이강녕 재판에서 최고재판소 "수당지급 권한은 국가가 아니고, 국가가 위임한 자치제에 있음으로 지방자치법상 시효 인정".
▶8.4 히로시마지방재판소, 원폭증인정 집단소송에서 41명 전원 인정. 정부 항소.

2007
국내〉
▶2.2 박창환 등 6명, 부산지법에서 패소.

일본〉
▶2.6 일본 최고재판소 지방자치법상의 시효(5년)를 이유로 건강관리수당 지급하지 않은 것은 위법이라고

판시. 시효 철폐.
- ▶ 3.22 도쿄지방재판소 원폭증 인정 집단소송에서 원고 30명 중 21명에게 인정.
- ▶ 7.30 구마모토지방재판소 원고 21명 중 19명에게 원폭증 인정. 암 이외의 질병 범위 대폭 확대.

2008
국내〉
- ▶ 5.24~29 원폭공대위, 원폭피해자 문제 해결을 위한 반핵평화국제네트워크 결성 위해 '나가사키 히로시마 평화기행'.
- ▶ 8.15 합천평화공원건립준비위원회 설립.
- ▶ 10.29 원폭협회, 원폭피해자 2천745명 이름으로 한국 정부 상대로 헌법소원 심판청구. "정부가 원폭피해자 문제 해결 외면."
- ▶ 11.25 한나라당 조진래 국회의원 18대 국회에 '한국인 원자폭탄 피해자와 그 피해자 자녀의 실태조사 및 지원을 위한 특별법안' 대표발의.
- ▶ 12.10 원폭2세환우회, 세계인권선언 60주년 맞아 원폭공대위와 '한국 원폭2세환우 권리선언문' 발표.

일본〉
- ▶ 2.18 최계철 재판 승소 확정.

2009
국내〉
- ▶ 1.19 히로시마시청, 건강수첩 신청한 한국인 피폭자 6명 면담하기 위해 합천 방문.
- ▶ 2.3 부산고법, 박창환 등 6명이 낸 항소 기각.
- ▶ 3.7~8 일본변호인단 방한해 합천, 대구지역 피폭자 300여명 면담.

일본〉
- ▶ 2월 영화감독 이토 소노미(伊藤園實), 한국 피폭자 삶 담은 영화 '미친 여름의 낙인(원제 狂夏の烙印), 재한피폭자가 된 날로부터'를 히로시마 시민교류플라자에서 상영.

2010
국내〉
- ▶ 3.1 원폭2세 환우 쉼터인 '합천평화의 집' 개소. 원폭2세 치료·요양시설 마련 위한 '땅 한 평 사기 운동' 전개.
- ▶ 4.7~8 카타르 민영방송 알자지라(Al Jazeera), 합천지역 피폭자 문제 취재. 4월 13일 'Koreans seek Hiroshima compensation' 방영.

일본〉
- ▶ 5.17 한국인 피폭자 161명, 국외거주 피폭자에게도 건강관리수당 지급해야 한다며 일본 정부 상대로

낸 소송에서 히로시마지방재판소 피폭자 1인당 110만 엔 지급하라고 화해 권고.
▶ 5.20 나가사키대학원 의료약학종합연구과 나카네 히데유키(中根秀之) 교수(정신의학), 한국인 피폭자 정신분석 내용을 일본정신신경학회 학술총회에서 발표. "2008년 서울, 대구에 거주하는 피폭자 373명과 일반인 429명을 직접면담 형식으로 조사한 결과 피폭자의 50.5%가 일반인보다 1.9배 정도의 불안·불면증에 시달리고 있는 것으로 확인됐다"고 주장.
▶ 10.29 한국 피폭자 70명의 유족 309명이 일본 정부를 상대로 건강관리수당 지급중지와 정신적 고통에 대한 보상으로 1인당 110만 엔을 지급하라는 소송 히로시마지방재판소에 제기.

2011
국내〉
▶ 8.30 원폭피해자 및 일본군 위안부 피해자 방치에 대한 헌법재판소 위헌 결정.
▶ 9.29 합천평화의 집 서울사무국 개소.
▶ 12.22 경상남도 원자폭탄 피해자 지원 조례 제정.

일본〉
▶ 5.17 장영준, 증인 없다는 이유로 수첩발급 거부한 나가사키 시 상대로 소송 제기.
▶ 11.2 한국인 피폭자 12명 후생성에 원폭증 인정 신청.

2012
국내〉
▶ 3.23~24 합천 피핵평화대회 개최. 방사선피폭 유전 문제 한·일 공동연구 추진 합의.
▶ 5.24 박창환 등 6명, 대법원에서 승소. 국내 강제징용에 의한 원폭 피해자 배상받을 수 있는 길 열려.
▶ 10.11 합천군 원자폭탄 피해자 지원 조례 제정.
▶ 12.7 새누리당 김정록 국회의원(비례대표) 19대 국회에 '한국인 원자폭탄 피해자 실태조사 및 지원을 위한 특별법안' 대표 발의.

일본〉
▶ 9.3 한국에 거주한다는 이유로 건강관리수당 받지 못한 한국인 피폭자 67명 1인당 110만 엔 요구하며 히로시마지방재판소에 소송 제기.
▶ 9.18 장영준, 1심 재판 승소.

부록 II. 1965년 한일협정문

대한민국과 일본국 간의 재산 및 청구권에 관한 문제의 해결과 경제협력에 관한 협정

1965년 6월 22일 동경에서 서명
1965년 12월 18일 발효

대한민국과 일본국은,
양국 및 양국 국민의 재산과 양국 및 양국 국민간의 청구권에 관한 문제를 해결할 것을 희망하고, 양국간의 경제협력을 증진할 것을 희망하여, 다음과 같이 합의하였다.

제 1 조

1. 일본국은 대한민국에 대하여

   (a) 현재에 있어서 1천 8십억 일본 원(108,000,000,000원)으로 환산되는 3억 아메리카 합중국불($300,000,000)과 동등한 일본 원의 가치를 가지는 일본국의 생산물 및 일본인의 용역을 본 협정의 효력발생일로부터 10년 기간에 걸쳐 무상으로 제공한다. 매년의 생산물 및 용역의 제공은 현재에 있어서 1백 8억 일본 원(10,800,000,000원)으로 환산되는 3천만 아메리카합중국불($30,000,000)과 동등한 일본 원의 액수를 한도로 하고 매년의 제공이 본 액수에 미달되었을 때에는 그 잔액은 차년 이후의 제공액에 가산된다. 단, 매년의 제공한도액은 양 체약국 정부의 합의에 의하여 증액될 수 있다.

(b) 현재에 있어서 7백 20억 일본 원(72,000,000,000원)으로 환산되는 2억 아메리카 합중국불($200,000,000)과 동등한 일본원의 액수에 달하기까지의 장기 저리의 차관으로서, 대한민국 정부가 요청하고 또한 3의 규정에 근거하여 체결될 약정에 의하여 결정되는 사업의 실시에 필요한 일본국의 생산물 및 일본인의 용역을 대한민국이 조달하는 데 있어 충당될 차관을 본 협정의 효력 발생일로부터 10년 기간에 걸쳐 행한다. 본 차관은 일본국의 해외경제협력기금에 의하여 행하여지는 것으로 하고, 일본국 정부는 동 기금이 본 차관을 매년 균등하게 이행할 수 있는데 필요한 자금을 확보할 수 있도록 필요한 조치를 취한다. 전기 제공 및 차관은 대한민국의 경제발전에 유익한 것이 아니면 아니된다.

2. 양 체약국 정부는 본조의 규정의 실시에 관한 사항에 대하여 권고를 행할 권한을 가지는 양 정부간의 협의기관으로서 양 정부의 대표자로 구성될 합동위원회를 설치한다.

3. 양 체약국 정부는 본조의 규정의 실시를 위하여 필요한 약정을 체결한다.

제 2 조

1. 양 체약국은 양 체약국 및 그 국민(법인을 포함함)의 재산, 권리 및 이익과 양 체약국 및 그 국민간의 청구권에 관한 문제가 1951년 9월 8일에 샌프런시스코우시에서 서명된 일본국과의 평화조약 제4조 (a)에 규정된 것을 포함하여 완전히 그리고 최종적으로 해결된 것이 된다는 것을 확인한다.

2. 본조의 규정은 다음의 것(본 협정의 서명일까지 각기 체약국이 취한 특별조치의 대상이 된 것을 제외한다)에 영향을 미치는 것이 아니다.

   (a) 일방체약국의 국민으로서 1947년 8월 15일부터 본 협정의 서명일까지 사이에 타방 체약국에 거주한 일이 있는 사람의 재산, 권리 및 이익
   (b) 일방체약국 및 그 국민의 재산, 권리 및 이익으로서 1945년 8월 15일 이후에 있어서의 통상의 접촉의 과정에 있어 취득되었고 또는 타방체약국의 관할하에 들어오게 된 것

3. 2의 규정에 따르는 것을 조건으로 하여 일방체약국 및 그 국민의 재산, 권리 및 이익으로서 본 협정의 서명일에 타방체약국의 관할하에 있는 것에 대한 조치와 일방체약국 및 그 국민의 타방체약국 및 그 국민에 대한 모든 청구권으로서 동일자 이전에 발생한 사유에 기인하는 것에 관하여는 어떠한 주장도 할 수 없는 것으로 한다.

제 3 조

1. 본 협정의 해석 및 실시에 관한 양 체약국간의 분쟁은 우선 외교상의 경로를 통하여 해결한다.

2. 1의 규정에 의하여 해결할 수 없었던 분쟁은 어느 일방체약국의 정부가 타방체약국의 정부로부터 분쟁의 중재를 요청하는 공한을 접수한 날로부터 30일의 기간내에 각 체약국 정부가 임명하는 1인의 중재위원과 이와 같이 선정된 2인의 중재위원이 당해 기간 후의 30일의 기간내에 합의하는 제3의 중재위원 또는 당해 기간내에 이들 2인의 중재위원이 합의하는 제3국의 정부가 지명하는 제3의 중재위원과의 3

인의 중재위원으로 구성되는 중재위원회에 결정을 위하여 회부한다. 단, 제3의 중재위원은 양 체약국중의 어느편의 국민이어서는 아니된다.

3. 어느 일방체약국의 정부가 당해 기간내에 중재위원을 임명하지 아니하였을 때, 또는 제3의 중재위원 또는 제3국에 대하여 당해 기간내에 합의하지 못하였을 때에는 중재위원회는 양 체약국 정부가 각각 30일의 기간내에 선정하는 국가의 정부가 지명하는 각 1인의 중재위원과 이들 정부가 협의에 의하여 결정하는 제3국의 정부가 지명하는 제3의 중재위원으로 구성한다.

4. 양 체약국 정부는 본조의 규정에 의거한 중재위원회의 결정에 복한다.

제 4 조

본 협정은 비준되어야 한다. 비준서는 가능한 한 조속히 서울에서 교환한다. 본 협정은 비준서가 교환된 날로부터 효력을 발생한다.

이상의 증거로서, 하기 대표는 각자의 정부로부터 정당한 위임을 받아 본 협정에 서명하였다.

1965년 6월 22일 토오쿄오에서 동등히 정본인 한국어 및 일본어로 본서 2통을 작성하였다.

       대한민국을 위하여   일본국을 위하여
       (서명) 이 동 원   (서명) 시이나 에쓰사부로
       김 동 조   다까스기 신이치

부록Ⅲ. 헌법재판소 위헌 결정문

헌법재판소-대한민국과 일본국간의
재산 및 청구권에 관한 문제의 해결과 경제협력에 관한 협정
제3조 부작위위헌확인

2011년 8월 30일 선고사건 최근주요결정 사건번호 2008헌마648

사건명 : 대한민국과 일본국간의 재산 및 청구권에 관한 문제의 해결과 경제협력에 관한 협정 제3조 부작위위헌확인

선고날짜 2011. 08. 30

종국결과 인용
결정 요약문

 헌법재판소는 2011년 8월 30일 재판관 6(위헌) : 3(각하)의 의견으로, 청구인들이 일본국에 대하여 가지는 원폭피해자로서의 배상청구권이 '대한민국과 일본국 간의 재산 및 청구권에 관한 문제의 해결과 경제협력에 관한 협정'(이하 '이 사건 협정') 제2조 제1항에 의하여 소멸되었는지 여부에 관한 한·일 양국 간 해석상 분쟁을 위 협정 제3조가 정한 절차에 따라 해결하지 아니하고 있는 피청구인의 부작위는 위헌임을 확인한다는 결정을 선고하였다.
 우리 헌법 제10조, 제2조 제2항 및 전문과 이 사건 협정 제3조의 문언에 비추어 볼 때, 피청구인이 위 제3조에 따라 분쟁해결의 절차로 나아갈 의

무는 헌법에서 유래하는 작위의무로서 그것이 법령에 구체적으로 규정되어 있는 경우라고 할 것이고, 청구인들의 재산권 및 인간으로서의 존엄과 가치라는 기본권의 중대한 침해가능성, 구제의 절박성과 가능성 등을 고려할 때, 피청구인에게 이러한 작위의무를 이행하지 않을 재량이 있다고 할 수 없으며, 현재까지 피청구인이 분쟁해결절차의 이행이라는 위 작위의무를 충실히 이행하였다고 볼 수 없으므로, 결국 피청구인의 이러한 부작위는 헌법에 위반하여 청구인들의 기본권을 침해한다는 것이다.

이에 대하여, 헌법 제10조, 제2조 제2항, 헌법 전문의 규정, 이 사건 협정 제3조에 기하여서는 청구인들에 대하여 국가가 이 사건 협정 제3조에 정한 분쟁해결절차에 나아가야 할 구체적인 작위의무가 발생한다고 볼 수 없으므로, 이 사건 헌법소원심판청구는 부적법하여 각하하여야 한다는 재판관 이강국, 재판관 민형기, 재판관 이동흡의 반대의견이 있다.

■ 사건의 개요 및 심판의 대상

— 사건의 개요

○ 청구인들은 일제강점기인 1945. 8. 6. 일본의 히로시마에서, 그리고 같은 달 9. 나가사키에서 투하된 원자폭탄에 의해 피폭을 당한 한국인 원폭피해자들로, 청구인들이 일본국에 대하여 가지는 원폭피해자로서의 배상청구권이 '대한민국과 일본국 간의 재산 및 청구권에 관한 문제의 해결과 경제협력에 관한 협정'(조약 제172호, 이하 '이 사건 협정'이라 한다) 제2조 제1항에 의하여 소멸되었는지 여부에 관하여, 일본국은 위 규정에 의하여 청구권이 모두 소멸되었다며 청구인들에 대한 배상을 거부하고 있고, 대한민국 정부는 청구인들의 위 배상청구권은 이 사건 협정에 의하여 해결된 것이 아니라는 입장이어서, 한 · 일 양국 간에 이에 관한 해석상 분쟁이 존재하므로, 피청구인으로서는 이 사건 협정 제3조가 정한 절차에 따라 위와 같은 해석상 분쟁을 해결하기 위한 조치를 취할 의무가 있다고 할 것

인데도 이를 전혀 이행하지 않고 있다고 주장하면서, 2008. 10. 29. 이러한 피청구인의 부작위가 청구인들의 기본권을 침해하여 위헌이라는 확인을 구하는 이 사건 헌법소원심판을 청구하였다.

― 심판의 대상

○ 이 사건 심판대상은, 청구인들이 일본국에 대하여 가지는 원폭피해자로서의 배상청구권이 '대한민국과 일본국 간의 재산 및 청구권에 관한 문제의 해결과 경제협력에 관한 협정' 제2조 제1항에 의하여 소멸되었는지 여부에 관한 한·일 양국 간 해석상 분쟁을 위 협정 제3조가 정한 절차에 따라 해결하지 아니하고 있는 피청구인의 부작위가 청구인들의 기본권을 침해하는지 여부이고, 이와 관련된 위 협정의 내용은 다음과 같다.

대한민국과 일본국 간의 재산 및 청구권에 관한
문제의 해결과 경제협력에 관한 협정
(1965. 6. 22. 체결, 1965. 12. 18. 발효)

제2조

1. 양 체약국은 양 체약국 및 그 국민(법인을 포함함)의 재산, 권리 및 이익과 양 체약국 및 그 국민간의 청구권에 관한 문제가 1951년 9월 8일에 샌프란시스코시에서 서명된 일본국과의 평화조약 제4조 (a)에 규정된 것을 포함하여 완전히 그리고 최종적으로 해결된 것이 된다는 것을 확인한다.

제3조

1. 본 협정의 해석 및 실시에 관한 양 체약국 간의 분쟁은 우선 외교상의 경로를 통하여 해결한다.

2. 1.의 규정에 의하여 해결할 수 없었던 분쟁은 어느 일방 체약 국의 정부가 타방 체약국의 정부로부터 분쟁의 중재를 요청하는 공한을 접수한 날로부터 30일의 기간 내에 각 체약국 정부가 임명하는 1인의 중재위원과 이와 같이 선정된 2인의 중재위원이 당해 기간 후의 30일의 기간 내에 합의하는 제3의 중재위원 또는 당해 기간 내에 이들 2인의 중재위원이 합의하는 제3국의 정부가 지명하는 제3의 중재위원과의 3인의 중재위원으로 구성되는 중재 위원회에 결정을 위하여 회부한다. 단, 제3의 중재위원은 양 체약국 중의 어느 편의 국민이어서는 아니된다.

3. 어느 일방 체약국의 정부가 당해 기간 내에 중재위원을 임명하지 아니하였을 때, 또는 제3의 중재위원 또는 제3국에 대하여 당해 기간 내에 합의하지 못하였을 때에는 중재위원회는 양 체약국 정부가 각각 30일의 기간 내에 선정하는 국가의 정부가 지명하는 각 1인의 중재위원과 이들 정부가 협의에 의하여 결정하는 제3국의 정부가 지명하는 제3의 중재위원으로 구성한다.

4. 양 체약국 정부는 본조의 규정에 의거한 중재위원회의 결정에 복한다.

■ 결정이유의 요지
○ 헌법 전문, 헌법 제10조, 제2조 제2항과 이 사건 협정 제3조의 문언에 비추어 볼 때, 피청구인이 위 제3조에 따라 분쟁해결의 절차로 나아갈 의무는 일본국에 의해 자행된 일련의 불법행위에 의하여 인간의 존엄과 가

치를 심각하게 훼손당한 자국민들이 배상청구권을 실현하도록 협력하고 보호하여야 할 헌법적 요청에 의한 것으로서, 그 의무의 이행이 없으면 청구인들의 기본권이 중대하게 침해될 가능성이 있으므로, 피청구인의 작위의무는 헌법에서 유래하는 작위의무로서 그것이 법령에 구체적으로 규정되어 있는 경우라고 할 것이다.

○ 특히, 우리 정부가 직접 원폭피해자들의 기본권을 침해하는 행위를 한 것은 아니지만, 일본에 대한 배상청구권의 실현 및 인간으로서의 존엄과 가치의 회복에 대한 장애상태를 초래한 데는 청구권의 내용을 명확히 하지 않고 '모든 청구권'이라는 포괄적인 개념을 사용하여 이 사건 협정을 체결한 우리 정부에도 책임이 있다는 점에 주목한다면, 그 장애상태를 제거하는 행위로 나아가야 할 구체적 의무가 있음을 부인하기 어렵다.

○ 피청구인은 이와 같은 작위의무를 이행하지 아니하여 청구인들의 기본권을 침해하였을 가능성이 있다 할 것이므로, 적법요건은 모두 갖추었다고 인정되며, 실제 피청구인의 부작위가 청구인들의 기본권을 침해하였는지 여부는 본안에 나아가 판단하여야 한다.

○ 이 사건 협정 제2조 제1항의 대일청구권에 한국인 원폭피해자의 배상청구권이 포함되는지 여부에 관하여 한·일 양국 간에 해석 차이가 존재하고, 그것이 위 협정 제3조의 '분쟁'에 해당한다는 것은 분명하므로, 피청구인으로서는 이 사건 협정 제3조에 의한 분쟁해결절차에 따라 외교적 경로를 통하여 해결하고, 그러한 해결노력이 소진된 경우 이를 중재에 회부하여야 하는 것이 원칙이라 할 것이다.

이러한 분쟁해결절차로 나아가지 않은 피청구인의 부작위가 청구인들의 기본권을 침해하여 위헌인지 여부는, 침해되는 기본권의 중대성, 기본권침해 위험의 절박성, 기본권의 구제가능성, 작위로 나아갈 경우 진정한 국익에 반하는지 여부 등을 종합적으로 고려하여 국가기관의 기본권 기속성에 합당한 재량권 행사 범위 내로 볼 수 있을 것인지 여부에 따라 결정된다.

○ 불법적인 강제징용 및 징병에 이어 피폭을 당한 후 방치되어 몸과 마음이 극도로 피폐해진 채 비참한 삶을 영위하게 된 한국인 원폭피해자들이 일본에 대하여 가지는 배상청구권은 헌법상 보장되는 재산권일 뿐만 아니라, 그 배상청구권의 실현은 무자비하고 불법적인 일본의 침략전쟁 수행과정에서 도구화되고 피폭 후에도 인간 이하의 극심한 차별을 받음으로써 침해된 인간으로서의 존엄과 가치를 사후적으로 회복한다는 의미를 가지는 것이므로, 그 실현을 가로막는 것은 헌법상 재산권 문제에 국한되지 않고 근원적인 인간으로서의 존엄과 가치의 침해와 직접 관련이 있다. 따라서 침해되는 기본권이 매우 중대하다.

○ 또한, 원폭피해자는 모두 고령으로서, 더 이상 시간을 지체할 경우 원폭피해자의 배상청구권을 실현함으로써 역사적 정의를 바로세우고 침해된 인간의 존엄과 가치를 회복하는 것은 영원히 불가능해질 수 있으므로, 기본권 침해 구제의 절박성이 인정되고, 이 사건 협정의 체결 경위 및 그 전후의 상황, 한국인 원폭피해자 문제의 특수성에 대한 인식의 확산 등을 종합해 볼 때 구제가능성이 결코 작다고 할 수 없다.

국제정세에 대한 이해를 바탕으로 한 전략적 선택이 요구되는 외교행위의 특성을 고려한다고 하더라도, 피청구인이 부작위의 이유로 내세우는 '소모적인 법적 논쟁으로의 발전가능성'이나 '외교관계의 불편'이라는 매우 불분명하고 추상적인 사유를 들어, 기본권 침해의 중대한 위험에 직면한 청구인들에 대한 구제를 외면하는 타당한 사유라거나 진지하게 고려되어야 할 국익이라고 보기는 힘들다.

○ 이상과 같은 점을 종합하면, 결국 이 사건 협정 제3조에 의한 분쟁해결절차로 나아가는 것만이 국가기관의 기본권 기속성에 합당한 재량권 행사라 할 것이고, 피청구인의 부작위로 인하여 청구인들에게 중대한 기본권의 침해를 초래하였다 할 것이므로, 이는 헌법에 위반된다.

■ 반대의견(재판관 이강국, 재판관 민형기, 재판관 이동흡)의 요지
1. 헌법규정, 헌법해석, 이 사건 협정 제3조의 문언을 종합하여도 국가의 청구인들에 대한 '헌법에서 유래하는 작위의무'는 도출될 수 없다.

○ 행정권력의 부작위에 대한 헌법소원이 적법하기 위해서는, 공권력의 주체에게 '헌법에서 유래하는 작위의무'가 특별히 구체적으로 규정되어 있어야 하는데, 위 작위의무의 도출근거는 헌법의 명문, 헌법의 해석, 법령의 규정 3가지이다.

○ 그런데 여기서 유념해야 할 것은, 헌법의 명문규정상, 헌법해석상, 법령상 도출되는 공권력 주체의 구체적 작위의무는 '기본권의 주체인 국민에 대한' 의무라야 한다는 것이다. 그래야만 "이에 의거하여 기본권의 주체가 행정행위 내지 공권력의 행사를 청구할 수 있음에도 공권력의 주체가 그 의무를 해태하여" 기본권을 침해받을 가능성이 있기 때문이다.

○ 우선, 헌법 제10조의 국민의 인권을 보장할 의무, 제2조 제2항의 재외국민 보호의무, 헌법 전문(前文) 중 "3·1운동으로 건립된 대한민국임시정

부이 법통을 계승"한다는 부분은, 국가의 국민에 대한 일반적·추상적 의무를 선언한 것이거나 국가의 기본적 가치질서를 선언한 것일 뿐이어서 그 조항 자체로부터 국가의 국민에 대한 구체적인 작위의무가 나올 수 없다고 할 것이고, 이는 우리 재판소의 확립된 판례이기도 하다.

○ 다음으로 이 사건 협정 제3조가 '법령에 구체적으로 작위의무가 규정되어 있는 경우'에 해당하는지가 문제인데, 이 사건 협정은 한일 양국이 당사자가 되어 상대방에 대하여 부담할 것을 전제로 체결된 조약이기에 이 사건 협정 제3조에 기한 양국의 의무는 자국 국민에 대하여 부담하는 의무가 아니므로, "이 사건 협정 제3조의 분쟁해결절차에 나아가라고 자국 정부에 대하여 요구할 수 있는 권리를 해당국 국민에게 부여하는 내용"의 문구가 이 사건 협정 어디에도 없는 이상, '우리 정부가 청구인들에 대하여 부담하는 작위의무'는 도출될 수 없다.

2. 이 사건 협정 제3조에 규정된바, 이 사건 협정의 해석에 관한 분쟁을 외교상의 경로를 통하여 해결하거나 중재절차에 회부하는 것은 '의무사항'이 아니고, 더구나 '구체적인' 작위의무에 해당하지도 않는다.

○ 이 사건 협정 제3조는 '외교상의 경로를 통하여 해결한다'(제1항), '중재를 요청하는 공한을 접수한 날로부터 …… 중재위원회에 결정을 위하여 회부한다'라고 되어 있을 뿐, '반드시' 외교적 해결절차로 나아가야 한다거나 '반드시' 중재절차를 신청해야 한다는 '의무적' 내용은 기재되어 있지 않다. 그리고 위 협정 제3조에 기재된 외교적 해결, 중재회부 요청은 우리 정부의 '외교적 재량사항'에 해당한다는 선례(헌재 2000. 3. 30. 98헌마206 결정)도 있는데, 다수의견은 결론적으로 위 선례와 배치되는 판단을 하면서 선례와 이 사건은 차별된다고 오해하고 있다.

○ 이 사건 협정 제3조가 말하는 '외교적 해결의무'라는 내용을 살펴 보더라도, 이는 국가의 기본권 보장의무, 재외국민 보호의무와 마찬가지로 국가의 일반적·추상적 의무 수준에 불과할 뿐이어서, 결코 '구체적인' 작위를 내용으로 하는 것이 아니다. 또한 그 이행의 주체나 방식, 이행정도, 이행의 완결 여부를 사법적으로 판단할 수 있는 객관적 판단기준을 마련하기 힘든 고도의 정치행위 영역으로서, 헌법재판소의 사법심사의 대상은 되지만 사법자제가 요구되는 분야에 해당한다. 이행내용이 구체적인지 여부는 불문하고 조약에 기재되어 있다는 이유만으로 헌법재판소가 정부에 막연히 '외교적 노력을 하라'는 의무를 강제로 부과시키는 것은 헌법이 외교행위에 관한 정책판단, 정책수립 및 집행에 관한 권한을 행정부에 부여하고 있는 권력분립원칙에 반할 소지마저 있다.

3. 법정의견의 해석은 헌법과 법률의 규정, 헌법적 법리해석의 한계를 넘어서는 것이다.

○ 일본의 침략전쟁 수행을 위하여 강제로 동원되어 일본에 끌려간 후 원자폭탄에 피폭되었음에도 일본으로부터 아무런 구호조치나 보호조치를 받지 못하고 있는 이 사건 청구인들의 기본권을 구제해 주어야 할 절박한 심정을 생각하면 어떠한 방법으로든 국가적 노력을 다해 주었으면 하는 바람은 우리 모두 간절하다. 하지만 헌법과 법률의 규정 및 그에 관한 헌법적 법리해석의 한계를 넘어서까지 피청구인에게 그 외교적 문제해결을 강제할 수는 없다. 이는 권력분립의 원칙상 헌법재판소가 지켜야 하는 헌법적 한계이다.

부록Ⅳ. 원폭 관련 법률 및 조례

1. 조진래 특별법안

한국인 원자폭탄 피해자와 그 피해자 자녀의
실태조사 및 지원을 위한 특별법안

(조진래 의원 대표발의)

의 안 번 호	2250

발의연월일 : 2008. 11. 25.
발 의 자 : 조진래 · 강창일 · 유성엽 · 권영진 · 안경률 · 이주영
　　　　　　 구본철 · 박선영 · 원희룡 · 김일윤 · 성윤환 · 김효재
　　　　　　 구상찬 · 나경원 · 김충환 · 송영길 · 정희수 · 서상기
　　　　　　 원유철 · 박기춘 · 강기갑 · 곽정숙 · 권영길 · 홍희덕
　　　　　　 이정희 · 고승덕 · 정의화 · 김성회 · 정해걸 · 유기준
　　　　　　 안상수 · 정영희 · 김태환 · 이인기 · 유승민 · 유재중
　　　　　　 조배숙 · 홍사덕 · 이철우 · 김춘진 · 김학용 · 김성수
　　　　　　 이용희 · 김영록 · 전여옥 · 이춘석 · 이해봉 · 이명규
　　　　　　 이명수 · 이달곤 · 김태원 · 박상은 · 이범래 · 손범규
　　　　　　 장제원 · 강기정 · 배영식 · 장세환 · 김성순 · 김희철
　　　　　　 강길부 · 강용석 · 이성헌 · 윤두환 · 정갑윤 · 김기현
　　　　　　 홍정욱 · 안형환 · 김충조 · 김정훈 · 강석호 · 주광덕
　　　　　　 백재현 · 신상진 · 김영우 · 김무성 · 박준선 · 손숙미
　　　　　　 최규성 · 황우여 · 윤석용 · 정진석 · 김종률 · 안민석
　　　　　　 진수희 · 김을동 · 원희목 · 정진섭 · 김용태 · 이성남
　　　　　　 이범관 · 최인기 · 최재성 · 박대해 · 정장선 · 김세연
　　　　　　 홍일표 · 이한성 · 이은재 · 현경병 · 정태근 · 안홍준
　　　　　　 최규식 의원(103인)

◆제안이유

　1945년 일본의 히로시마와 나가사키에서 원자폭탄에 피폭된 한국인 원폭 피해자는 7만여 명이며 그 중 생존해 있는 사람은 2,600여 명으로 파악되고 있으나, 지난 60여 년간 한국 정부의 실태조사와 한국인 원자폭탄 피해자에 대한 지원은 미미한 실정임.
　따라서 국가로부터 보호받지 못했던 한국인 원자폭탄 피해자 등에 대한 정확한 실태조사 및 생활에 대한 실질적인 지원을 통하여 생존권과 인권을 보장하고 명예를 회복하고자 하려는 것임.

◆주요내용
가. 한국인 피해자의 실태를 조사하고 의료생활에 대한 실질적인 지원을 위한 업무를 수행하기 위해 국무총리 소속 하에 "한국인원폭피해자지원위원회"를 설치함(안 제3조).
나. 위원회의 사무를 처리하기 위하여 위원회에 사무국을 둠(안 제9조).
다. 원자폭탄의 상해작용에 기인하여 부상당하거나 질병에 걸려 실제로 치료를 필요로 하는 상태에 있는 한국인 피해자와 그 피해자 자녀에 대하여 의료지원을 실시함(안 제12조).
라. 한국인 피해자와 그 피해자 자녀는 연 1회의 일반검사와 정밀·암 검사를 무료로 실시함(안 제13조).
마. 한국인 피해자와 그 피해자 자녀에게 건강상태와 생활여건을 고려하여 중복되지 않게 특별수당·보건수당·생활수당 등을 지급함(안 제15조).
바. 한국인 피해자가 사망한 때에는 장제를 행하는 자에게 장제비를 지급함(안 제16조).
사. 1945년 히로시마와 나가사키에 투하된 원자폭탄에 의해 피해를 당한 한국인 피해자의 실태 조사를 실시함(안 제19조).
아. 한국인 피해자의 명예를 회복하고 추모하며 인권과 평화를 위한 교육의 장으로 활용하기 위한 기념사업 등을 시행함(안 제20조).

법률 제   호

한국인 원자폭탄 피해자와 그 피해자 자녀의
실태조사 및 지원을 위한 특별법안

제1장 총칙

제1조(목적) 이 법은 1945년 8월 6일 일본의 히로시마와 1945년 8월 9일 나가사키에 투하된 원자폭탄에 의하여 피해를 당한 한국인 피해자와 그 피해자 자녀 등에 대한 실태를 조사하고 의료 및 생활에 대한 실질적인 지원을 함으로써 이들에 대한 생존권과 인권을 보장하고 명예를 회복하는 것을 목적으로 한다.

제2조(정의) 이 법에서 사용하는 용어의 정의는 다음과 같다.
1. "피해자"란 원자폭탄이 투하된 때 히로시마 및 나가사키 시내 또는 인근 지역에서 직접 피폭된 사람, 투하 직후 2주 이내에 투하 지역 약 3.5km 이내에 들어간 사람, 사체 처리 및 구호에 종사한 자 등 원자폭탄 투하된 때 또는 그 후에 신체에 원자폭탄의 방사능 영향을 받은 사람, 앞의 규정에 해당하는 사람의 태아인 사람 중 어느 하나에 해당하는 사람이거나 대한적십자사에 원폭피해자로 등록되어 한국 정부로부터 이미 진료비 및 진료보조비 지급을 받는 사람을 말한다.
2. "피해자 자녀"란 원자폭탄에 직접 피폭되지 아니하였으나 부모 중 어느 한쪽이 원자폭탄 피해자인 경우를 말한다.

제2장 위원회 구성 및 운영

제3조(한국인원폭피해자지원위원회의 설치) 한국인 피해자의 실태를 조사하고 의료 생활에 대한 실질적인 지원을 위한 업무를 수행하기 위하여 국무총리 소속으로 한국인원폭피해자지원위원회(이하 "위원회"라 한다)를 둔다.

제4조(위원회의 구성) ① 위원회는 위원장 1인을 포함한 15인 이내의 위원으로 구성한다.

② 위원장은 국무총리가 되고 위원은 위원회의 목적에 관하여 전문적인 지식과 경험이 풍부하고 업무를 공정하고 독립적으로 수행할 수 있다고 인정되는 의사·평화운동가·인권운동가와 관계 부처 공무원 중에서 국무총리가 임명한다. 다만, 위원에는 한국인 원자폭탄피해자 단체의 대표 5명이 포함되어야 하고, 위원의 50퍼센트 이상을 민간추천 위원으로 구성하며 위원의 30퍼센트 이상을 여성위원으로 구성한다.

③ 위원의 임기는 3년으로 하되, 1회에 한하여 연임할 수 있다.

④ 위원의 임기가 만료되거나 임기 중 위원이 결원된 때에는 국무총리는 임기만료 및 결원된 날부터 30일 이내에 후임자를 임명하여야 한다.

⑤ 결원이 된 위원의 후임으로 임명된 위원의 임기는 새로 개시된다.

제5조(위원회의 업무) 위원회의 업무는 다음 각 호의 사항을 심의·의결한다.

1. 원자폭탄 투하 당시 한국인 피해자 실태 및 규모 등에 대한 실태조사를 위한 사항
2. 한국인 피해자와 그 피해자 자녀의 건강 및 생활 실태 파악을

위한 조사에 관한 사항
3. 한국인 피해자 및 그 피해자 자녀의 심사·결정에 관한 사항
4. 한국인 피해자 및 그 피해자 자녀의 의료 및 생활 지원 등에 관한 사항
5. 의료사업·기념사업·성금모금 등 한국인 피해자 인권 보장 및 명예회복을 위하여 필요한 사항
6. 그 밖에 대통령령으로 정하는 사항

제6조(위원회의 의결) 위원회는 재적위원 과반수의 출석으로 개의하고 출석위원 과반수의 찬성으로 의결한다.

제7조(위원의 직무상 독립과 신분보장) ① 위원은 외부의 어떠한 지시나 간섭을 받지 아니하고 독립하여 그 직무를 수행한다.

② 위원은 신체상 또는 정신상의 장애로 업무수행이 현저히 곤란하게 되거나 불가능하게 된 경우 및 형의 선고확정에 의한 경우를 제외하고는 그 의사에 반하여 면직되지 아니한다.

제8조(위원의 결격사유) ① 다음 각 호의 어느 하나에 해당하는 사람은 위원이 될 수 없다.
1. 대한민국 국민이 아닌 자
2. 「국가공무원법」 제33조 각 호의 어느 하나에 해당하는 자
3. 「공직선거법」에 따라 실시하는 선거에 후보자로 등록된 자

② 위원이 제1항 각 호의 어느 하나에 해당하게 된 때에는 당연히 퇴직한다.

제9조(사무국의 설치) ① 위원회의 사무를 처리하기 위하여 위원회에 사무국을 둔다.

② 사무국에는 사무국장 1인과 그 밖의 필요한 직원을 둔다. 다만, 사무국장은 공무원이 아닌 자로 한다.

③ 사무국장은 위원회의 의결을 거쳐 위원장이 임명하고 소속 직

원은 사무국장의 제청으로 위원장이 임명한다.

④ 사무국장은 위원장의 지휘를 받아 위원회의 사무를 관장하며 소속 직원을 지휘·감독한다.

제10조(신청 등) ① 한국인 피해자 및 그 피해자 자녀로서 이 법에 따른 지원을 받고자 하는 자는 대통령령으로 정하는 바에 따라 관련 증빙서류를 첨부하여 사무국이나 시·군·구 단위 지방자치단체에 신청하여야 한다.

② 위원회는 제1항에 따른 신청에 대한 지원 여부를 심사하기 위하여 피해자, 증인 또는 참고인으로부터 증언 또는 진술을 청취하거나 필요한 조사 등을 할 수 있다.

③ 위원회는 제1항에 따른 신청을 받은 날부터 30일 이내에 그 지원 여부를 심사·결정하여야 하며 10일 이내에 결정내용을 신청인에게 상당한 방법으로 고지하여야 한다.

④ 위원회는 신청자가 한국인 피해자나 그 피해자 자녀에 해당한다고 인정할 때에는 증서를 교부하여야 한다.

⑤ 제4항에 따른 증서에 관하여 필요한 사항은 대통령령으로 정한다.

제11조(재심) ① 제10조제3항에 따라 위원회가 결정한 사항에 대하여 이의가 있는 신청자는 결정내용을 고지받은 날부터 30일 이내에 위원회에 재심의를 신청할 수 있다.

② 제1항의 재심의에 관하여는 제10조를 준용한다.

제3장 의료지원

제12조(의료지원) 보건복지가족부장관은 원자폭탄의 상해작용에 기인하여 부상당하거나 질병에 걸려 실제로 치료를 필요로 하는

상태에 있는 한국인 피해자와 그 피해자 자녀에 대하여 건강한 생활을 유지하고 필요한 치료 등을 받을 수 있도록 의료지원을 실시한다.

제13조(의료지원의 종류) ① 보건복지가족부장관은 제10조제4항에 따라 한국인 피해자 및 그 피해자 자녀로 인정받아 증서를 교부받은 자에 대하여 연 1회의 일반검사와 정밀·암 검사를 무료로 실시한다. 다만, 정밀·암 검사는 일반검사 후 의사의 필요에 의한다.

② 보건복지가족부장관은 제10조제4항에 따라 한국인 피해자 및 그 피해자 자녀로 인정받아 증서를 교부받은 자가 부상당하거나 질병에 걸려 다음 각 호의 어느 하나에 해당하는 의료를 받았을 경우 실질적으로 소요되는 비용을 일시에 지급한다. 다만, 고의의 범죄행위 또는 고의로 부상당하거나 질병에 걸린 경우는 지급하지 아니한다.

1. 수술비
2. 진찰·검사비
3. 입원비
4. 약제비
5. 보호·보장구 구입비
6. 간병인 비용
7. 이송·통원치료 교통비

③ 제1항 및 제2항에 따른 정기검사와 의료지원비의 지급에 관하여 필요한 사항은 대통령령으로 정한다.

제14조(의료기관 지정) 위원회는 의료기관의 장의 동의를 받아 보건복지가족부장관과 협의하여 제12조에 따른 의료를 담당하는 의료기관을 지정할 수 있다.

제4장 생활지원

제15조(수당) ① 보건복지가족부장관은 한국인 피해자 및 그 피해자 자녀에게 건강상태와 생활여건을 고려하여 다음 각 호의 어느 하나에 해당하는 수당을 월액으로 지급하되, 서로 중복하여 지급하지 아니한다.
  1. 특별수당 : 의사의 필요에 의한 제13조제1항의 정밀・암 검사를 받는 질병이나 치료를 필요로 하는 한국인 피해자 및 그 피해자 자녀
  2. 보건수당 : 정기적인 건강진단과 꾸준한 건강관리가 필요한 한국인 피해자 및 그 피해자 자녀
  3. 생활수당 : 한국인 피해자 및 원자폭탄 후유증 등의 질병과 장애 등으로 인하여 정상적인 경제활동이 어려운 한국인 피해자 자녀
  ② 제1항 각 호에 따른 수당의 지급액은 매년 최저생계비와 물가변동률 등을 고려하여 정하고, 지급방법 그 밖에 지급에 필요한 사항은 대통령령으로 정한다.
제16조(장제비 지원) 보건복지가족부장관은 한국인 피해자가 사망한 때에는 장제를 행하는 자에게 장제비를 지급한다.
제17조(복지사업 등) 위원회는 피해자의 심신 건강에 대한 상담, 거택에 있어서의 일상생활에 관한 상담, 그 밖의 상담에 응하는 사업을 할 수 있다.
제18조(수송시설의 이용 지원) ① 국가는 한국인 피해자 및 그 피해자의 자녀에 대하여 이들이 다른 사람의 보호가 필요하여 이들을 직접 보호하여 수송시설을 이용하는 자에 대하여는 대통령령으로 정하는 바에 따라 국가・지방자치단체 및 대통령령

으로 정하는 공공기관의 수송시설을 무료로 이용하게 하거나 그 요금을 할인하여 이용하게 할 수 있다.
② 국가 또는 지방자치단체는 제1항에 해당하는 자에게 제1항의 수송시설 외의 수송시설을 무료 또는 할인하여 이용할 수 있도록 제공하는 자에 대하여는 예산의 범위 안에서 보조금을 지급할 수 있다.

제5장 실태조사 및 기념사업

제19조(실태조사) 위원회는 1945년 8월 6일 일본의 히로시마, 1945년 8월 9일 나가사키에 투하된 원자폭탄에 의해 피해를 당한 한국인 피해자의 실태를 조사하기 위하여 다음 각 호에 해당하는 실태조사 및 연구사업을 하여야 한다.
1. 1945년 원자폭탄 투하 당시 한국인 피해자의 규모 및 실태 조사
2. 현재 생존한 한국인 피해자 및 그 피해자 자녀의 규모 및 실태 조사
3. 한국인 피해자 및 그 피해자 자녀의 인구, 사회, 경제적 상태 및 건강 등 의료실태 파악
4. 그 밖에 필요한 사항

제20조(명예회복 및 기념사업 등) 국가는 한국인 피해자의 명예를 회복하고 추모하며 역사적 의미를 되새겨 이와 같은 사건의 재발을 방지하고 인권과 평화를 위한 교육의 장으로 활용하기 위한 다음 각 호의 사업을 시행하며 이에 대한 필요한 비용을 지원한다.
1. 추모 공간(추모묘역·위령탑·위령공원 등) 조성
2. 한국인 피해자 및 그 피해자 자녀들을 위한 복지시설 건립

3. 원자폭탄·비핵·평화박물관 건립 및 역사·평화·인권교육 등의 사업
4. 원자폭탄피해자단체의 운영지원 사업
5. 그 밖에 필요한 사업

제6장 보칙

제21조(권리의 보호) 의료지원금, 생활지원금 등의 지급을 받을 권리는 이를 양도 또는 담보로 제공하거나 압류할 수 없다.

제22조(조세의 면제) 생활지원금 등에 대하여는 국세 및 지방세를 부과하지 아니한다.

제23조(의료지원금 등의 환수) ① 이 법에 따른 의료지원금 등을 지급받은 자가 다음 각 호의 어느 하나에 해당하는 경우에는 그 지원금 등의 전부 또는 일부를 환수하여야 한다.
1. 거짓이나 그 밖의 부정한 방법으로 지원금 등의 지급을 받은 경우
2. 잘못 지급된 경우

② 제1항에 따라 지급받은 지원금 등을 반납할 자가 기한 이내에 해당 금액을 납부하지 아니한 때에는 국세체납처분의 예에 의하여 이를 징수할 수 있다.

제24조(사실조사 및 협조의무) ① 위원회는 이 법에 따른 지원 등을 위하여 신청인, 증인 또는 참고인으로부터 증언 또는 진술을 청취하거나 필요하다고 인정하는 때에는 검증 또는 필요한 조사 등을 할 수 있으며 관련 기관이나 단체에 대하여 필요한 협조를 요청할 수 있다.

② 제1항에 따라 협조요청을 받은 관계 기관이나 단체는 다른 업

무에 우선하여 이를 처리하고 그 결과를 지체 없이 통보하여야 한다.

제25조(위원회와 다른 기관의 협력) ① 위원회는 그 업무 수행의 내용과 절차 및 결과에 대하여 피해자 단체 또는 민간단체의 자문 및 의견을 구할 수 있다.

② 위원회는 필요하다고 인정하는 때에는 그 업무 중 일부를 특정하여 지방자치단체 등 관계 기관 및 민간단체나 전문가에게 위임하여 수행하거나 공동으로 수행할 수 있다.

③ 그 밖에 제1항 및 제2항에 관하여 필요한 사항은 위원회 규칙으로 정한다.

제26조(공무원의 파견요청 등) ① 위원장은 위원회의 업무수행을 위하여 특히 필요하다고 인정하는 경우에는 국가기관·지방자치단체에 대하여 소속 공무원의 파견근무 및 이에 필요한 지원을 요청할 수 있다. 이 경우 파견 요청 등을 받은 국가기관 또는 지방자치단체의 장은 업무수행에 지장이 없는 한 이에 응하여야 한다.

② 제1항에 따라 위원회에 파견된 공무원은 그 소속 국가기관 또는 지방자치단체로부터 독립하여 위원회의 업무를 수행한다.

③ 제1항에 따라 공무원을 파견한 국가기관 또는 지방자치단체의 장은 위원회에 파견된 자에 대하여 인사상 불리한 조치를 하여서는 아니 된다.

제27조(유사명칭 사용의 금지) 위원회가 아닌 자는 한국인원폭피해자지원위원회 또는 이와 유사한 명칭을 사용하지 못한다.

제28조(비밀누설의 금지) 위원회의 위원 또는 직원이나 그 직에 있거나 있었던 자는 업무상 취득한 비밀을 누설하여서는 아니 된다.

제29조(자격사칭의 금지) 누구든지 위원회 위원 또는 직원의 자격을 사칭하여 위원회의 권한을 행사하여서는 아니 된다.

제30조(성금모금) 위원회는 한국인 피해자 등에 대한 지원금 및 관련 사업의 비용을 지원하기 위하여「기부금품의 모집 및 사용에 관한 법률」에도 불구하고 성금을 모금할 수 있다.

제31조(벌칙 등) ① 거짓 또는 그 밖의 부정한 방법으로 이 법에 따른 지원을 받거나 지원을 받게 한 자는 2년 이하의 징역 또는 2천만 원 이하의 벌금에 처한다.

② 제27조·제28조 또는 제29조를 위반한 자에게는 1천만 원 이하의 과태료를 부과한다.

③ 제1항의 미수범은 이를 처벌한다.

부　　　칙

①(시행일) 이 법은 공포 후 3개월이 경과한 날부터 시행한다.

②(다른 법률의 개정) 기부금품의 모집 및 사용에 관한 법률 일부를 다음과 같이 개정한다.

제3조에 제10호를 다음과 같이 신설한다.

10.「한국인 원자폭탄 피해자와 그 피해자 자녀의 실태조사 및 지원을 위한 특별법」

③(다른 법률과의 관계) 이 법에 따른 한국인 피해자 및 그 피해자 자녀가「국민기초생활 보장법」의 수급권자에 해당하는 경우 지원금 등은「국민기초생활 보장법」상의 소득에서 제외하며 다른 법률에 따른 지원에 관계없이 이 법에 따른 지원금이나 지원사업은 시행한다.

〈한국인 원자폭탄 피해자와 그 피해자 자녀의 실태조사 및 지원을 위한 특별법안 비용추계서〉

1. 비용추계요약

재정수반요인

원자폭탄 피해자의 진상을 규명하고 의료생활에 대한 실질적인 지원을 위한 업무를 수행하기 위하여 국무총리 소속하에 한국인원폭피해자지원위원회를 두며, 동 위원회의 사무를 처리하기 위하여 사무국을 설치한다(안 제3조 및 제9조).

원자폭탄 피해자의 명예를 회복하고 추모하며 역사적 의미를 되새겨 사건 재발을 방지하고 인권과 평화를 위한 교육의 장으로 활용하기 위하여 추모공간 조성 및 복지시설 건립, 박물관 건립 및 역사·평화·인권교육 등의 사업을 한다(안 제23조).

비용추계의 기본전제

(1) 제정안 제12조 내지 16조의 의료지원과 생활지원은 구체적인 지원내용을 대통령령으로 정하도록 하고 있다. 그런데 원폭피해자 1세대에 대하여는 현재 정부가 예산을 편성하여 진료비와 진료보조비를 지급하고 있고 건강수첩소지자는 일본정부로부터 지원을 받고 있는 점 등이 고려되어야 하는데 어느 정도의 지원이 더 이루어져야 할지 알 수 없어 본 추계에서 제외한다.[190] 원폭피해자 2세에 대한 지원도 부모의 피폭과 2세의 질환의 인과관계에 대한 관련성 여부에 따라 지원액이 달라질 수 있어 본 추계에서 제외한다.

(2) 동법안 제17조의 원자폭탄 피해자가 사망하는 경우 지급하도록 한 장제

---

[190] 자세한 내용은 3. 참고자료 참조.

비는 현재 지급되고 있으므로 추계에서 제외한다.
(3) 동법안 제18조의 복지사업 등과 동법안 제20조의 진상조사는 위원회의 예산에 포함된 것으로 보아 본 추계에서 제외한다.
(4) 동법안 제19조의 수송시설이용지원은 이용률을 명확하게 알 수 없고 소요되는 비용도 미미할 것으로 판단되어 본 추계에서 제외한다.
(5) 동법안 제33조의 원자폭탄피해자단체의 운영지원은 현재 추진되고 있는 사업으로서 보건복지가족부에서 2006년부터 약 1억 6천만 원을 지원하고 있으므로 본 추계에서 제외한다.[191]
(6) 동법안 부칙 제1조에서는 시행일을 공포 후 3개월로 규정하고 있고 법안 심의와 예산반영 및 법안에 명시된 각종 사업의 준비기간을 고려하여 본 추계에서는 2009년부터 2013년까지의 5개년을 대상으로 추계한다.
(7) 물가상승률 등을 고려한 경상가격 기준으로 추계한다.

비용추계의 결과

제정안에 따라 한국인원폭피해자지원위원회를 설립·운영하고 기념사업을 할 경우 국가가 2009년부터 2013년까지 부담하여야 할 것으로 예상되는 비용은 약 543억 원으로 예상된다. 다만 이 금액은 의료지원과 생활지원은 제외된 금액이다.

[표 1] 연도별 소요예산 (단위: 백만 원)

	2009	2010	2011	2012	2013	합계
위원회	1,822	1,835	1,959	2,089	2,229	9,935
기념사업	-	-	14,415	14,789	15,174	44,378
합계	1,822	1,835	16,374	16,879	17,403	54,313

주 : 반올림으로 합계에 차이가 있을 수 있음.
　　기념사업과 관련하여 평화공원 조성사업의 부지매입비는 공원의 위치에 따라 토지가격 및 보상비의 편차가 클 뿐만 아니라 국·공유지 또는 사유지인지 여부에 따라 소요예산의 차이가 커서 제외함.

---

[191] 다만 한국원폭피해자협회에 의하면 이 금액보다는 많은 예산이 필요하다고 함.

부대의견

없음.

작성자
국회예산정책처 법안비용추계팀 임동완 분석관
국회예산정책처 법안비용추계팀 정문종 팀　장

2. 비용추계 상세내역

1) 한국인원폭피해자지원위원회 설립·운영비

가. 한국인원폭피해자지원위원회와 추진지원단의 조직 구성

「원자폭탄 피해자 진상규명 및 지원 등을 위한 특별법」안 제3조에 따르면 한국인 원폭 피해자의 진상을 규명하고 의료 생활에 대한 실질적인 지원을 위한 업무를 수행하기 위하여 국무총리 소속하에 한국인원폭피해자지원위원회를 설립하도록 되어있고 안 제9조에 따르면 위원회의 사무를 보좌하기 위하여 위원회에 사무국을 설립하도록 되어있다.

위원회는 위원장 1인을 포함한 15인 이내의 위원으로 구성된다(안 제4조 제1항). 그리고 위원장은 국무총리가 되고, 원자폭탄피해단체 대표 5인이 포함된다(안 제4조 제2항). 그런데 위원회의 실질적인 사무는 사무국에서 수행된다. 따라서 본 추계에서는 사무국의 설립 및 운영과 관련하여 발생할 것으로 예상되는 비용을 중심으로 추계하기로 한다.

다음 [그림 1]은 사무국의 조직도를 가상으로 그려본 것이고, [표 2]는 [그림 1]의 조직도를 토대로 업무와 인력을 분장한 것인 바, 사무국의 인력은 22명 정도 필요할 것으로 예상된다.[192]

---

[192] 위원회와 사무국의 구체적인 조직을 현 상황에서 예측하는 매우 어려움. 본 추계에서는 입안된 법률안, 입법취지, 전문가의 견해 및 여러 유사조직의 조직도 등을 종합적으로 고려하여 조직을 구성하였음.

[그림 1] 한국인원폭피해자지원 위원회와 사무국의 조직도

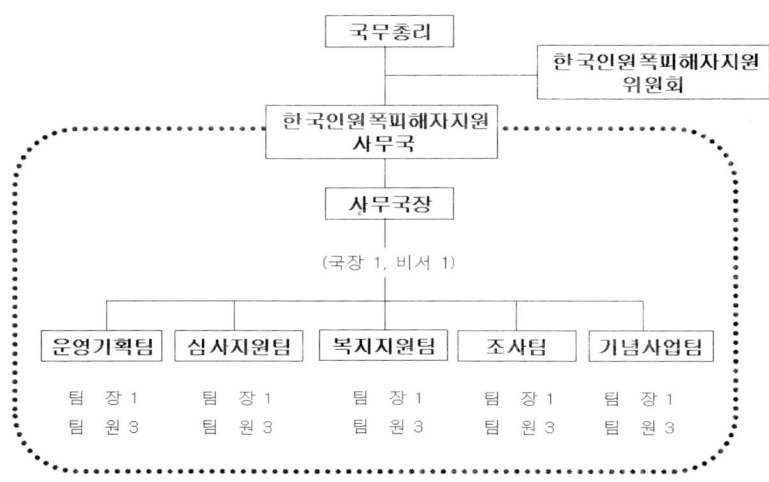

[표 2] 한국인원폭피해자지원 사무국의 업무 및 인력

조 직	업 무	총원	구성원
사무국장	한국인원폭피해자지원 사무국 업무총괄	2	국장 1인, 비서 1인
운영기획팀	정책 및 제도의 입안·기획, 위원회 보좌	4	팀장 1인, 팀원 3인
심사지원팀	피해자 및 그 자녀, 유족의 심사결정지원 (제5조 제3호, 제10조, 제11조)	4	팀장 1인, 팀원 3인
복지지원팀	피해자 및 자녀의 의료·생활지원 및 복지사업 (제5조 제4호, 제5호, 제12조, 제13조, 제16조, 제17조, 제18조)	4	팀장 1인, 팀원 3인
진상조사팀	피해자 실태 및 규모 등에 대한 진상규명, 피해자와 자녀의 건강 및 생활 실태 파악조사 (제5조 제1호, 제2호)	4	팀장 1인, 팀원 3인
기념사업팀	기념사업, 성금모금 등 피해자 인권 보장 및 명예회복을 위한 기념사업 추진 및 지원(제20조, 제21조)	4	팀장 1인, 팀원 3인
합 계	-	22	

나. 항목별 소요비용

22명으로 구성된 사무국을 설립할 경우 사무공간 확보를 위한 임차비, 사무에 필요한 자산의 취득비, 인건비, 경상운영비 등이 소요될 것으로 예상된다.[193] 이를 구체적으로 설명하면 다음과 같다.

(1) 임차비

제정안 제9조 제5항은 사무국은 원활한 업무지원을 위해 원폭피해자단체 사무실을 같이 둔다고 명시하고 있다. 따라서 원폭피해자협회와 같이 서울 외곽에 위치하고 기존사무실을 임차하여 사용하는 것으로 가정한다. 각종 심사판정위원회의 평균사무공간은 1인당 약 38.35m^2(약 11.60평)인 것을 감안하면[194] 사무국 22명의 사무공간은 약 843.64m^2(약 255평)으로 추정된다. 그리고 2006년의 3.3m^2당(1평) 월 임차비 59,512원을 적용하였고 매년 3%씩 인상되는 것으로 하였다.[195] [표 3]은 사무국의 사무공간 약 843.64m^2(약 255평)을 임차하는데 소요되는 비용을 연도별로 추정한 결과이다.

[표 3] 연도별 임차비 (단위: 백만 원)

	2009	2010	2011	2012	2013	합 계
소요비용	199	205	211	218	224	1,057

주 : 반올림으로 합계에 차이가 있을 수 있음.

---

[193] 한국인원폭피해자지원위원회와 사무국은 원폭피해자 및 그 자녀에 대한 진상을 규명하고 의료 및 생활안정을 위한 지원을 하는 것을 돕는 조직으로서 심사판정위원회의 성격을 갖고 있음. 따라서 이하의 임차비, 자산취득비, 인건비, 경상운영비 등에 소요되는 예산을 추계함에 있어서 각종 심사판정위원회 조직의 설립과 운영에 소요된 예산의 평균값을 사용하기로 함.

[194] 국회예산정책처 법안비용추계팀, 「법안비용추계: 원리와 방법」, 서울: 국회예산정책처, 2006, 131쪽.

[195] 평당 임차비(임차보증금의 연 이자비용과 연 관리비를 포함한 것임)와 연 3% 인상률은 (주)SAMS의 Office Market Report 자료를 토대로 산출한 것임.

(2) 자산취득비

사무국이 설립되기 위해서는 사무환경 조성에 필요한 컴퓨터, 사무용품, 기타물품 등 각종 자산을 취득하여야 하는 바, 각종 심사판정위원회의 2006년 1인당 평균 자산취득비 562만 원을 적용한다.[196] 그리고 국회예산정책처의 물가전망을 반영하면[197] 2009년에는 1인당 608만 원이 소요될 것으로 예상되고, 따라서 심사판정위원회 22명의 자산취득비는 약 1억 3백만 원이 된다. 동 비용은 취득한 자산의 내구연한을 감안하여 취득연도인 2009년 한 해에만 소요될 것으로 예상된다. 자산의 유지보수와 관련된 비용은 경상운영비에 포함된다.

(3) 인건비

인건비[198]는 각종 심사판정위원회의 평균 인건비를 적용하여 추정하기로 한다. 각종 심사판정위원회의 2006년 연평균 인건비는 5,107만 원인 바,[199] 2009년의 인건비로 환산하면 6,133만 원이다. 이를 사무국 22명의 인건비 산출에 적용하여 연도별 총 인건비를 추정한 결과는 [표 4]와 같다.

[표 4] 연도별 인건비 (단위: 백만 원)

	2009	2010	2011	2012	2013	합계
소요비용	1,349	1,448	1,552	1,662	1,780	7,791

주: 국회예산정책처의 인건비 예산의 기준선 전망 반영.[200]
　반올림으로 합계에 차이가 있을 수 있음.

---

[196] 국회예산정책처 법안비용추계팀, 상게서, 2006, 131쪽.
[197] 국회예산정책처, 「중기재정전망」, 서울: 국회예산정책처, 2007, 418-421쪽.
[198] 사무국이 관련 부처로부터 파견된 공무원으로 구성된다고 가정한다면 소요되는 인건비는 미미할 것이나 본 추계에서는 신규임용 된다고 가정함.
[199] 국회예산정책처 법안비용추계팀, (2006), 전게서, p.132.
[200] 국회예산정책처, (2008), 「재정 기준선 전망」, 서울: 국회예산정책처, pp.315-324.

(4) 경상운영비

경상운영비[201] 역시 각종 심사판정위원회의 인건비 대비 경상운영비의 평균 비율을 적용하여 추정하기로 한다. 각종 심사판정위원회의 인건비 대비 경상운영비의 비중은 12.62%인 바,[202] 다음 [표 5]는 이를 적용하여 연도별 경상운영비를 추정한 것이다.

[표 5] 연도별 경상운영비 (단위: 백만 원)

	2009	2010	2011	2012	2013	합계
소요비용	170	183	196	210	225	983

주: 반올림으로 합계에 차이가 있을 수 있음.

다. 사무국의 설립·운영비 추계 결과

[표 6]은 앞서 추정한 각 항목별 소요액을 모두 합한 것으로 사무국의 설립과 운영에 소요되는 총 비용을 나타낸 것이다. 표에서 보듯이 동 사무국의 설립·운영비는 2009년부터 2013년까지 5년간 약 99억 원이 소요될 것으로 예상된다.

[표 6] 사무국의 설립·운영비 (단위: 백만 원)

	2009	2010	2011	2012	2013	합계
임 차 비	199	205	211	218	224	1,057
자산취득비	103	-	-	-	-	152
인 건 비	1,349	1,448	1,552	1,662	1,780	7,791
경상운영비	170	183	196	210	225	983
합 계	1,822	1,835	1,959	2,089	2,229	9,935

주: 반올림으로 합계에 차이가 있을 수 있음.

---

[201] 경상운영비는 예산각목상의 관서운영비, 여비, 업무추진비 등이 포함됨.
[202] 국회예산정책처 법안비용추계팀, (2006), 전게서, p.132.

2) 기념사업

동법안 제21조에서는 원자폭탄피해자의 명예를 회복하고 추모하며 역사적 의미를 되새겨 이와 같은 사건의 재발을 방지하고 인권과 평화를 위한 교육의 장으로 활용하기 위하여 추모공간 조성, 복지시설 건립, 박물관 건립 등의 사업을 하도록 되어 있다. 현재 합천군에서는 원폭피해자 추도와 평화의 교육장 활용을 위한 세계평화공원 조성계획을 추진 중인바 이에 대한 대략적인 예산 내역은 다음과 같다.[203]

[표 7] 평화공원 조성사업비 산출내역   단위: 억원

계	주요시설					부대시설					
	소계	위령탑	전시관	복지관	국제회의장	소계	유스호스텔	국민호텔	홍보관	직판장	편의시설
400	265	10	50	50	155	135	52	52	15	8	8

주 : 부지매입비는 공원의 위치에 따라 토지가격 및 보상비의 편차가 클 뿐만 아니라 국공유지 또는 사유지인지 여부에 따라 소요예산의 차이가 커서 제외함.
자료 : 합천군

위 표의 금액은 2008년 기준으로 산출된 것이다. 그런데 동법안 부칙 제1조에서는 시행일을 공포 후 3개월로 규정하고 있고 법안심의와 예산반영 및 평화공원 조성사업의 준비기간을 고려하여 본 추계에서는 2011년부터 2013년까지 예산이 소요되는 것으로 가정한다. 그리고 국회예산정책처의 물가전망[204]을 반영하면 총 소요예산은 약 443억 7,800만 원이 된다.

---

[203] 합천군에 의하면 현재 세계평화공원 조성 용역을 추진 중에 있어 정확한 총사업비는 용역결과가 나온 후 알 수 있다고 함.
[204] 국회예산정책처, (2007), 전게서, pp.418-421.

[표 8] 평화공원 조성사업 소요예산   단위: 백만 원

	2009	2010	2011	2012	2013	합계
소요예산	-	-	14,415	14,789	15,174	44,378

3) 비용추계 합계액

제정안에 따라 한국인원폭피해자지원위원회를 설립·운영하고 기념사업을 할 경우 국가가 2009년부터 2013년까지 부담하여야 할 것으로 예상되는 비용은 약 543억 원으로 예상된다. 다만 이 금액은 의료지원과 생활지원은 제외된 금액이다.

[표 9] 연도별 소요예산   (단위: 백만 원)

	2009	2010	2011	2012	2013	합계
위원회	1,822	1,835	1,959	2,089	2,229	9,935
기념사업	-	-	14,415	14,789	15,174	44,378
합계	1,822	1,835	16,374	16,879	17,403	54,313

주: 반올림으로 합계에 차이가 있을 수 있음.
　　기념사업과 관련하여 평화공원 조성사업의 부지매입비는 공원의 위치에 따라 토지가격 및 보상비의 편차가 클 뿐만 아니라 국·공유지 또는 사유지인지 여부에 따라 소요예산의 차이가 커서 제외함.

3. 참고자료

1) 원폭피해자에 대한 지원내역

원폭피해자에 대한 지원은 우리정부의 지원과 일본정부의 지원으로 구분된다. 우리정부는 원폭피해자 등록자전원에 대하여 지원하고 있으며 일본정부는 건강수첩소지자에 대하여 지원하고 있다.[205]

---

[205] 2008년 6월 30일 기준으로 원폭피해자 등록자는 2,653명이고 이중 건강수첩소지자는 2,457명이며, 미소지자는 196명이임.

우리정부		일본정부	
지원대상	등록자 전원	지원대상	건강수첩소지자
진료비	보험급여전액	진료비	연간 1인 130,000엔
장제비	1,500,000원	장제비	1,500,000원
진료보조비	월 100,000원		

자료: 보건복지가족부 2008년도 예산안 설명자료

이와 같은 지원에 소요된 예산은 2007년 기준으로 다음과 같다.

[표 10] 원폭피해자 지원내역   단위: 백만 원

진료비	진료비 사후환급금 공제	진료비 원폭기금	진료비 보건의료비	장제비	진료보조비	계
2,014	13	603	1,397	27	3,126	5,167

주: 반올림으로 합계에 차이가 있을 수 있음.
자료: 보건복지가족부

2) 일본정부 지원 내역

위의 지원내용 이외에 건강수첩소지자는 일본정부로부터 원호수당을 지급받고 있으며 종합건강진단을 받고 있다. 구체적인 내역은 다음과 같다.

○ 원호수당 지급 : 월평균 34만 원(34,984엔)
  - 의료특별수당 : 연 137,840엔
    · 피폭에 의한 질병치료가 필요한 상태이며 후생노동성장관이 인정한 자로 그 상태가 지속되고 있는 자
  - 특별수당 : 연 50,900엔
    · 피폭에 의한 질병치료가 필요한 상태이며 후생노동성장관이 인정한 자로 질병이 완치한 자

- 원자폭탄 소두증 수당 : 연 47,440엔
   · 원자폭탄 투하당시 태내 피폭하여 방사선의 영향으로 소두증인 자
  - 건강관리수당 : 연 33,900엔
   · 순환기 기능장애 등 11가지 질환 중 어느 한 가지 질병이 있는 자
  - 보건수당 : 연 33,900-17,000엔
   · 폭격중앙으로부터 3.5km 이내의 직접 피폭자

○ 매년 2차례 일본의료진이 한국으로 방문하여 건강검진 및 건강상담 실시
  - 1회 170백만 원 상당 예산 소요(검진비, 약제비, 환자교통비 지급 등)

2. 경상남도 원폭피해자 지원조례

경상남도 원자폭탄 피해자 지원 조례

(제정) 2012-01-12 조례 제 3690호

제1조(목적) 이 조례는 도내 원자폭탄 피해자의 효율적인 지원을 위하여 필요한 사항을 규정함으로써 건강하고 행복한 삶을 영위할 수 있도록 지원함을 목적으로 한다.

제2조(정의) 이 조례에서 "원자폭탄 피해자"(이하 "원폭피해자"라 한다)란 1945년 일본 히로시마와 나가사키에 투하된 원자폭탄에 피폭되어 피해를 입은 사람으로서(그 피해자 후손인 2세 및 3세를 포함한다) 대한적십자사에 원폭피해자로 등록(피해자 후손인 2세 및 3세의 경우에는 직계존속 중 대한적십자사에 원폭피해자로 등록되어 있는 사람도 포함한다)되어 있고 도내에 주소를 두고 있는 사람을 말한다.

제3조(도지사의 책무) 도지사는 원폭피해자의 지원을 위한 종합적인 시책을 마련하고 추진하여야 하며, 정기적으로 실태조사를 실시하여야 한다.

제4조(지원계획 수립 등) ① 도지사는 원폭피해자의 복지 및 건강에 관한 체계적인 지원을 위하여 원폭피해자지원계획(이하 "지원계획이라 한다)을 매년 수립·시행하여야 한다.

② 지원계획에는 다음 각 호의 사항이 포함되어야 한다.
  1. 원폭피해자 지원시책의 기본목표와 방향
  2. 원폭피해자 지원시책에 따른 시행방법
  3. 원폭피해자 지원시책의 홍보

4. 원폭피해자의 지원에 따른 관계 기관과 협력체계 구축
  5. 그 밖에 원폭피해자의 지원을 위하여 필요한 사항
제5조(지원사업) 도지사는 원폭피해자에 대하여 다음 각 호의 사업을 예산의 범위에서 지원할 수 있다.
  1. 원폭피해자의 지원시책 개발 및 연구
  2. 원폭피해자를 위한 프로그램 개발
  3. 원폭피해자의 실태조사
  4. 원폭피해자의 상담지원
  5. 원폭피해자의 교육 및 홍보
  6. 원폭피해자를 위한 정보 및 자료 제공
  7. 그 밖에 도지사가 필요하다고 인정하는 사항
제6조(지원신청) ① 이 조례에 따라 지원을 받고자 하는 원폭피해자는 대한적십자사에서 발급받은 피폭자건강수첩 및 증빙서류를 가지고 해당 시장·군수에게 신청하여야 한다.
  ② 신청서를 받은 시장·군수는 관련 서류를 첨부하여 도지사에게 제출하여야 한다.
  ③ 제1항 및 제2항에 따른 신청서 등에 필요한 사항은 도지사가 정한다.
제7조(지원센터 설치 등) ① 도지사는 원폭피해자의 복지 및 건강에 관한 업무를 수행하기 위하여 원폭피해자복지지원센터(이하 "지원센터"라 한다)를 설치·운영할 수 있다.
  ② 도지사는 지원센터의 업무를 「민법」 제32조, 「사회복지사업법」 제16조 및 「비영리민간단체지원법」 제4조에 따라 등록된 관련 법인 및 민간단체에 위탁할 수 있다.
  ③ 제1항 및 제2항에 따른 지원센터의 설치·운영 및 위탁 등에 필요한 사항은 도지사가 정한다.

제8조(자료협조 요청) ① 도지사는 지원계획 등의 효율적인 수립을 위하여 필요한 경우에는 관계 기관 등에 자료를 요청할 수 있다.
② 제1항에 따른 요청을 받은 관계 기관 등은 특별한 사유가 없으면 이에 협조하여야 한다.
제9조(보조금 관리) ① 도지사는 제5조에 따라 지원한 보조금이 사업목적 외에 사용되는 일이 없도록 지도·감독을 하여야 한다.
② 도지사는 보조금이 사업목적과 달리 사용되었을 경우에는 관련 법령 및 조례에 따라 회수 또는 필요한 조치를 하여야 한다.
제10조(시행규칙) 이 조례 시행에 필요한 사항은 규칙으로 정한다.

부 칙

이 조례는 공포한 날부터 시행한다.

3. 합천군 원자폭탄 피해자 지원 조례

(제정) 2012.10.11 조례 제1992호

합천군 원자폭탄 피해자 지원 조례

제1조(목적) 이 조례는 합천군에 거주하는 원자폭탄 피해자에 대한 지원을 위하여 필요한 사항을 규정함으로써 기본적인 삶을 영위할 수 있도록 함을 목적으로 한다.

제2조(정의) 이 조례에서 "원자폭탄 피해자"(이하 "원폭피해자"라 한다)란 1945년 일본 히로시마와 나가사키에 투하된 원자폭탄에 피폭되어 피해를 입은 사람으로서(그 피해자 후손인 2세 및 3세를 포함한다) 대한적십자사에 원폭피해자로 등록(피해자 후손인 2세 및 3세의 경우에는 직계존속 중 대한적십자에 원폭피해자로 등록되어 있는 사람도 포함한다)되어 있고, 현재 합천군에 주소를 두고 있는 사람을 말한다.

제3조(지원계획 수립 등) ① 군수는 원폭피해자의 복지 및 건강에 관한 체계적인 지원을 위하여 다음 각호의 사항이 포함된 원폭피해자지원계획(이하"지원계획"이라 한다)을 수립·시행할 수 있다.
 1. 원폭피해자 지원 시책
 2. 원폭피해자 지원 시책에 따른 시행방법
 3. 원폭피해자 지원 시책의 홍보
 4. 원폭피해자의 지원에 따른 관계 기관과 협력체계 구축
 5. 그 밖에 원폭피해자의 지원을 위하여 필요한 사항

제4조(지원사업) 군수는 원폭피해자에 대하여 다음 각 호의 사업을 예산의 범위 내에서 지원할 수 있다.
1. 원폭피해자의 지원 시책 마련
2. 원폭피해자의 상담지원 및 교육홍보
3. 원폭피해자를 위한 정보 및 자료제공
4. 그 밖에 군수가 필요하다고 인정하는 사항

제5조(지원대상 신청 및 조사) ① 이 조례에 의해 지원을 받고자 하는 원폭피해자는 대한적십자사에서 발급받은 피폭자건강수첩 및 증빙서류를 가지고 군수에게 본인이 신청하여야 한다.
② 군수는 매년 1월 지원대상 신청자에 대하여 거주사실 여부에 대한 조사를 하여야 한다.
③ 군수는 전입 등의 사유 발생으로 인한 지원대상 신청 시는 15일 이내에 거주 사실 여부에 대한 사실조사를 하여야 한다.
④ 군수는 지원신청 대상자에 대한 조사를 할 때에는 그 사실조사 결과를 보관 및 관리하여야 한다.

제6조(지원대상자 결정) ① 군수는 제5조제4항에 의한 조사결과와 원폭피해자임을 확인한 후 심의를 거쳐 지원대상자 여부를 결정한다.
② 군수는 제1항에 의한 결정사항을 지체 없이 당사자에게 통보하여야 한다.

제7조(지원 중지) 지원대상자가 다음 각 호의 1에 해당하는 경우에는 지원을 중지한다.
1. 지원 받는 자가 지원 받기를 거절할 때
2. 전출, 사망 등의 사유로 지원대상자로서의 자격을 상실할 때

3. 그 밖에 부정한 방법으로 지원 받았을 경우

제8조(자료협조 요청) ① 군수는 지원계획 등의 효율적인 수립을 위해서 필요한 경우에는 관계기관 등에 자료를 요청할 수 있다.
  ② 제1항에 의하여 요청을 받은 관계기관 등은 특별한 사유가 없으면 이에 협조하여야 한다.

제9조(보조금 관리) ① 군수는 제5조에 따라 지원한 보조금이 사업목적 외에 사용되는 일이 없도록 지도 감독을 하여야 한다.
  ② 군수는 보조금이 사업목적과 달리 사용되었을 경우에는 관련 법령 및 조례에 따라 회수 또는 필요한 조치를 하여야 한다.

제10조(시행규칙) 이 조례의 시행에 관하여 필요한 사항은 규칙으로 정한다.

부   칙

이 조례는 공포한 날부터 시행한다.

4. 대구 동구 원폭피해자 지원조례

대구광역시동구 조례 제575호

대구광역시 동구 원폭피해자 지원조례

제 1 조(목적) 이 조례는 대구광역시 동구 관내에 거주하는 원폭피해자에 대하여 물질적·의료적 지원을 통하여 구민으로써 기본적인 삶을 영위할 수 있도록 지원에 관한 사항을 규정함을 목적으로 한다.

제 2 조(정의) 이 조례에서 원폭피해자라 함은 1945년 미국에 의해 일본에 투하된 원자폭탄에 피폭되어 직접피해를 입은 자중 사단법인한국원폭피해자협회에 등록된 자를 말한다.

제 3 조(지원대상 신청 및 조사) ① 이 조례에 의해 지원 받고자 하는 자는 대구광역시 동구 관내에 거주하는 원폭피해자로 주소지 관할동장에게 지원대상 신청을 하여야 한다.
  ② 동장은 매년 1월 지원대상 신청자에 대하여 거주사실 여부에 대한 조사를 하여야 한다.
  ③ 동장은 전입 등의 사유 발생으로 인한 지원대상 신청시에는 즉시 거주 사실 여부에 대한 사실조사를 하여야 한다.
  ④ 동장이 지원신청 대상자에 대한 조사를 한 때에는 그 실태에 관한 사항을 작성 후 조사 결과를 구청장에게 보고하여야 한다.

제 4 조(지원대상자 결정) ① 구청장은 제3조제4항에 의한 조사결과와 원폭피해자임을 확인한 후 대구광역시 동구 구정조정위원회의 심의를 거쳐 지원대상자로 결정한다.

② 구청장은 제1항에 의한 결정사항을 지체없이 해당자에게 통보하여야 한다.

제5조(지원내용) 원폭피해자에 대한 지원내용은 다음과 같다.
1. 진료편의를 도모하는 진료보조비로 1인당 월10만 원을 지급한다.
2. 원폭피해자중 대구광역시 동구보건소에서 운영하는 물리치료실의 치료 실시자에 대하여 진료비 또는 수수료를 면제할 수 있다.

제6조(지원방법) ① 진료비의 지원방법은 다음과 같다.
1. 지원대상자의 개인별 은행계좌로 지급한다.
2. 매 분기말 지급을 원칙으로 하되 전출, 사망 등의 사유 발생시 월별 계산 지급할 수 있다. 단, 15일 이상 거주 및 생존시는 1개월로 15일 미만은 1개월로 보지 않는다.
3. 지급대상자 사망시는 제1항제2호에 의한 지급대상 월을 산정 후 지급대상자와 동거하는 가족에게 지급할 수 있다.
② 지원대상자임을 입증할 수 있는 서류 제출시 물리치료 실시자에 대하여 진료비 또는 수수료를 면제할 수 있다.

제7조(지원중지) 지원대상자가 다음 각 호의 1에 해당하는 경우에는 지원을 중지한다.
1. 지원 받는 자가 지원 받기를 거절할 때
2. 전출, 사망 등의 사유로 지원대상자로서의 자격을 상실할 때

제8조(지원재원) 구청장은 지원재원을 매년 예산에 확보하여야 한다.

제9조(시행규칙) 이 조례의 시행에 관하여 필요한 사항은 규칙으로 정한다.

부   칙

이 조례는 공포한 날부터 시행한다. 다만 제5조제1호에 의한 진료보조비 지급은 원폭피해자복지기금관리지침에 의거 대한적십자에서 원폭피해자에게 지원하는 진료보조비가 기금고갈 등의 사유로 지급이 이루어지지 않을 때 그 익월 1일부터 시행한다.

5. 일본 원자폭탄 피폭자에 대한 원호에 관한 법률

원자폭탄 피폭자에 대한 원호에 관한 법률
(1994년 12월 16일 법률 제117호)

최종 개정 : 2010년 6월 24일 법률 제74호

전문
제 1 장 총칙(제1조 · 제2조)
제2장 삭제
제3장 원호
    제 1 절 통칙(제6조)
    제2절 건강관리(제7조-제9조)
    제3절 의료(제10조-제23조의 2)
    제4절 수당등의 지급(제24조-제36조)
    제 5 절 복지 사업(제37조-제39조)
제4장 조사 및 연구(제40조)
제 5 장 평화를 기원하기 위한 사업(제41조)
제6장 비용(제42조 · 제43조)
제7장 잡칙(제44조-제54조)
부칙

1945년 8월 히로시마 시 및 나가사키 시에 투하된 원자폭탄이라는 유례가 없는 파괴병기는 수많은 고귀한 생명을 한순간에 빼앗아 갔을 뿐만 아니라, 설령 목숨을 건진 피폭자라도 평생 고칠 수 없는 상처와 후유증을 남겨, 불안한 생활을 하게 되었다.

이와 같은 원자폭탄의 방사능 때문에 건강피해로 고통받는 피폭자의 건강유지 및 증진과 복지를 도모하기 위하여,「원자폭탄 피폭자의 의료 등에 관한 법률」및「원자폭탄 피폭자에 대한 특별조치에 관한 법률」을 제정하고, 의료의 급부(給付), 의료특별수당 등의 지급을 비롯한 각종 시책을 강구해 왔다. 또, 우리는 또다시 이러한 참화가 반복되지 않도록 보다 강한 결의 아래, 세계 유일의 원자폭탄 피폭국으로서 핵무기의 궁극적 폐지와 세계의 항구적인 평화 확립을 전세계에 계속 호소해 왔다.

이에 피폭 후 50년 맞이하여 우리는 핵무기의 궁극적 폐지를 위한 결의를 새롭게 하고, 원자폭탄의 참화가 반복되지 않도록 항구적인 평화를 염원함과 동시에, 국가의 책임으로 원자폭탄 투하의 결과로 생긴 방사능에 기인하는 건강피해가 여타의 전쟁 피해와는 다른 특수한 피해임에 비추어, 고령화가 진행되고 있는 피폭자에 대한 보건, 의료 및 복지에 걸친 종합적인 원호대책을 강구하고, 아울러 국가로서 원자폭탄에 의한 사망자의 존엄한 희생을 명기(銘記)하기 위해 이 법률을 제정한다.

제 1 장 총칙

제1조(피폭자) 이 법률에「피폭자」란 다음 각 호의 해당하는 자로, 피폭자 건강 수첩을 교부 받은 자를 말한다.
  1. 원자폭탄이 투하된 때 당시의 히로시마 시 혹은 나가사키 시 구역 내 또는 정령(政令)으로 정하는 인접하는 구역 내에 있던 자.
  2. 원자폭탄이 투하된 때부터 기산(起算)하여 정령으로 정하는 기간 내에

전호에 정하는 구역 중에서 정령으로 정하는 지역 내에 있었던 자.
3. 앞 2호에 열거하는 자 외, 원자폭탄이 투하된 때 또는 그 후에 신체에 원폭 방사능의 영향을 받은 사정 하에 있었던 자.
4. 앞 3호에 열거하는 자가 당해 각호에 규정하는 사유에 해당하였던 당시 그 자의 태아였던 자.

제2조(피폭자 건강수첩) ① 피폭자 건강수첩의 교부를 받고자 하는 자는 그 거주지(거주지를 갖고 있지 아니한 때는, 그 현재지로 한다)의 도도부현(都道府縣) 지사에 신청하여야 한다.

② 피폭자 건강수첩의 교부를 받고자 하는 자는 국내 거주지나 현 거주지에 없거나, 전항의 규정에 관계없이 정령으로 정하는데, 그 자가 전조 각 호에 규정하는 사유의 어느 쪽이나 해당된다고 하면 당시 실제로 소재하고 있던 장소를 관할하는 도도부현 지사에 신청할 수 있다.

③ 도도부현 지사는 앞 ②항의 규정에 의한 신청에 기초하여 심사하고, 신청자가 전조 각 호의 1에 해당한다고 인정할 때는, 그 자에게 피폭자건강수첩을 교부하는 것으로 한다.

④ 앞 ③에 열거하는 것 외에, 피폭자건강수첩에 관계되어 필요한 사항은 정령으로 정한다.

제2장 삭제
제3조~제5조까지 삭제

제3장 원호
제1절 통칙
제6조(원호의 종합적 실시) 국가는 피폭자의 건강유지 및 증진과 복지의

향상을 도모하기 위하여, 도도부현(都道府縣) 및 히로시마 시, 나가사키 시와 연계를 도모하면서 피폭자에 대한 원호를 종합적으로 실시한다.

제2절 건강관리
제7조(건강진단) 도도부현 지사는 피폭자에 대해 매년 후생 노동성령으로 정하는 바에 따라 건강진단을 한다.

제8조(건강진단에 관한 기록) 도도부현 지사는 전조의 규정에 따라 건강진단을 한 때는, 건강진단에 관한 기록을 작성하고, 후생 노동성령으로 정하는 기간 내에 이를 보존한다.

제9조(지도) 도도부현 지사는 제7조의 규정에 의한 건강진단의 결과 필요하다고 인정할 때는, 당해 건강진단을 받은 자에게 필요한 지도를 한다.

제3절 의료
제10조(의료의 급부) ① 후생노동대신은 원자폭탄의 상해작용에 기인하여 부상하거나 질병에 걸려 실제로 의료를 필요로 하는 상태에 있는 피폭자에 대하여 필요한 의료의 급부를 한다. 다만, 당해 부상 또는 질병이 원자폭탄의 방사능에 기인하는 것이 아닐 때는, 그 자의 치유 능력이 원폭 방사능의 영향을 받고 있기 때문에 실제로 의료를 필요로 하는 상태에 있는 경우에 한한다.
② 전항에 규정하는 의료의 급부 범위는 다음과 같다.
1. 진찰
2. 약제 또는 치료 재료의 지급

3. 의학적 처치, 수술 및 기타 치료 및 시술
4. 거택에 있어서의 요양상의 관리 및 그 요양에 수반하는 간병 기타 간호
5. 병원 또는 진료소로의 입원 및 그 요양에 수반하는 간병 기타 간호
6. 이송
③ 제1항에 규정하는 의료의 급부는 후생노동대신이 제12조제1항 규정에 의하여 지정하는 의료 기관(이하「지정 의료 기관」이라고 한다.)에 위탁하여 실시한다.

제11조(인정) ① 전조 제1항에서 규정하는 의료의 급부를 받고자 하는 자는 미리 당해 부상 또는 질병이 '원자폭탄의 상해 작용에 기인한다'는 취지의 후생노동대신의 인정을 받아야 한다.
② 후생노동대신은 전항의 인정을 행함에 있어서, 심의회(국가 행정 조직법(1948년 법률 제120호)제8조에 규정하는 기관을 말한다)에서 정령으로 정하는 것의 의견을 들어야 한다. 다만, 당해 부상 또는 질병이 원자폭탄의 상해작용에 기인하는 것 또는 기인하지 아니하는 것이 명백할 때에는 그러지 아니한다.

제12조(의료 기관의 지정) ① 후생노동대신은 그 개설자의 동의를 얻어 제10조제1항에 규정하는 의료를 담당할 병원 혹은 진료소(이에 준하는 것으로 정령으로 정하는 것을 포함한다) 또는 약국을 지정한다.
② 지정의료기관은 30일 이상의 예고 기간을 두어, 그 지정을 사퇴할 수 있다.
③ 지정의료기관이 다음 조 제1항의 규정에 위반허거나 담당의사에 변경이 있을 때, 기타 지정의료기관에 제10조제1항에 규정하는 의료를 담당하게 하는데 대하여 현저히 부적당하다라고 인정되는 이유

가 있을 때는, 후생노동대신은 그 지정을 취소할 수 있다.

제13조(지정 의료 기관의 의무) ① 지정의료기관은 후생 노동대신이 정하는 바에 따라 제10조제1항에 규정하는 의료를 담당하여야 한다.
② 지정의료기관은 제10조제1항에 규정하는 의료를 행하는데 대하여 후생노동대신이 행하는 지도에 따라야 한다.

제13조(진료 방침 및 진료 보수) ① 지정의료기관의 진료방침 및 진료보수는 건강보험의 진료방침 및 진료보수의 예에 따른다.
② 전항에 규정하는 진료방침 및 진료보수의 예에 따를 수 없을 때 또는 이에 따르는 것이 정당하지 아니할 때의 진료방침 및 진료보수는 후생노동대신이 정하는 바에 따른다.

제15조(진료 보수의 심사 및 지불) ① 후생노동대신은 지정의료기관의 진료내용 및 진료보수의 청구를 임시심사하고, 또 지정의료기관이 전조의 규정에 의하여 청구할 수 있는 진료보수액을 결정할 수 있다.
② 지정의료기관은 후생노동대신이 행하는 전항의 규정에 의한 진료보수액의 결정에 따라야 한다.
③ 후생노동대신은 제1항의 규정에 의한 진료보수액의 결정에 있어서, 「사회보험 진료보수 지불기금법」(1948년 법률 제129호)에 정하는 심사 위원회, 「국민건강보험법」(1958년 법률 제192호)에 정하는 국민건강보험 진료 보수 심사 위원회 기타 정령으로 정하는 의료에 관한 심사기관의 의견을 들어야 한다.
④ 국가는 지정의료기관에 대하여 진료보수 지불에 관한 사무를 사회보험 진료보수 지불기금, 국민건강보험 단체 연합회 기타 후생노동성령으로 정하는 자에게 위탁할 수 있다.

⑤ 제1항의 규정에 의한 진료보수액의 결정에 대해여「행정불복심사법」(1965년 법률 제160호)에 의한 불복 신청을 할 수 없다.

제16조(보고의 청구 및 검사) ① 후생노동대신은 전조 제1항의 규정에 의한 심사를 위하여 필요할 때, 지정의료기관의 관리자에 대하여 필요한 보고를 요구하거나 해당 직원으로 하여금 지정의료기관에 대하여 그 관리자의 동의를 얻어 현장에 진료기록 기타 장부 서류를 검사할 수 있다.
② 지정의료기관의 관리자가, 정당한 이유없이 전항의 규정에 의한 보고의 요구에 응하지 아니하거나 허위의 보고를 하거나, 또는 동항의 동의를 거부한 때는, 후생노동대신은 당해 지정의료기관에 대한 진료보수의 지불을 일시중지할 수 있다.

제17조(의료비의 지급) ① 후생노동대신은 피폭자가 긴급 기타 부득이한 이유로 인하여 지정의료기관 이외의 자로부터 제10조제2항 각호에 열거하는 의료를 받은 경우에, 필요하다고 인정될 때는 동조 제1항에 규정하는 의료의 급부를 대신하여 의료비를 지급할 수 있다. 피폭자가 지정의료기관으로 부터 동조 제2항 각호에 열거하는 의료를 받은 경우에, 당해 의료가 긴급 기타 부득이한 이유로 인하여 동조 제1항의 규정에 따르지 않고 행하여진 것일 때도 또한 같다.
② 전항의 규정에 의하여 지급하는 의료비의 액수는 제14조의 규정에 의하여 지정의료기관이 청구할 수 있는 진료보수의 예에 따라 산정한 액으로 한다. 다만, 실제로 필요로 비용액을 초과할 수 없다.
③ 후생노동대신은 제1항의 규정에 의하여 의료비를 지급하기 위하여 필요할 때는, 당해 의료를 한 자 또는 이를 사용하는 자에 대하여, 그 행한 의료에 관하여 보고 혹은 진료기록 혹은 장부서류 기타 물

건의 제시를 명하거나 당해 직원으로 하여금 질문하게 할 수 있다.

제18조(일반 질병 의료비의 지급) ① 후생 노동대신은 피폭자가 부상 또는 질병(제10조제1항에 규정하는 의료의 급부를 받을 수 있는 부상 또는 질병, 유전성 질병, 선천성 질병 및 후생노동대신이 정하는 기타 부상 또는 질병은 제외한다)에 대하여 도도부현지사가 다음 조 제1항의 규정에 의하여 지정하는 의료기관(이하「피폭자 일반질병의료기관」)으로부터 제10조제2항 각호에 열거하는 의료를 받거나 긴급 기타 부득이한 이유에 의하여 피폭자 일반 질병의료기관 이외의 자로부터 이러한 의료를 받은 때는 그 자에 대해 당해 의료에 필요한 비용액을 한도로 하여 일반질병의료비를 지급할 수 있다. 다만, 그 자가 당해 부상 혹은 질병에 대해「건강 보험법」(1922년 법률 제70호),「선원보험법」(1944년 법률 제73호),「국민건강보험법」,「국가공무원 공제 조합법」(1958년 법률 제128호. 타 법률에서 준용하거나 또는 예에 따른 경우를 포함한다) 혹은「지방공무원등 공제 조합법」(1967년 법률 제152호)(이하 이 조에서「사회보험 각 법」이라 한다),「고령자의 의료의 확보에 관한 법률」(1982년 법률 제80호),「개호보험법」(1997년 법률 제123호),「노동 기준법」(1947년 법률 제49호),「노동자 재해보상 보험법」(1947년 법률 제50호),「선원법」(1947년 법률 제100호) 혹은「독립 행정법인 일본 스포츠 진흥 센터법」(2002년 법률 제162호)의 규정에 의하여 의료에 관한 급부를 받거나 받을 수 있었을 때, 또는 당해 의료가 법령의 규정에 의하여 국가 혹은 지방공공단체의 부담에 의한 의료급부로 이루어진 때는, 당해 의료에 필요한 비용액으로부터 당해 의료에 관한 급부액을 공제한 액(그 자가 사회보험 각법 의한 요약의 급부를 받거나 받을 수 있었을 때는, 당해 요양의 급부에 관한 당해 사회보험 각법의 규정

에 의한 일부부담금에 상당하는 액으로 하고, 당해 의료가 법령의 규정에 의하여 국가 또는 지방공공단체의 부담에 의한 의료의 현물급부로 이루어진 때는, 해당 의료에 관한 급부에 대하여 행하여진 실비징수액으로 한다)의 한도에서 지급한다.

② 전조 제2항의 규정은 전항의 의료에 필요한 비용액의 산정에 대하여 준용한다.

③ 피폭자가 피폭자 일반질병의료기관으로부터 의료를 받은 경우에는, 후생노동대신은 일반 질병의료비로 해당 피폭자에게 지급할 금액의 한도에서, 그 자가 해당 의료에 관하여 해당 의료 기관에 지급여야야 할 비용을 해당 피폭자를 대신하여 해당 의료기관에 지불급할 수 있다.

④ 전항의 규정에 의한 지급이 있은 때는, 해당 피폭자에 대하여 일반질병의료비의 지급이 있었던 것으로 간주한다.

⑤ 사회보험 각 법 혹은「고령자의 의료 확보에 관한 법률 규정」에 의한 피보험자 또는 조합원인 피폭자가 제1항에 규정하는 부상 또는 질병에 대하여 피폭자 일반질병의료기관으로부터 의료를 받은 경우에는 해당 사회보험 각 법 또는「고령자의 의료 확보에 관한 법률 규정」에 의하여 해당 의료기관에 지급해야 할 일부 부담금은 해당 사회보험 각 법 또는「고령자의 의료 확보에 관한 법률 규정」에 관계없이 해당 의료에 관하여 후생노동대신이 제3항의 규정에 의한 지급을 하지 않는다는 취지의 결정을 할 때까지는 지급하지 않는다.

제19조(피폭자 일반 질병 의료 기관) ① 도도부현 지사는 그 개설자의 동의를 얻어 전조 제3항의 규정에 의한 지급을 받을 수 있는 병원 혹은 진료소(이에 준하는 것으로 정령으로 정하는 것을 포함한다) 또는 약국을 지정한다.

② 피폭자 일반질병의료기관은 30일 이상의 예고 기간을 두고, 그 지정을 사퇴할 수 있다.

③ 도도부현 지사는 피폭자 일반질병의료기관에 전조 제3항의 규정에 의한 지급을 받는데 대하여 '현저히 부적당하다'라고 인정되는 이유가 있을 때는, 그 지정을 취소할 수 있다.

제20조 ① 후생노동대신은 제18조 제3항의 규정에 의한 지급을 하여야 할 금액을 결정함에 있어서, 사회보험 진로보수 지불기금법에 정하는 심사 위원회, 국민건강보험법에 정하는 국민건강보험 진료 보수 심사 위원회 기타 정령으로 정하는 의료에 관한 심사 기관의 의견을 들어야 한다.

② 국가는 제18조 제3항의 규정에 의한 지급에 관한 사무를 사회보험 진로보수 지불기금, 국민건강보험 단체 연합회 기타 후생노동성령으로 정하는 자에게 위탁할 수 있다.

제21조(보고의 청구등) ① 제16조의 규정은 제16조 제3항의 규정에 의한 지급을 위하여 필요한 경우에, 제17조 제3항의 규정은 일반 질병 의료비를 지급하는데 대하여 필요한 경우에 각각 준용한다.

제22조(일반 질병 의료비의 지급의 제한) 피폭자가 자기의 고의의 범죄행위로 인하여, 또는 고의로 부상하거나 질병에 걸렸을 때는, 해당 부상 또는 질병에 관계된 일반 질병 의료비의 지급은 행하지 않는다.

제23조 피폭자가 투쟁, 만취 또는 현저히 좋지 못한 행동으로 인하여 부상하거나 질병에 걸렸을 때는, 해당 부상 또는 질병에 관계된 일반 질병 의료비의 지급은 그 전부 또는 일부를 행하지 아니할 수 있다.

피폭자가 중대한 과실로 인하여 부상하거나 질병에 걸렸을 때, 또는 정당한 이유없이 요양에 관한 지시에 따르지 아니한 때도 같다.

제23조의2(정령에의 위임) 이 절에 정하는 것의 외에, 제11조의 규정에 의한 인정, 지정 의료기관 및 피폭자 일반 질병 의료기관에 대하여 필요한 사항은 정령으로 정한다.

제4절 수당등의 지급
제24조(의료특별수당의 지급) ① 도도부현 지사는 제11조제1항의 인정을 받은 자로, 해당 인정에 관계된 부상 또는 질병의 상태에 있는 자에 대하여 의료특별수당을 지급한다.
② 전항에 규정하는 자는 의료특별수당의 지급을 받고자 할 때는, 동항에 규정하는 요건에 해당하는 것에 대하여 도도부현 지사의 인정을 받아야 한다.
③ 의료특별수당은 월 단위로 지급하며 그 금액은 1월에 대해, 135,4000엔으로 한다.
④ 의료특별수당의 지급은 제2항의 인정을 받은 자가 동항의 인정의 신청을 한 날이 속하는 달의 익월부터 시작하고 제1항에 규정하는 요건에 해당하지 아니하게 된 날이 속하는 달에 종료한다.

제25조(특별수당의 지급) ① 도도부현 지사는 제11조제1항의 인정을 받은 자에 대하여 특별수당을 지급한다. 다만, 그 자가 의료특별수당의 지급을 받고 있는 경우에는 그러하지 않는다.
② 전항에 규정하는 자는 특별수당의 지급을 받고자 할 때는, 동항에 규정하는 요건에 해당하는 것에 대하여 도도부현 지사의 인정을 받아야 한다.

③ 특별수당은 월 단위로 하여 지급하며 그 금액은 1월에 5만엔으로 한다.
④ 특별수당의 지급은 제2항의 인정을 받은 자가 동항의 인정 신청을 한 날이 속하는 달의 다음 달부터 시작해 제1항에 규정하는 요건에 해당하지 아니하게 된 날이 속하는 달에 종료한다.

제26조(원자폭탄 소두증 수당의 지급) ① 도도부현 지사는 피폭자이며, 원자폭탄 방사능의 영향으로 인한 소두증 환자인 자(소두증으로 인한 후생노동성령으로 정하는 범위의 정신상 또는 신체상의 장해가 없는 자를 제외한다)에 대하여, 원자폭탄 소두증 수당을 지급한다.
② 전항에 규정하는 자는 원자폭탄 소두증 수당의 지급을 받고자 하는 때는, 동항에 규정하는 요건에 해당하는데 대하여 도도부현 지사의 인정을 받아야 한다.
③ 원자폭탄 소두증 수당은 월 단위로 지급하며 그 금액은 1월에 46,000엔으로 한다.
④ 원자폭탄 소두증 수당의 지급은 제2항의 인정을 받은 자가 동항의 인정 신청을 한 날이 속하는 달의 다음 달부터 시작하여 그 자가 사망한 날이 속하는 달에 종료한다.

제27조(건강 관리 수당의 지급) ① 도도부현 지사는 피폭자이며, 조혈기능 장애, 간장 기능 장애 기타 후생노동성령으로 정하는 장애를 수반하는 질병(원자폭탄 방사능의 영향으로 인한 것이 아닌 것이 명백한 것을 제외한다)에 걸려 있는 자에 대하여 건강관리수당을 지급한다. 다만, 그 자가 의료특별수당, 특별수당 또는 원자폭탄 소두증 수당의 지급을 받고 있는 경우는 그러하지 아니한다.
② 전항에 규정하는 자는 건강관리수당의 지급을 받고자 할 때는, 동항에 규정하는 요건에 해당하는 것에 대하여 도도부현 지사의 인정을

받아야 한다.
③ 도도부현 지사는 전항의 인정을 행하는 경우에는, 아울러 해당 질병이 계속한다고 인정되는 기간을 정한다. 이 경우는, 그 기간은 제1항에 규정하는 질병의 종류 마다 후생노동대신이 정하는 기간 내에서 정한다.
④ 건강관리 수당은 월 단위로 지급하며 그 금액은 1월에 33,300엔으로 한다.
⑤ 건강관리 수당의 지급은 제2항의 인정을 받은 자가 동항의 인정 신청을 한 날이 속하는 달의 다음 달부터 시작하여 그 날부터 기산하여 그 자에 대하여 제3항의 규정에 의하여 정해진 기간이 만료하는 날(그 기간이 만료하는 날 전에 제1항에 규정하는 요건에 해당하지 아니하게 된 경우에는, 그 해당하지 아니하게 된 날)이 속하는 달에 종료한다.

제28조(보건수당의 지급) ① 도도부현 지사는 피폭자 중 원자폭탄이 투하된 때 폭심지로부터 2킬로미터 구역 내에 있었던 자 또는 그 당시 그 자의 태아였던 자에 대하여 보건수당을 지급한다. 다만, 그 자가 의료특별수당, 특별수당, 원자폭탄 소두증수당 또는 건강관리수당의 지급을 받고 있는 경우에는 그러하지 않는다.
② 전항에 규정하는 자는 보건수당의 지급을 받고자 할 때는 동항에 규정하는 요건에 해당하는 것에 대하여 도도부현 지사의 인정을 받아야 한다.
③ 보건수당은 월 단위로 지급하며 그 금액은 1월에 16,700엔으로 한다. 다만, 다음의 각 호의 1에 해당한다는 취지의 도도부현 지사의 인정을 받은 자로, 실제로 해당 각호의 1에 해당하는 자에 지급하는 보건수당액수는 1월에 33,300엔으로 한다.

1. 후생노동성령으로 정하는 범위의 신체상의 장애(원자폭탄의 상해 작용의 영향으로 인한 것이 아닌 것이 명백한 것을 제외한다.)가 있는 자
2. 배우자(혼인의 신고를 하지 아니하였으나, 사실상 혼인 관계와 같은 사정에 있는 자를 포함한다. 제33조제2항에서 같다), 자녀 및 손자녀 모두 없는 70세 이상인 자로, 그 자와 동거하고 있는 자가 없는 자

④ 보건수당의 지급은 제2항의 인정을 받은 자가 동항의 인정 신청을 한 날이 속하는 달의 다음 달부터 시작하여 제1항에 규정하는 요건에 해당하지 아니하게 된 날이 속하는 달에 종료한다.

⑤ 제2항의 인정을 받은 자가 새롭게 제3항 단서에 규정하는 도도부현 지사의 인정을 받은 경우의 보건수당액 개정은 그 인정의 신청을 한 날이 속하는 달의 다음 달부터 실시한다.

⑥ 제2항의 인정을 받은 자가 제3항 단서에 규정하는 자에 해당하지 아니하게 된 경우의 보건수당액수 개정은 그 해당하지 아니하게 된 날이 속하는 달의 다음 달부터 실시한다.

제29조(수당액의 자동 개정) ① 의료특별수당, 특별수당, 원자폭탄 소두증 수당, 건강관리수당 및 보건수당(이하 이 조에서 단순히「수당」이라고 한다)에 대하여는, 총무성에 작성하는 연평균의 전국소비자물가지수(이하「물가지수」라고 한다)가 1993년(이 항의 규정에 의한 수당액의 개정 조치가 강구된 때는, 가장 최근에 해당 조치가 강구된 해의 전년)의 물가지수를 초과하거나, 또는 밑돌게 되는 경우에는, 그 상승하거나 저하된 비율을 기준으로 그 이듬 해의 4월 이후의 해당 수당액을 개정한다.

② 전항의 규정에 의한 수당액의 개정 조치는 정령으로 정한다.

제30조(신고) ① 제24조제2항, 제25조제2항, 제26조제2항, 제27조제2항 또는 제28조제2항의 인정을 받은 자는 후생노동성령으로 정하는 바에 따라, 도도부현 지사에 대하여, 후생 노동성령으로 정하는 사항을 신고하여야 한다.

② 도도부현 지사는 의료특별수당, 특별수당, 원자폭탄 소두증수당, 건강관리수당 또는 보건 수당의 지급을 받고 있는 자가 정당한 이유 없이 전항의 규정에 의한 신고를 하지 아니할 때는, 그 지급을 일시 중지할 수 있다.

제31조(개호 수당의 지급) 도도부현 지사는 피폭자이며, 후생노동성령으로 정하는 범위의 정신상 또는 신체상의 장애(원자폭탄의 상해작용의 영향으로 인한 것이 아닌 것이 명백한 것을 제외한다. 이하 이 조에서 같다)로 인하여 개호를 필요로 하는 상태에 있고, 또 개호를 받고 있는 자에게 그 개호를 받고 있는 기간에 대하여 정령이 정하는 바에 따라, 개호수당을 지급한다. 다만, 그 자(그 정신상 또는 신체상의 장애가 중증장애로 후생노동성령으로 정하는 것에 해당하는 자를 제외한다)가 개호자에 대하여 개호에 필요한 비용을 지출하지 아니하고 개호를 받고 있는 기간에 대하여는 그러하지 아니한다.

제32조(장제료의 지급) 도도부현 지사는 피폭자가 사망했을 때는, 장제를 행하는 자에게 정령이 정하는 바에 따라 장제료를 지급한다. 다만, 그 사망이 원자폭탄의 상해작용의 영향에 의한 것이 아닌 것이 명백한 경우에는 그러하지 아니한다.

제33조(특별 장제 급부금) ① 피폭자이며, 다음의 각호의 1에 해당하는 자(다음 항에서「사망자」라고 한다)의 유족인 자에게는 특별 장제 급

부금을 지급한다.
1. 1969년 3월 31일 이전에 사망한 제1조 각호에 열거하는 자
2. 1969년 4월 1일로부터 1974년 9월 30일까지 사이에 사망한 제1조 각호에 열거하는 자(해당 사망한 사람의 장제를 행하는 자가, 부칙 제3조의 규정에 의한 폐지전의 원자폭탄 피폭자에 대한 특별조치에 관한 법률(1968년 법률 제53호. 이하「구(旧) 원폭특별 조치법」이라고 한다)에 의한 장제료의 지급을 받거나 받을 수 있었을 경우의 해당 사망한 자를 제외한다)

②전항의 유족의 범위는 사망자의 사망 당시의 배우자, 자녀, 부모, 손자, 조부모 및 형제 자매로 한다.

③특별 장제 급부금의 지급을 받는 권리 인정은 이를 받고자 하는 자의 청구에 근거하고, 후생노동대신이 행한다.

④전항의 청구는 후생노동성령으로 정한 1997년 6월 30일까지 행해야 한다.

⑤전항의 기간 내에 제3항의 청구하지 않는 자에게는 특별 장제 급부금은 이를 지급하지 않는다.

제34조(특별 상제 급부금의 액수 및 기명 국채의 교부) ① 특별 장제 급부금의 금액은 10만엔으로 하고, 2년 이내에 상환하여야 할 기명국채로 교부한다.

② 전항의 규정에 따라 교부하기 위하여 정부는 필요한 금액을 한도로 하여 국채를 발행할 수 있다.

③ 전항의 규정에 의하여 발행하는 국채는 무이자로 한다.

④ 제2항의 규정에 의하여 발행하는 국채에 대하여는 정령으로 정하는 경우를 제외하고 양도, 담보권의 설정 기타 처분할 수 없다.

⑤ 전 각항에 정하는 것의 외에, 제2항의 규정에 의하여 발행하는 국채

에 관하여 필요한 사항은 재무성령으로 정한다.

제35조(국채의 상환을 받을 권리의 승계) 전조 제1항에 규정하는 국채의 기명자가 사망한 경우에, 동순위의 상속인이 2인 이상 있을 때는, 그 1인이 한 해당 사망한 자의 사망 전에 지급하여야 했던 동항에 규정하는 국채의 상환금 청구 또는 동항에 규정하는 국채의 기명변경 청구는 전원을 위하여 그 전액에 대하여 한 것으로 간주하고, 그 1인에 대하여 한 동항에 규정하는 국채의 상환금 지급 또는 동항에 규정하는 국채의 기명변경은 전원에 대하여 한 것으로 간주한다.

제36조 삭제

제5절 복지 사업

제37(상담 사업) 도도부현은 피폭자의 심신 건강에 관한 상담, 피폭자의 거택에 있어서의 일상생활에 관한 상담 기타 피폭자의 원호에 관한 상담에 응하는 사업을 할 수 있다.

제38조(거택 생활지원사업) ①도도부현은 피폭자의 거택에서의 일상생활을 지원하기 위하여 다음에 열거하는 사업할 수 있다.
   1. 피폭자이며, 정신상 또는 신체상의 장애가 있기 때문에 일상생활을 영위하는데 지장이 있는 자에게 그 자의 거택에서 입욕, 배설, 식사 등의 개호 기타 일상생활을 영위하는데 필요한 편의를 공여하는 사업
   2. 피폭자이며, 정신상 또는 신체상의 장애가 있기 때문에 일상생활을 영위하는데 지장이 있는 자를 도도부현 지사가 적당으로 인정하는 시설에 다니게 하고 입욕, 식사의 제공, 기능 훈련 기타 편의를 제

공하는 사업
3. 피폭자이며, 그 개호를 행하는 자의 질병 기타 이유에 의하여, 거택에서 개호를 받는 것이 일시적으로 곤란하게 된 자를 도도부현 지사가 적당으로 인정하는 시설에 단기간 입소시켜 필요한 양호를 행하는 사업

제39조(양호 사업) 도도부현은 정신상 혹은 신체상 또는 환경상의 이유로 양호를 필요로 하는 피폭자이며, 거택에서 이를 받은 것이 곤란한 자를 해당 피폭자 또는 그 자를 실제로 양호하는 자의 신고에 의하여 도도부현 지사가 적당하다고 인정하는 시설에 입소시켜 필요한 양호를 실시하는 사업할 수 있다.

제4장 조사 및 연구
제40조(조사 및 연구) ① 국가는 원자폭탄의 방사능에 기인하는 신체적 영향 및 이에 의한 질병의 치료에 관계된 조사연구(다음 항에서「원폭 방사능영향조사연구」라고 한다)의 추진에 노력하여야 한다.
② 국가는 원폭방사능영향조사연구의 촉진을 도모하기 위하여, 공익사단 법인 또는 공익 재단법인이며, 원폭 방사능 영향 조사 연구를 주된 목적으로 하는 것에 대해, 예산의 범위내에 있고, 해당 법인이 실시하는 원폭 방사능 영향 조사 연구에 필요로 하는 비용의 일부를 보조할 수 있다.

제5장 평화를 기원하기 위한 사업
제41조(평화를 기원하기 위한 사업) 국가는 히로시마 시 및 나가사키 시에 투하된 원자폭탄에 의한 사망자의 존엄한 희생을 명기하고, 또 항구적 평화를 기원하기 위하여, 원자폭탄의 참화에 관한 국민의 이

해를 심화하고, 그 체험을 후대의 국민에게로 계승할 것을 도모하며, 및 원자폭탄에 의한 사망자에 대한 추도의 뜻을 표하는 사업을 실시한다.

제6장 비용

제42조(도도부현의 지변) 다음으로 열거하는 비용은 도도부현의 비용으로 처리한다.
1. 의료특별수당, 특별수당, 원자폭탄 소두증수당, 건강관리수당, 보건수당, 개호수당 및 상장료 지급과 이 법률 또는 이 법률에 기초하는 명령의 규정에 의하여 도도부현 지사가 행하는 사무 처리에 필요로 요하는 비용
2. 제37조부터 제39조까지 규정에 의하여 도도부현이 행하는 사업에 요하는 비용

제43조(나라의 부담등) ① 국가는 정령으로 정하는 바에 따라, 전조의 규정에 의하여 도도부현이 처리하는 동조 제1호로 열거하는 비용(개호수당과 관계된 것을 제외한다)을 해당 도도부현에 교부한다.
② 국가는 정령으로 정하는 바에 따라, 전조의 규정에 의하여 도도부현이 처리하는 동조 제1호에 열거하는 비용 중, 개호수당의 지급에 필요로 하는 비용에 대하여는 10분의 8을, 개호 수당과 관계된 사무의 처리에 필요로 하는 비용에 대하여는 그 2분의 1을 부담한다.
③ 국가는 예산의 범위 내에서 도도부현에 대하여 전조의 규정에 의하여 도도부현이 처리하는 동조 제2호에 열거하는 비용의 일부를 보조할 수 있다.

제7장 잡칙

제44조(양도 또는 담보의 금지) 이 법률에 기초하는 급부를 받을 권리는 양도, 또는 담보로 제공할 수 없다.

제45조(압류의 금지) 이 법률에 기초하는 급부를 받을 권리 및 제34조제1항에 규정하는 국채는 차압할 수 없다.

제46조(비과세) ① 조세 기타 공과는 이 법률에 기초하는 급부로서 지급을 받은 금품을 표준으로 하여 부과할 수 없다.
② 특별장제 급부금에 관한 서류 및 제34조제1항에 규정하는 국채를 담보로 하는 금전의 대차에 관한 서류에는 인지세를 부과하지 아니한다.

제47조(부정이득의 징수) ① 만일 기타 부정한 수단으로 이 법률에 기초하는 급부를 받은 자가 있는 경우는, 후생노동대신(해당 급부가 도도부현 지사에 의하여 행해진 경우에는, 도도부현 지사)은 국세 징수의 예에 따라, 그 자로부터 해당 급부 가액의 전부 또는 일부를 징수할 수 있다.
② 전항의 규정에 의하여 징수금의 선취취득권의 순위는 국세 및 지방세 다음으로 한다.

제48조(호적 사항의 무료 증명) 시정촌(市町村)장 (지방 자치법, 1947년 법률 제67호)제2 52조의19 제1항의 지정도시에서는, 구장으로 한다)은 제24조제1항, 제25조제1항, 제26조제1항, 제27조제1항 혹은 제28조제1항에 규정하는 자 또는 제33조제1항에 규정하는 유족인 자에 대

하여, 해당 시정촌의 조례가 정하는 바에 따라 이러한 자의 호적에 관하여 무료로 증명할 수 있다.

제49조(히로시마 시 및 나가사키 시에 관한 특례) 이 법률의 규정(제6조, 제51조 및 제51한조의2를 제외한다)에서 「도도부현 지사」 또는 「도도부현」은 히로시마 시 또는 나가사키 시에 대해서는 「시장」 또는 「시」로 대체 한다.

제50조(재심사청구) 히로시마 시 또는 나가사키 시의 장이 행하는 피폭자 건강수첩의 교부 또는 의료특별수당, 특별수당, 원자폭탄 소두증수당, 건강관리수당, 보건수당, 개호수당 혹은 상장료의 지급에 관한 처분에 대한 심사청구의 재결에 불복이 있는 자는 후생노동대신에게 재심사청구를 할 수 있다.

제51조(도도부현 등이 처리하는 사무) 이 법률에 규정하는 후생노동대신의 권한에 속하는 사무의 일부는 정령이 정하는 바에 따라, 도도부현 지사 및 히로시마 시장 및 나가사키 시장이 행하는 것으로 할 수 있다.

제51조의2(사무의 구분) 이 법률(제3장 제5절, 제6장 및 제48조를 제외한다)의 규정에 의하여 도도부현과 히로시마 시 및 나가사키 시가 처리하게 되어 있는 사무는 지방자치법 제2조제9항제1호에 규정하는 제1호 법정수탁사무로 한다.

제51조의3(권한의 위임) ① 이 법률에 규정하는 후생노동대신의 권한은 후생노동성령으로 정하는 바에 따라, 지방후생국장에 위임할 수 있다.

② 전항의 규정에 의하여 지방후생국장에 위임된 권한은 후생노동성령으로 정하는 바에 따라, 지방후생지국장에 위임할 수 있다.

제 5 2조(성령에의 위임) 이 법률에 특별한 규정이 있는 것을 제외하고, 이 법률의 실시를 위한 위한 절차 기타 그 집행에 대하여 필요한 세칙은 후생 노동성령으로 정한다.

제 5 3조(벌칙) 제7조에 규정하는 건강진단, 제9조에 규정하는 지도 또는 제37조에 규정하는 사업의 실시의 사무에 종사한 자가 그 직무에 관하여 알게 된 자의 비밀을 정당한 이유없이 누설할 때는, 1년 이하의 징역 또는 30만 엔 이하의 벌금에 처한다.

제 5 4조 제10조제2항 각호에 열거하는 의료를 행한 자 또는 이를 사용하는 자가, 제17조제3항(제21조에서 준용하는 경우를 포함한다)의 규정에 의하여 보고 혹은 진료기록 혹은 장부 서류 기타 물건의 제시를 명령받고, 정당한 이유없이 이에 따르지 아니하거나 허위의 보고를 하거나 또는 제17조제3항의 규정에 의한 해당 직원의 질문에 대하여 정당한 이유없이 답변하지 아니하거나, 혹은 허위의 답변을 한 때는, 10만엔 이하의 과태료에 처한다.

부록 Ⅴ. 손진두 일본 최고 재판소 판결문

피폭자건강수첩소송최고재판결(전문)

손진두-최고재제1소법정 1978년 3월 30일
1975년에 행해진 제98호 판결
상고인 - 후쿠오카현 지사
피상고인 - 손진두

위의 당사자간의 후쿠오카고등재판소 1974년에 행해진 제3호 피폭자건강수첩교부신청가처분취소청구사건에 관해서 동 재판소가 1975년 7월 17일 언도한 판결에 대해 상고인으로부터 전부파기를 구하는 요지의 상고신청이 있었다. 이에 당 재판소는 다음과 같이 판결한다.

주문
본건상고를 기각한다.
상고비용은 상고인의 부담으로 한다.

이유
상고대리인 테이카 카츠미(貞家克己, 동 이하 생략)의 상고이유에 관해서
논지는 요약하면,
원심이 원자폭탄피폭자의 의료 등에 관한 법률(소화32년법률제41호. 이하 원폭의료법이라 한다)은 우리나라에 불법적으로 입국한 외국인피폭자에게도 적용된다는 기조하에 불법입국자인 피상고인의 피폭자건강수첩교

부신청을 각하한 본건처분을 위법하다고 한 것은 동법3조의 해석내용을 잘못한 것이라고 하는 점에 있다.

　원폭의료법은 히로시마 시 및 나가사키 시에 투하된 원자폭탄의 피폭자가 지금까지 놓여져 온 '건강상의 특별한 상태'에 있기에 국가가 피폭자에 대해 건강진단 및 의료를 행하는 것에 의해 그 건강의 유지 및 향상을 꾀하는 목적(동법1조)으로 하고 있고, 피폭자가 동법에 기초하여 그 거주지(거주지가 없을 때에는 그 현재지)의 도도부현지사(그 거주지가 히로시마 시 또는 나가사키 시인 경우에는 시장. 이하 같음)에게 신청하여 피폭자건강수첩의 교부를 받을 때에는 도도부현지사에 있어서 상기 피폭자에 대해 매년 일반검사 및 정밀검사에 의한 건강진단과 그것에 기초한 필요한 지도를 시행(동법4조, 6조, 동법시행규칙6조)하는 것과 동시에 후생대신에 있어서 원자폭탄의 상해작용에 기인하여 부상 또는 질병에 걸려 '현재 의료를 필요로 하는 상태'에 있는 피폭자에 대해 당해 부상 또는 질병이 원자폭탄의 장애작용에 의하여 필요한 '의료의 급부 또는 이에 대신하는 의료비의 지급'을 하고(동법7조-14조), 또한 일반 부상 또는 질병에 의해 의료를 받는 피폭자에 대해서는 일정조건하에 일반질병의 의료비를 지급(법14조2항, 14조의 7항)한다는 등을 규정해 놓고 이러한 것들에 필요로 하는 비용은 전액 국가가 부담한다는 것으로 하고 있다(동법20조). 피폭자는 종전부터 피폭에 의한 건강상의 장애에 대해서는 일반상병자와 같은 입장에서 건강보험법의 각종의료보험법등 또는 생활보호법등에 의한 의료급부를 받을 수가 있지만 피폭자의 특별한 건강상태를 감안한다면 여전히 충분하지 않기 때문에 한층 구제를 강화하기 위하여 원폭의료법이 제정되기에 이르렀던 것이다.

　이상과 같이 원폭의료법은 피폭자의 건강면에 착안하여 공비(公費)에 의해 필요한 의료의 급부를 하는 것을 중심으로 하는 것이고 그 점에서 보면 소위 사회보장법으로서의 다른 공적 의료급부입법과 같은 성격을 가진다고 할 수 있을 것이다. 그러나 피폭자만을 대상으로 특별히 입법된 소이 (所以)를 이해하기 위해서는 원자폭탄 피폭에 의한 건강상의 장애는 '전례 없는 특이하고 심각한 것'이라는 것과 아울러 이러한 장애가, 소급하면 전쟁이라고 하는 국가의 행위에 의하여 야기된 것이며 더구나 피폭자의 다수가 지금까지 생활상일반의 전쟁피해자보다도 불안정한 상태에 있다는 사실을 외면할 수 없는 것이다. 원폭의료법은 이와 같은 특수한 전쟁피해자에 관해서 전쟁수행주체였던 국가가 스스로의 책임에 의해 그 구제를 꾀한다고 하는 일면도 있는 것이고, 그 점에 있어서는 실질적으로 국가 보상적 배려가 제도의 근저에 있음을 부정할 수가 없다. 예를 들면 동법이 피폭자의 수입 혹은 자산상태의 정도를 불문하고 항상 전액 공비부담으로 규정해 놓고 있는 것 등은 단순한 사회보장으로서는 합리적으로 설명할 수 없는 것이고 이상의 국가보상적 배려의 일단을 보여주는 것으로 인정된다. 또 우리나라의 전쟁피해에 관한 타 보상입벗은 보상대상자를 일본국적을 가진 자에 한정하고 일본국적의 상실을 권리소멸의 사유로 정하는 것이 통례(전상병자전몰자유족등 원호법11조 및 3호, 14조1항2호, 31조1항 2호, 전상병자특별원호법4조 3항, 6조1항 등)이지만, 원폭의료법에는 이와 같은 규정을 설치하지 않고 외국인에 대해서도 동법을 적용하는 것으로 하고 있는 것은 피폭에 의한 건강상의 장애의 특이성과 중대성을 이유로 그의 구제에 관해서 내외인을 구별할 수 없는 것에 다름 아니라는 것이고 동법이 국가보상의 취지를 병존시키는 것으로 해석하는 것과 모순되지는 않는다.

이와 같은 원폭의료법의 복합적 성격에서 보면,

일반의 사회보장법에 관해서 이것을 외국인에 적용하는 경우에는 그것에 의해 세워진 사회연대와 상호부조의 이념에서부터 우리나라 내에 적법한 거주관계를 가진 외국인만을 대상자로 하는 것이 일단(一應) 원칙이라고는 해도, 원폭의료법에 관해서 당연히 같은 원칙이 전재되고 있다고 해석해야 할 근거는 없다. 덧붙여 동법이 피폭자가 놓여진 특별한 건강상태에 착안하여 이것을 구제하고자 하는 인도적 목적의 입법이며, 그 3조1항에서는 일본에 거주지를 가지지 않은 피폭자도 적용대상자로서 예정한 규정이 있는 것 등에서 생각해 보면 '피폭자이면서 우리 국내에 현재하는 사람'인 한에서는 그 현재하는 이유여하 등을 불문하고 넓게 동법의 적용을 인정하여 구제를 꾀하는 것이 동법이 가진 국가보상의 취지에도 적합하다고 해야 할 것이다.

이것을 일본에 불법 입국한 외국인피폭자의 경유에 대해 고쳐서 적용하면 상기 사람이 우리나라의 입국관리법령상 국내에 머무는 것을 허락받지 않고 조만간에 강제퇴거 조치를 받아야 할 것은 말할 필요가 없다. 그러나 전술한 바와 같이 피폭자의 구제라고 하는 관점을 중시한다면 불법 입국한 피폭자도 현재 구제를 필요로 하는 특별한 건강상태에 놓인 점에서는 여타의 일반피폭자와 다를 바가 없거니와 불법입국자라는 점 때문에 이것을 고려하지 않는다는 것을 원폭의료법의 인도적 목적을 몰각하는 것이라고 하지 않을 수 없다. 더구나 불법 입국한 피폭자가 동법의 적용을 받을 수 없다고 하여도 우리나라에 있어서 자비(自費)에 의해 필요한 진료나 치료를 받는 것까지 불가능한 것은 아니며 그 자력이 없는 사람에 있어서는 동법의 적용이 거부되는 것이 의료의 기회 그 자체를 잃어버리는 것과 연관되어 있는 것이다. 한편 불법 입국한 피폭자에게 동법의 적용을 인정한 경우에도 그 사람에 대하여 입구관리법령에 근거한 강제퇴거수속을 취하는 것이 방해받는 것은 아니기 때문에 위의 적용을 인정하는 것이 외국인피폭자의 불법 입국을 조장하는 것이 되거나 입구관리제도의 적정한 집행을 방해난 것이 되지는 않을까 하는 우려는 옳지 않다고 해야 할 것이고 또 위의 강제퇴거에 의해 불법 입국한 피폭자가 단기간 밖에 급부를 받을 수 없는 경우라 하여도 그것만으로 그 사이의 급부가 완전히 무익하거나 무의미한 것은 아니다. 더욱이 일반적으로는 우리나라에 불법 입국한 외국인 국민의 세부담에 의존하는 나라의 급부를 권리로서 청구할 수 있다고 하는 것은 극히 이례적이라고 해야 할 것이지만 원폭의료법은 피폭자라고 하는 제한된 범위의 사람만을 대상으로 하는 특별입법이고 엄정한 입국관리 하에서는 소수인 불법 입국자를 대상자로 포함시키기 때문에 그것에 의한 국가의 재정상의 부담을 중지할 수 없다고 하지 않을 수 없다.

이와 같이 보면,

불법 입국자의 거취와 그 사람에 대한 원폭의료법의 적용 유무와는 별개의 문제로 생각해야 할 것이고 동법을 외국인 피폭자에게 적용하는 것에 있어서 불법 입국자를 특별히 제외하여야 한다고 하는 특단의 실질적, 합리적 이유는 없고 그 적용을 인정하는 것이 동법의 취지, 목적보다 잘 부합한다는 것은 전술한 대로 이며, 동법은 불법 입국한 피폭자에 관해서도 적용되어야 할 것이라고 해석하는 것이 상당하다.

본건에 있어서 원심이 인정하는 바에 의하면,

피상고인은 대한민국 국적을 가진 피폭자이며 1970년 12월 3일 동 국가에서 사가현 동송포군 진서정 명호옥고포항에 불법 입국한 직후 출입국관리령위반의 현행법으로서 체포되고 신병구속된 채 유죄의 실형판결을 받아 복역하고 그 사이에 강제퇴거령서가 발포되어 있는 사람이지만 1971년 10월 5일 상고인 지사에게 원폭의료법3조에 기초한 피폭자건강수첩의 교부를 신청한 바 우리나라에 정규의 거주관계가 없다는 이유로 이것이 각하된 것이다. 이렇게 볼 때, 피상고인은 불법 입국에 의한 형의 집행과 강제퇴거수속을 위하여서만 우리나라에 현재하고 잇는 것에 지나지 않지만, 기 서술한 바에 의해 위와 같은 입장에 불법 입국자이면서도 피폭자인 이상은 '원폭의료법의 적용외'로 해야 할 이유는 없다. 이것은 피상고인이 피폭당시는 일본국적을 가지고 있었고 전후 평화조약의 발표에 의해 자기 의사에 무관하게 일본국적을 상실한 것이라는 사정도 고려한다면 국가적 도의상으로도 수긍할 바이다.

이상의 서술에서부터 상고인 지사의 상기 각하처분을 위법이라고 한 원심의 판단은 변론부분은 정당한 것으로 시인할 수 있고 원판결의 소론(所論)의 위법은 없다. 그래서 논지는 채용할 수 없다.

따라서 행정사건소송법7조, 민소법401조, 95조, 89조에 따라 재판관 기시 세이이찌(岸盛一)의 의견이 있는 것 외에 재판관 전원일치의 의견으로서 주문대로 판결한다.

재판관 기시 세이이지의 의견은 다음과 같다.

나는 다수의견에 찬성하지만 다만 다음의 것을 부가하고 싶다.

원심의 인정에 의하면 1943년부터 동 1945년 9월경까지 히로시마 시 미나미칸온마치(南觀音町)1정목에서 양친 및 여동생과 함께 거주하고, 그 사이 피폭된 자이며 그 중거로서 갑제2,3호(히로시마 시에 있어서 피상고인이 가까이에 거주하였던 후이지(藤井平作) 및 마츠우라(松捕) 스미코 작성 명의의 피폭상황증명서), 갑제11호의 1,2(피상고인의 자손들의 학적에 관한 조회 및 그 회답), 증인 후이지(藤井幸雄)의 증언 및 피상고인 본인의 공술이 거론되고 있다.

그러나 우 갑제2,3호는 1971년 9월경 피상고인측에서의 요구에 의해 작성된 것이며 거기에는 후이지(藤井平作) 및 송포 스미코가 피폭직후에 피상고인을 자택부근에서 보았던 것 등이 기재되어 있지만 증인 후이지(藤井幸雄), 동 우에하라(上原敏子)의 각 증언에 의하면 갑제2호는 후이지(藤井幸雄)가 그의 부친으로부터 전해들었다는 것이며 또 갑제3호 증거는 우에하라(上原敏子)가 스미코로부터의 들어서 쓴 것이고 아무래도 본인의 자필로 쓴 것이 아니고, 또한 20년 전의 혼란한 상황하에서 발생된 일에 관한 것이라는 점, 피상고인의 자손들은 1945년 3월에 구 히로시마 시립제2고등소학교를 졸업후 동 시립고등여학교에 입학한 것으로 진술하고 있지만, 갑제11호 증거의 1,2에 의하면, 동인이 1945년 3월까지 우 제2고등소학교에 재적하고 있었다고는 인정되지만 그 후의 소식은 확인할 수 없는 점,

전기 증인 후이지(藤井幸雄)는 1945년 8월 28일에 해군에서 제대하여 온 후 자택에서 피상고인을 만났던 것이 공술되어 있지만 그 공술은 구체성을 결여하고 있는 점, 더욱이 피상고인 본인의 공술을 보면 피폭시의 상황이나 피폭 후 집으로 돌아갈 때까지의 경로 등에 관해서 논하고 있는 바가 증거 상 명확한 당시의 객관적 상황과 대비하여 꽤 부자연스러울 뿐만 아니라 자손들의 공술과 사이에서도 피폭에 관한 중요한 사실, 예를 들면 피상고인은 피폭당시 양친과 여동생 4명이 살고 있었다는 것에 대하여 손자들은 그 밖에 소개하여 온 친족 20명 정도가 동거하고 있었다고 하고 또 피상고인은 당시의 근무지인 잔매국 창고에서 피폭했다는 것에 대해, 손자들은 집에 돌아와 보니 피상고인과 모친은 부서진 자택을 수리하고 있었다고 하고 더욱이 부친의 안부에 관해서 피상고인은 부친이 피폭후 1시간 반 정도 후 집으로 돌아왔다는 것에 대해, 손자들은 부친이 집으로 돌아오지 않고 유체도 보지 못했다고 하는 것같이, 생활을 공유하고 있었던 남매의 진술로서는 심히 서로 맞지 않는 점이 인정되는 점, 또 원심에서도 지적한 바대로 피폭에 의한 피상고인의 신체가 갑제1증거의 공술서 및 제1심에 있어서 공술과 갑제1호증거의 피폭자 건강수첩교부신청서에 기재한 바와 커다란 차이가 있는 점 등을 고려하면 원판결이 들고 있는 증거관계에서 피상고인이 히로시마 시에서 피폭하였다는 하는 것을 인정하는 것은 곤란하다.

말할 것도 없이 원폭의료법의 적용에 관해서 피폭 사실의 존재가 본질적인 요건이기 때문에 사실심으로서는 위의 피폭사실에 있어서 객관적인 증거가 있는지 어떤지에 대해서는 가능한 신중한 심리를 해야 할 것이고 행정사건소송법 제24조에 특별히 직권에 의한 증거조사에 관한 규정을 설치하여 두고 있는 것도 이와 같은 경우 때문이다. 따라서 나는 본건의 피상고인의 피폭사실에 관한 원심의 사실인정은 증거법칙에 비추어 볼 때 쉽게 수긍할 수 없다고 생각되지만 위의 사실은 상고이유로 주장되고 있

는 것이 아니기 때문에 당심에서는 원심의 인정을 전제로 하여 판단할 수
밖에 없다.

재판장 재판관 기시 세이이치(岸盛一)

재판관 岸上康夫

재판관 團藤重光

재판관 本山 亨

부록Ⅵ. 트루먼 연설문

1945년 8월 6일 히로시마 원폭 직후
미국 트루먼 대통령 연설문

16시간 전에 미국 비행기 한 대가 일본의 중요한 군사기지인 히로시마에 폭탄 하나를 투하했다. 그 폭탄은 TNT 2만 톤보다 더 강한 위력을 갖고 있다. 전쟁 역사상 가장 큰 폭탄인 영국의 '그랜드 슬램'(Grand Slam)보다 2천 배 이상의 파괴력을 가진 것이다.

일본은 진주만 공습으로 전쟁을 시작했다. 그들은 몇 배의 보복을 받았다. 그러나 아직 끝난 게 아니다. 히로시마에 투하된 폭탄으로 우리는 새롭고 획기적으로 증가된 파괴력을 갖게 됐고, 이는 우리의 군사력 증강을 뒷받침할 것이다. 이 폭탄은 앞으로 더욱 강력해질 것이다.

그것은 원자폭탄이다. 이는 우주의 기본적인 힘을 이용한 것이다. 태양이 힘을 얻는 우주의 그 힘을 극동에서 전쟁을 초래한 자에 가했다.

1939년 이전에는 과학자들은 원자 에너지를 방출하는 것이 이론적으로만 가능할 것으로 믿었을 뿐, 그것을 실제로 실행하는 방법은 알지 못했다. 그러나 1942년, 세계를 지배하려는 독일이 원자 에너지를 전쟁에 사용하려 한다는 것을 알게 되었다. 하지만 그들은 실패했다. 우리는 독일이 V-1과 V-2를 뒤늦게, 제한된 양만 보유한 것에 대해, 아울러 그들이 원자폭탄을 보유하지 못한 것에 대해 신에게 감사를 드려야 할 것이다.

공중전, 지상전, 수중전 뿐만 아니라 연구실 전투는 우리에게 매우 큰 위험부담이 있었지만, 다른 여러 전투와 마찬가지로 우리는 연구실 전투에서도 승리했다.

진주만 공격이 있기 전인 1940년 초에 전쟁에 유용한 과학적 지식이 미국과 영국 간에 공유됐고, 이는 우리의 승리에 크게 기여했다. 그러한 전반적인 정책 아래서 원자폭탄에 대한 연구가 시작됐다.

미국과 영국 과학자들이 함께 연구하는 가운데 우리는 독일과의 핵무기 개발경쟁에 돌입했다. 미국은 여러 분야에서 많은 과학자를 갖고 있었다. 또 그 프로젝트에 필요한 엄청난 산업적, 재정적 자원을 보유하고 있어 중요한 다른 전쟁 과업에 영향을 주지 않고 그것에 전념할 수 있었다.

미국의 연구실과 생산시설은 적의 폭격의 범위 밖에 있었던 반면, 영국은 끊임없이 공습에 노출되어 있었고, 침략당할 위협을 받고 있었다.

이런 이유 때문에 처칠 영국 수상과 루스벨트 대통령은 그 프로젝트를 미국에서 수행하는 것이 현명하다는 점에 동의했다.

우리는 지금 원자폭탄 생산을 위한 두 개의 대형시설과 작은 여러 시설을 보유하고 있다. 생산이 최고조에 달했을 때 고용인원은 12만 5,000명에 달했고, 지금도 그 설비를 운영하는 데 6만 5,000명 이상이 종사하고 있다.

2년 6개월 동안 많은 사람들이 그곳에서 일했다. 자신이 무엇을 만들고 있는지 아는 사람은 거의 없었다. 그들은 이들 시설에 엄청난 양의 재료가 들어가는 것을 보았지만, 밖으로 나오는 것은 아무도 보지 못했다. 폭발물이 매우 작기 때문이다. 우리는 역사상 가장 큰 과학적 도박에 20억 달러를 지출했고, 성공했다.

그러나 가장 놀라운 것은 프로젝트의 규모도, 기밀성도, 비용도 아니라, 서로 다른 분야에 속한 수많은 인재들이 극도로 복잡한 지식을 한데 모아 하나의 실행계획으로 만들어낸 과학적 업적이다.

그리고 그에 못지않게 놀라운 것은 그 사업을 설계하고, 운영한 인력, 전례 없는 일을 위한 장비와 방법들이었고, 이를 통해 많은 사람들의 두뇌의 소산이 물리적인 형태로 나타나고, 계획된 대로 실행된 것이다.

군의 감독 아래 연구와 생산은 지식 발전에 수반되는 매우 다양한 문제를 단시간에 해결해 내는 놀라운 성과를 거뒀다. 이 세상에서 이러한 조합을 또 다시 이룰 수 있을지 의심스럽다. 우리가 해낸 것은 과학의 가장 위대한 업적이다. 그것은 심한 압박 속에서도 실패 없이 이뤄졌다. 일본의 어떤 도시라 할지라도 지상에 있는 생산시설을 보다 신속하고, 완전하게 없앨 수 있게 됐다. 우리는 그들의 조선소, 공장, 그리고 통신시설을 파괴할 것이다. 실수 없이, 일본의 전쟁수행 능력을 완전히 파괴할 것이다.

7월 26일 포츠담에서 나온 최후통첩은 완전한 파괴로부터 일본 국민을 구하는 것이었다. 그들의 지도자들은 그 최후통첩을 즉각 거부했다. 만약 그들이 지금 우리의 요구조건을 받아들이지 않는다면, 그들은 지구상에서 결코 본 적이 없는 파괴의 비를 맞게 될 것이다. 이 공중 공격 뒤에는 그들은 아직 본 적이 없는 그러한 수와 힘을 가진, 그리고 그들이 이미 잘 알고 있는 뛰어난 전투능력을 가진 해군과 육군의 공격이 이어질 것이다.

원자폭탄 프로젝트 전반에 관여하고 있는 전쟁부 장관이 보다 구체적인 내용이 담긴 성명을 곧 발표할 것이다. 그의 성명에는 테네시 주 녹스빌(Knoxville) 근처 오크리지(Oak Ridge), 워싱턴 주 파스코(Pasco) 근처 리치랜드(Richland), 그리고 뉴멕시코 주 산타페(Santa Fe) 인근 시설들에 대한 구체적 설명이 있을 것이다.

이들 시설에서 일하는 근로자들은 역사상 가장 강력한 파괴력을 가진 폭탄을 생산하는 데 참여하고 있지만 특단의 안전조치 덕분에 보통의 직장보다 더 위험한 상황에 있지는 않다.

우리가 원자 에너지를 방출할 수 있다는 사실은 자연의 힘에 대한 인간의 이해를 새로운 시대로 이끄는 것이다. 원자 에너지는 장래에 석탄, 석유, 수력에서 나오는 힘을 보충할 수 있겠지만, 현재로서는 그것들과 경쟁할 수는 없다. 그러한 상황이 오려면, 장기간에 걸친 집중적인 연구가 반드시 있어야 한다.

과학적 지식을 세계와 공유하는 것이 미국의 정책이고 과학자들의 관습이다. 이는 원자 에너지에 대한 연구도 마찬가지이다.

그러나 현 상황에서는 갑작스런 파괴의 위험으로부터 세계를 보호할 수 있는 방법을 더 연구할 필요가 있어 생산 과정과 군사적 적용에 대한 지식을 공개할 수 없다.

나는 미국 의회가 원자력 생산과 사용을 규제할 수 있는 적절한 위원회 구성을 즉각 검토할 것을 권고한다. 나는 원자력이 어떻게 세계평화 유지에 강력한 영향력이 될 수 있는지에 대한 보다 구체적인 고려 사항과 권고를 의회에 제시할 것이다.

부록Ⅶ. 약어사전

ABCC (Atomic Bomb Casualty Commission) : 원폭상해조사위원회

AEC (Atomic Energy Commission) : 미국 원자력위원회

AHS (Adult Health Study) : 성인건강조사

AR (absolute risk) : 절대 리스크

ATB (at the time of the bombing(s)) : 피폭 당시 (Age ATB : 피폭 시 연령)

CAC (Conferences on Atomic Bomb Casualties) : 원폭상해위원회

DS02 (Dosimetry System 2002) : 2002년 선량추정방식

DS86 (Dosimetry System 1986) : 1986년 선량추정방식

EAR (excess absolute risk) : 과잉절대 리스크

ERR (excess relative risk) ; 과잉상대 리스크

ESR (electron spin resonance) : 전자스핀공명법

F1 (first filial generation) : 피폭자 자녀

GHQ (General Headquarters) : 연합군 최고사령부

Gy (gray) : 그레이

ICRP (International Commission on Radiological Protection) : 국제방사선방호위원회

LD50 (50% lethal dose) : 50% 치사선량, 즉 '피폭 후 60일 이내의 사망률이 50%가 되는 골수선량'인 2.7~3.1Gy(새로운 선량 추정방식인 DS02로 계산하면 2.9~3.3 Gy).

LSS (Life Span Study) : 수명조사

NAS US (National Academy of Sciences US) : 미국학사원

NCI US (National Cancer Institute US) : 미국 국립암연구소

NRC (Nuclear Regulatory Commission) : 미 원자력규제위원회
ORNL (Oak Ridge National Lab) : 오크리지국립연구소
RERF (Radiation Effects Research Foundation) : 방사선영향연구소(放影研)
RR (relative risk) : 상대 리스크
SCL-90-R (Symptom checklist-90-revision) : 간이정신진단검사
Sv (sievert) : 시버트
WHO (World Health Organization) : 세계보건기구
WHO-QOL (World Health Organization-quality of life) : 세계보건기구 전반적인 삶의 질

참고문헌

Ⅰ. 한국어 자료
1. 1차 자료

1) 신문 / 잡지 / 연감 / 보고서

『朝鮮新報』・『東亞日報』・『每日新報』・『釜山日報』・『京鄕新聞』・『한겨레』

朝鮮總督府, 『朝鮮』, 1930년 10월호.

內務省 警報局, 『特高月報』, 1945.

宋建鏞・金英任・金泰貞, 『原爆被害者 實態調査』, 韓國保健社會硏究院, 1991.

국가인권위원회, 『원폭피해자 2세의 기초현황 및 건강실태조사』, 2004.

대일항쟁기강제동원피해조사및국외강제동원희생자등지원위원회, 『히로시마・나가사키 조선인 원폭피해에 대한 진상조사 -강제동원된 조선인 노무자를 중심으로-』, 2011. 7. 25.

미국 국립연구위원회, 『저선량 전리방사선 노출에 의한 건강 위험도』, 2006.

서울대학교 사회과학대학 사회발전연구소, 『진실화해를위한과거사정리위원회 화해・위령 및 과거사연구재단설립방안 연구용역 결과보고서』, 2009. 4. 10.

일제강점하강제동원피해진상규명위원회, 『해방 직후 이끼・대마도지역의 귀국 조선인 해난사고 및 희생자 유골문제 진상조사』, 2009.

한국교회여성연합회, 『한국인 원폭피해자 실태조사보고서』, 한국교회여성연합회, 1979.

한국원폭피해자협회, 『회보』 1~7.

2) 문서

사단법인평화박물관추진위원회, 『아름다운재단 〈변화의 시나리오〉 최종보고서』, 2010. 1. 18.

외교부 동북아1과, 『한국인 원폭피해자 구호』, 1974.

朝鮮人强制連行眞相調査團, 『廣島朝鮮人被爆者』, 1991. 10.

朝鮮人强制連行眞相調査團, 『長崎朝鮮人被爆者』, 1991. 10.

한국원폭피해자협회 합천지부 문서

생산자	도서 및 문서명	생산연도	권수	주요 내용
합천군	78년 원폭피해자 실태조사표	1978	6권	
합천군	72년 원폭피해자실태조사표	1972	10권	
원폭피해자협의회 합천지부	피폭자명부	1974.10.1		
원폭피해자협의회 합천지부	합천지부회원명단	1978.1.18		
합천군	72년 원폭피해자 가명단			
보사부조사	1978년 원폭피해자연명부			
원폭피해자협의회 합천지부	한국원폭피해자원호협회 경남지부회원명부			
대표 魯洪奎	72원폭피해자조사서	1967.7.21		72년 원폭피해자 명단, 합천군 보건소, 세대수 793세대, 인구 2,197명, 각면별(1972. 11. 29)
합천군보건소	한주재주피폭자 진료기록부	1980		
	사망자카드	1972-1981		
원폭피해자협의회 합천지부	사망자카드	1978-79		
원폭피해자협의회 합천지부	사망자카드	1981-1985		일본 현지 주소 상세 기록
원폭피해자협의회 합천지부	사망자카드	1981-1985		
원폭피해자협의회 합천지부	72피폭자지원관계철			이력서, 선약서, 기타 서류

참고문헌 413

생산자	도서 및 문서명	생산연도	권수	주요 내용
원폭피해자협의회 합천지부	문서발송대장	1980		
원폭피해자협의회 합천지부	문서발송대장	1982-2005		
高橋公純	생로병사의 사문을열어라			팜프릿
원폭피해자협의회 합천지부	장제비신청	1995		장제비신청서류 일체
원폭피해자협의회 합천지부	장제비신청	1992-1993		장제비신청서류 일체
원폭피해자협의회 합천지부	회원재등록신가입신청서	1985-1991		개인별이력 및 상세기록 첨부됨. 피폭 당시의 내용을 담고 있음. 개인별 사진 유
원폭피해자협의회 합천지부	76-77사망자카드	1976-1977		
원폭피해자협의회 합천지부	74-75사망자카드	1974-1975		
원폭피해자협의회 합천지부	72-81협회결산서	1972-1981		원폭협의회결산서 서류철
원폭피해자협의회 합천지부	위령제관계서류	1993.8.6		
원폭피해자협의회 합천지부	원폭진료청사기정자료			
원폭피해자협의회 합천지부	2009-2010회원명부			
원폭피해자협의회 합천지부	2001회원명부			
원폭피해자협의회 합천지부	1989원폭피해자명부			
원폭피해자협의회 합천지부	2001-2008 회원명부			
원폭피해자협의회 합천지부	1986 원폭피해신고자명부	1986		
원폭피해자협의회 합천지부	1986 원폭피해자명부			
원폭피해자협의회 합천지부	원폭피해자등록부	1989		
원폭피해자협의회 합천지부	원폭사망자연명부	1990		
원폭피해자협의회 합천지부	원폭피해자등록증 발급의 건	1993		

생산자	도서 및 문서명	생산연도	권수	주요 내용
원폭피해자협의회 합천지부	회원명부	미상		
원폭피해자협의회 합천지부	원폭피해자명부	1991		
원폭피해자협의회 합천지부	회원명부	미상		
피해배상금계산표 통달402호 위자료 청구 소송자 명단	제1차소송지급대장	2008		
평성20년 제16104호 원고통장사본		2008		한국원폭피해자협회합천지부74명 한국피폭자협의회 경북대구52명
원폭피해자협의회 합천지부				
원폭피해자협의회 합천지부	72 회칙 및 규약	1972		
원폭피해자협의회 합천지부	회원명부	미상		표제 없음
원폭피해자협의회 합천지부	회원명부	미상		표제 없음
원폭피해자협의회 합천지부	통달402호 생존자 소송명부	2008-2010		
원폭피해자협의회 합천지부	통달402호 생존자 소송명부	2010		
원폭피해자협의회 합천지부	통달보충구비서류요청서	2010		
원폭피해자협의회 합천지부	위임서	2010		
원폭피해자협의회 합천지부	각서 및 원고지정계좌신고	2008		
원폭피해자협의회 합천지부	일반서류철	1996		
원폭피해자협의회 합천지부	84 도일치료	1984		일본치료자 명부
원폭피해자협의회 합천지부	구호대상자명부	1990		
원폭피해자협의회 합천지부	진료비지원 신청	1995		
원폭피해자협의회 합천지부	기타통원치료비청구	1995		
원폭피해자협의회 합천지부	1995년도 대의원총회 대비 명단공개 등	1995		

참고문헌

생산자	도서 및 문서명	생산연도	권수	주요 내용
원폭피해자협의회 합천지부	세입세출증빙서철	1980-1988		
원폭피해자협의회 합천지부	회원신상기록부	1972		합천면, 율곡면, 대양면 외 전역, 인적사항, 치료유무, 피폭상황 간략서술됨
원폭피해자협의회 합천지부	구호대상자명부	1992		
원폭피해자협의회 합천지부	세출증빙서류	1993		
원폭피해자협의회 합천지부	都綜경비증빙서류	1994		1994, 2000
원폭피해자협의회 합천지부	수입지출결의서	1996		
원폭피해자협의회 합천지부	도종경비철	1997		
원폭피해자협의회 합천지부	세입세출증빙서류	1992		
원폭피해자협의회 합천지부	가옥자수증서	1989		
원폭피해자협의회 합천지부	지출결의서	1999		
원폭피해자협의회 합천지부	회의록	1989-2007		
원폭피해자협의회 합천지부	서류철	1991		1989, 1990, 1991
원폭피해자협의회 합천지부	진료보조비 현행유지지원(지급중단) 반대 요청서	미상		
원폭피해자협의회 합천지부				
원폭피해자협의회 호남지부	회원명단 및 생활실태조사현황	1999.8.1		
원폭피해자협의회 호남지부	원폭피해자 도일지원사업안내	2003.3.		
원폭피해자협의회 호남지부	개인신상카드			용주면
원폭피해자협의회 호남지부	전국실태개인싱상카드			가야, 묘산
원폭피해자협의회 호남지부	회원신상카드			적중면 대병면
원폭피해자협의회 호남지부	회원신상카드			합천읍

생산자	도서 및 문서명	생산연도	권수	주요 내용
원폭피해자협의회 호남지부	회원신상카드			대양면
원폭피해자협의회 호남지부	회원신상카드			쌍책면
원폭피해자협의회 호남지부	개인신상카드/전국실태조사표			율곡면 초계면
원폭피해자협의회 합천지부	정관	1980		
원폭피해자협의회 합천지부	진료비영수증 철			
원폭피해자협의회 합천지부	각종서류	2000		
원폭피해자협의회 합천지부	치료비지원신청서철	2000		
원폭피해자협의회 합천지부	참고문서철			
원폭피해자협의회 합천지부	원폭피해자건강진단명부	1989		
원폭피해자협의회 합천지부	치료의뢰서	1990		
원폭피해자협의회 합천지부	각종서류철	1998		
원폭피해자협의회 합천지부	도종경비증빙서류	1995		
원폭피해자협의회 합천지부	공문서잡철	1997		
원폭피해자협의회 합천지부	진료비 지원신청내역	1998		
원폭피해자협의회 합천지부	타병원치료비철	1992		
원폭피해자협의회 합천지부	구호대상자명부	1990		
원폭피해자협의회 합천지부	합천원폭피해자위령탑건립추진위원회	1995		
원폭피해자협의회 합천지부	원폭피해자진료	1987		
원폭피해자협의회 합천지부	잡서류철			
원폭피해자협의회 합천지부	세입세출결산철	1998		
원폭피해자협의회 합천지부	2009년 회원명부	2009		
원폭피해자협의회 합천지부	합천원폭지부 회원명부	2008		

참고문헌

생산자	도서 및 문서명	생산연도	권수	주요 내용
원폭피해자협의회 합천지부	원폭확인서 발급대장			
원폭피해자협의회 합천지부	주민등록표	2007		
원폭피해자협의회 합천지부	지부장 전상호 징계 및 소송			
원폭피해자협의회 합천지부	합천지부 선거관계철	2010		
원폭피해자협의회 합천지부	태양회 조직표			
원폭피해자협의회 합천지부	일본장제비신청요령			
원폭피해자협의회 합천지부	소송참고자료			
원폭피해자협의회 합천지부	거창법원판결문			
원폭피해자협의회 합천지부	소명자료			
원폭피해자협의회 합천지부	지부장 소송서류			
원폭피해자협의회 합천지부	선거관리기록			
원폭피해자협의회 합천지부	조재훈소송관한서류			
원폭피해자협의회 합천지부	일제피해자총연합회			
원폭피해자협의회 합천지부	공제조합서류			
원폭피해자협의회 합천지부	평양일본과거사청산을 요구하는 국제연대협의회			
원폭피해자협의회 합천지부	한국의 히로시마자료집			
원폭피해자협의회 합천지부	원폭증명서식			
원폭피해자협의회 합천지부	재외피폭자료(영어일어)			
원폭피해자협의회 합천지부	한국재주피폭자병역			
원폭피해자협의회 합천지부	일본회보철	1994		
원폭피해자협의회 합천지부	건강수첩등록자명부	2004		가나다라 순

2. 연구 저서 및 논문

1) 단행본

고이데 히로아키, 『은폐된 원자력 핵의 진실』, 녹색평론사, 2011.
김인덕, 『재일본조선인연맹 전체대회 연구』, 선인, 2007.
이수건, 『嶺南士林派의 形成』, 嶺南大出版部, 1979.
이치바 준코, 이제수 역, 『한국의 히로시마』, 역사비평사, 2003.
조엘 레비, 서지원 역, 『비밀과 음모의 세계사』, 휴먼앤북스, 2005.
최일출, 『한국원폭피해자와 전후보상문제』, 경남그래피스, 2002.
프란시스 베이컨, 이종흡 역, 『학문의 진보』, 아카넷, 2002.
Newton, 『Newton HIGHLIGHT - 원자력발전과 방사능』, 뉴턴코리아, 2012.
W. 버쳇, 「잊을 수 없는 무언의 항의-나는 히로시마에서 무엇을 보았는가」, 『세계』, 1954년 8월호.
W. Burchett, 나리타 요시오·문경수 역, 『히로시마 TODAY』, 연합출판, 1998.

2) 연구논문

김귀옥, 「분단과 전쟁의 디아스포라: 재일조선인 문제를 중심으로」, 『북한연구학회 하계학술발표논문집』, 북한연구학회, 2010.
김미경, 「기억의 전환, 저항 그리고 타협: 광주5.18민주묘역과 히로시마평화자료관을 둘러싼 기억담론의 분석」, 『한국시민윤리학회보』 제21집 1호, 한국시민윤리학회, 2008.
김용복, 「한국 원폭피해자 민중사회 전기」, 『기독교사상』 8월호, 1982.
김정경, 「한국 원폭피해자 복지대책에 관한 연구」, 중앙대학교 사회개발대학원 석사학위논문, 1993.
김종군, 「구술을 통해 본 분단 트라우마의 실체」, 『통일인문학논총』 제51집, 건국대학교 인문학연구원, 2011. 5.
나종남·박일송, 「전쟁의 시대적 양상 ; 트루먼 행정부의 태평양 전쟁 종전 방안 논의: 원자폭탄 사용 결정 1945년 6월부터 8월까지」, 『서양사연구』 제36집, 한국서양사 연구회, 2007. 5.
문소정·이상화, 「한국 원폭피해자의 실태와 보상운동에 관한 연구」, 『일제 식민지정책 연구논문집』, 1995.

배진수, 「한국인 원폭피해자의 47년」, 『기독교사상』 1992년 8월호, 1992.

백옥숙, 「재한원폭피해자의 특성과 지원 현황에 관한 연구」, 단국대학교 행정법무대학원 석사학위논문, 2004.

송종민, 「한국 원폭피해자 복지지원 제도 보장에 관한 연구」, 나사렛대학교 재활복지대학원 석사학위논문, 2005.

유재춘, 「인문치료학에서 역사학의 역할」, 『인문과학연구』 제26집, 2010. 9.

이정은, 「경남 합천의 3·1운동」, 『한국독립운동사연구』 3, 독립기념관 한국독립운동사연구소, 1989. 11.

이상화, 「재한 원폭피해자의 생활과 남아 있는 보상문제」, 『근현대사강좌』 7, 1995.

전갑생, 「한국전쟁기 오무라수용소(大村收容所)의 재일조선인 강제추방에 관한 연구」, 『제노사이드연구』 제5호, 2009.

전성원, 「뒤풍 가문」, 『인물과 사상』 146, 인물과사상사, 2010. 6.

鄭基璋·鄭昌生·栗原登·渡邊正治, 「韓國陜川における被爆者の實態(基礎的調査の報告)」, 『長崎醫學』 53권 3호, 長崎醫學會, 1978. 9. 25.

진주, 「원폭피해자 증언의 사회적 구성과 내용분석」, 전남대학교 석사학위논문, 2004.

허광무, 「한국인 원폭피해자에 대한 제연구와 문제점」, 『한일민족문제연구』 6, 2004.

Ⅱ. 일본어 도서 및 문서

1. 1차 자료

1) 신문 잡지 연감 보고서

『朝日新聞』·『読売新聞』

笠置文善, 「心身の健康影響について(アンケートデータの解析)－地域の區分に基づく解析－」 第4回ワーキンググループ提出資料, 2010. 12. 27.

放射線影響研究所, 『放射線影響研究所 要覽』, 2008.
放射線影響研究所, 『放射線影響研究所 年報』 2009.
_____, 『放射線影響研究所 年報』 2010.
_____, 「廣島および長崎における原子爆弾放射線被曝線量の再評価－線量評価システム」 2002(DS02).
_____, 「廣島および長崎における原子爆弾放射線の日米共同再評価(DS86)」.
_____, 「寿命調査(LSS)報告書」 1～14集, 1992～2003.
_____, 「成人健康調査(AHS)報告書」 1～8集, 1992～2004.
_____, 『放影研報告書シリーズ』, 1999～2012.
_____, 『放射線影響研究所業績報告書』, 1976～1992.
_____, 「要覽」, 2008. 9.
_____, 「わかりやすい放射線と健康の科學」.
_____, 「放射線影響研究所のご案内」, (放影研紹介パンフレット).
_____, 放影研設立30周年記念ニューズレター特集号.
廣島大學 原爆放射線醫學研究所 佐藤健一, 「個別調査アンケートの統計解析(中間報告)」, 2011. 11. 25.
廣島大學平和科學研究センター, 「被爆韓國人・朝鮮人と廣島の平和行政に関する資料の整理と分析[含 平岡敬氏略歴]」, 『平岡敬関係文書目録』 第1集, 韓國人・朝鮮人被爆者問題関係史料――廣島大學特定課題プロジェクト, 2005.
廣島市原爆被爆對策部, 『原爆被爆對策事業槪要』, 2011.
原爆傷害調査委員會, 『原爆傷害調査委員會業績報告書』, 原爆傷害調査委員會, 1959～1975.
長崎在日朝鮮人の人権を守る會, 『原爆と朝鮮人』 1～4集, 長崎在日朝鮮人の人権を守る會, 1982. 7～1991. 8.
長崎大學大學院医歯薬學総合研究科 原爆後障害医療研究施設, 『研究概要報告』,

1989~1996.

總理廳統計局 編, 『昭和15年國勢調查, 昭和19年人口調查, 昭和20年人口調査, 昭和21年人口調査結果報告摘要』, 日本統計協會, 1949.

太田保之, 「原爆被爆者の心的外傷と60年後の精神医學的な転帰」 KAKEA과학연구비조성사업(연구과제번호 : 16591144), 2004~2005.

2) 문서

『長崎原爆写真集』, 『廣島原爆写真集』, 本館-4B-023-00・平１１法務06813100 (국립공문서관 소장).

『内鮮関係通牒書類編册』(아시아역사자료센터, A06030086000), 1945. 9. 1

京城日本人世話會調査課, 「停戰後ニ於ケル治安狀況調查(北鮮38度以南)」, 1945. 12.

廣島市 調査課, 「昭和 二十年 八月 六日 原子爆弾ニヨル人的被害報告調査表」, 昭和二十一年 八月 十日 調.

「(原爆関係)20, 9, 11軍務局長より呉, 佐鎮參謀長宛電報」, 昭和 20年 9月 11日.

「連合國側の不当行為その4(原爆, 都市爆撃機雷敷設関係)」, 昭和 27年 – 昭和 27年.

『連合國側の不当行為その3(廣島, 長崎, 原爆攻撃関係)』, 昭和 31年.

「昭和二十一年度第二豫備金支出要求書朝鮮人送還費」(아시아역사자료센터, A05020306400), 『種村氏警察參考資料』 第117集, 1946.

「出航朝鮮人取締に要する経費」(아시아역사자료센터 A05020307700), 『種村氏警察參考資料』 第117集, 1946.

곽귀훈, 原爆被爆者手當の返納について (通知).

_____, 陳述書 – 植民地統治下での日日と原爆被爆 等.

_____, 原爆被爆者對策の概要.

_____, 昭和49年の原爆特別措置法の改正に伴う事務取扱の變更について.

_____, 原爆被爆者對策基本問題懇談會意見報告(概要)(厚生大臣の私的諮問機關).

_____, 「원폭장해자 치료 등에 관한 회의록」.

_____, 「원폭 피해자 援護 강화에 관한 결의안 등에 관한 회의록」.

廣島縣知事, 「八月六日廣島市空襲被害竝に對策措置に關する詳報」, 昭和 二十年

　　　　八月 二十一日.

森田芳夫・在日朝鮮人處遇の推移と現況,『法務研究報告書』第43集 第3號, 法務研修所, 1955.

陸軍省,「長崎, 廣島に於けろ原子爆彈の死傷數の件」,『原子爆彈の傷害調査資料』, 昭和二十四年(連絡報 第六七三號, 昭和 二十四年 十一月 二日 連絡課).

_____,「原子爆彈にょろ傷害について」(連絡報 第六四六五號, 昭和 二十四年 十一月 十七日 復員局 連絡課長, 外務省 連絡局長 殿).

引揚援護廳復員局,「原子爆彈によゐ傷害について」, 1949. 12. 22.

長崎縣,「八月九日 長崎市空襲災害參考資料」, 昭和 二十年 九月 一日.

長崎医科大學第11医療隊,「原子爆弾救護報告」,「西浦上三山救護班作業報告書」, 1945.

厚生勞動省,『「原爆體驗者等健康意識調査報告」の檢証に關する』, 2012.

이재석, 판결문 문서철.

3) 단행본

『廣船二十年史』, 1964.

上野盛一,『慶南旅行の友』, 慶尙南道警察部 警察協會支部後援會, 1935.

金井利博,『核權力ーヒロシマの告發』, 三省堂, 1970.

金丸平藏・命拾い三度,『原爆前後』(白井秀雄 編)Ⅰ, 思い出集世話人(私家版), 1968.

田村紀之,「内務省警報局調査によゐ朝鮮人人口」,『經濟と經濟學』, 東京都立大學, 1981.

池田半治・第一事務所の爆撃,『原爆前後』(白井秀雄 編)Ⅰ, 思い出集世話人(私家版), 1968.

慶尙南道,『道勢一斑』, 1922, 1931, 1940, 1943.

廣島市,『市勢要覽』昭和 21年版, 1945. 10.

廣島市・長崎市 原爆災害誌編輯委員會 編,『廣島・長崎の原爆災害』, 岩波書店,

1979.

廣島市・長崎市 原爆災害誌編集委員會 編,『廣島・長崎の原爆災害』, 岩波書店, 1979.

廣島市立中央圖書館,『廣島市立圖書館所藏原爆資料目錄』, 1995.

廣島市役所 編,『廣島原爆災害誌』第1卷, 廣島市役所, 1971.

廣島市長崎市原爆災害誌編集委員会,『廣島・長崎の原爆災害』, 岩波書店, 1979.

廣島縣,『廣島縣史 : 原爆資料編』, 1972.

廣島平和記念資料館,『廣島原爆戰災誌』第1~5卷, 1978.

ヒロシマの今から過去を見て回る會,『原爆遺跡.軍都廣島案内ハンドブック寫眞集』, 1993.

文獻情報研究會 編著,『原爆文獻大事典 : 1945(昭和20)年~2002(平成14)年』, 日本圖書センター, 2004.

朴慶植 編,『在日朝鮮人關係資料集成』第5卷, 三一書房, 1976.

朴慶植,『朝鮮人强制連行の記錄』, 未來社, 1965.

朴秀馥・郭貴勳・辛泳洙,『被爆韓國人』, 朝日新聞社, 1975.

森田芳夫,『在日朝鮮人處遇の推移と現況』, 司法研修所, 1955.

深川宗俊,『鎭魂の海峽:消えた被爆朝鮮人徵用工246名』, 明石書店, 1992.

深川宗俊,『鎭魂の海峽-消えた被爆朝鮮人徵用工246名』, 現代史出版會, 1974.

英達,「解說」, 山根昌子 編,『朝鮮人・琉球人 歸國關係資料集-1946-1948 長野縣』, 新幹社, 1992.

奧住喜重・工藤洋三・桂哲男 共譯,『(美軍資料)原爆投下報告書 : パンプキンと廣島・長崎』, 東邦出版, 1993.

宇吹曉 編著,『原爆手記揭載圖書.雜誌總目錄 : 1945-1995』, 日外アソシエーツ, 1999.

原水爆禁止日本國民會議,『被爆2世の質問』, 新泉社, 2001.

原爆資料保存會,『(原爆記念文庫所藏)原爆關係文獻目錄』, 廣島靑丘, 1965.

原爆資料保存會,『原爆被災資料目錄』, 廣島靑丘, 1968.

中國新聞社, 『原爆の記錄-米國返還資料』, 1973.
中國新聞社, 『(原爆の記錄)ヒロシマ：米國返還資料から』, 1973.
長谷川千秋, 『にんげんをかえせ：原爆症裁判傍聽日誌』, 2010.
長崎市役所總務部調査統計課 編, 『長崎市第六十五年史』(後篇), 長崎市役所, 1959.
庄野直美・飯島宗一, 『核放射線と原爆症』, 日本放送出版協會, 1975.
竹中勞 編著, 『(見捨てられた)在韓被爆者：日・韓兩政府は彼らを見殺しにするのか』, 日新報道, 1970.
和田任弘, 「朝鮮・韓國人原爆被爆者關係年表」, 國立國會圖書館調査立法考査局, 1988.
丸木位理・赤松俊子, 『(畫集普及版)原爆の圖』, 1953.

2. 연구저서 및 논문

上原敏子, 「在廣朝鮮人被爆者についての考察(1)」, 『豫備地方史研究』90號, 豫備地方史研究會, 1972.
朴玟奎 談, 「核廢絕と祖國の自主的 平和統一を長崎在住朝鮮人被爆者の步みから」, 『長崎の證言』第10集, 長崎の證言刊行委員會, 1978.
長崎の朝鮮人被爆者の記憶 原 和人 特集 戰爭の記憶とキリスト者 福音と世界, 63(8) 2008. 8.
奧住 喜重・桂 哲男・工藤 洋三 譯, 『米軍資料 原爆投下報告書―パンプキンと広?・長崎』, 東方出版, 1993.
廣島大學平和科學研究センター 編, 『IPSHU研究報告シリーズ』34, 2005. 7.
岡正治, 『大村收容所と朝鮮人被爆者』, 「大村收容所と朝鮮人被爆者」刊行委員會, 1981.
李實根, 「忘られた人人 朝鮮人被爆者問題を考える」, 『統一評論』, 1977. 10.
中村勝次, 長崎市原子爆彈被害調査報告, 『原子爆彈災害調査報告集』 第1分冊, 1953a.
中村勝次, 長崎市原子爆彈被害調査報告, 『原子爆彈災害調査報告集』 第2分冊, 1953b.

中塚明, 「朝鮮人被爆者の問題 歷史的 考察」, 『歷史評論』 336, 1978.

志水淸, 「胎內被爆小頭症患者の現況と今日的課題」, 『廣島醫學』 31, 1978.

松村高夫, 「廣島·長崎の原子爆彈に關する初期調査」, 『三田学会』 89卷 1號, 1996. 4.

被爆50週年國際シンポジウム 日本準備委員會, 「廣島·長崎 原爆 投下と核軍擴 競爭に 依る被害 實態と補償並びに核武器 廢棄 展望に 關する」, 『被爆 50週年 國際 シンポジウム報告集』, 1996. 3. 25.

原爆症認定集團訴訟終結集會, 『原爆症認定集團訴訟』, 2012. 6. 23.

山手茂, 「被爆者の精神的苦悩」, 『被爆の実相と被爆者の実情』, 朝日イブニング ニュース社, 1978.

Ⅲ. 영문(단행본 · 기록문 · 연감 · 보고서)

Atomic Bomb: Decision—Target Committee, May 10-11, 1945, August 6, 2005.

Dennis D. Wainstock, The Decision to Drop the Atomic Bomb, Praeger, 1996 p. 92 ; Kerr, G. D. and Solomon, D. L. : The epicenter of the Nagasaki weapon-A reanalysis of available data with recommended values, ORUL-TM-5139, 1976.

DSM(Diagnostic and Statistical Manual of Mental Disordersthird edition), 1980.

Goldstein, Donald (1999). Rain of Ruin. Washington: Potomac Books, P. 41 ; Hastings, Max (2008). Nemesis: The Battle for Japan, 1944-45. Harper Collins.

HEAD QUARTERS TWENTIETH AIR FORCE APO 234, Tactical Mission Report, Mission No. Special Flown 20 July-14-aug-1945.

Kerr, G. D. and Bailey Ⅱ, C. W. : No High Ground, Harper & Brothers, 1971.

Pimlot, J. L.(Consultant editor), *The Apocalypse Bomb - The World at Arms. Readers Digest*, 1989.

Reischauer, E., *My Life Between Japan And America*, 1986.

Schwartz, S. I., *Atomic Audit: The Costs and Consequences of US Nuclear Weapons*. Washington, D.C.: Brookings Institution Press, 1998.

Trinity Atomic Web Site, 'THE ATOMIC BOMBINGS OF HIROSHIMA AND NAGASAKI by The Manhattan Engineer District, June 29, 1946.'

Wagner, E. W., *The Korean Minority in Japan*, 1951.

Walker, J. S., Prompt and utter Destruction: Truman and the Use of Atomic Bombs Against Japan Chapel Hill: University of North Catolina Press, 1997.

Ⅳ. 인터넷

1. 국내

국사편찬위원회(http://kuksa.nhcc.go.kr)
한국역사정보통합시스템(http://www.koreanhistory.or.kr)
국가전자도서관(http://www.dlibrary.go.kr)
국회도서관(http://www.nanet.go.kr)
대한적십자(http://www.redcross.or.kr)

2. 국외

방사선영향연구소(http://www.rerf.or.jp)
일본국립공문서관(http://www.digital.archives.go.jp)
일본국립공문서관 산하 아시아역사자료센터(http://www.jacar.go.jp)
국회도서관(http://www.ndl.go.jp)
후생노동성(http://www.mhlw.go.jp)
히로시마원폭장해대책협의회(http://www.gentaikyo.or.jp/index.html)

히로시마대학원폭방사선의과학연구소(http://www.rbm.hiroshima-u.ac.jp)
히로시마평화기념자료관(http://www.pcf.city.hiroshima.jp)
나가사키대학대학원의치약학총합연구과부속원폭후장해의료연구시설
　　　(http://www-sdc.med.nagasaki-u.ac.jp/index-sjis.html)
나가사키원자폭탄피폭자대책협의회(http://www.n-gentaikyo.or.jp/index.html)
일본의학회(http://jams.med.or.jp)
미국에너지부 보건안전보장국(http://www.hss.energy.gov/healthsafety/IHS/
　　　hstudies/japan_radiate.html)
미국학사원학술회의원자력·방사선연구위원회(http://dels.nas.edu/nrsb)
미국국립 암연구소·방사선역학부(http://dceg.cancer.gov/reb)

지은이 소개

김기진

부산대학교 행정학과를 졸업, 현재 부산일보사 편집국 부국장을 맡고 있다. 한국기자협회가 시상하는 한국기자상, 봉생문화상, 일경언론상 등을 총 12차례 수상했다.

한국전쟁 중 한국정부와 미군에 의해 저질러진 민간인학살 사건을 10여 년간 추적, 조사하며 유족회를 결성하고 암매장지 발굴, 기록수집 등 진실규명 활동을 벌여왔다. 2003년부터 1년간 미국 메릴랜드대학 객원연구원으로 있으면서 미국 국립문서기록관리청(NARA)을 중심으로 민간인 학살사건에 대한 미국 정부의 기밀문서를 수집했다. 이를 통해 국민보도연맹 학살과 부산형무소 집단학살, 포항 여남동 미군 함포사격 사건 등의 전말을 밝혀냈다. 또 스위스 제네바 국제적십자사가 소장한 한국전쟁 관련 기록을 정보공개청구를 통해 사상 최초로 찾아냈다.

주요 연구 성과로, 국내 학살현장을 기록한 『끝나지 않은 전쟁-국민보도연맹』(2002)과 미국 정부 기밀문서를 토대로 한 『한국전쟁과 집단학살』(2005) 단행본을 발간했다. 연구 사업으로는 2004년 교육인적자원부 국사편찬위원회의 용역을 받아 『미국 소재 한국전쟁 전후 민간인 학살 관련 문서현황』 해제를 냈으며, 2011년 한국학중앙연구원의 '향토문화전자대전' 사업의 일환으로 부산대학교 한국민족문화연구소 수행한 '디지털부산역사문화대전'에 참여해 부산·경남지역 주요 민간인 학살사건을 기록했다.

10년간 조사, 연구 활동을 통해 수집한 국내·외 기록 수천 장을 서울 국립중앙도서관에 기증해 '김기진 컬렉션'을 구축했다.

전갑생

경남 거제시에서 태어나, 민주화운동과 지역시민사회운동에 참여했으며, 거제도 보도연맹사건을 취재하다가 지금의 역사연구자로 활동하고 있다. 현재 한국제노사이드연구회 및 부산경남사학회 연구원, 합천평화의집 운영위원 등으로 있으면서 한국전쟁과 지역사를 연구하고 있다.

저서로 『한국전쟁과 분단의 트라우마』, 『거제이야기100선』, 『일운면사』, 『국가폭력과 전쟁』·『부산의 도시형성과 일본인들』(공저) 외 다수가 있으며, 논문으로는 「한국전쟁기 간첩담론」, 「한국전쟁기 오무라수용소(大村收容所)의 재일조선인 강제추방에 관한 연구」, 「거제도 포로수용소 설치와 포로의 저항」, 「1920년대 거제지역 청년운동 연구」, 「경남지역 민간인 학살 연구의 현황과 과제」 외 다수가 있다.